中華譯學館

莫言題

中华译学馆立馆宗旨

以中华为根 译与学并重
弘扬优秀文化 促进中外交流
拓展精神疆域 驱动思想创新

丁酉年冬月许钧撰 罗卫东书

中华译学馆·中华翻译家代表性译文库

许 钧　郭国良／总主编

许渊冲 卷

祝一舒／编

ZHEJIANG UNIVERSITY PRESS
浙江大学出版社
·杭州·

图书在版编目（CIP）数据

　　中华翻译家代表性译文库. 许渊冲卷 / 祝一舒编.
杭州 ：浙江大学出版社，2024. 7. -- ISBN 978-7-308
-25311-6

　　Ⅰ. C53；I11

　　中国国家版本馆 CIP 数据核字第 2024MG8108 号

中华翻译家代表性译文库·许渊冲卷

祝一舒　编

出 品 人	褚超孚
丛书策划	张　琛　包灵灵
责任编辑	包灵灵
责任校对	田　慧
封面设计	闰江文化
出版发行	浙江大学出版社
	（杭州市天目山路 148 号　邮政编码 310007）
	（网址:http://www.zjupress.com）
排　　版	浙江大千时代文化传媒有限公司
印　　刷	杭州高腾印务有限公司
开　　本	710mm×1000mm　1/16
印　　张	30
字　　数	418 千
版 印 次	2024 年 7 月第 1 版　2024 年 7 月第 1 次印刷
书　　号	ISBN 978-7-308-25311-6
定　　价	98.00 元

总　序

考察中华文化发展与演变的历史,我们会清楚地看到翻译所起到的特殊作用。梁启超在谈及佛经翻译时曾有过一段很深刻的论述:"凡一民族之文化,其容纳性愈富者,其增展力愈强,此定理也。我民族对于外来文化之容纳性,惟佛学输入时代最能发挥。故不惟思想界生莫大之变化,即文学界亦然。"[1]

今年是五四运动一百周年,以梁启超的这一观点去审视五四运动前后的翻译,我们会有更多的发现。五四运动前后,通过翻译这条开放之路,中国的有识之士得以了解域外的新思潮、新观念,使走出封闭的自我有了可能。在中国,无论是在五四运动这一思想运动中,还是自1978年改革开放以来,翻译活动都显示出了独特的活力。其最重要的意义之一,就在于通过敞开自身,以他者为明镜,进一步解放自己,认识自己,改造自己,丰富自己,恰如周桂笙所言,经由翻译,取人之长,补己之短,收"相互发明之效"[2]。如果打开视野,以历史发展的眼光,

---

[1]　梁启超. 翻译文学与佛典//罗新璋. 翻译论集. 北京:商务印书馆,1984:63.
[2]　陈福康. 中国译学理论史稿. 上海:上海外语教育出版社,1992:162.

从精神深处去探寻五四运动前后的翻译,我们会看到,翻译不是盲目的,而是在自觉地、不断地拓展思想的疆界。根据目前所掌握的资料,我们发现,在 20 世纪初,中国对社会主义思潮有着持续不断的译介,而这种译介活动,对社会主义学说、马克思主义思想在中国的传播及其与中国实践的结合具有重要的意义。在我看来,从社会主义思想的翻译,到马克思主义的译介,再到结合中国的社会和革命实践之后中国共产党的诞生,这是一条思想疆域的拓展之路,更是一条马克思主义与中国革命相结合的创造之路。

开放的精神与创造的力量,构成了我们认识翻译、理解翻译的两个基点。在这个意义上,我们可以说,中国的翻译史,就是一部中外文化交流、互学互鉴的历史,也是一部中外思想不断拓展、不断创新、不断丰富的历史。而在这一历史进程中,一位位伟大的翻译家,不仅仅以他们精心阐释、用心传译的文本为国人打开异域的世界,引入新思想、新观念,更以他们的开放性与先锋性,在中外思想、文化、文学交流史上立下了一个个具有引领价值的精神坐标。

对于翻译之功,我们都知道季羡林先生有过精辟的论述。确实如他所言,中华文化之所以能永葆青春,"翻译之为用大矣哉"。中国历史上的每一次翻译高潮,都会生发社会、文化、思想之变。佛经翻译,深刻影响了国人的精神生活,丰富了中国的语言,也拓宽了中国的文学创作之路,在这方面,鸠摩罗什、玄奘功不可没。西学东渐,开辟了新的思想之路;五四运动前后的翻译,更是在思想、语言、文学、文化各个层面产生了革命性的影响。严复的翻译之于思想、林纾的翻译之于文学的作用无须赘言,而鲁迅作为新文化运动的旗手,其翻译动机、翻译立场、翻译选择和翻译方法,与其文学主张、文化革新思想别无二致,其翻译起着先锋性的作用,引导着广大民众掌握新语言、接受新思想、表达自己的精神诉求。这条道路,是通向民主的道路,也是人民大众借助掌握的新语言创造新文化、新思想的道路。

回望中国的翻译历史,陈望道的《共产党宣言》的翻译,傅雷的文学翻译,朱生豪的莎士比亚戏剧翻译……一位位伟大的翻译家创造了经典,更创造了永恒的精神价值。基于这样的认识,浙江大学中华译学馆为弘扬翻译精神,促进中外文明互学互鉴,郑重推出"中华译学馆·中华翻译家代表性译文库"。以我之见,向伟大的翻译家致敬的最好方式莫过于(重)读他们的经典译文,而弘扬翻译家精神的最好方式也莫过于对其进行研究,通过他们的代表性译文进入其精神世界。鉴于此,"中华译学馆·中华翻译家代表性译文库"有着明确的追求:展现中华翻译家的经典译文,塑造中华翻译家的精神形象,深化翻译之本质的认识。该文库为开放性文库,入选对象系为中外文化交流做出了杰出贡献的翻译家,每位翻译家独立成卷。每卷的内容主要分三大部分:一为学术性导言,梳理翻译家的翻译历程,聚焦其翻译思想、译事特点与翻译贡献,并扼要说明译文遴选的原则;二为代表性译文选编,篇幅较长的摘选其中的部分译文;三为翻译家的译事年表。

需要说明的是,为了更加真实地再现翻译家的翻译历程和语言的发展轨迹,我们选编代表性译文时会尽可能保持其历史风貌,原本译文中有些字词的书写、词语的搭配、语句的表达,也许与今日的要求不尽相同,但保留原貌更有助于读者了解彼时的文化,对于历史文献的存留也有特殊的意义。相信读者朋友能理解我们的用心,乐于读到兼具历史价值与新时代意义的翻译珍本。

许　钧

2019 年夏于浙江大学紫金港校区

目　录

导　言 ···································· 1

第一编　汉译英语诗歌与戏剧

一　飞马腾空(节选) ······················· 21
二　一切为了爱情(节选) ···················· 32

第二编　汉译法语小说

一　人生的开始(节选) ······················ 61
二　包法利夫人(节选) ···················· 101
三　红与黑(节选) ······················· 224
四　约翰·克里斯托夫(节选) ················ 267

第三编　英译中国哲学经典与诗词

一　论　语(节选)Thus Spoke the Master(Excerpts) ················· 291

二　道德经(节选)Laws Divine and Human(Excerpts) ············· 319

三　诗　经 Book of Poetry ··· 356

国风·周南 Songs Collected South of the Capital, Modern

Shaanxi and Henan ······································· 356

关　雎 Cooing and Wooing ··································· 356

葛　覃 Home-going of the Bride ······················· 357

卷　耳 Mutual Longing ······························· 359

樛　木 Married Happiness ····························· 360

螽　斯 Blessed with Children ·························· 361

桃　夭 The Newly-wed ······························ 362

兔　罝 The Rabbit Catcher ·························· 363

芣　苢 Plantain Gathering ···························· 364

汉　广 A Woodcutter's Love ························ 365

汝　坟 A Wife Waiting ····························· 366

麟之趾 The Good Unicorn ························· 367

召　南 Songs Collected South of Shao, Modern Henan ········ 368

鹊　巢 The Magpie's Nest ························· 368

采　蘩 The Sacrifice ······························ 369

草　虫 The Grasshoppers ·························· 370

采　蘋 Sacrifice before Wedding ················· 371

甘　棠 The Duke of Shao ························· 372

行　露 I Accuse ································· 373

羔　羊 Officials in Lamb Furs ··················· 374

殷其雷 Why Not Return? ························· 375

摽有梅 An Old Maid ··· 376

小　星 The Starlets ··· 377

江有汜 A Merchant's Wife ·· 378

野有死麇 A Deer Killer and a Jadelike Maiden ·············· 379

何彼秾矣 The Princess' Wedding ·································· 380

驺　虞 A Hunter ·· 381

四　唐　诗 Tang Poems ·· 382

贺知章　咏　柳 The Willow ···································· 382

陈子昂　登幽州台歌 On the Tower at Youzhou ·············· 383

张若虚　春江花月夜 The Moon over the River on a Spring
　　　　　Night ··· 383

王之涣　登鹳雀楼 On the Stork Tower ······················ 385

孟浩然　春　晓 Spring Morning ······························ 386

王　维　鹿　柴 The Deer Enclosure ·························· 387

　　　　相　思 Love Seeds ···································· 387

李　白　长干行 Ballad of a Trader's Wife ·················· 388

　　　　蜀道难 Hard is the Way to Shu ···················· 390

杜　甫　春　望 Spring View ·································· 392

　　　　石壕吏 The Pressgang at Stone Moat Village ········ 393

　　　　春夜喜雨 Happy Rain on a Spring Night ············ 395

白居易　长恨歌 The Everlasting Regret ···················· 395

　　　　赋得古原草送别 Grass on the Ancient Plain-Farewell
　　　　to a Friend ··· 402

五　宋　词 Song Poems ·· 404

范仲淹　苏幕遮 Tune：Waterbag Dance ···················· 404

晏　殊　蝶恋花 Tune：Butterflies in Love with Flowers ······ 405

欧阳修　长相思 Tune：Everlasting Longing ················ 406

王安石　桂枝香·金陵怀古 Tune：Fragrance of Laurel Branch
　　　　in Memory of the Ancient Capital ············· 407

苏　轼　水调歌头 Tune：Prelude to Water Melody ········· 409

苏　轼　念奴娇 Tune：Charm of a Maiden Singer ········· 410

黄庭坚　清平乐 Tune：Pure Serene Music ··········· 412

李清照　如梦令 Tune：Dreamlike Song ·············· 413

陆　游　钗头凤 Tune：Phoenix Hairpin ·············· 413

第四编　法译中国诗词

一　唐　诗 Poèmes des Tang ······················ 417

贺知章　咏　柳 Le saule ······················· 417

陈子昂　登幽州台歌 La Tour de Youzhou ··········· 418

王之涣　登鹳雀楼 La Tour des Hérons ············· 418

孟浩然　春　晓 L'aube printanière ··············· 419

王　维　鹿　柴 Clos aux cerfs ················· 420

　　　　相　思 Les pois d'amour ················ 420

　　　　九月九日忆山东兄弟 A mes frères au pays natal
　　　　au 9ᵉ jour du 9ᵉ mois ··············· 421

李　白　望庐山瀑布 La cataracte du Mont Lu ········· 422

　　　　静夜思 Réveil d'un voyageur ············· 422

杜　甫　春　望 Une vue au printemps ············ 423

　　　　登　高 L'ascension ·················· 424

张　继　枫桥夜泊 La cloche à minuit ············· 424

白居易　长恨歌 Le chagrin éternel ·············· 425

柳宗元　江　雪 Neige sur la rivière ············· 432

李商隐　锦　瑟 La lyre ····················· 433

二 宋　词 Poèmes des Song ⋯⋯⋯⋯⋯⋯⋯⋯⋯⋯⋯ 434

李　煜　乌夜啼 Corbeau qui croasse dans la nuit ⋯⋯⋯⋯ 434

　　　　虞美人 La belle madame Yu ⋯⋯⋯⋯⋯ 435

　　　　浪淘沙 Vagues baignant le sable ⋯⋯⋯⋯⋯ 436

范仲淹　苏幕遮 La danse au sac de l'eau ⋯⋯⋯⋯⋯ 437

苏　轼　水调歌头 Prélude a la mélodie de l'onde ⋯⋯⋯⋯⋯ 438

　　　　念奴娇 Charme d'une belle chanteuse ⋯⋯⋯⋯⋯ 440

李清照　如梦令 Comme un rêve ⋯⋯⋯⋯⋯ 441

陆　游　钗头凤 Phénix monté en épingle ⋯⋯⋯⋯⋯ 442

纳兰性德　采桑子 La cueillette des mûres ⋯⋯⋯⋯⋯ 443

导　言

许渊冲(1921 年 4 月 18 日—2021 年 6 月 17 日)是具有国际影响的著名翻译家和翻译理论家,2014 年获得国际翻译家联盟授予的"北极光"杰出文学翻译奖(Aurora Borealis Prize for Outstanding Translation of Literature)。学者张西平曾以《许渊冲——中国古代文化翻译的探索者》为题,对许渊冲先生对中国典籍翻译理论的贡献做了探讨。他指出:"在 20 世纪下半叶的中国典籍翻译的历史上,如果我们选择人物的话,中国的许渊冲先生,无疑是一个绕不过的丰碑,无论是将其放在国际汉学的范围内,还是放在中国近百年的中译外的历史上来看,许渊冲都是一个典范,他不仅仅给我们提供了丰硕的翻译作品,也写了大量的关于翻译理论的文字,这些都是我们研究 20 世纪中国古代文化经典在域外传播的宝贵财富。"[①]

一、翻译历程

许渊冲是中国当代最著名的翻译家之一,在当今译坛可谓独树一帜。许渊冲自 20 世纪 40 年代开始从事翻译实践活动,前后长达 70 余年。他

---

① 张西平. 许渊冲——中国古代文化翻译的探索者. 中华读书报,2014-06-25(19).

将自己早期的翻译之路总结为："50 年代翻英法；80 年代译唐宋。"①但在前 40 年里，其翻译之路走得十分曲折。最初可以说是每年一部译作。1956 年，新文艺出版社出版了许渊冲翻译的德莱顿的诗剧《一切为了爱情》，许渊冲曾说："这部译著是我国出版的第一本，直到目前为止，还是唯一的一本德莱顿的名著。"②1957 年，外文出版社出版了许渊冲与人合译的秦兆阳《农村散记》的法译本。1958 年，人民文学出版社出版了许渊冲译的法国罗曼·罗兰的小说《哥拉·布勒尼翁》，该译本"得到罗曼·罗兰夫人的好评"③。如果说这三年许渊冲的翻译实践较顺利的话，那么后面的 20 年则并不顺利，因为直至 1978 年他的第四部译本才问世。这期间中断了 20 年，主要是因为 1966 年"文化大革命"爆发，许渊冲的几部译著均受到了批判。他译的德莱顿《一切为了爱情》被批判是"宣扬爱情至上主义"，罗曼·罗兰是"鼓吹个人奋斗精神"，"都是资产阶级思想"。④ 在此期间，许渊冲无书可译，而当时唯一可以接触到的作品是《毛泽东诗词》。由于许渊冲当时并不满意已有的《毛泽东诗词》的英、法译本，因此他在挨批斗时偷偷把《毛泽东诗词》由原有译本的分行散文译成英、法韵文。在挨批斗的时候，他偷背《毛泽东诗词》，并思考如何译成英文，甚至他一译诗，"就把热、累、批、斗全都忘到九霄云外去了"⑤。在许渊冲以为"找到了一个消磨批斗时光的绝妙方法"的时候，他翻译《毛泽东诗词》的消息被

---

① 许渊冲. 追忆逝水年华——从西南联大到巴黎大学. 北京：生活·读书·新知三联书店，1996：221.
② 许渊冲. 追忆逝水年华——从西南联大到巴黎大学. 北京：生活·读书·新知三联书店，1996：221.
③ 许渊冲. 追忆逝水年华——从西南联大到巴黎大学. 北京：生活·读书·新知三联书店，1996：221.
④ 许渊冲. 追忆逝水年华——从西南联大到巴黎大学. 北京：生活·读书·新知三联书店，1996：223.
⑤ 许渊冲. 追忆逝水年华——从西南联大到巴黎大学. 北京：生活·读书·新知三联书店，1996：224.

"造反派"所知,他被批判"是在歪曲毛泽东思想,是在逃避阶级斗争"①,还被抽了一百鞭子。即便如此,许渊冲仍坐在夫人照君给准备的游泳圈上将全部的毛诗,包括当时传抄的作品译成了英、法韵文。直到1976年,许渊冲才得到解放。1978年,中国人民解放军洛阳外国语学院油印了许渊冲的《毛泽东诗词四十二首》英、法译本(内部印刷)。这部译本有机会得到钱锺书先生审定,随后许渊冲将《毛泽东诗词》的译本邮寄给朱光潜先生,朱回信评价说:"尊译《毛主席诗词》久已读过,后来陆续收到《毛主席诗词》译文不下四五种,较之尊译均有逊色。"②该译本当时还得到美国密歇根大学中国文化研究所所长费尔沃克教授的赞誉,评价译稿是"绝妙好译"③。

在这几部译作出版后,许渊冲对于翻译有了更高的目标:"那时小平号召:到本世纪末,国民生产总值要翻两番。我已经出版了一本英译中,一本法译中,这次又出版了一本中译英,一本中译法,一共是四本。翻一番是八本,翻两番是十六本,加上已出的四本,到本世纪末,我打算出二十本书,这样才能挽回中断二十年的损失。"④20世纪80年代,许渊冲一共翻译出版了十本唐宋诗词的英、法译文,几乎是一年一本。由此可见他对于翻译的执着与坚持。而许渊冲计划"翻两番"的翻译目标也得以超前完成。"90年代,我出版了四本世界文学名著;80年代,也出版了四本;加上50年代两本,一共是十本世界名著;再加上十本中国古典文学名著的英、法译本,正好是二十部。这就是说,还不到本世纪末,我已经提前完成了

---

① 许渊冲. 追忆逝水年华——从西南联大到巴黎大学. 北京:生活·读书·新知三联书店,1996:224.

② 许渊冲. 诗书人生. 天津:百花文艺出版社,2002:185.

③ 许渊冲. 追忆逝水年华——从西南联大到巴黎大学. 北京:生活·读书·新知三联书店,1996:225.

④ 许渊冲. 追忆逝水年华——从西南联大到巴黎大学. 北京:生活·读书·新知三联书店,1996:225.

翻两番的目标。"①"对于难于登天的中国古典诗词翻译,许渊冲中译英的《楚辞》被美国学者誉为'英美文学领域的一座高峰',《西厢记》被英国智慧女神出版社评价为可以和莎士比亚的《罗密欧与朱丽叶》媲美,他上百本的中、英、法互译更是创造了译坛前所未有的奇迹。"②2014 年 8 月 2日,在德国柏林举办的第二十届世界翻译大会会员代表大会上,许渊冲教授荣获国际翻译家联盟授予的 2014 年"北极光"杰出文学翻译奖,成为自1999 年这一奖项设立以来第一位获此殊荣的亚洲翻译家。③ 同年 8 月 22日在北京举行的颁奖仪式上,许渊冲说道,他对于翻译还有着更高的追求,要以自己深刻的理解去诠释他心中的莎士比亚。他说:"我现在两个月能翻译一本,计划五年内完成莎翁全集。"④对于翻译,许渊冲一生永葆热忱,具有高度的文化自觉。在获得"北极光"杰出文学翻译奖那一年,他曾饱含深情地说:"从事汉语、英语和法语文学翻译对我而言一直是种享受。93 岁的我还在做翻译,我就是喜欢它。"⑤

　　梳理许渊冲的翻译历程,我们可以清楚地看到,许渊冲的翻译活动具有明确的追求,具有强烈的文化翻译使命与责任,尤其是对于中国文化与文学经典的英译与法译,许渊冲付出了极大的心血。许渊冲早在 20 世纪40 年代初在西南联大上学期间,就"种下了后来把中国诗词译成英、法韵文的根苗"⑥。如果从 1942 年许渊冲开始翻译他的第一部世界文学名著——德莱顿的诗剧《一切为了爱情》算起,一直到 2021 年,许渊冲的中

① 许渊冲. 追忆逝水年华——从西南联大利到巴黎大学. 北京:生活·读书·新知三联书店,1996;239-240.

② 田泳. "左右开弓"的翻译家——记中国翻译文化终身成就奖获得者、北京大学教授许渊冲. 教育,2014(5);39.

③ 郑安. 93 岁教授摘"北极光":许渊冲荣获国际译联杰出文学翻译奖.(2014-08-06)[2022-08-17]. https://www.translators.com.cn/archives/2014/08/9980.

④ 许渊冲获国际文学翻译最高奖　计划 5 年翻完莎翁全集.(2014-08-28)[2022-08-17].https://www.chinanews.com.cn/cul/2014/08-28/6540446.shtml.

⑤ 93 岁翻译家许渊冲获"北极光"大奖　称翻译是享受. 京华时报,2014-08-04(28).

⑥ 许渊冲. 诗书人生. 天津:百花文艺出版社,2002;210.

国文学对外译介之路历经近 70 个春夏秋冬。他先后用英、法两种语言翻译出版了数十部中国古典和现当代文学作品,如《毛泽东诗词四十二首》(英、法韵文译本,中国人民解放军洛阳外国语学院内部印刷,1978 年)、《动地诗——中国现代革命家诗词选》(英译本,香港商务印书馆,1981 年)、《苏东坡诗词新译》(英译本,香港商务印书馆,1982 年)、《唐诗一百五十首》(汉英对照,陕西人民出版社,1984 年)、《唐宋词一百首》(英译本,香港商务印书馆,1986 年)、《唐诗三百首新译》(英译本主译,香港商务印书馆,1987 年)、《唐宋词选一百首》(法译本,外文出版社,1987 年)、《李白诗选》(英译本,四川人民出版社,1987 年)、《西厢记(四本十六折)》(英译本,外文出版社,1992 年)、《诗经》(英译本,湖南出版社,1993 年)、《中国古诗词六百首》(英译本,新世界出版社,1994 年)、《中国古诗词三百首》(英译本,英国企鹅图书出版公司,1994 年)、《楚辞》(英汉对照本,湖南人民出版社,1994 年)、《唐宋诗一百五十首》(汉英对照本,北京大学出版社,1995 年)、《汉魏六朝诗一百五十首》(汉英对照,北京大学出版社,1996 年)、《唐宋词画》(英译本,新加坡教育出版社,1996 年)、《元明清诗一百五十首》(英译本,北京大学出版社,1997 年)、《中国古诗词三百首》(法译本,北京大学出版社,1999 年)、《新编千家诗》(英译本,中华书局,2000 年)、《古诗绝句百首》(英译本,吉林文史出版社,2000 年)、《中国古诗精品三百首》(汉英对照,北京大学出版社,2004 年)、《唐诗三百首》(汉英对照,高等教育出版社,2004 年)、《宋词三百首》(汉英对照,高等教育出版社,2004 年)、《元曲三百首》(汉英对照,高等教育出版社,2004 年)、《唐诗选》("大中华文库",汉法对照,五洲传播出版社,2014 年)等。2013 年,海豚出版社出版了"许渊冲文集",共 27 卷,其中 15 卷为中华典籍的翻译,收录了许渊冲先生数十年来致力于中国传统文化经典译介的代表性成果,从《论语》《道德经》到《诗经》,从楚辞、汉魏六朝诗到唐宋元明清的诗、词、曲,全为中国传统文化典籍之精华,恰如诺贝尔文学奖评奖委员会委员华克维斯特院士所言,许渊冲译介的是"伟大的中国传统文学的样本"①。

经过半个多世纪的不懈追求,早年种在许渊冲心田的那颗把中国诗词译成英、法韵文的根苗,最终结下了累累硕果。27 卷的"许渊冲文集",集中体现了许渊冲的翻译成就与理论成果。从他翻译的成果看,许渊冲在当今译坛可谓独树一帜,既有英、法名著的汉译,又有中国诗词的英译或法译,可以说是中西互通。一般而言,翻译家都从事对内译介工作,即把外语作品译成母语。就我们所了解的情况看,基本上没有听说法国翻译家将法语文学作品译成中文,或英国翻译家将英语作品译成中文的。出于种种原因,在中国当代翻译史中,有一批从事中国文学对外译介的翻译家,如我们非常尊重的杨宪益先生就是他们中的杰出代表。但许渊冲先生与杨宪益先生有所不同,许渊冲始终坚持中外互译的翻译实践之路,且对英法两种语言都十分精通。更值得关注的是,从许渊冲所选择的中国作品看,其对外译介目标非常明确,除 1957 年的《农村散记》法译本等少量作品外,译介对象几乎全部为中国古代文化经典,涉及诗、词、曲。

二、翻译思考与探索

2017 年,许渊冲在中央电视台《朗读者》节目中曾深情地表达了他对翻译事业的热爱。对于翻译家许渊冲来说,投身于翻译事业是一种享受,一种热爱。在中央电视台《大家》栏目之"翻译家·许渊冲"的采访中,许渊冲也曾述说过他对翻译的这种热爱。主持人认为许渊冲并不像是当时年龄为 80 多岁的老人,而许渊冲回答说:"一天(翻译)一首,你就不知道什么叫时间,也不知道什么叫年龄,它自然就过去了。"②沉浸在翻译之中,不知老之已至,凭着对翻译的深爱,许渊冲一生始终在翻译的第一线辛勤

---

① 清华校友总会. 许渊冲校友当选"传播中华文化年度人物". (2015-12-23)[2022-08-17]. https://www.tsinghua.org.cn/info/1014/12008.htm.

② 央视网.《大家》20180110 翻译家 许渊冲. (2018-01-11)[2022-08-17]. http://tv.cctv.cn/2018/01/11/VIDEfDIbGimHBSNhpXy6Tdec180111.shtml.

地耕耘。他翻译的动机十分明确,就是要把中国优秀的文化思想传播到国外去,具有强烈的文化翻译使命与责任。他在采访中曾说:"一个人应该 give 多,take 少,最多相等。"①对此,他还曾提出:"我们的祖先用他们的智慧,创造了这么多美丽的财富,美化了我们的生活,增加了我们的乐趣。但乐趣如果有人分享,就会成倍增长。因此,让我们把这份宝贵的精神遗产,译成富有'三美'的绝妙好词,和全世界共享中国文化的阳光雨露吧!"②许渊冲认为好的文化不能够一国独享,应与全世界人民共享。这是给予而不是夺取,文化最重要的是 give,不是 take。对于译者的责任,许渊冲也有深刻的认识。在许渊冲看来,明确的翻译动机和翻译目的直接影响译者对翻译作品的选择。许渊冲将目光一方面投向西方的文学经典,翻译了德莱顿的《一切为了爱情》、罗曼·罗兰的《约翰·克里斯托夫》、普鲁斯特的《追忆似水年华》、司汤达的《红与黑》、福楼拜的《包法利夫人》等西方经典名著;另一方面投向中国的文化经典,用英、法两种语言翻译出版了数十本中国文学和中华诗词作品,如《中国古诗词三百首》《唐宋词一百首》《西厢记》《楚辞》等。其所选择翻译的文学体裁多样,不仅涉及外国诗歌、小说、戏剧,还有中国哲学经典与诗歌,可谓中西互通,"为中国文化登上世界文坛的宝座开辟道路"③。

许渊冲的翻译之乐从何而来? 要回答这个问题,就需谈到许渊冲是如何对外文产生兴趣的。这先要从其"十有五而志于学"谈起。他看孔子一生的心路历程反观自身。孔子在《论语·为政》中曾说:"吾十有五而志于学,三十而立,四十而不惑,五十而知天命,六十而耳顺,七十而从心所欲,不逾矩。"许渊冲在决定学习外文的时候,正值 15 岁。他回顾说:"那年我在江西省立南昌第二中学高中二年级,英文老师要求我们背诵三十

---

① 央视网.《大家》20180110 翻译家 许渊冲.(2018-01-11)[2022-08-17]. http://tv.cctv.cn/2018/01/11/VIDEfDIbGimHBSNhpXy6Tdec180111.shtml.

② 许渊冲. 译笔生花. 郑州:文心出版社,2005:204.

③ 许渊冲. 追忆逝水年华——从西南联大到巴黎大学. 北京:生活·读书·新知三联书店,1996:245.

篇短文章,其中有英国莎士比亚的《凯撒大将》选段、美国欧文《见闻录》的序言。背熟之后,我对英美的文史风光有了兴趣,就开始考虑升学读外文了。但是如果要说立志,恐怕还没有达到那个高度,只是喜欢而已。到了三十岁,全国已经解放,我从欧洲游学回来,由教育部分配到北京外国语学院任教,开始了我这一生的外语教学事业,可以算是三十立业了。"①

许渊冲最初对文学翻译产生兴趣,是读了1935年《东方杂志》上刊登的赛珍珠写的关于中国农村的小说《大地》之后。当时许渊冲对于翻译的印象是:"翻译和创作几乎没有什么分别。"②1938年,许渊冲高中毕业考入国立西南联合大学(西南联大)外文系。西南联大是在抗日战争时期,由北大、清华、南开最初在长沙成立联合组成的大学。西南联大可谓大师云集,名师荟萃:理学院有赵忠尧、吴有训、周培源、王竹溪、陈省身等人,文学院有胡适、冯友兰、陈寅恪、朱自清、沈从文、闻一多、吴宓、钱锺书等人。西南联大也培养了很多人才,有杨振宁、李政道、邓稼先、朱光亚、黄昆、王浩、曹乐安、何广慈、吴仲华、王希季、陈同章、屠守锷、端木正、汪曾祺、穆旦等人。亲身听教于这些名家大师,许渊冲得到了许多的启迪与巨大的收获。许多名师的授课均给许渊冲留下了深刻的印象。许渊冲在1940年8月15日的下午,听潘光旦先生讲"儒家思想与青年生活"中关于"人之礼"的理解,即"人对人以外的本体应该研究,但不应该废寝忘食,不应该役于物;人对情欲应该克己复礼,发乎情而止乎礼,礼就是分寸"③,由此,他回想起了自己于1939年4月28日译的第一首新诗。当时他读到了林徽因在1934年11月19日徐志摩逝世三周年时路过徐志摩的故乡硖石时写下的《别丢掉》一诗,而许渊冲当时的心境和读此诗的所感皆与林徽因不同,"林徽音写的是硖石的山泉、松林、明月、灯火、山谷,我想到的却是远在千里之外的故乡山水;林徽音写的是诗人的热情、真心,梦似的形

① 许渊冲.《论语》译话:从心所欲,不逾矩. 中华读书报,2009-09-16(19).
② 许渊冲. 诗书人生. 天津:百花文艺出版社,2002:349.
③ 许渊冲. 追忆逝水年华——从西南联大到巴黎大学. 北京:生活·读书·新知三联书店,1996:37.

象,空谷的回音,我想到的却是日本侵略军占领故乡以后,与当年的同窗好友生离死别之情"①。于是,他把此诗翻译成英文,刊登在《文学翻译报》上。许渊冲 20 岁给美国志愿空军做了一年的英文翻译。22 岁回到西南联大读四年级时选修了南开大学皮名举教授的"西洋戏剧",选读了德莱顿的诗剧《一切为了爱情》。英国读者对这部德国诗剧的评价胜过莎士比亚的《安克悲剧》(《安东尼与克柳芭》),17 世纪被认为是德莱顿世纪。许渊冲翻译的第一部文学名著就是《一切为了爱情》。许渊冲评价皮名举:"皮先生讲课生动有趣,令人再听不厌。他说不学本国史不知道中国的伟大,不学西洋史又不知道中国的落后。"②在许渊冲看来,"中国应该取西方之长,补自己之短,同时发扬自己的优势,这样才能对世界文化作出新的贡献"。③ 他说:"皮先生在讲古代史时,把埃及女王克柳芭叫做'骷髅疤',说她的鼻子假如高了一点,罗马大将安东尼就不会为了爱她而失掉江山,西洋史也就要改写。由此可见,两千年来,中国一直主张以理化情,把动物提高为人;西方却是放纵情欲,把人降低到动物的水平。"④他也从中总结出了中西文化的一大差别,因此将埃及女王的故事译成了中文。这可算是许渊冲"优势论"的雏形。许渊冲在中学时曾读过林语堂的《大荒集》,从而得知最令林语堂受益的书是《牛津英文字典》,因而在西南联大图书馆时便想借《简明牛津词典》一书来读,可图书管理员给他拿了一本英法对照版的词典,许渊冲看英文、法文大同小异,就生起了要学法文的念头。在学习法文之后,许渊冲翻译的第一部法国小说便是巴尔扎克的《人生的开始》,其翻译动机是在西南联大外文系图书馆产生的:"外文系图书馆给我印象最深的一套书是法国康拉德版的《巴尔扎克全集》。那时

---

① 许渊冲. 诗书人生. 天津:百花文艺出版社,2002:350.

② 许渊冲. 追忆逝水年华——从西南联大利到巴黎大学. 北京:生活·读书·新知三联书店,1996:40.

③ 许渊冲. 追忆逝水年华——从西南联大利到巴黎大学. 北京:生活·读书·新知三联书店,1996:41.

④ 许渊冲. 追忆逝水年华——从西南联大利到巴黎大学. 北京:生活·读书·新知三联书店,1996:41.

我已经读过穆木天翻译的《欧也妮·葛朗台》,觉得描写生动,但是译文生硬,每句都有几十个字甚至一百多字,读起来很吃力,减少了看小说的乐趣;当时我就暗下决心,要恢复巴尔扎克的本来面目。"[1]

到了30岁,新中国已成立,许渊冲从欧洲游学回国,由教育部分配到北京外国语学院任教,在许渊冲看来,30岁开始其一生的外语教育事业,可以算是三十而立业。许渊冲自检了40岁之时是否算是孔子所说的"四十而不惑"。他曾回顾自己的人生之惑。一惑是选择教学还是翻译的问题,结果选择了双管齐下,主业教学,业余翻译。二惑是做英文工作还是法文工作的问题,解决办法是服从工作需要。援助越南抗法战争时搞法文,越战胜利之后又搞英文,两全其美。[2] 就这样他成为国内外第一个能进行中英、中法互译的人才。三惑是1958年公布了《高等教育六十条》,规定外语一级教授必须精通两种外语。但评审结果下来,许渊冲只评了五级,而评上一级的教授没有出版过一部两种外文互译的作品。许渊冲的解决方法是比上不足,比下有余,知足常乐。[3]

至于"五十而知天命",许渊冲在此时正赶上"文化大革命",而许渊冲同时代的知识分子,很少没有受过批判、挨过斗争的,有些甚至送了命。许渊冲把"天命"理解为"不可抗拒的客观规律或暴力"[4],所以他只好"苟全性命于乱世,才能保全文化,流传后代了"[5]。然而即便是受到批判,挨过皮肉之苦,许渊冲仍在"文化大革命"期间坚持翻译,以翻译之乐忘却肌肤之痛,将《毛泽东诗词》译成英、法韵文。

许渊冲将"六十而耳顺"理解为:"分辨是非,接受正确的意见,指出批评的错误,这样才能互相提高,共同进步。"[6]而此时他对翻译的理解是,翻

---

① 许渊冲. 诗书人生. 天津:百花文艺出版社,2002:214.
② 许渊冲.《论语》译话:从心所欲,不逾矩. 中华读书报,2009-09-16(19).
③ 许渊冲.《论语》译话:从心所欲,不逾矩. 中华读书报,2009-09-16(19).
④ 许渊冲.《论语》译话:从心所欲,不逾矩. 中华读书报,2009-09-16(19).
⑤ 许渊冲.《论语》译话:从心所欲,不逾矩. 中华读书报,2009-09-16(19).
⑥ 许渊冲.《论语》译话:从心所欲,不逾矩. 中华读书报,2009-09-16(19).

译更应重视深层内容，为了深层内容可译，可改变表层结构，如此，方能提高翻译水平。① 此理解更多的是为了"求美"的翻译理念。最后，"七十而从心所欲，不逾矩"被许渊冲认为是翻译与人生的最高境界。"'从心所欲'，是进入了自由王国，可以充分发挥主观能动性和创造力。'不逾矩'是停留在必然王国，还受到客观条件的限制，只敢人云亦云，不求有功，但求无过。回想自己70年的翻译史，如能进入自由王国传情达意，就会感到'不亦乐乎'。而一般还是在必然王国对付表层结构，'词达而已'。"②对于翻译，许渊冲充分发挥主观能动性，从"知之、好之"以达到"乐之"的翻译境界，并将这"三之论"之说应用于他的翻译理论。正如他所说："孔子是'圣之时者也'，结合时代，'回过头来学习孔子的智慧'，我认为应该把'礼治'发展为'天下为公，人尽其才'的'理治'（即社会主义）。其实，我国提出的和平共处五项原则，就是'己所不欲，勿施于人'发展到今天的国际政治原则。而'知之、好之、乐之'三之论和'从心所欲，不逾矩'的艺术，正是将孔子的'礼乐'应用于文学翻译的理论。"③

从许渊冲所选择翻译的中外经典著作来看，除了对翻译本身的热爱之情，许渊冲考虑得更多的是促进中外文化交流。他也曾不止一次在很多经典译序中提到他的期望，那就是希冀中国文化走向世界，以达到丰富世界文化的目的，这便是许渊冲作为翻译家的远大抱负。许渊冲在翻译《诗经》时就曾考虑："《诗经》是我国古代的教科书，对建立及维护我国几千年的传统文化，起了非常重大的作用。概括起来，儒家治国之道就是'礼乐'二字。'礼'模仿自然外在秩序，'乐'模仿自然内在的和谐；'礼'可以养性，'乐'可以怡情；'礼'是'义'的外化，'乐'是'仁'的外化。做人要重'仁义'，治国要重'礼乐'，这就是中国文化几千年不衰的原因。世界各国，希腊罗马有古无今，英美法德俄有今无古，印度埃及都曾遭受亡国之

---

① 许渊冲.《论语》译话：从心所欲，不逾矩. 中华读书报，2009-09-16(19).
② 许渊冲.《论语》译话：从心所欲，不逾矩. 中华读书报，2009-09-16(19).
③ 许渊冲. 任尔东西南北风：许渊冲中外经典译著前言后语集锦. 北京：清华大学出版社，2014：50.

痛,只有中国屹立世界东方,几千年如一日,对世界文明作出了独一无二的贡献。因此,把中国文化的瑰宝《诗经》译成具有意美、音美和形美的韵文,对东西文化的交流,对 21 世纪世界文化的建立,一定会有不可低估的意义。"①1988 年,75 位荣获诺贝尔奖的科学家在巴黎聚会时曾发表声明,大意为:"人类如果要过和平幸福的生活,应该回到 2500 年前的孔子那里去寻找智慧。"②在许渊冲看来,孔子的智慧可以概括为"己所不欲,勿施于人",孔子的智慧"有利于建立世界和平的新秩序"。③ 许渊冲对于《论语》的评价是从两个方面说明的,一方面,"《论语》在塑造、构成中华民族文化心理结构方面,成了整个社会言行、公私生活、思想意识的指引规范,渗透在政教体制、社会习俗、心理习惯、人的思想行为、言语活动之中"④;另一方面,许渊冲认为孔子的思想也有局限性,需要与时代同步,与时俱进,需要学习西方的英雄主义精神和科学求实的作风。他将《论语》的现世作用总结为:"只有半部《论语》可以治国,其他半部已经过时,应向西方取长补短,使《论语》现代化。东西结合,才可以使'智者不惑,仁者不忧,勇者不惧'。如果每个国家都能'己所不欲,勿施于人',和平共处,共同发展,那么,21 世纪的人类就可以过上幸福的和平生活。"⑤因此,翻译《论语》不仅要向西方传递孔子的仁义和礼乐思想,更要传达孔子对于和平生活与治世的智慧。许渊冲对于和平的向往还体现在他选择翻译老子的《道德经》。老子提倡"无为""不争""寡欲"和"知足",主张"以柔克刚"的军事思

---

① 许渊冲. 任尔东西南北风:许渊冲中外经典译著前言后语集锦. 北京:清华大学出版社,2014:10-11.
② 许渊冲. 任尔东西南北风:许渊冲中外经典译著前言后语集锦. 北京:清华大学出版社,2014:12.
③ 许渊冲. 任尔东西南北风:许渊冲中外经典译著前言后语集锦. 北京:清华大学出版社,2014:16.
④ 许渊冲. 任尔东西南北风:许渊冲中外经典译著前言后语集锦. 北京:清华大学出版社,2014:12.
⑤ 许渊冲. 任尔东西南北风:许渊冲中外经典译著前言后语集锦. 北京:清华大学出版社,2014:16.

想,许渊冲根据老子对"道非常道"即"天道有常,不为尧存,不为桀亡。自然规律不会因为人的好坏而改变"①的解释,"把老子《道德经》重新译成现代读者更容易理解的英文"②。出版《老子》的新译本,许渊冲更是为了"让古老的中国传统文化焕发出新的光辉,对爱好和平的人类作出新的贡献"③的愿景。对于唐诗,许渊冲的翻译也抱有相同的看法。在许渊冲看来,唐代是中国古代"礼乐"治国的盛世,唐诗是中华文明的瑰宝,诺贝尔文学奖评奖委员会前主席埃斯普马克也曾说:"世界上哪些作品能与中国的唐诗和《红楼梦》相比呢?"④许渊冲翻译《唐诗三百首》,也是希望"孔子的智慧、唐诗的智慧,能丰富21世纪的全球文化,使全世界都能享受和平、繁荣、幸福的生活"⑤。

三、翻译的使命

许渊冲是翻译家,也是翻译理论家。在进行大量翻译实践的同时,许渊冲先生一直在进行积极的理论思考与探索,在文化交际的层面探索中国文学作品的对外译介之道和文学翻译的基本理论。出版了《翻译的艺术》(中国对外翻译出版公司,1984年)、《文学翻译谈》(书林出版有限公司,1998年)、《文学与翻译》(北京大学出版社,2003年)等一系列重要著作,提出了文学翻译的"三美论""三似论""三化论",以及包含"知之、好

① 许渊冲.任尔东西南北风:许渊冲中外经典译著前言后语集锦.北京:清华大学出版社,2014:17.
② 许渊冲.任尔东西南北风:许渊冲中外经典译著前言后语集锦.北京:清华大学出版社,2014:17-18.
③ 许渊冲.任尔东西南北风:许渊冲中外经典译著前言后语集锦.北京:清华大学出版社,2014:20.
④ 许渊冲.任尔东西南北风:许渊冲中外经典译著前言后语集锦.北京:清华大学出版社,2014:42.
⑤ 许渊冲.任尔东西南北风:许渊冲中外经典译著前言后语集锦.北京:清华大学出版社,2014:50.

之、乐之"的"三之论",还就神似与形似、忠实与再创、交流与竞赛等一系列涉及翻译的重大问题,提出了许多独特观点,在翻译界产生了重要影响。其中一些涉及翻译原则与方法的重要观点,对中国文化"走出去"战略的实施与中国文学作品对外译介的具体实践,具有不可忽视的启迪作用。

文学翻译,不是简单的语言转换。许渊冲先生在 70 余年的翻译实践与翻译探索中,对翻译的实质产生了深刻的认识,对翻译者的使命更是有着明确的定位。早在 20 世纪 80 年代初,他就明确提出:"中国文学翻译工作者对世界文化应尽的责任,就是把一部分外国文化的血液,灌输到中国文化中来,同时把一部分中国文化的血液,灌输到世界文化中去,使世界文化愈来愈丰富,愈来愈光辉灿烂。"[1]翻译作为跨文化的交流活动,译者所承担的历史使命就是促进世界文化的发展。许渊冲先生正是基于这样的历史担当,站在跨文化交流的高度,以充分的文化自觉,以不懈的努力,通过自己富于创造性的翻译,为中西文化交流,尤其是优秀的中华文化走向世界,做出了实实在在的贡献。

译者的文化自觉,就其根本而言,就是将翻译置于文化交流的高度加以考量与定位,是译者翻译文化观建立的基础。针对步伐不断加快的全球化,许渊冲先生明确指出,"所谓全球化,并不只限于西方的经济全球化,还应该包括使东方的文化走向世界"[2]。那么,"如何使孔子的智慧全球化? 如何使中国的文化成为全球的财富呢? 这就需要翻译的艺术了。无论是把外国的先进文化吸收到本国来,或是把本国的先进文化宣扬到外国去,都不能没有翻译"[3],因此,在全球化的新世纪,翻译产生了前所未有的重要意义。

正是基于翻译之于文化交流的重要性,许渊冲先生明确了自己翻译的方向:要以自己的翻译为世界文化的发展做出贡献。文化自觉,首先要

---

① 许渊冲. 翻译的艺术. 北京:中国对外翻译出版公司,1984:前言 iii.
② 许渊冲. 诗书人生. 天津:百花文艺出版社,2002:464.
③ 许渊冲. 诗书人生. 天津:百花文艺出版社,2002:464.

求译者对他者文化和自己民族的文化有充分的了解。结合当今中国文化"走出去"的语境，应该看到，无论对拟译文本的选择上，还是对翻译方法的选择上，对他者与自身的深刻了解都非常重要。许渊冲先生就是这样一位清醒的译者，对于中西方文化，他有着深刻的认识。比如，许渊冲先生在1994年由中国文学出版社出版的汉英对照《诗经》序中，就《诗经》与《伊利亚特》的精神与特点做了比较，指出："中国史诗注重真和善，西方史诗注重美和力；前者描写平凡人物的日常生活，歌颂农民和猎人的勤劳，人与自然的和谐关系，是现实主义的作品；后者描写非凡人物的强烈感情，歌颂战士的英雄主义，强调了人与自然的矛盾冲突，是浪漫主义的作品。中国史诗显示了热爱和平的保守精神；西方史诗突出了个人奋斗的英雄主义。"①对许渊冲的判断与结论，我们在此不拟做进一步的分析。但我们可以看到重要的一点，那就是作为一个对自己的文化使命非常明确的译家，他选择《诗经》进行翻译，是有所参照的，这种参照就是西方文化。许渊冲在翻译《诗经》时，应该在思索：《诗经》到底会给西方读者带去什么新的东西？《诗经》相较西方文化而言，到底会有怎样的不同？会对西方文化的发展做出怎样的贡献？就此而言，文化的自觉，在许渊冲的翻译过程中，就内化为一种开阔的视野，通过中西文化的比较，揭示不同文化传统与文学经典的异质性，而恰恰是这种异质性可以促进并丰富世界文化。

从许渊冲翻译中国文化精华的漫长历程与不懈追求中，我们可以清楚地看到其对中西文化比较的路径所展现的对文化异质性的关注和对他者文化与自身文化的精神把握。正如他在《诗书人生》中指出，"比较了《离骚》和荷马史诗《奥德赛》：荷马写的是英雄人物经历的海上风险，他过人的智力和身受的痛苦；屈原写的却是诗人追求理想的天路历程，他高尚的品德和内心的悲哀"②。在与异域文化的接触、交流中，如何深刻把握其异质性，是至关重要的。作为一名译家，许渊冲深知，要了解自身，就必须

---

① 许渊冲. 诗书人生. 天津:百花文艺出版社,2002:381-382.
② 许渊冲. 诗书人生. 天津:百花文艺出版社,2002:382.

对他者有清醒的认识。比较的路径,在某种意义上,是任何一个致力于跨文化交流的译者都必须走的。检视许渊冲先生所译介的中华古诗词曲,我们可以更为真切地体会到歌德所一贯重视的一点,那就是通过异域之镜,明照自身,在世界文学之林中,相互借鉴与丰富。

四、译文编选说明

关于本书的编选,我们在此向读者就许渊冲的代表性译文的选择做如下说明:

1. 许渊冲翻译活动特别丰富,在中华翻译家中,像他一样精通英语、法语的不多,像他一样具有 70 余年翻译历程的更少,而翻译到百岁高龄的,更属世上罕见了。他翻译活动丰富,成果卓著,且翻译的大都是文学经典或名著。对他的代表性译文的选择,我们主要基于三个方面的考量:一是在其翻译历程中具有开拓性价值;二是能代表其翻译活动的多样性特点;三是能体现其翻译的文化与思想价值。

2. 基于以上考量,我们拟选择四个方面的代表性译文。第一是许渊冲先生翻译的英语诗歌与戏剧,有泰勒的诗歌《飞马腾空》和德莱顿的戏剧《一切为了爱情》,对这两部在许渊冲翻译生涯中具有开创性意义的作品,许渊冲自己也很看重。第二是许渊冲翻译的法国文学作品,主要是小说。许渊冲翻译的法国文学作品都出自大家,如巴尔扎克的《高老头》《人生的开始》,莫泊桑的《水上》,福楼拜的《包法利夫人》,司汤达的《红与黑》,罗曼·罗兰的《约翰·克里斯托夫》,他还参加了普鲁斯特的《追忆似水年华》的翻译,可以说本本是经典,部部是名译。要在这些作品中,做出选择,的确是很艰难的。权衡再三,我们节选了《人生的开始》,这部小说在巴尔扎克的作品中虽然不是最有名的,但从翻译的角度,从中可以看到许渊冲早期文学翻译的风格与追求。我们还节选了《包法利夫人》《红与黑》《约翰·克里斯托夫》。《包法利夫人》的翻译体现了许渊冲对于语言艺术的追求与探索;《红与黑》的翻译代表了许渊冲独特的个性和理论思考,在国内外具有广泛影响的《红与黑》"汉译大讨论"所聚焦的不少经典例句,都出自许渊冲的译本;《约翰·克里斯托夫》则是许渊冲名著复译的代表之作,他意欲在文学翻译上超越傅雷,并就此在理论与实践两个方面进行了探索。第三是许渊冲的中国哲学经典与诗词英译。如前文所言,许渊冲在这一方面用力最勤,也最为用心。我们主要选择了《论语》《道德经》《诗经》、唐诗与宋词的部分译文。无论是从原著的角度,还是从翻译的角度,节选的这些译文无疑都具有代表性,相信读者会予以认可。第四是许渊冲的中国诗词法译。许渊冲作为英、法双语的翻译大家,其法译作品无疑也应被收录进此卷。为了便于读者阅读,本着精简原则,第一编和第二编的外译中内容是节选,体例为中译文,不附原文;第三编和第四编的中译外内容则为精编,体例为中英双语对照或中法双语对照,此部分目录也做了双语对照。

3. 许渊冲译事宏富,在其漫长的翻译生涯中,具有众多代表性作品,且有些作品有多个版本。关于《中华翻译家代表性译文库·许渊冲卷》的译文选择和版本依据,我曾有机会征求了许渊冲先生本人的意见,他向我推荐了海豚出版社出版的"许渊冲文集"(27卷,2013年)。这部文集具有代表性,许渊冲先生本人曾做了细致校订。因此,本卷依据的主要是海豚出版社的这个版本,法译诗词的选编除了依照"许渊冲文集"(27卷)第15卷《中国古诗词选》外,还参考了许渊冲在"大中华文库"出版的《唐诗选》(五洲传播出版社,2014年)及《精选宋词与宋画》(法汉对照,许渊冲译词,五洲传播出版社,2008年)。关于文中的不规范字、旧的语言习惯、与常规不一致的体例等,本卷采用保留底本的做法,目的是可以保留时代特征,并向读者呈现最真实的译者与译作。例如,《凯撒大将》今通译《恺撒大帝》,在本卷中保留原译书名;《安克悲剧》保留原译书名,但在书名后加注通译名(《安东尼与克柳芭》)以消除读者疑虑。而对文中个别明显错别字、标点符号等谬误,编者已做了比照与校订。

我们在选择中仍有很多遗憾,如他在晚年醉心的莎士比亚的翻译,他对《楚辞》的翻译,对中国传统戏剧的翻译,还有对毛泽东诗词的翻译,都很有特点,限于篇幅,我们只能割爱。

本卷包括"许渊冲译事年表"。学界对许渊冲的翻译历程和作品发表情况有较为细致的梳理,如张智中在《许渊冲与翻译艺术》(湖北教育出版社,2005 年)中整理的"许渊冲著译及学术活动一览表",马红军在《从文学翻译到翻译文学》(上海译文出版社,2006 年)中整理的"许渊冲著译书目及文章",还有许渊冲本人在《翻译的艺术》(五洲传播出版社,2017 年)、《追忆逝水年华——从西南联大到巴黎大学》(生活·读书·新知三联书店,1996 年)、《文学翻译谈》(书林出版有限公司,1998 年)、《诗书人生》(百花文艺出版社,2002 年)、《译笔生花》(文心出版社,2005 年)等著作中所整理的相关资料,这些研究和梳理都对本卷的编选具有重要的参考价值,在此深表谢意。"许渊冲译事年表"的编制,遵循的是准确与简要的原则,记录的主要是许渊冲先生的翻译作品、翻译研究著作和具有代表性的论文。

2021 年 6 月 17 日,惊闻许渊冲先生于 7 时 40 分在家中逝世,享年 100 岁。2022 年 6 月 17 日,恰逢许渊冲先生逝世一周年,谨以此卷敬献与怀念许渊冲先生。希望本书能够帮助读者走近许渊冲,了解许渊冲和他的翻译世界。先生虽已辞世,但他的精神永存。翻译作为跨文化的交流活动,译者所承担的历史使命就是促进世界文化的发展。许渊冲先生正是基于这样的历史担当,在跨文化交流的高度,以充分的文化自觉,以不懈的努力,通过自己富于创造性的翻译,为中西文化交流,尤其是优秀的中华文化走向世界,做出了实实在在的贡献。许渊冲先生的翻译思想和翻译精神意义深远,将会永远勉励作为后辈的我们。

祝一舒

2022 年 6 月 17 日一稿于南京

2023 年 11 月二稿

第一编

汉译英语诗歌与戏剧

飞马腾空（节选）

[美]亨利·泰勒　著

（一）
心口发烧

途　中

你靠着铁丝围成的栅栏，
同老农一起望着庄稼地。
你没有迷路，却请他指点。
其实你只是为了看上一眼
他看见的一切，无论什么，
他的巴掌还在搓碎麦穗。

谷仓的铁皮顶生锈脱漆了，
割草机不圆的铁轮沾上的
泥土也变硬了。他的儿子
都长大搬走了，他的老伴
待在客厅里，那里的光线
和影子一样暗。他闻一闻

手上的谷粒,竖起耳朵来
听干枯的树上知了在叫。
有些以前没死的人,他说,
今天要死了。他举起胳膊,
指着路,告诉你该怎么走,
虽然他已经告诉过你了;

你点点头,谢谢他,想要走,
但是还得站住,再听一会儿
那摇摇摆摆、快要收割的
谷穗发出的轻微飒飒声,
还有那低声说出的朦胧
预言像灰尘一般落下来。

狼阱的黄昏

一次,在戏院的风雨墙外,
我们带了酒和干酪、水果、
法国面包,坐在草地上吃;
谈话有时被一伙人打断,

他们在山坡下面扔飞盘,
你叫我,我叫你,用的语言
我们不懂——是罗曼斯语系,
也许有点像南美人的话。

我们旁观的专家评论说：
这个女人接得好，那个差，
小个子男人扔得准而巧，
飞盘一直飞，旋转力又大，

随风高起一点点，又停住，
然后，像漂流的奶草落下，
慢慢飘向女人伸出的手，
一刹那，万物都返老还童。

最后，他们的圈子缩小了，
挤着坐下，用神秘的语言
唱似曾相识的古老歌谣。
萦回缭绕的每一个音节

仿佛在邀我坐下一起唱，
唱起刀之歌或者爱之歌，
他们的语言浮上我的舌头。
并不是他们比我更快活，

是我听到了可望不可即，
但不用再去寻找的东西。
我很满意，知道它在这儿，
飘浮在伸出的手上，在黄昏里。

火焰切削器

我在光与暗之间等待，在
火焰烧黑的锻工车间门口，
在午间停车场前，我斜眼瞧

那阴暗中的焊接工。他靠在
一条划了粉笔线的钢板上，
把护目镜拉下，遮住前额。

他放出火焰，烧白线的一头。
一小点变红了，金属微滴
开始在喷出的火焰中颤抖，

火星溅落在脚下。这些年
他研究火焰能造出的图形；
他钻孔，在钢板上划图案，

甚至把以前为别的用途
而切断的，又用焊枪接起来。
你已习惯穿烧破的裤脚，

他说，还有钢水滴穿的袖口，
但是谁也不能保证记得：
捡起哪块铁片就会烫手。

有时就是这样

有时就像瞧着似曾相识的脸孔，
但又不能确定它到底像谁——
当然不是像你恨过或爱过的人，
但总是个熟人，熟人。你瞧这张脸

转过去，点点头，从某些角度看，
嘴唇的一条弧线，眉毛一耸起来，
真像某一个人，但你记不起来的脸
又躲开了。这张脸一说话，你听见

他的声音，某几个字的腔调——
对了！虽然是片言只语……也难忘掉，
你记得坐在池塘边上，或面对营火，
听到再三重复的话。只有两个字，

是不是说"把手"？"浴室"？"路口"？该死！
什么"路口"？是个名字；不是这个。
那两个字说起来可能是
有点像你也许听到过的。

话溜走了，你溜走了，偷看一眼，
捶捶脑门。几天后，又想起一张脸，
对了，很像。但那片言只语
却对不上号。一定是别的人。

对了,有时就是这样;有的事就这样;
总有一天你也许说得出到底是什么。

(二)
铁丝网

晾衣服

洗了晾,
　　褶放好:
你和我
　　人已老。

1982 年金斯顿三重唱

怀旧癖大聚会。颤巍巍的老头
　　跑上舞台:沙纳头发花白,声音
　　沙哑,取代了男声、女声分不清
的嘉德和雷诺,但是他的歌喉
回到了三十年前。谁? 这些老头
　　木头木脑地为大团圆而歌唱:
　　嘉德和雷诺也都掺进了哑嗓,
几十年在唱错的歌声中溜走,

却没人听出。不会回到六一年，

　　那时夏洛城外体育馆的听众

　　　　挤破了今天已看不见的门框，

吸引我们去听变得沙哑以前

　　的歌声，歌声能带来希望重重，

　　　　使我们知道明天在什么地方。

（三）
打秋千

宝塔菜

假如世上没有诗，难道

你没有发明诗的才智？

　　　　——霍华德·内梅罗夫

几年前他私下里研究了

怎样吃这种菜，当她端出

切好的绿宝塔，他已心中有数。

他只惊奇（他总觉得惊奇，

当他把宝塔底层的厚叶片摘下，

浸在调味汁里，看见她在看他，

他熟练地把有曲线美的嫩皮

放到他下面一排牙齿的内侧，

用舌尖去舔柔软的菜渣，

而她不出所料，还在解释

如何品尝这种美味，他却

咬掉叶刺去吃菜心），他惊奇的是

什么饥渴的心灵发现了这种菜。

领会无声的语言

今夜窗子把灯光

聚在室内：连墙

也在反光，并把

金色往家具上洒，

家具说出了我们

到底是什么身份，

　我们斜眼看东西，

在做无以名之的游戏：

我们看老木器

眼睛半开半闭，

不等我们转身，

它们就有了新生：

如果我们单独

在一起，它们又变回树木，

　我们种植的树林。

开始，树木谨慎小心

互相唱和呼应：
我们哄它们行
动，熟悉的花就开放，
旧诺言经过改装，
悄悄地再现出来。
风也做个姿态，
　　火中木柴
应声而倒，烟雾

流过了窗玻璃，
旧时曲调响起，
而我们早已忘记。
树林当真醒了；
那轻快的小鸟
闪电般在窗子上反映，
　　微风一阵，
筛下树的阴影，

吹得树叶翻身。
想象之歌吹散
我们的损失，使
我们溶化还原，
散成零乱的叶子，
你和我都变成
我们到目前曾
说过的话，发过的声。

绿色使春天回到树上

我的小儿子蹒跚着下楼,
　　或者从摇晃的书架爬上
摇椅,半路上就尖声喊叫。
　　我倒抽冷气,停止了呼吸,
总恨离他太远,不能扶他。
　　他很少跌跤,我反倒弯腰
驼背,仿佛遥控的线能把
　　他和我联上,如把线放长,
他就不跌倒,我也不用跑
去扶他。我歪着身子祈祷
要学会技巧,求遥控线路
在我们之间能畅通无阻,
我们要把遗传的辫子梳,
教可怜的身子跳旋转舞。

飞马腾空

1.

马跑有两种步法,一种是右腿在前,
一种是左腿在前,右腿在前和镜中
左腿在前的影子一样,左腿在前
又和镜中右腿在前的影子一样。
领先的前腿是最后触地再腾飞空中的。

从跑步的曲线看来,马往往用内侧的
腿先跑。它转动自由,能在腾空时
毫不费力地更换领先的腿,但骑马人
的体重使换腿变得更难。训练马的
目标,就是要使马忘了背上有人。

2.

一片树叶随风侧着飘飞,

　　　　来及时挽救残余的一天;
我像噼啪响的鞭子被举起来,
在梳理过的地面上打拍子,
这样才能学会如何训练

自己抛弃必须超越的技巧。

　　　　有时我用手掬起水来,
看着水从手指间漏掉,
岁月使我的手成了筛子,
但变化的世界顷刻间停止

飞行,又再一次倾向太阳,

　　　　仿佛要打断无心的跃进,
不再飞过不复返的工作和时光。

　　　　我一动不动地在晴空中,

　　　　在倒腿之间的刹那里暂停。

二

一切为了爱情（节选）

[英]德莱顿　著

剧中人物

马克·安东尼	
闻梯迪阿斯	安东尼的大将。
多拉倍拉	安东尼的朋友。
亚勒克萨斯	埃及女王的太监。
塞勒片	爱西斯神庙的祭司。
密利斯	另一个祭司。
安东尼的侍从	
克丽奥佩屈拉	埃及女王。
奥大薇亚	安东尼的妻子。
卡密恩 伊拉斯	克丽奥佩屈拉的侍女。
安东尼的两个小女	

景

亚历山大城。

第一幕

布景　爱西斯神庙

〔爱西斯神庙的两个祭司塞勒片和密利斯上。

塞勒片　怪事年年有,不如今年多,但人们都司空见惯了,反而见怪不怪。我们富饶的尼罗河不到期就泛滥,水势猛烈,出人意外,连看守河岸的农夫都没跑掉就给凶猛的洪水淹死了;人和牲畜都被浪冲到比水位高的树顶上。后来洪水又退得这么快,水从那些鳞族身子下面溜掉;这里留下了些大鱼在岸上喘气;那里躺着些海豚在用大尾巴击着退浪;它们旁边的海马也在烂泥浆里挣扎摇头打滚,滚得污泥四溅。

〔亚勒克萨斯从他们后面上。

密利斯　天啊!但愿这些兆头不要带来灾祸!

塞勒片　昨夜十二点到一点的时候,我经过神庙的一条寂静的走道,忽然起了一阵旋风,哗啦一声,震动了整个屋顶,四周的门户也喀喇作响;托勒密王朝祖坟的小铁门突然吹开,死人都显灵了。在每一块按顺序排列的碑石前站起了一个武装的鬼魂,连最近屈死的小王也抬起了他愧对先人的头颅。紧接着吹来一阵呻吟,一声哀叫:"埃及完了!"吓得我毛骨悚然,两膝发抖,没有看完这可怕的场面,就魂不附体地倒在冰冷的铺道上了。

亚勒克萨斯　(露面)你是在说梦话?还是捏造出这个故事来吓唬我们埃及的小孩子,使他们从小就怕祭司呢?

塞勒片　大人,我没有看见您,也不敢说这些话给您听;但我说的都是千真万确的。

亚勒克萨斯　你靠供神吃饭,吃得太好,胃不消化,就做出这种怪梦来了。

塞勒片　我知道我的职责:这话不敢再说了。

亚勒克萨斯　说这种话太不合适;即使这是真的,现在这时间也不容许你说。在南面,从山边起,罗马的兵营已经遮黑了半边天,好像就要在我们头上爆发的雷雨。

塞勒片　我们胆小怕事、卑躬屈节的埃及人,口里为安东尼祈祷,心里却已经承认奥大维是主人了。

密利斯　那么安东尼为什么还在梦中过日子,不再试试运气,去挽回他在亚克定的损失呢?

亚勒克萨斯　他认为这已经无法挽回了。

塞勒片　但敌人似乎也没有加紧围城啊。

亚勒克萨斯　哦! 怪就怪在这里。在凯撒面前说话最有力量的密西那斯和亚古力柏都是他的对头。他遗弃了夫人,奥大薇亚也再三要求报复;多拉倍拉一度是他的朋友,现在为了一点私怨,也巴不得他早早完蛋:但是,为什么两边打仗的人却似乎都在睡觉呢!

塞勒片　这真奇怪,安东尼过去几天都没和克丽奥佩屈拉见面,却待在这爱西斯神庙里,让忧郁失望来折磨他的心。

亚勒克萨斯　是这样;我们怕他是想用不见面的办法来冲淡他心里的爱情。

塞勒片　如果他打败了,或者向罗马求和,那埃及是注定了要变成罗马的行省的;我们丰收的粮食也一定要用去救济他们的灾荒。如果安东尼能够站得稳,那我们的亚历山大城就可以和骄傲的罗马并立,变成统治者的第二宝座,而命运就像巨大的克罗塞斯一样,可以脚跨两边的海岸,在这边也建立一个同样的大帝国。

亚勒克萨斯　如果天从人愿的话,这些统治人类作威作福的暴君都该灭亡——都该自相残杀;但是我们力不从心,所以不得不寄人篱下,和我们的主子共存亡。

塞勒片　女王受了这个打击怎么样了?

亚勒克萨斯　哦,她还在迷恋,塞勒片,她还在迷恋这个败将,把她自己和他的失败纠缠得分不开;如果她愿意放弃他,愿意把这猎物送到猎人手里去,那就可以保全我们大家;但这是不可能的——这就打破了我的计划,使我不得不改变主意,百般设法把他留在这神庙里,但愿他能永远离开她的怀抱,越远越好。好的,你现在知道事情的真相了;不要再谈你不吉祥的兆头;努力去安定人心吧。

〔闻梯迪阿斯和一个安东尼的侍从且说且上。

塞勒片　这两个罗马人会听见我们的话。那个生人是谁? 看他杀气腾腾,威风凛凛,一表堂堂,样子真个不凡。

亚勒克萨斯　哦,那是闻梯迪阿斯,我们皇帝镇守东方的大将,他是第一个征服帕希亚的罗马人。最近安东尼离开叙利亚回来,就派他留守罗马的边疆。

塞勒片　你似乎很了解他。

亚勒克萨斯　太清楚了。克丽奥佩屈拉和安东尼在西立西亚会面的时候,我第一次看见他:他是我们埃及的死对头。我虽然恨他,但还是不能不承认他是价值连城的,全罗马没有一个人拔剑作战比他更勇敢;他忠于主将,是他的益友,而不是他的奴仆。他从不和安东尼一道纵欲寻乐;但在安东尼头脑冷静的时候,他就能提供意见,拿出主张:总而言之,他是一个货真价实的罗马人:爽直、凶猛、粗鲁。不知道他来对我们的事有什么不利。我们走开一点,好在后面观察他;我还要告诉你们,我为什么到这儿来找你们,我们目前要做什么工作。

〔他们退到舞台的一角;闻梯迪阿斯和待从上前。

闻梯迪阿斯　你说,不要见他吗? 我说,无论如何,我一定要见他。

侍从　他下了命令,不许人接近,违抗命令的就处死。

闻梯迪阿斯　我带给他的消息会使他不再垂头丧气,会使他振作精神,会给他新的生命。

侍从　他连克丽奥佩屈拉都不见。

闻梯迪阿斯　要是他从来没有见过她就好了！

侍从　他不吃，不喝，不睡，什么也不干，只是闷着头想；如果他说话呢，那就只是对自己说狂话：他不把世界放在眼里，叫它滚蛋；有时他咬着嘴唇大骂奥大维这小子；然后嘴里冷笑，喊道："全拿走吧，这个世界才不值得我一顾哩。"

闻梯迪阿斯　这就是他的脾气。他本来要走正路；但有时正路太窄了，而他的灵魂又宽大无边；他就走上了邪道，跑进罪恶的圈子，于是违背本意，胡作乱为；但当他陷入危机，发觉自己的错误时，他立刻痛责前非，恶骂自己不该自作孽，并且不肯饶恕自己像普通人一样做错事，他别的方面实在不是一个普通人啊——他决不能就这样毁了。

〔亚勒克萨斯和两个祭司上前。

亚勒克萨斯　你们已经知道你们该做些什么了，现在，上前去；大声宣读命令。

塞勒片　罗马国民，埃及同胞，静听女王谕旨。克丽奥佩屈拉命令：今天停止工作，举行盛大的仪式，庆祝世界主人的生日，安东尼的诞辰。愿安东尼与女王万寿无疆！愿上天听见我们的呼声！各个公共场所一律同声欢庆。

闻梯迪阿斯　（旁白）好漂亮的空话。

塞勒片　给你们祖先的画像戴上桂冠，把它们挂到门口来；你们柱子上也该缠上桂枝，路上也该散花；让祭司来祭祀天地；把酒倒出来，请天神和你们同乐吧。

闻梯迪阿斯　谁说普天同乐？该死！安东尼正在危险的关头，你们却要大吃大喝，这还够朋友吗？罗马人，真丢脸！把你们的祖像收藏起来，你们祖先地下有知，看见这样不肖的子孙，连他们石像的脸都要气得变红啊。

亚勒克萨斯　我们对安东尼无限敬爱,所以今天该庆祝庆祝,天地都在为他效劳,吉星为他的生辰彻夜不眠,给他散布好运,我们女王连她自己的生日都没这样庆祝,只让它像平常的日子一样,无声无息地就过去了啊。

闻梯迪阿斯　她的生日离今天越远越好;最好她在几百年后再出世,这样她就只能毁灭别的王子,不能毁灭安东尼了。

亚勒克萨斯　你们皇上即使变得不仁,也不至于因为我们女王太爱他而责备她啊。

闻梯迪阿斯　不会说话的祭品会责备祭司吗?不会的,它不知道他是它的刽子手。哦,她用爱情来粉饰他的灭亡,用华丽的金色冠带把他举到杀人不见血的屠场,使灭亡都变得可爱;使他变得简直不像过去的他。我对你说,太监,她真使他没有男子气了。哪个罗马人看见他还能认识他?从前是半个世界的主人翁,现在却没精打采,成了个女人的玩物,从重重荣誉中退缩出来,羁縻在世界的一个小角落里?啊,安东尼!最勇敢的勇士,最好的好朋友!你和天地一样宽宏大量;差不多就是第二个开天辟地的上帝!只要你能打出一个新天下,你就把它送掉。你的一生真是慷慨!打仗时像罗马人的祖先那么拼命;打了胜仗后却比他们留在家里祈祷的童贞女还更可怜!

亚勒克萨斯　除了这些光辉灿烂的美德,但愿你还能加上一条:他对爱他的人总是忠实不变的。

闻梯迪阿斯　但愿我不能加上这条!我为什么和你在一道浪费我宝贵的时光!你是克丽奥佩屈拉的心腹左右,使安东尼走晦运的人。去,告诉你的女王,闻梯迪阿斯到了,她的媚术不能再施展了。你们埃及人打你们的小鼓去,不要把女音混在我们罗马的军号声中。你们不敢为安东尼打仗,就躲到庙里去祈祷,过你们的懦夫节去吧。

〔亚勒克萨斯和塞勒片下。

〔安东尼的侍从再上。

侍从二　皇上驾到,文武百官,一律不准停留,违令者斩。

侍从一　我不敢违抗命令。(与侍从二下)

闻梯迪阿斯　我敢。但是我要先偷看一下他脾气怎么样:然后再见机行事。(退后)

〔安东尼上,行走不安。

安东尼　他们告诉我今天是我的生日,那我要用加倍的悲哀来纪念它。给我生命的日子只配这样过。为什么我像颗高挂天空的流星,虽然光芒万丈,一旦火光消尽,就要落到地上,让凯撒来踏灭?

闻梯迪阿斯　(旁白)我用灵魂起誓,这真难过,非常难过!

安东尼　现在,算算你的成就吧,安东尼,你就是为了这个而生的吗?少年时得天独厚,暴殄天物,到老来只好饥寒交迫了。

闻梯迪阿斯　(旁白)悲伤使他动摇得多么厉害!这阵风暴把他连根拔了起来,使这失败的英雄倒在地上了。

〔安东尼倒地。

躺下吧,帝王的影子;你紧压着的那块土地就是你现在所仅有的帝国了:它现在刚容得你下;过几天它就太大了,当你变成了灰,装在一个小罐子里的时候;那时奥大薇亚(克丽奥佩屈拉是不会活着看见你这样的),那时你就整个都是奥大薇亚的了,这寡妇会亲手把你带到凯撒面前去;凯撒这鳄鱼也会假惺惺地哭了,看见他在这世界上的对手静静地躺在那儿。唉,这简直不堪设想!

安东尼　给我奏乐:奏悲哀的:我要减轻我心头的忧闷,使它化为长吁短叹。——(乐声悠扬)这就有点合我的脾胃了:停一下,我觉得我现在变野了,变成了大自然的儿子;被全世界所抛弃,也抛弃了全世界;生活在树荫浓密的森林里,伸手伸足地躺在凋枯了的橡树下,头靠在长了青苔的树皮上,看起来好像我也是树皮上长出来的;我乱蓬蓬的鬈发像是一丛寄生草,吊在我苍白的脸上;在我脚下,有条小溪潺潺地流着。

闻梯迪阿斯　我觉得我似乎也在那儿哩。

安东尼　羊群跳到我身边来喝水,我看着它们,它们也不怕,把我当作它们的同类。多来些这样的幻想吧,多来些;它哄得我心里平静了。(乐声悠扬)

闻梯迪阿斯　我一定要打扰他,我不能再忍耐了。(走到他面前站住)

安东尼　(跳起)你是闻梯迪阿斯吗?

闻梯迪阿斯　你是安东尼吗?我还是从前的我,但你已不像我们分别时的你了。

安东尼　我现在脾气不好。

闻梯迪阿斯　我也是一样。

安东尼　我要孤独;走开。

闻梯迪阿斯　将军,我敬爱你,所以不愿离开你。

安东尼　不愿离开我!你从哪儿学到这样的回答的?你知道我是谁?

闻梯迪阿斯　你是我的皇上;除了上天以外我最敬爱的人:即使我说过分点也不能算是罪过:你简直就是美德的化身,天神般的人。

安东尼　我是不幸的化身。你硬不愿离开我吗?

闻梯迪阿斯　我不敢大胆说我不愿;但我真不敢离开你;你也太狠了一点,我从那么老远跑来看你,你一见我立刻要把我赶走。

安东尼　现在你已经看见我了,满意了吗?如果你是我的朋友,你已经看得够了;如果你是我的敌人,那简直看得太多啦。

闻梯迪阿斯　(哭)瞧,皇上,这不是普通的眼泪啊。我这四十年来都没哭过;但现在我的眼睛也变成娘儿们的一样了;我实在是情不自禁啊。

安东尼　天呀,他哭了!可怜的好老人,他哭了!又大又圆的泪珠一颗颗地从他满脸的皱纹上滚下来。——不要再流泪了,闻梯迪阿斯,否则,我真要惭愧死了;我的耻辱使你流泪,你的眼泪又使我的耻辱全部出现在我的眼前。

闻梯迪阿斯　我尽力忍住。

安东尼 朋友的眼泪真有传染性:瞧,我也要流泪了。相信我,我并不是因为我自己伤心才哭,而是因为你太难过了啊。——不,老人!

闻梯迪阿斯 皇上。

安东尼 皇上!这是胜利时的称呼;打了胜仗的兵士,挂了彩都不知道,才这样称呼他的主将;但是我的耳朵再也听不到这称呼了。

闻梯迪阿斯 的确。

安东尼 亚克定,亚克定!啊!——

闻梯迪阿斯 你老把它记在心上。

安东尼 这儿,它就在这儿;白天像块铅,夜里像梦魇一样扰乱我短短的不安的睡眠——

闻梯迪阿斯 说吧,痛快说吧。

安东尼 不要逼我说出我的耻辱来。我打了个败仗啊——

闻梯迪阿斯 朱利阿斯也打过败仗。

安东尼 你偏护我,没有说出你想说的一半;因为朱利阿斯他一直打到了底,失败也是正大光明的;而安东尼——

闻梯迪阿斯 说,说下去。

安东尼 而安东尼,——好,你硬要我说——像个懦夫一样逃走了,他的士兵还在作战,他竟逃走了;而且还是第一个逃走的,闻梯迪阿斯。你想诅咒我,我准许你诅咒。我知道你来就准备好了骂我一顿的。

闻梯迪阿斯 不错。

安东尼 我要帮你骂我,——我还做过一个人哩,闻梯迪阿斯。

闻梯迪阿斯 是的,并且是个英勇的人;但是——

安东尼 我知道你想说:但是我失去了理性,这样轻易地、无耻地污辱了军人的名声。唉!在我的荣誉不断增长的时候,我好像在收割葡萄,看着别人的手挤它,压它,自己一动不动,只是坐享其成。命运对我的青春微笑,向我求爱,等到我成了年,又交上了穿紫皇袍的好运。当我初做帝王时,人民都像潮水一般拥护我;天意人心,都把我当作未来和平的保障;我是那么伟大,那么快乐,那么受人民爱戴,连命运都不能破坏我;直等到我自找苦头,故意和命运作对,叫她滚开,把她放走;即使如此,她还是去而复返。最后我白天对她漠不关心,夜里穷奢极欲,使她觉得厌倦,于是她就走了,走了,走了,永远离开我了。战士,帮我咒骂这个疯子,这个自讨苦吃的傻瓜:请你咒我。

闻梯迪阿斯 不。

安东尼 为什么?

闻梯迪阿斯 因为你已经明白了你做了什么事,认识了自己的错误;好比一只蝎子,先给别人打怒了,正在螫住自己,发狂似的要报复哩。我要带点香膏来敷在你的伤处,医治你内心的创痛,恢复你的好运。

安东尼 我知道你会这样做的。

闻梯迪阿斯 我要这样做。

安东尼 哈哈哈哈!

闻梯迪阿斯 你笑了。

安东尼 我笑了,我看见好管闲事的爱情把甘露酒给死人喝。

闻梯迪阿斯 那么,你愿意就这样完了?

安东尼 我已经完了。

闻梯迪阿斯 我说你还没有完。试试你的命运看。

安东尼 我已经一切都完了。你以为我没有充分的理由会失望吗?不,当我发现一切都不可挽救的时候,我就逃离世界,藏身世界以外来嘲笑世界;我现在真心真意地嘲笑它,我认为它不值得占有。

闻梯迪阿斯 但是凯撒可不这么想;他会谢谢你的,因为你给了他他所不能得到的礼物。你愿像达利一样给杀死吗?伸出你的脖子来,服服帖帖地死在凯撒手里吧。

安东尼 不,我会自杀;我已经下了决心。

闻梯迪阿斯 我能和你同死,如果时间到了的话;但是现在命运要我们活下去,打下去,取得胜利呀!

安东尼 你一定在做梦,闻梯迪阿斯。

闻梯迪阿斯 不,是你在做梦;你懒懒地、绝望地睡掉了你的日子,你错误地把这叫做哲学。起来,为了光荣,起来;十二个军团等着你,要叫你做主帅;经过了千辛万苦,挨饿挨晒,我带领他们从帕希亚向尼罗河开来了。看看他们晒黑了的脸,受了伤的肋,开裂了的手,这都是他们忠心耿耿的表现。他们愿意出卖他们残废的身体,但那些整整齐齐的军队还买不起哩!

安东尼 你把他们驻扎在什么地方?

闻梯迪阿斯 在下叙利亚。

安东尼 把他们带到这儿来;这也许是条生路。

闻梯迪阿斯 他们不愿意来。

安东尼 你为什么用口头的帮助来和我的希望开玩笑,使得我加倍地失望?他们真是要造反了。

闻梯迪阿斯 他们是最忠心,最可靠的部队。

安东尼 但他们居然不肯开来救我。哦,戏弄我!

闻梯迪阿斯 他们请求你赶快去率领他们。

安东尼 我现在已经被包围了。

闻梯迪阿斯 只有一条路被截断了;你看我不是到这儿来了吗?

安东尼 我不愿动。

闻梯迪阿斯 他们也许希望知道一点理由。

安东尼 我从来不许我的军队问我的行动的理由。他们为什么拒绝开来?

闻梯迪阿斯 他们说,不愿为克丽奥佩屈拉打天下。

安东尼 他们说什么?

闻梯迪阿斯 他们说,不愿为克丽奥佩屈拉打天下。真的,他们为什么要打仗,使她胜利,使你更成为奴隶?使你得到王国,而你在半夜的宴席上,只要一个吻的代价,又把王国都卖给她了?那时她又要给她的珠宝取新名字了：她会叫她的钻石做某国某国的贡品，每只耳环也都取个新征服的省名。

安东尼　闻梯迪阿斯，我准许你的嘴随便批评我的过错，但是，如果你不想死的话，就不要提克丽奥佩屈拉一个字：她比我所能失去的天下，价值还大得多哩。

闻梯迪阿斯　看啊，神呀，你们把人类交托给什么人了！把欧洲、非洲、亚洲放在天平上，还不如一个轻浮的、微不足道的女人重哩！我想天神也是些安东尼一样的浪子，所以把下界的江山都送给挥金如土的能手了。

安东尼　你越来越放肆了。

闻梯迪阿斯　我以为坦白对你说才是真正敬爱你。

安东尼　敬爱！你简直是傲慢，简直是侮辱！你的兵士都是懦夫，而你也只是个妒忌的叛徒；表面是披了忠诚的外衣，在这儿大发臭脾气。啊，如果你的地位和我相等，兵力和第一个凯撒一样强大，杀你不玷污我的光荣的话，我真要把你杀死！

闻梯迪阿斯　杀死我好了；你叫我做叛徒，已经比杀死我还厉害。

安东尼　难道你还不是叛徒？

闻梯迪阿斯　是不是因为我做了别人不敢做的事，对你说了你真正成了什么人？如果我真是那种人，那两个字我说不出口，我也用不着来找这走晦运的你，来和你共患难，同生死！有什么能够阻挡我把我勇如神鹰的常胜军去加入奥大维的队伍？那我才真是个叛徒，一个有名位的、走好运的叛徒，而且没有人敢那样叫我。

安东尼　原谅我，战士；我刚才太冲动了。

闻梯迪阿斯　你以为我不忠实，以为我这老糊涂会背叛你。杀死我，将军；请你杀死我；其实你用不着动刀，你的残忍已经比你的刀还更厉害。

安东尼　我真不是那样想的；那只是我气头上的话：请你原谅。你为什么要挖出我不愿听的话来激怒我呢？

闻梯迪阿斯　除了你以外,没有一个君王值得我这样忠诚对他;也没有第二个人敢这样大胆对你说话;在爱情迷住了你的眼睛以前,你真是出类拔萃的首领,值得自然去骄傲和夸耀;这样完美,使得创造你的天神都奇怪他们自己的技巧,并且叫了起来:"这一下真妙不可言,弥补了我们设计的缺点。"要不是他们的妒忌心作梗,你一定是给造成长生不死的,当天神要炫耀他的作品时,只消照你的模型再做出一个来就行了。

安东尼　但是克丽奥佩屈拉——说下去吧;我现在受得住了。

闻梯迪阿斯　没什么了。

安东尼　你不敢信任我激动的心情,但是你可以信任它;只有你是爱我的,其余的人都是奉承我。

闻梯迪阿斯　为了那个"爱"字,上天祝福你的好心吧! 我可以相信你是爱我的吗? 请你再说一遍。

安东尼　真的我是爱你的。说吧,说吧,说吧。(*说一声拥抱闻梯迪阿斯一次*)你的赞扬太过分了;但是我要配得上你赞扬,我要弥补一切。你现在要我做什么就做什么;把我带到胜利那儿去吧,你是认识路的。

闻梯迪阿斯　但是,你愿意离开这个——

安东尼　求你不要咒骂她,我愿意离开她;虽然,上天知道,我爱她甚于生命,甚于胜利,甚于帝国,除了光荣以外,甚于一切;但是我愿意离开她。

闻梯迪阿斯　这才是我真正的主上;我们要打仗吗?

安东尼　当然啰,老战士,你一定可以再看见我身披铁甲,带领着我们能征惯战,打败过帕希亚的大军,高声大喊:"跟我来!"

闻梯迪阿斯　啊,这才是我皇上说的话! 这话一说,奥大维就已经打倒了。天神,让我看到这一天吧,如果我能再活十年,把十年换这一天我都心甘情愿啊!

安东尼　啊,克丽奥佩屈拉!

闻梯迪阿斯　又来了？

安东尼　已经完了：在我最后一声叹息中她已经走了。凯撒就会知道，一个情人被迫离开他所最心爱的人时，会做出什么事来。

闻梯迪阿斯　在我看来，你这才算扬眉吐气了：你脸上神采奕奕；说话是英雄本色，行动不同凡人。

安东尼　啊，你已经点着了我心头的火；我的灵魂已经武装起来，全身都是勇气。高贵的作战的热望再度抓住了我：带着这种热望我曾冲上过卡歇斯的营盘；险峻的高山也挡不住我的路；尽管长矛在我前后左右铿锵作响，尽管枪尖插满了我的盾牌，当我们跑在最前面的战士还只杀到山下平原上的时候，我已经占领敌人的战壕了。

闻梯迪阿斯　天神呀，天神呀，再来一次这样的光荣吧！

安东尼　来，我的好战士！我们的壮志铁臂还和从前一样：我渴望着再和敌人交锋一次；而你和我，就像时间之神和死神似的，走在我们大军前面，再尝尝杀敌的滋味；我们要刈草一般杀出一条血路，

　　　　杀得他们的先锋部队弃甲抛戈，

　　　　就在那里开始收获胜利的战果。（下）

第二幕

〔克丽奥佩屈拉、伊拉斯、亚勒克萨斯上。

克丽奥佩屈拉　我做什么好？到什么地方去？闻梯迪阿斯已经说服了他，他要走了。

亚勒克萨斯　他走是去为你打仗呀。

克丽奥佩屈拉　那么，他走以前就该来看看我呀。不要说好听的话了；如果他一走，我就失去了他，而我的全部希望也落空了。

亚勒克萨斯 一个有权有势的女王怎么感情这样脆弱呢？

克丽奥佩屈拉 我并不是女王：这还算个女王吗？被盛气凌人的罗马人包围住，每个钟头都等候着胜利者的锁链？这些都是小事；失去了安东尼，我哪里还有心肠去哀悼别的呢？现在，来吧，奥大维，我再也没有东西可以损失了！准备好你的绳索。我已经具备了做俘虏的条件；安东尼已经使我知道了什么是奴隶的命运。

伊拉斯 放理智点吧。

克丽奥佩屈拉 我没有理智，也不要理智；我已经爱得发狂：为了爱，发狂也是值得的。只有庸俗的人谈起庸俗的恋爱来才能节制悲哀。我的爱带有超越一切的热情，一开头就飞出了理智的范围，现在更到九霄云外去了，哪里还顾得到理智？这样我倒觉得很骄傲；但愿安东尼现在能够看见我！你以为他不会叹气吗？虽然他不得不离开我，但他一定会叹气；因为他天性高尚，温柔多情：我了解他很清楚。唉，不，我现在已经不了解他了；我只是一度了解过他，往事不堪回首。

伊拉斯 过去的事情让它过去吧；娘娘，忘了他吧。

克丽奥佩屈拉 忘不了，永远忘不了，伊拉斯。他一度是属于我的；虽然事情已经过去，但是我往日占有过他的情景，依稀地还在眼前。

亚勒克萨斯 只当他是个朝三暮四、残酷无情、忘恩负义的人算了。

克丽奥佩屈拉 我不能那样想：即使我能那样想，这些想法也顶不了什么事。纵使他背信弃义，残酷无情，我还是爱他啊。

〔卡蜜恩上。

啊，消息怎么样，我的卡蜜恩？他会不会发发善心？会不会不把我抛下？我该活呢，还是该死？——不，我现在是活着呢，还是死了？因为他给你回答的时候，命运就已经注定了我的死活。

卡蜜恩 我看见他，娘娘——

克丽奥佩屈拉 你是不是在预备长篇演说？否则，如果你带来了安慰，就赶快给我吧，我决不奢望别的。

伊拉斯　我知道他爱你。

克丽奥佩屈拉　如果他发了善心，不等她开口，她的眼睛就会先告诉我了；但是现在她在设法把他的话说得婉转一点；如果他要我死，就让我死吧，卡蜜恩，不要掩饰，他说什么，你就告诉我什么。

卡蜜恩　我看见他被他的铁军包围着，他们偶像似的一声不响，一动不动地站在那儿，他用威严的眼光向四面一扫，就看出了每个将领的希望和畏惧；我看他好像已经下了决心，不过心里并不高兴。看见我在人群里要挤进来，他就脸红了，并且叫他们让路。

亚勒克萨斯　这样还有希望。

卡蜜恩　闻梯迪阿斯严厉地、目不转睛地看着我走过，他对我皱眉，意思是要我回去，他很不高兴地让路给我；我带上了你的口信，像你对我说的一样，零乱无章；我把你的叹息和眼泪一桩桩数给他听，向他提出你的可怜的请求，只求他和你会最后一面，他内心就发出了呻吟；我一提到你的名字，他就叹气，好像他的心在碎裂，但是他避开我的视线，犯了罪似的瞧着地上。他似乎不是那个一颔首就可以震惊全军的、威风凛凛的安东尼了；他做出要擦眼睛的样子，趁机会遮住了脸，揩掉一滴要掉下来的眼泪。

克丽奥佩屈拉　那么他哭了？我还值得他掉一滴眼泪吗？如果你下面要说的话不是我愿意听的，那就不要说了，让我这样心满意足地死去吧。

卡蜜恩　他要我说，他很有自知之明，如果他见了你，他决不能拒绝你任何要求；所以——

克丽奥佩屈拉　你是说，他不要见我？

卡蜜恩　所以他恳求你不要使出你的力量，使他无能抵抗；他会像他所应该的那样永远敬爱你的。

克丽奥佩屈拉　这是安东尼对克丽奥佩屈拉用的字眼吗？啊，这两个软弱无力的字：敬爱！我听都不要听！爱一个敬我的人，这是侮蔑我自己！他应该把这两个字留给没有吸引力的奥大薇亚才对。

敬爱是对付妻子的：我是那种东西，那种愚蠢无味的矮胖子，那种自己没有欲望，也不能引起别人的欲望的女人吗？

亚勒克萨斯　爱情蒙蔽了你的眼睛，使你判断错了；正如直的东西在水里都变弯了一样。我的理智还没有乱，我看这个可怕的安东尼是个吓怕了的奴隶，他想避开他的主人，偷偷逃走：可是，我敢以生命担保，如果你追他的话，他又会拖上一条链子，决逃不了。

克丽奥佩屈拉　我能相信你就好了！

亚勒克萨斯　从各种情况看来，我都看得出他是爱你的。虽然利害关系、面子问题逼他逼得很厉害，但他只是犹豫不决，讨价还价，一面却投出了不少求援的眼光。

克丽奥佩屈拉　他带了口信来，他怕跟我见面。

亚勒克萨斯　你还要他怎样呢？他怕跟你争论，这就暴露了他的弱点：你一定得抓紧这个机会。难道他说得还不够明白吗？在我听来，这个口信似乎是说——"来救我吧，克丽奥佩屈拉，来；来，把我从强横霸道的闻梯迪阿斯那里解救出来；来看我，给我一个借口好离开他！"——我听见他的军号响了，这条路是他一定要经过的。请你走开一下；让我先来打动他，使他更容易说服。

克丽奥佩屈拉　一切都由你支配。但是我怕一切都是白费心机。

〔与卡蜜思、伊拉斯同下。

亚勒克萨斯　我也怕这样啊；我没有把心事说出来，怕她泄气；但这是我们最后的一着了，希望老天保佑我们！（下）

〔仪仗队上，有一人拿鹰旗；然后安东尼与闻梯迪阿斯上，众将领后随。

安东尼　奥大维只是个走瞎运的人，什么本领也没有。

闻梯迪阿斯　难道他没有勇气吗？

安东尼　他那一点勇气最多只能壮壮懦夫的胆子。啊，随你怎样骂他，他也不会发火，打起仗来顾虑最多！如果他冒险的话（人家说他在意立利亚冒过一次险去攻打一个城），那是他迫不得已；那时全世界的眼睛都盯在他身上啊;靠那次冒险他就走了七年运;但是他如果暗地里算计你,要对你进行报复的话,那他是万无一失的。

闻梯迪阿斯　我听说你向他个人挑战了。

安东尼　是的,闻梯迪阿斯。你猜他怎么回答?回答得却没有骨气了——他说,一个人想要死,方法并不止一种;而我可没有几种死法。

闻梯迪阿斯　无用!

安东尼　他死的方法很多,因此他宁愿选择别的死法,也不愿意决斗。

闻梯迪阿斯　他恐怕最愿意打摆子或是发高烧。

安东尼　不;一定是冷摆子,不是发高烧;他没有热血,哪里会发高烧而死啊?

闻梯迪阿斯　我看他还是愿意老死在床上。

安东尼　嗳,这才真是他心甘情愿的死法,他愿像盏灯一样一直活到油尽为止,慢慢地爬到生命的绝境。啊,赫鸠力士! 这样一个不敢冒生命危险去打一次大仗的人,为什么能够得到上天的眷顾呢? 为什么他应该统领八万人,在这八万人里面,每一个都比他勇敢啊?

闻梯迪阿斯　你为他打出了天下嘛:菲力比之战就是证明;你用刀枪取得了帝国,却和他平分共享。

安东尼　我真是个傻瓜,我像只高飞的鹫鹰,翅膀上带着这只鹡鸰,等到我飞倦了的时候,他倒飞到我上面去了。好天爷,这个就是——这个就是敢藐视我,敢叫我这个老将让位的人吗? 他能把我赶到天涯海角,把我像垃圾一样扫掉吗?

闻梯迪阿斯　将军,我们浪费时间了,军队都上了马啦。

安东尼　那么下令前进吧:我渴望着离开这监狱般的城市,去会合你的军团;我还要在空阔的战场上再显一次身手。带路吧,我的救星。

　　〔亚勒克萨斯上。

亚勒克萨斯　威震人寰,恩重如山的大皇帝,克丽奥佩屈拉有伤心话送别。

闻梯迪阿斯　好一张油嘴!

亚勒克萨斯　她千请万求,千祈万祷,祝你战胜;她送你千百万声叹息和千百万颗眼泪,还要送给你千百万个亲热的拥抱,千百万个告别的吻;但是这些,她怕已经使你厌倦了。

闻梯迪阿斯　(旁白)假情假义!

亚勒克萨斯　她现在不敢请求你不要离开她,她不敢这样大胆希望,因为她现在命运不好,而你对她的爱情已经到了低潮;她只有在她美丽得像一朵盛开的花,而你的恩宠也与日俱增的时候,才能存这种希望。

安东尼　(旁白)我一定要拿出大丈夫的气概来! ——女王希望要什么?

亚勒克萨斯　首先,这些高贵的战士勇敢地追随你去争取荣誉,——你勇敢的冒险精神使她胆战心惊;——所以她谨将自己最珍惜的东西,将她的全部挂念都交托给他们,——请他们照顾你。

闻梯迪阿斯　对呀,亚克定之战可以证明。

安东尼　让他说下去,闻梯迪阿斯。

亚勒克萨斯　你们,当你们的君王无比的勇气和奋不顾身的热情促使他上前去杀敌的时候,请你们像克丽奥佩屈拉一样跪在他的脚下,倒在他的路上,不要让他踏上死路:告诉他,他这位天神也不是刀枪不入的啊;克丽奥佩屈拉人虽然没有来,心已经跟他来了,他一受伤,她的心就流血了;为了请你们记住她的恳求,她还请你们挂上这些小东西,把它们当做抵押,当你们如愿回来的时候,她愿意把(散珠宝与众将领)全埃及的财富来赎回这些抵押品啊;这个是她献给伟大的闻梯迪阿斯的,她自然不能把他算做敌人,因为他也爱她的主上啊。

闻梯迪阿斯　告诉她,我什么也不要;正当的贫穷并不是可耻的;全东方的钻石也不能贿赂闻梯迪阿斯去做背信弃义的事。我希望看见这些珠宝,还有她所有的光闪闪的珠宝都摆在应该摆的地方。

安东尼　你说谁才应该戴这些珠宝呢?

闻梯迪阿斯　受了委屈的奥大薇亚。

安东尼　你可以收起这些字眼。

闻梯迪阿斯　他也可以收起他的贿赂。

安东尼　难道我不可以有点纪念品吗?

亚勒克萨斯　真的,一件亲切的纪念品;女王,你的奴婢——

安东尼　我的情人。

亚勒克萨斯　是的,你的情人,你的情人说要把她的灵魂送给你,但是她的灵魂早就已经是你的了;所以她谨送上这只红玉手镯,用流血的心镶嵌成的(这象征着她本人的心),希望它能戴在你的手臂上。

　　　　〔献手镯。

闻梯迪阿斯　哟,我的好主上,——我用荣誉的名义请求你,为了你的人格,为了你自己的安全,——不要碰这些有毒的礼物,它们从送礼的人那儿染上了病毒;不要碰它们;它们里面藏了无数最下流的病菌,比乌头草浸过的丝绸还更毒。

安东尼　不,你现在变得太挑剔了,闻梯迪阿斯:情人的赠品戴起来只有光荣啊。什么,不收她的手镯! 我以灵魂起誓,当我孤独地躺在营帐里相思的时候,这手镯不会使我很快地度过不眠的冬夜吗,数数我手臂上美丽的小串珠,每一粒都等于一次温柔的拥抱,一个令人销魂的热吻,而她爱情的狂热时时刻刻都会——这有什么害处呢?

亚勒克萨斯　没有一点儿害处,一点儿也没有,主上,就是对她的害处,现在也永远过去了。

安东尼　(要把手镯束紧)我们武人太笨了——帮我束紧点。

亚勒克萨斯　老实说,主上,我们朝臣做这种事也太笨了。其实所有的男子都笨;连我在内,虽然我不能算个完全的男人。但是我可以说吗？

东尼　可以，随便说。

亚勒克萨斯　那么，主上，只有纤纤的玉手来替你戴玉镯才合适；而这送玉镯给你的人最合适了。

闻梯迪阿斯　混蛋，该死！这个王八太监要毁了你啦。你不会要见她吗？

〔亚勒克萨斯对一侍从低语，侍从下。

安东尼　只不过是和她话别而已。

闻梯迪阿斯　那么我白白地想把一个黑人洗白。你又完啦；你要自投罗网，自缚手足，自取灭亡：她的眼睛就能像凯撒一样毁了你呀。

安东尼　你怕得太早了。我是不会变的；我相信自己的力量；但是我总不应该使她觉得我野蛮，像一个地道的非洲土人一样；我到底是个罗马人，受过人类文化教养。即使是一个客人，只要受过人家殷勤的款待，临别时也该说声再会。

闻梯迪阿斯　你不知道你在她面前多么软弱，多么像个孩子；你经不起她的一个微笑，一个眼色；一声叹息就能解除你的武装。

安东尼　看，她来了！现在你可以看出你的错误——天神啊，我感谢你们：我想象的危险比实在的危险大得多哩，现在危险越近，看起来倒越小了。

闻梯迪阿斯　看结果吧。

〔克丽奥佩屈拉、卡蜜恩、伊拉斯上。

安东尼　啊，夫人，我们又相会了。

克丽奥佩屈拉　这是相会吗？我们不是立刻就得分别吗？

安东尼　我们一定得分别。

克丽奥佩屈拉　谁说我们一定得分别？

安东尼　我们自己的无情的命运。

克丽奥佩屈拉　我们的命运是我们自己造成的。

安东尼　是的，是我们自己造成的；我们已经相亲相爱，使得我们到头来都要同归于尽了。

克丽奥佩屈拉 天神看到我的快乐,感到妒忌羡慕;所以我在天上没有朋友;在地上,人类的任务似乎就只在分开我们两个,全世界都武装起来,反对我的爱情;就连你自己也站在他们一边;你,你也武装起来反对我了。

安东尼 我为后世子孙所做的事,日后总会证明我没有做错,所以请你听我说吧。如果我的真话里面混了一句假话,请你随便怎样骂我;但是现在且请你开开恩,别开口。

克丽奥佩屈拉 既是你这样吩咐,我就做哑巴好了。

闻梯迪阿斯 我倒很喜欢这个样子,他还能摆布她哩。

安东尼 推本求源,我的失败全都是为了你。

克丽奥佩屈拉 啊,天呀!我毁了你!

安东尼 你答应我不做声,现在我还没开口,你就做声了。

克丽奥佩屈拉 好,我听你的。

安东尼 我第一次看见你的时候,那是在埃及,在凯撒还没有看见你的眼睛以前,你把爱情献给了我,但那时你还太年轻,不懂得这套;后来我就立你的父亲为王,这都是为了你的缘故;我知道等到时机成熟,你会领我的情的。但是凯撒忽然插身其间,他的贪婪的手不等果子变红,就把结在树枝上的青果子摘了下来。他是我的主子,此外,他是太伟大了,我不能和他分庭抗礼;但是我还是应该先得到你的,虽然他先享受了你的恩爱。后来,我看见你在西立西亚和罗马作对,我又饶恕了你。

克丽奥佩屈拉 我曾经为我自己说明过——

安东尼 你又失信了。但那时我还是爱你,原谅你那理由不足的借口,把你抱在怀里,虽然你已被凯撒玷污,一半不是我的了。我同你躲到埃及来,世界大事,国家大计,我都不闻不问,把我整个的岁月都贡献给了你。

闻梯迪阿斯 (旁白)是呀,说起来都该害羞啊。

安东尼 至于我怎样爱你,在你脚下跳舞一般溜走的时辰,白天、夜晚都可以做证明,它们所有的工作就只是计算我的热情啊! 一天过去了,除了爱情以外什么也没有看见;又是一天来了,也只看见爱情;太阳天天看都看累了,而我和你相爱并没有厌烦的日子。我每天见你,整天见你;但是每天都和第一天一样,我还是渴望着要多看看你。

闻梯迪阿斯　这倒都是真的。

安东尼　我的妻子福尔薇亚妒忌起来了(说起来她真是情有可原),她就在意大利打起仗来,叫我回去。

闻梯迪阿斯　但你还是不去。

安东尼　我一躺在你怀里,地球便转得特别快,一个钟头一个钟头从我手中溜走,我一点什么也没有抓住——这点我要感谢你的爱情。

闻梯迪阿斯　说得好,最后这点说到家了。

克丽奥佩屈拉　但是我可以说话吗?

安东尼　如果我怂恿你说话不算数,你可以说;否则,不要开口。你现在不做声,证明我不喜欢弄虚作假。福尔薇亚死了(原谅我,天神,她是因为我无情无义才死的);为了天下太平,我娶了凯撒的姐姐奥大薇亚;在她的青春妙龄,如花美丽的时候,我娶了她。现在我赞美她时也不得不脸红,因为我立刻就离开了她。这有什么办法呢? 你在叫我啊,我的爱情命中注定了要服从这个召唤;但这竟使罗马兴师问罪了;这也是为了你的缘故。本来我要打陆战,因为我陆军强;你阻止我;但当我打海战时,你却丢下我,自己逃走了,(啊,我名誉的污点! 永远洗不掉的耻辱!)我不知道我竟临阵脱逃了;我只以为是跟住你走啊。

闻梯迪阿斯　那时她是如何急急忙忙地升起她的紫帆啊! 并且连逃跑都要摆排场,还带走了我们的一半兵力。

安东尼　这些都是你一手造成的。难道你还嫌毁我毁得不够吗? 这个忠实的人,我的最好的、唯一的朋友,聚集了命运给我剩下的十二个军团,这是我最后的救兵了。你很注意这个消息,又要用你的眼睛把他们夺走了。你还有什么可说的呢？如果有，现在说吧，你可以随便说了。

亚勒克萨斯　（旁白）她站在那儿惊惶失措：眼中已经露出了绝望的神色。

闻梯迪阿斯　现在，叹口气来挡住他的路，预备一粒眼泪来收买他的军队吧；他们好像是可以出卖的呢。

克丽奥佩屈拉　既是你，我的裁判官，已经定了我的罪，叫我怎么再来为我自己辩护？难道我要请爱情，请你对我的爱情出来做辩护人？爱情现在已经对我不利，要毁掉我了；因为爱情一旦过去，最好只能被人忘记，弄得不好还会发酸，变成仇恨；所以既然毁掉我能使我的主子高兴的话，我宁愿承认我是有罪的。但是我从前哪里想得到这会使你高兴，你会用这样尖刻的眼光来搜寻我的过错，这样残酷地要致我的死命，这样仔细地留意一切机会要使我陷入不幸的境地呢？说吧，我的主上，我只说到这里为止。虽然我是罪有应得，是不是该轮到你来惩罚我啊？

安东尼　啊，你冤枉我了，你以为我是在搜寻借口，好离开你，除了替我自己辩白之外，还有意归罪于你，以便理直气壮地和你破裂吗？

克丽奥佩屈拉　我低头道谢；既然一个问心无愧的人并不会得罪人，那我可以毫不脸红地承认：我是这样想的。

闻梯迪阿斯　从此以后，我想她做什么事都不会脸红了。

克丽奥佩屈拉　你似乎很难过（这表示你还有情），因为凯撒先享受了我的恩爱，虽然你更值得我爱；为了这点，我的主上，我比你还要难过；因为如果我开始就是你的，我也用不着选择第二次了；我从来就不是他的，我从来就只是你的啊。但是你说凯撒先占有我的爱情。不是这样，我的主上：他先占有我的身体，而你才占有了我的爱情：凯撒爱我，但是我只爱安东尼啊。如果我终于容忍了他，那只是因为我认为对天下第一人应该那样做；所以我一半抑制自己，好像对个暴君一样，他要强迫我给他什么，我就给他什么。

闻梯迪阿斯　啊,妖精!妖精!就算她所夸耀的爱情都是真的,她还不是毁了你吗?千万请你记住这致命的后果!

克丽奥佩屈拉　后果,哦,如果我的死对头要说那是我事先精心策划的,我敢和他当面对质:真的,我爱你,我使你远离了想念你的妻子——福尔薇亚确是如此。他还会说,你离开了奥大薇亚也是为了我;——但你为了个一无可取的我就放弃了丰功伟业,怎能怪我接受你的爱情呢?我如何时常希望另外有个凯撒,像第一个那么伟大,像第二个那么年轻,来向我求爱,我却为了你把他拒绝了!

闻梯迪阿斯　说得真好听,真好听;但是亚克定呢,将军,请记住亚克定。

克丽奥佩屈拉　即使提起那场败仗,我也不怕他恶意的攻击。不错,我是劝你打海战的;但是我并没有出卖你。我逃走了,也没有逃到敌人那儿去。那只是因为我害怕;我真愿我是个男子汉,什么也不怕就好了!那么看见你爱我而眼红的人,也不会因你对我的友情而妒忌了。

安东尼　现在我们两个都不幸福;所以即使没有别的原因,我们的坏运气也要分开我们。请你说一声,你是不是要我留在这儿毁灭我自己?

克丽奥佩屈拉　如果你是问一个朋友的意思,我就说,你走吧;如果你是问一个情人,那我就要你留下来。如果这一定会毁灭你——这两个字真难出口——你还是留下来好。

闻梯迪阿斯　现在你看她这样夸耀爱情的结果?她拼命要把你拉下深渊,和她一同灭亡;但是如果没有你,她也能逃生的话,她立刻会放松手,赶快跑上岸去,永远也不回头看你一眼的。

克丽奥佩屈拉　(给安东尼一纸文件)看看这个再判断我是不是爱你。如果我不愿和你同生死共患难,这不是我的好办法吗?

安东尼　赫鸠力士在上,这是奥大维的笔迹!我认得他写的字:就是这只魔掌,虽然年纪轻轻,可是在杀人害命方面已经遥遥领先,连我都只得屈居第二位了。——瞧，瞧，闻梯迪阿斯，他把埃及加上整个叙利亚送给她做礼物，要求她抛弃我，和他成其好事。

克丽奥佩屈拉 但是你还要离开我！虽然你要离开我，安东尼，但我还是爱你，真的爱你。我拒绝了一个王国；那算不了什么；因为我能舍弃生命，抛弃一切，只是丢不下你。啊，我只要求让我跟你死在一起！这不算一个太难做到的要求吧？

安东尼 还不如跟你活在一起呢。上天能赐与我们的就是这一点了。

亚勒克萨斯 （旁白）他心软了，我们赢了。

克丽奥佩屈拉 不，你应该走；你的事业在那儿呼唤你；是的，你心爱的事业对你的吸引力太大，我纤弱的手臂挽留不住。

〔拿起他的手。

走吧；离开我，军人（因为你已经不再是个情人了）；让我死吧，把我推出你的怀抱，不要管我脸色发白，心惊肉跳，当你们开始出发的时候，让一个人高兴得差不多喘不过气来，让他跟在你们后面高声大叫："她死了。"于是兵士们都欢呼起来，那时你或许会叹口气，摆出你们罗马人严肃的面孔。但闻梯迪阿斯责备一声，你就立刻眉开眼笑，好像人世间根本没有过我这个人似的。

安东尼 天啊，你说得太过分；我简直受不了。

克丽奥佩屈拉 那我怎么办呢，一个被人抛弃的弱女子，而且又是一个恋人——让我在这儿呼吸最后一口气；谁也不要妒忌我在你怀抱里的最后一分钟；我很快就会死的，能多快就多快，好结束你的烦恼。

安东尼 死！还是让我灭亡吧；让我发一次反常的脾气，把天柱打断，把天打塌，来压碎这个世界！我的眼珠，我的灵魂，我的一切！（拥抱她）

闻梯迪阿斯 这玩意儿比你的命运，光荣，名誉还更重要吗？

安东尼 什么，闻梯迪阿斯？这比一切还更重要，我已经不止是战胜了凯撒：我的女王不但是清白的，并且真爱我啊。这，这就是要把我拉下灭亡的深渊的人!"但是如果没有我,她也能逃生的话,她立刻会放松手,赶快跑上岸去,永远也不回头看我一眼!"跪下来,你这诬蔑神明的人,求这受了委屈的清白人饶恕你。

闻梯迪阿斯 　我宁死也不能求饶。你到底走不走?

安东尼 　走!到哪里去?叫我冒天下之大不韪吗?忠诚,信誉,德行,一切的道义都不许我离开她,离开这个把我的爱情看得比两个王国还更有价值的人!天神啊,把这个陀螺般的团团转的地球给你们的孩子,给你们的凯撒玩去吧,把这个中看不中吃的世界便宜点卖给他:我是除了克丽奥佩屈拉以外,什么也不能使我满意的了。

克丽奥佩屈拉 　她整个都是你的。我满心欢喜,简直要在大庭广众之中,做出些放肆的举动来;让这个不懂柔情的糊涂世界把我当做疯子。

闻梯迪阿斯 　啊,女人!女人!女人!所有的天神做好事的力量都没有你们害人的力量大啊。(下)

安东尼 　我们的士兵已经全副武装了。打开那正对凯撒营盘的大门:我要报复他对我进行的阴谋;长时间养精蓄锐,以逸待劳,使我们更容易取得胜利。但我还没有走就急着想回来;因为我所尝过的一切欢乐都在我记忆中奔腾飞跃。我如何渴望黑夜来临啊!

　　那时我们两个又可以重尝爱情的甜蜜。

　　宁死也要再赢得一次对凯撒的胜利。(下)

第二编

汉译法语小说

人生的开始(节选)

[法]巴尔扎克　著

(一)皮埃罗坦要过好日子,美中不足的是什么

在离今天不远的将来,铁路会使某些行业销声匿迹,会使另外一些行业改弦易辙,尤其是那些和巴黎郊区形形色色的交通工具有关的行业。因此,不久以后,本书中的人和物,也许就只会具有考古学上的价值。我们的后辈将来会把这个时代叫做旧时代,但是,他们难道会不乐意知道旧时代的社会文物吗? 盛行了一个世纪的颇有情趣的两轮公共马车,停在协和广场上,挤得皇后大道水泄不通。在一八三〇年,这种马车还多得数不清,现在却不见踪影了;到了一八四二年,即使郊外有最引人入胜的盛会,也难得在路上看见一辆这样的马车。

在一八二〇年,巴黎和以风景闻名的郊区之间,并不都有定时的班车来往。然而,在巴黎方圆十五法里①以内的人烟稠密的市镇中间,杜夏父子车行却垄断了客车运输,并且成了圣德尼城厢大街生意最兴隆的车行。虽然它招牌老,资金多,办事勤快,经营有方,有统筹划一的种种方便,但它却发现圣德尼城厢的两轮公共马车,在和它拼命争夺周围七、八法里以内的生意。巴黎人对郊游的兴致是这样高,郊区的小车行也利用当地的便利条件,和杜夏父子的小运输行竞争起来了。把杜夏车行叫做小运输

---

① 古时一法里大约等于现在四公里半。

行,那是和蒙马特大街的大运输行相对而言的。在这个时期,杜夏车行的生意兴隆,使得许多投机商人眼红。于是不管到巴黎郊外哪个小地方去,都有一些车行会派出漂亮、迅速、舒适的马车,定时从巴黎出发,定时回巴黎去。结果,在巴黎周围十法里以内,在各条城镇交通线上,都出现了激烈的竞争。两轮公共马车被挤垮了,不能再走五、六法里的长途,它就改走短程,这样又维持了几年。最后,四轮公共马车显示了用两匹马拉十八个旅客的优越性,那时,两轮公共马车才不得不服输,退出舞台。今天,如果还有这种行动不便的两轮马车的话,那也只是在专门拆卖马车零件的旧货店里,才偶尔看得见一辆,它的结构和装备都成了研究文物的资料,就像屈维埃①从蒙马特石膏矿里找出来的古生物化石一样。

从一八二二年起,投机商人就和杜夏父子车行竞争,也使当地的小车行受到威胁,好在小车行的车辆往来城镇之间,通常都能得到当地居民的同情和支持。小车行的老板同时也是车夫兼车主,又是对本地的人情世故、物质利益都了如指掌的旅馆老板。他做生意非常精明,常帮旅客一点小忙,却并不要求相应的代价,这样一来,他赚到的甚至比杜夏运输行还多。他会过关漏税。在必要时,他还会违犯规章,多搭几个乘客。总而言之,他和老百姓有交情。

因此,即使在有竞争的时候,老车夫虽然不得不和他的对手平分一个礼拜的生意,但是总有些人宁愿晚点动身,也要和他们熟悉的老车夫做伴同行,尽管他车马的安全情况并不太叫人放心。

有一条路线杜夏父子车行企图垄断,结果竞争更加激烈,那就是从巴黎到瓦兹河上博蒙的大路。直到今天,有人还在和杜夏的继承人杜路兹竞争。这条路线上的生意好得出奇,在一八二二年,已经有三家车行同时跑这条线。尽管杜夏小运输行降低票价,增加开车班次,购置美观的车辆,竞争还是继续不断;因为这条路线的收益非常大,路上有圣德尼和圣布里斯这样的小市镇,还有皮埃菲特、格罗斯莱、埃库安、蓬塞尔、穆瓦塞

①　屈维埃(1769—1832):法国古生物学家。

尔、巴耶、蒙苏尔特、马弗利埃、弗朗孔维尔、普雷斯勒、努安代尔、内尔维尔等村镇。于是杜夏运输行把这条路线延长到香布利,竞争也就到了香布利。今天,杜路兹运输行竟把路线一直延长到博韦了。

在这条通往英国的大路上,有个地方名叫"地窖",从地形的观点看来,这个名字取得相当妙。这里有一条路,通过瓦兹河流域一个风景秀丽的峡谷,直到伊勒·亚当城。这个小城出名的理由有两层:一来它是绝了后嗣的伊勒·亚当家族的发祥地,二来它是波旁·孔蒂王族的故居。伊勒·亚当是个美得迷人的小城,两旁靠着两个大村子:诺让村和帕曼村。这两个村子都以精美的石矿而远近闻名,矿石不但运到巴黎,而且也出口,去建筑现代化的高楼大厦,比如布鲁塞尔大剧院圆柱的基石和雕饰就是用诺让石做的。这带地方虽然风景美妙,而且还有一些王公僧侣或者杰出的画家修建的著名的别墅,例如卡桑、斯托尔、勒瓦尔、努安代尔、佩尔桑等等,但在一八二二年,这带地方的交通运输居然没有出现竞争,而且是由两个马车夫商量好了来共同经营的。

这带地方处在竞争之外的理由不难解释,因为它不在通往英国的大路上,而只有一条石子路从大路上的"地窖"通到伊勒·亚当。这是孔蒂王族出钱铺好的路,全长只有两法里;没有哪家车行愿意从大路上绕这么大的弯子到这里来,何况那时伊勒·亚当又在路的尽头,石子路到这里也就完了。最近几年,有一条大路把蒙莫朗西峡谷和伊勒·亚当峡谷连了起来,从圣德尼起,沿着瓦兹河,经过圣·勒·塔韦尼、梅吕、伊勒·亚当,一直通到博蒙。但在一八二二年,到伊勒·亚当的唯一道路,就只有孔蒂王族铺的这条石子路。

因此,皮埃罗坦和他的搭档垄断了从巴黎到伊勒·亚当的交通运输,地方上的人都喜欢他们。他们的马车来往斯托尔、勒瓦尔、帕曼、香巴尼、穆尔、普雷罗尔、诺让、内尔维尔、马弗利埃等地之间。皮埃罗坦是这样出名,连蒙苏尔特、穆瓦塞尔、巴耶和圣布里斯的居民,虽然就住在大路旁边,也来搭他的车,因为在他的马车里找到座位的机会更多,而开往博蒙的班车却老是满座的。皮埃罗坦和他的搭档相安无事。他们一辆马车从伊勒·亚当出发,另外一辆就从巴黎动身回来,交叉往来,其实谈不上什么竞争。皮埃罗坦已经得到了当地人的好感。再说,在这两个马车夫之中,只有皮埃罗坦一个人在我们这个并非完全虚构的故事里出场。因此,只要知道他们两个一面进行正大光明的竞争,客客气气争取乘客,一面还是和睦相处,也就够了。他们为了节省开支,在巴黎住的是同一家旅馆,合用一个院子,一个马房,一个车棚,一个营业处,一个办事员。这些细节也足以说明皮埃罗坦和他的搭档,用当地人的话来说,是怎样一对"随和的人"了。

他们住的旅馆叫做"银狮旅馆",座落在昂染街街角上,现在还在那儿。不知道从什么时候起,这家旅馆就专门接待马车夫。旅馆老板自己也开了一家车行,专走达马坦一条路线,他的车行地位如此巩固,连它对门的邻居杜夏小运输行也不敢派车辆去抢它的生意。

虽然马车应该在固定的时刻开到伊勒·亚当去,皮埃罗坦和他的搭档在这方面却总有点拖拖沓沓,如果说这种拖沓使他们得到了本地人的好感,却也的确该受到习惯于按时开车的外地客人的严厉批评;但他们的马车是半公半私的班车,所以他们总会在老主顾里面,找得到为他们说好话的人。下午,四点钟的班车一直要拖到四点半才出发;早上,虽然规定是八点开车,但却从来没有在九点以前开出去过。此外,他们自己的这套规矩还有非常大的伸缩性。夏天,那是马车夫的黄金时代,开车时刻是要陌生的旅客严格遵守的,不过对本地人还是有伸缩的余地。这个办法使皮埃罗坦有可能把一个座位卖两次钱,如果有个本地人临时来买票,而又有一个订了座的"倒霉鬼"来晚了的话。在循规蹈矩的人看来,这种伸缩性当然是不足为训的;但皮埃罗坦和他的搭档却推说"时世艰难"啦,冬天亏了本啦,不久要买新马车啦,最后,还推说应该严格遵守章程上的规定,其实章程只有极少几份,而且只给那些硬要看的旅客看看。

皮埃罗坦是个四十岁的人,已经是一家之主了。在一八一五年军队遣散时期①,他就离开了骑兵队,继承了他父亲的旧业。他父亲也是马车夫,驾着一辆不能得心应手的两轮马车,来往于伊勒·亚当和巴黎之间。皮埃罗坦娶了一个小客店老板的女儿之后,就扩充了伊勒·亚当班车的业务,使班车正规化。他做人精明,还像军人一样一丝不苟,使得人家都对他刮目相待。皮埃罗坦(这个名字可能是个别号②)手脚敏捷,做事果断,面部神态变化无常,在那饱经风霜的红糟脸上,已经刻下了一种世故的表情,看起来好像是机灵的神气。此外,他走过的地方多,见过的世面广,随便碰到什么人都能攀谈起来。他的声音,因为习惯于和马说话,习惯于吆喝"当心马车",也变得有点不客气;不过他和大老板们说话的时候,倒还是和声细气的。他的服装像二流马车夫的一样,包括一双本地制的笨重结实、底上打钉的靴子,一条深绿色的粗绒长裤,一件同样料子的上衣。在他赶着载满客人的马车上路的时候,上衣外面,还套上一件蓝罩衫,罩衫的领口、肩头、袖口,都绣了五颜六色的花纹。他的头上戴着一顶鸭舌帽。军人的生活使他形成了不可逾越的等级观念和服从上层人物的习惯;虽然他对老百姓随随便便,但不论对哪个阶层的妇女,他都非常尊重。然而,用他自己的话来说,由于他"用车子装人"装得多了,结果把旅客都看成是会走路的货物,这种货物上了车后,并不像运输行的主要商品那么需要小心照料。

　　皮埃罗坦知道,自从议和③以来,大势所趋,他那一行有了很大的变革,他也不甘心落后于发展的时代。因此,从春天起,他就常常谈到那辆在大名鼎鼎的法里·布雷曼造车厂定做的大马车,旅客越来越多的现象,也使他不得不买一辆大客车了。那时,他的资产只有两辆马车。一辆是他父亲留给他的,属于两轮马车那一类,在冬天使用,他向税务局呈报纳税的也只是这一辆。这辆马车的两侧凸起,车厢里有两条板凳,坐得下六

---

① 一八一五年拿破仑战败,军队遣散。
② 皮埃罗是个丑角的名字。
③ 指一八一五年法国战败议和。

个旅客。板凳上虽然蒙了一层于特雷克黄绒布,坐下去还是硬得像铁。两条板凳中间有根横木为界,横木安装在马车里面两边板壁的凹槽内,在背脊那么高的地方,可以随意装上去,拆下来。

这根横木外面包了一层绒布,可是好看不好用,皮埃罗坦把它叫做"靠背",旅客们却拿它没有办法,因为它既难拆下来,又难装上去。如果说它装拆起来很困难,那装好之后,旅客的肩胛骨却还会更难受;要是你让它横在车厢里,那上车下车都不安全,对于妇女尤其危险。这辆马车两侧鼓起,活像一个孕妇的大肚皮。虽然每条板凳只应该坐三个旅客,却时常有八个人坐在两条凳上,挤得像桶里装的鲱鱼一样。皮埃罗坦居然认为旅客这样坐得更稳,因为他们紧紧挤成一团,摇也摇不动;而三个旅客坐一条板凳却永远撞来撞去,在路上颠簸得厉害的时候,他们的帽子还可能会撞着车篷,那就要撞扁了。在车厢前面,有条木板凳,这是皮埃罗坦的座位,那里也坐得下三个旅客。大家都晓得,坐在那里的旅客叫做"黄鱼"。有时,皮埃罗坦还要搭上四条"黄鱼",自己却坐在旁边的一个木箱子上。木箱钉在车厢的前下方,本来是给"黄鱼"做踏脚用的,里面总是塞满了稻草,或者是不怕踩的行李。这辆马车的车厢外面漆的是黄色,上部漆了一道理发店标志似的蓝色长条,作为装饰。在车厢两侧的蓝色长条上,都漆上了银白色的大字:"伊勒·亚当—巴黎",车厢后面漆着:"伊勒·亚当班车"。

我们的后代要是当真以为这辆马车只能拉十三个人,而且包括皮埃罗坦在内的话,那就错了。这辆马车还有一间四方的行李房,上面盖着一块油布,里面堆着一些大、小箱子和包裹。每逢盛大的节日,这里也坐得下三个旅客;不过谨慎小心的皮埃罗坦只让他的老主顾坐在那儿,而且还要走过检查站三、四百步以后才能上车。车夫们把这间行李房叫做"鸡笼",那里面的旅客每逢路上有个村镇,而村里又有个警察岗哨,就得提前下车步行。那时,警厅"保证旅客安全"的规章明文禁止超额载客,如果皮埃罗坦公然违法,警察虽然大都是他的朋友,也不便于包庇。因此,皮埃罗坦只有用这个办法,才能在星期六下午或者星期一早上,装上十五个旅客。为了要拉得动这辆马车,他就给他那匹名叫"红脸"的超龄老马找了一个伙伴。这个伙伴只有一匹小驹那么大,但他却把它说得好得不得了。这匹小驹是匹雌马,名叫"小鹿";它吃得少,劲儿大,永远不会累垮,真算得上是一匹价值千金的好马。

"我的老婆宁肯不要红脸这样的大草包,也舍不得小鹿哩!"遇到旅客跟皮埃罗坦开玩笑,说他的小马有名无实的时候,他就会这样嚷着说。

另外一辆马车和这一辆不同,它有四个轮子,构造古怪,被称为"四轮马车",坐得下十七个旅客,虽然只该坐十四个。它走起来响声这样大,只要一走出峡谷前山坡上的那片树林,伊勒·亚当的人就会说:"瞧!皮埃罗坦来啦!"它的车厢分成两间,一间叫做"内座",里面有两条板凳,坐得下六个旅客;另外一间有点像篷车,在车子前部,叫做"前座"。前座有一扇镶着玻璃的门,奇形怪状,开关很不方便,要描写它,非得花费很多的笔墨,才有可能讲得清楚。这辆四轮马车还有一个带软篷的顶楼,里面塞得下六个旅客,外面用皮制的门帘挡风。皮埃罗坦坐在前座的玻璃门下一个几乎看不见的位子上。

所有的公共马车都得纳税,这位伊勒·亚当的马车夫却只给他的两轮马车上捐,并且说它只能坐六个旅客,但他每次驾驶四轮马车的时候,也用这一张行车执照。这在今天看来,可能显得非常奇怪;但在开始征收车捐的时候,税局也不敢过分认真,只好容忍马车夫耍的那些欺骗手段。这却使车夫们相当满意,用马车夫自己的话来说,这样他们才可以"嘲弄"收税员。但不知不觉地,吃不饱的税局也变得厉害了。现在,马车如果没有贴上两重印花,证明它的载重量经过鉴定,捐税都已缴清,那就不准通行。一切事物都有它的幼稚时期,连税局也不例外;在一八二二年底,税局的幼稚时期还没结束。夏天,皮埃罗坦的四轮马车常常和两轮小马车同时在大路上走着,装着三十二个旅客,却只上六个旅客的捐税。在这些幸运的日子里,四点半钟从圣德尼城厢开出来的班车,很神气地在晚上十点钟到了伊勒·亚当。皮埃罗坦因此得意洋洋,虽然不得不额外租几匹马,他还是说:"我们干得不坏!"为了要用这套车马在五个钟头之内跑完九法里,他就取消了大路上一般马车都停的那几个站头:圣布里斯,穆瓦塞尔和"地窖"。

"银狮"旅馆占了一块又深又长的地盘。虽然旅馆在圣德尼城厢大街的门面只有三四个窗户,但是它的院子却很深广,整个房屋是紧靠着一堵公共的分界墙建筑的,院子最里首是马房。旅馆的入口像条走廊,门廊的天花板下面停得下两三辆马车。在一八二二年,所有在"银狮"旅馆租了房间的运输行,都由旅馆老板娘代办售票事宜,旅馆里有几家运输行,老板娘就有几本账簿;她管收钱,登记旅客的姓名,和颜悦色地把行李搬到旅馆的大厨房里。旅客们也很满意这种一家人似的随便作风。如果他们来得太早,就坐在大壁炉的炉檐下,或者站在门廊里,或者去棋盘街转角处的"棋盘"咖啡店。棋盘街和昂染街平行,这两条街之间只隔几幢房屋。

这一年的初秋,一个星期六的早上,皮埃罗坦双手穿过罩衫上开的口子,插在裤子口袋里,站在"银狮"旅馆车马出入的门口。从门口往里看,看得见旅馆的厨房和又深又长的院子,在院子的尽头,隐隐约约还可以看见阴暗的马房。往达马坦的客车刚开出去,笨重地追赶着杜夏车行的几辆客车。时间已经是早上八点多钟了。门廊上方看得见一块长方形的招牌,上面写着:"银狮旅馆"。在高大的门廊下面,小马夫和运输行的搬运夫正在瞧着马车"出动"。这种"出动"能叫旅客上当,使他们以为马永远能走得这么快。

"要不要套车,老板?"皮埃罗坦的小马夫见没什么可看的了,就这样问他。

"已经八点一刻了,我还没有看见我的旅客呢!"皮埃罗坦回答说,"他们钻到哪里去了?还是照旧套车吧。管它有没有货运。天啊天!天也不晓得今晚把旅客送到哪里去好,因为天气太好了。而上我这里登记的却只有四个旅客!这真是礼拜六的好生意!当你急着要钱用的时候,总是这样的!这真是个倒霉的行当!干这行可真倒霉!"

"要是旅客太多,你叫他们坐到哪里去呢?你今天只有一辆小马车呀!"搬运夫兼马夫设法安慰皮埃罗坦说。

"我还有辆新马车呢!"皮埃罗坦说道。

"新马车在哪里?"这个胖胖的奥韦涅马夫露出了杏仁般的大板牙笑着问他。

"大饭桶!明天礼拜,它就要上路了,要坐十八个旅客哩!"

"哎唷!的确是辆漂亮的马车,大路上可要热闹了。"奥韦涅人说道。

"这辆马车像开到博蒙去的大客车一样,瞧!崭新的!漆的是金红两色,美得会把杜夏父子活活气死!我要用三匹马来拉车。已经找到了一匹和红脸配对的马,那小鹿就可以挺神气地走在前头了。喂,得了,还是套车吧。"皮埃罗坦说,一面往圣德尼门那个方向瞧着,一面把短烟斗里的烟草压压紧,"我看见那边来了一个妇女和一个挟着包袱的小伙子;他们是来找"银狮"旅馆的,因为他们不理会那些兜生意的两轮马车。嘿!嘿!我看那个妇女还像是个老主顾呢!"

"你总是空车出去,抵达的时候却满载着客人。"他的搬运夫对他说。

"但是没有货运!"皮埃罗坦说,"天啊天!多倒霉!"

墙脚下有两块很大的界石,那是为了防止车轴把墙基撞坏。皮埃罗坦在一块界石上坐了下来,但是神情不安,精神恍惚,有点反常。

刚才的谈话表面上听起来没什么关系,实际上却触动了皮埃罗坦内心深处的莫大的忧虑。什么东西能够使皮埃罗坦心绪不宁呢?还不就是一辆漂亮的马车,可以在大路上显显身手,和杜夏车行比个高低,扩大他的业务,使得旅客称便,夸奖他的马车大有改进,不再听见人家不绝口地抱怨他的"蹩脚马车",这就是皮埃罗坦值得称赞的抱负。

这个伊勒·亚当的马车夫被自己的欲望牵着鼻子走,想要挤掉他的搭档,希望有朝一日,他的对手也许不得不把伊勒·亚当的班车生意让给他一个人干,他已经做了一件不自量力的事。他的确在法里·布雷曼公司订做了一辆马车。这家造车厂刚用英国的方形弹簧代替了法国的鹅颈弹簧和其他过时的发明;不过这些不信任人、又难通融的工厂老板,只肯见钱交货。这些老练的商人不太愿意造好了马车留在厂里占地方,一定要皮埃罗坦先交两千法郎才肯动工。为了满足他们公平合理的要求,这个要争口气的马车夫把他借来的钱和所有的财源都用光了。他的老婆、丈人、朋友都曾为他慷慨解囊。这辆漂亮的大马车,他头一天晚上还到油漆店去看过,它已经一切齐备,只等上路了;不过要它明天上路,一定得先付清车款。

但是,他还差一千法郎呢!他不敢向旅馆老板借这笔钱,因为他欠他的房租。但缺少这一千法郎,就有可能会丢掉预付的两千法郎。至于买新"红脸"的五百法郎,买新马具的三百法郎,还不计算在内。新马和马具都是赊来的,要在三个月内付款。刚才,由于失望而恼羞成怒,又为了要争这一口气,他就大言不惭地说道:明天礼拜,他的新马车要上路了。其实他心里暗自盘算:两千五百法郎当中先付一千五百,也许能使车厂老板软下心来,让他提取车辆。但他考虑了三分钟之后,忽然大声嚷了起来:

"不,他们是些不通人情的狗东西!是卡住人脖子的枷锁!——还不如去找普雷斯勒的总管莫罗先生呢,"他起了一个新念头,就自言自语说,"他是个这样好说话的人,说不定会接受我开出的六个月的期票。"

(二)总管危险了

这时,一个没穿制服的仆人,扛着一个皮箱,从杜夏车行出来,他在那里没有订到下午一点钟开往香布利的班车的座位,就来问马车夫:

"你是皮埃罗坦吗?"

"什么事?"皮埃罗坦说。

"如果你能等个一刻钟的话,我的主人就坐你的车走;如果不能,我就把他的箱子扛回去,那他就只好坐出租马车去了。"

"我可以等个两三刻钟,再多等一会儿也行,小伙子。"皮埃罗坦说,一面斜着眼睛瞧瞧那个漂亮的小皮箱,箱子关得紧紧的,上面有一把刻着纹章的铜锁。

"那好,交给你了。"仆人说,一面把箱子从肩上卸了下来。皮埃罗坦接过箱子,掂了掂,瞧了瞧。

"拿去,"马车夫对搬运夫说,"用软点的稻草把它包好,放在车子后面的柜子里。皮箱上面没有姓名。"他又补说了一句。

"有我家大人的纹章。"仆人说。

"你家大人?那比金子还更可贵了! 去喝一杯吧。"皮埃罗坦眨眨眼睛说,接着就把仆人带到"棋盘"咖啡店去。"伙计,来两杯茴香酒!"他一进门就大声嚷道。"你的主人是谁? 他要到哪里去? 我怎么从来没见过你呀!"皮埃罗坦碰杯的时候问仆人道。

"你不认识我,这也难怪,"仆人接着说,"我的主人到你们那地方去,一年也去不了一回,要去也总是坐自备马车去。他更喜欢奥尔日幽谷,那里有巴黎近郊最美丽的花园,真比得上凡尔赛宫。那是他家祖传的领地,人家就用这块领地的名字称呼他。你不认得莫罗先生吗?"

"你是说普雷斯勒的总管?"皮埃罗坦说。

"对,伯爵大人要到普雷斯勒去两天。"

"啊! 德·塞里济伯爵要坐我的车去?"马车夫叫了起来。

"是的,好伙计,正是这样。但是你得留神! 有件事千万得记住。如果你车上有乡里人,你可别说出伯爵大人的真名实姓。他要隐匿身份旅行,他吩咐我交代你,并且答应给你一大笔酒钱。"

"啊! 这次秘密旅行,说不定和穆利诺的富农莱热老头来商定的买卖有关系?"

"我也不晓得,"仆人回答说,"不过家里准是出了岔子。昨天晚上,我去吩咐马房备车:今天早上七点,老爷要坐多蒙式马车到普雷斯勒去;但是,到了七点,老爷又说不用车了。老爷的亲随奥居斯坦认为他改变主意,是一个从乡里来的妇人来访的结果。"

"是不是有人说了莫罗先生的坏话? 他是个最正派、最规矩的人,真是人中的君子! 哎! 要是他想赚钱的话,他可以大大地捞上一把,真的! ……"

"那他就错了。"仆人一本正经地说。

"那么，德·塞里济先生到底要到普雷斯勒来住了吗？既然公馆已经修理好了，也布置好了。"皮埃罗坦停了一会又问，"听说已经花了二十万法郎，是真的么？"

"如果你我有人家多余花费的钱，我们就成了大老板了。要是伯爵夫人也去普雷斯勒，啊！你瞧吧，那莫罗一家人可休想再享福了。"仆人带着神秘的神气说。

"莫罗先生真是个好人！"皮埃罗坦又说，他老在想着向总管借一千法郎的事，"他叫人乐意为他效劳，并不斤斤计较；又会尽量利用土地的收益，而一切都是为了他的主人！多好的人啊！他时常到巴黎来，总是坐我的车，赏我的酒钱真不少，并且总有一大堆事托我在巴黎办。每天都有三四包东西要带去，不是替先生带，就是替太太带；为了这些托带的小东西，每个月给我一张五十法郎的领款条。莫罗太太很喜欢她的孩子，要是她稍微摆一点阔气，那就是让我去学校接他们，又把他们送回去。每次，她都赏我一百个苏，一个阔气的'贵夫人'也不过如此了。啊！每逢我车上有他们家的人，或是有人要去他们家里，我总是把车子一直开到公馆的铁栅门前……照理应该如此，你说对不对？"

"听说莫罗先生在伯爵大人派他做普雷斯勒的总管以前，身边连一千埃居①都没有。"仆人说。

"不过，自从一八〇六年起，这位先生干了十七年，也该积点家私了！"皮埃罗坦回嘴说。

"这倒是真话，"仆人点点头说，"不过，这样一来，主人可要给人家笑话了。为莫罗着想，我倒希望他已经装满了他的私囊。"

"我从前时常送些时鲜物品，"皮埃罗坦说，"送到肖塞·当坦大街你们公馆里，不过我从来没福气碰上你家老爷或夫人。"

"我家老爷是个好人，"仆人机密地说，"不过，既然他要你保守秘密，

---

①　法国古代钱币名。

不要让人知道他是隐匿身份旅行,那一定是出了什么事。至少,我们公馆里的人都是这样想的;不然,为什么不坐多蒙式马车? 为什么要坐公共马车呢? 难道一位法国贵族老爷还坐不起一辆出租马车吗?"

"出租马车一个来回可能向他要四十个法郎;因为你要晓得,这条路哇,若是你不熟悉的话,真是难走得像松鼠走的路呢。啊! 总是一上一下,"皮埃罗坦说,"贵族老爷也罢,财主老板也罢,每个人都得'精打细算'呀! 假如伯爵大人这次旅行和莫罗先生有关系的话……我的天,万一他出了什么事,那叫我多么着急! 老天呀老天! 难道没有办法预先关照他一声? 因为他的确是一个好人,十足的好人,人中的君子啊! ……"

"咳! 伯爵大人也很喜欢莫罗先生呀!"仆人说。"不过,听着,如果你要我给你一个忠告的话:还是少管闲事为妙。我们照顾自己还忙不过来呢。人家要你怎样做,你就怎样做好了,千万不要在伯爵大人面前耍什么花招。你要晓得,说到底,伯爵是慷慨大方的。只要你帮了他这么一点忙,"仆人说时指着一个手指甲,"他就会帮你这么大的忙。"他说时伸出了一只胳膊。

这个考虑周到的意见,尤其是这个形象化的比喻,出自于德·塞里济伯爵的二等亲随之口,使皮埃罗坦对普雷斯勒领地总管的热心,也不得不冷下去了。

"算了吧,再见,皮埃罗坦先生。"仆人说。

为了了解皮埃罗坦的马车里将要发生的戏剧性事件,这里需要赶快交代一下德·塞里济伯爵和他的总管的生平。

于格雷·德·塞里济先生是弗朗索瓦一世①封为贵族的大名鼎鼎的于格雷议长的嫡系子孙。

于格雷家族的纹章是一半金黄、一半黑色的,纹章上有一道昏暗的金边,中间有两个菱形,一个黑的里面套个金的。纹章上还有一句格言:"日日新"。这句格言和两旁的两个卷筒图案都说明了:在等级森严的时代,

---

① 弗朗索瓦一世,十六世纪法国国王。

平民之家是谦虚谨慎的,我们古老的风俗是淳朴的,人们用音义双关的文字做游戏,这样就得出了伯爵领地的名字:"塞里济"。①

伯爵的父亲在大革命②之前是一届议会的议长。至于伯爵本人,早在一七八七年他才二十二岁的时候,已经是大议会的议员了,那时他就以善于解决困难问题而出名。在大革命期间,他并没有逃往国外,而是住在阿帕戎附近的塞里济庄园里,人家对他父亲的敬重使他幸免于难。他在那里住了几年,照料德·塞里济议长。到一七九四年,他的父亲去世后,他被选入了"五百人议会",担任了立法的工作,这样可以减轻他丧父的悲痛。

雾月十八日③后,德·塞里济先生像议会中所有的名门望族的子弟一样,成了首席执政拉拢的对象。执政把他安置在国务委员会里,要他整顿一个最混乱的部门。这位贵族世家的后裔,竟成了拿破仑庞大宏伟的国家机构中一个最起作用的成员。因此,这位国务委员不久又离开了他原来的部门,去担任大臣的职务。皇帝把他封为伯爵,选他做参议员,他还先后做过两个王国的总督。一八〇六年,这位参议员四十岁的时候,和前侯爵德·隆克罗勒的妹妹结了婚。侯爵的妹妹原来是共和国一位赫赫有名的戈贝尔将军的夫人,二十岁就守了寡,继承了戈贝尔的遗产。这桩亲事门当户对,为德·塞里济伯爵锦上添花,使他巨大的财产增加了一倍,并且还使他成了皇帝封为伯爵兼宫廷大臣的德·鲁弗尔前侯爵的连襟。

一八一四年,德·塞里济先生由于公务繁重,心力劳瘁,健康欠佳,需要休息,就辞去了一切职务,离开了皇帝委派他主管的总督府,回到巴黎。拿破仑见他情况属实,只好照准。这位不知疲劳的皇上,也不相信别人会疲劳,最初却把德·塞里济伯爵的辞职,看做是眷恋故主的背叛行为。所

---

① "日日新"原文是拉丁文,直译是"永远成为更好"。"更好"最后一个字母和"成为"拼成"塞里","成为"最后一个字母和格言的第一个字母又拼成"济"。

② 指一七八九年法国资产阶级革命。

③ 雾月十八日,拿破仑发动政变,自任首席执政,后来称帝。本书中的"首席执政"和"皇帝"都指拿破仑。

以,虽然这位参议员并没有失宠,人家却以为他对拿破仑心怀不满。因此,等到波旁王朝复辟的时候,德·塞里济先生承认路易十八是正统君主,路易十八就对这位成了法兰西贵族的参议员信任备至,派他掌管枢密事宜,封他为国务大臣。三月二十日①,德·塞里济先生并没有到根特去,但他通知拿破仑说:他要继续效忠波旁王室,并且拒不接受百日王朝授予他的贵族爵位。在这短命的朝代,他一直住在他的领地上。在皇帝第二次下台后,他理所当然地又成了枢密院的阁员,被任命为国务会议的副议长兼清算大臣,代表法国,处理战胜国提出的赔款问题。他不讲究个人排场,也没有个人野心,但对公家的事,他却起着很大的作用。没有和他商量,政府就不能作出任何重要的决定;但是他却从来不到宫廷里去,就是在他自己的客厅里也很少露面。这个贵族的生活,开始是专心于工作,结果却变成经常的工作了。伯爵一年四季都是清晨四点钟起床,一直工作到中午,再去处理法兰西贵族院或国务会议副议长的公务,晚上九点钟就睡了。为了酬谢他的劳绩,国王早已授予他骑士的爵位。德·塞里济先生很久以前就得过荣誉团的大十字勋章,还得了西班牙的金羊毛勋章,俄罗斯的圣安德烈勋章,普鲁士的黑鹰勋章,总而言之,他几乎得过欧洲各个宫廷的勋章。在政治舞台上,没有谁像他这样少露面而起大作用的。大家知道:对于这种品格的人,浮华虚荣,显赫恩宠,成败得失,都是无足轻重的。不过除了神甫以外,要是没有特殊的原因,谁也不会过他那样的生活。他这种莫测高深的行为自有他难以启齿的缘故。

他和他的夫人结婚前,先就爱上了她,这种狂热的恋情使他能够忍受和一个寡妇结婚所带来的、不足为外人道的一切痛苦。这个寡妇在再次结婚之前和之后,一直保持着私生活的自由。她再婚后享受的自由甚至更多,因为德·塞里济先生对她非常纵容,就像一个母亲纵容一个娇惯坏

---

① 一八一五年三月二十日,拿破仑重新夺取政权。三月十九日,波旁王朝的国王路易十八就逃到比利时的根特去了,一些效忠王室的大臣也随驾前往。但是拿破仑重新执政只有一百天,在滑铁卢战败后,又被迫退位。

了的孩子一样。他只好把经常不断的工作当做挡箭牌,不让人看出他埋藏在内心深处的悲哀,而政治家是知道如何小心在意地掩盖这类秘密的。此外,他也明白,他的妒忌心理在外人眼里看来,会显得多么荒唐可笑,人家怎么想得到,一个像他这样年高德劭的达官贵人,还会有这样强烈的夫妇感情?他怎么从结婚的头几天起,就给他的夫人迷得神魂颠倒了?当初,他是怎样忍受痛苦而没有报复的?后来,他又怎么不敢再报复了?他怎么用希望来欺骗自己,让时光白白溜了过去?一个年轻、漂亮而又聪明的妻子,又用了什么手腕使他甘心当奴隶的?

回答这些问题需要的篇幅太长,那样会喧宾夺主,而且其中的奥秘,即使男人猜不到,至少女人也能猜到个八九分。但是,我们只想提醒一下:正是伯爵繁重的工作和内心的痛苦不幸地凑合在一起,使他失去了一个男人在危险的竞争中想要博得女人欢心所必不可少的有利条件。因此,伯爵最难堪的、不可告人的隐痛,就是他因为工作过度劳累而得来的毛病,使得他的妻子不喜欢他变得情有可原。他对他的妻子很好,甚至可以说是太好了。他让她当家作主,自由自在;她可以在家里接待全巴黎的人士,下乡或者回城,完全像她做寡妇的时候一样独来独往;他为她照管财产,尽量供她挥霍,好像是个管家。伯爵夫人对她的丈夫也非常尊敬,她甚至还喜欢他的聪明才智;她会说上一句同意他的好话,使他受宠若惊;因此,她只要和他谈上一个钟头,就可以随心所欲地摆布这个可怜的男人。像从前的大贵族一样,伯爵小心在意地保护他妻子的名誉,损害她的名誉,那就是对他进行不可容忍的侮辱。社会上非常钦佩他这种美德,德·塞里济夫人也因而受惠不浅。换了任何别的女人,即使她出身于德·隆克罗勒这样的名门望族,也会觉得自己这样胡作非为,可能要身败名裂的。伯爵夫人却是非常忘恩负义的,但是她连负心都能令人倾倒。她懂得找机会给伯爵的创伤敷上一层香膏。

现在,让我们来说明这位国务大臣隐匿身份旅行的原因吧。

瓦兹河上博蒙有一个名叫莱热的富裕农夫,他经营着一片田地,田地的每一个零星小块都嵌在伯爵的领地内,这有损于普雷斯勒领地的完整美观。这片田地属于瓦兹河上博蒙一个名叫马格隆的老板。一七九九年，这片田地租给莱热的时候，还看不出农业发展的前途；现在，租约就要满期，地产主人却拒绝了莱热要续订租约的建议。很久以来，德·塞里济先生就想摆脱这些犬牙交错的小块田地所造成的麻烦和纠纷，存心要把这片田地全买下来，因为他知道马格隆先生唯一的希望，不过是使他的独生子，那时还是一个普通的税务员，能够被委任做桑利斯地区的税务官。莫罗对他的东家提到过，有人想要抢买这片田地，那就是莱热老头。这个农夫知道，如果他把田地先买过来，再零零碎碎地卖给伯爵，他可以把价钱抬得多高；同时他又出得起一大笔钱来买田，这笔钱比小马格隆当税务官能赚到的还多。两天以前，伯爵急于要了结这桩事，已经把他的公证人亚历山大·克罗塔和他的诉讼代理人戴维尔找来，一起研究这笔买卖的情况。虽然戴维尔和克罗塔都对莫罗总管办这桩事的热心表示怀疑，因为就是有人写匿名信告发莫罗，伯爵才找他们来商量的，但是伯爵反倒替莫罗说好话，说他十七年来，一直是忠心耿耿地为他办事的。

"那么，好吧，"戴维尔回答说，"我建议大人亲自到普雷斯勒去一趟，并且请这位马格隆吃一顿饭。克罗塔也派他的首席帮办去，要带一张留了空页、空行的卖田文契，好填写田地的方位和其他名目。最后，请大人带一张银行支票，可以在要用钱的时候预付一部分田价，还有，千万不要忘了委任他的儿子做桑利斯地区的税务官。要是您不一口气办完这桩事，这片田地就会从您手里溜掉！您还不知道，伯爵先生，这些农夫多么滑头。农夫和外交官打交道，外交官总是要认输的。"

克罗塔也支持这个意见，根据仆人对皮埃罗坦所透露的秘密，意见当然是为法兰西的贵人所采纳了。头一天，伯爵要博蒙班车带信给莫罗，叫他邀请马格隆吃晚餐，好了结穆利诺田产的事。在这桩事之前，伯爵已经吩咐要修复普雷斯勒的公馆。一年以来，一位很时兴的建筑师格兰多先生，每个星期都要到普雷斯勒来一趟。德·塞里济先生来购置田产，同时也是想察看一下装修工作进行得怎么样了。他把修缮房子的事看得很重，因为他打算把他的夫人带来，使她感到意外的高兴。但是，伯爵头一天还想堂而皇之地到普雷斯勒去,究竟出了什么事情,使他要坐皮埃罗坦的马车旅行呢?

说到这里,就不得不谈谈总管的身世了。

普雷斯勒领地的总管莫罗,是一个外省检察官的儿子。这位检察官在大革命时期成了凡尔赛的检察委员。凭了这个身份,莫罗的父亲差不多就保全了德·塞里济先生父子的生命财产。但莫罗公民是一个丹东派;罗伯斯庇尔对丹东派毫不容情,到处追捕他,最后发现了他,就把他在凡尔赛处决了。小莫罗继承了他父亲的思想感情,在首席执政初掌政权的时候,参与了密谋造反的事件。那时,德·塞里济先生以德报德,不肯后人,及时地使已经判决的莫罗免于一死;到了一八○四年,他又为他请求恩赦,得到特准。他先要莫罗在他的办公厅工作,后来又用他做秘书,负责处理他的私人事务。

莫罗在他的保护人结婚之后,不久就爱上了伯爵夫人的一个侍女,并且和她也结了婚。为了避免这种有失身份的结合所造成的尴尬局面——这种情况在宫廷内不乏先例——他就请求去管理普雷斯勒的领地。到了那里,他的妻子可以摆夫人的架子,在那个小天地里,他们两人都不会感到有损尊严。伯爵在普雷斯勒也需要有一个靠得住的人,因为他的夫人喜欢住在离巴黎只有五法里的塞里济领地。这样,三四年来,莫罗就掌握了办事的诀窍,他很聪明;早在大革命以前,他已经在他父亲的事务所学过这一套;那时,德·塞里济先生对他说过:

"你去普雷斯勒不会发大财的,你已经摔过跤了;不过,你会有好日子过的,因为我会为你安排好的。"

的确,伯爵给莫罗一千银币的固定薪水,让他住在下房尽头一所漂亮的楼房里;此外,还准他砍多少木柴取暖,用多少燕麦、稻草和干草喂马,让他从地产收益中抽取一部分实物。一个区长还没有这么好的待遇呢。

在莫罗当总管的头八年里,他细致认真、专心一意地经营着普雷斯勒。当伯爵来视察领地,决定是否添置产业,或者批准修建工程的时候,对他的忠心耿耿印象很深,非常满意,并且给了他大笔赏金。可是等到莫罗生了一个女儿,第三次做爸爸的时候,他在普雷斯勒已经过惯了舒服的生活,就不再把德·塞里济先生对他的莫大恩情放在心上了。因此,到了一八一六年,一向只在普雷斯勒享福的总管,居然接受了一个木材商人二万五千法郎的外快,签订了一个使商人有利可图的租约,准许他在十二年内伐取普雷斯勒领地上的木材。莫罗找借口说:他也许得不到退休金,而他是有儿女的人了,为伯爵干了将近十年,捞一笔也无可厚非;况且,他已经合法地积蓄了六万法郎,再加上这笔款子,就可以在瓦兹河右岸、伊勒·亚当上游的香巴尼区,买到一块价值十二万法郎的田地。政局的变化使伯爵和地方人士都没有注意这笔用莫罗太太名义购置的田产,人家都以为她是从圣洛老家的一个姑奶奶那里继承了一笔遗产。

　　自从总管尝到了地产的甜头以后,他的行为在表面上还是无懈可击的;不过,他可不再放过任何一次可以增加秘密财产的机会了,他三个孩子的利益冲淡、扑灭了他的耿耿忠心。虽然如此,我们还是应该为他说句公道话:即使他接受了贿赂,做买卖时多照顾了自己,甚至有时还会滥用职权,但从法律观点看来,他还是个无罪的人,没有人提得出任何证据来对他进行控诉。根据手脚最干净的巴黎厨娘对法律的理解,他这不过是和伯爵分享他凭本事赚来的钱而已。他这种中饱私囊的办法,也不过是个良心问题罢了。莫罗人很机灵,会为伯爵打算,他决不放过为主人购置便宜田产的好机会,因为他自己也可以从中捞到一大笔礼品。普雷斯勒领地每年收入七万二千法郎。因此,当地周围十法里之内流传着一句话:"德·塞里济先生真是分身有术,找到了莫罗这样一个替身!"莫罗是个谨慎的人,从一八一七年起,就把他每年的收入和薪水都买了公债,这样,他的利息就神不知鬼不觉地增长起来,越积越多。他曾经谢绝过做生意,推辞说自己没有钱。他在伯爵面前这样善于装穷,结果他的两个孩子都在亨利第四中学得到了全额的官费补助。这时,莫罗有十二万法郎的资本买了贬值公债,公债的利息是百分之五,后来涨到八十法郎了。这笔没人知道的十二万法郎,加上在香巴尼不断添置的田产,合起来大约值二十八万法郎,每年可以给他增加一万六千法郎的收入。

　　以上就是伯爵要买穆利诺田产时总管的经济情况。伯爵想在普雷斯勒过安静的日子,就非把穆利诺的田产买到手不可。这片田产包括九十六块土地,每块土地都紧靠或挨近普雷斯勒领地,并且常常像棋盘上的棋子似的插在领地中间,还不用说那些公共的篱笆和分界的沟渠。有时为了砍一棵树,而树属于哪一家并不明确的话,就会发生叫人恼火的争执。换上另外一位国务大臣,为了穆利诺的田产,每年至少也要打上二十次官司。莱热老头想买这片田产,也只是打算转手卖给伯爵而已。这个农夫为了更有把握赚到他垂涎已久的三四万法郎,早就打主意要疏通莫罗了。在星期六这个紧要关头的前三天,莱热老头实在沉不住气了,就在田地当中向总管摊了牌,说他不妨把德·塞里济伯爵的钱投资在商量好了的田地上,可以净得百分之二点五的纯利,这就是说,莫罗可以像平常一样,表面上为他的东家出力,暗地里却能得到莱热送他的四万法郎的外快。

　　"的确,"总管晚上睡觉的时候对他的老婆说,"要是我能从穆利诺地产的买卖中挣到五万法郎——因为大人大约会赏我一万的——那我们就不干了,搬到伊勒·亚当那所诺让石盖的小公馆里去住。"

　　这所精致的小公馆是孔蒂亲王为一位夫人修建的,陈设考究,无美不备。

　　"那我可高兴啦!"他的老婆回答说,"现在住在那里的荷兰人把房子很好地修理了一番,只要我们出三万法郎就肯把房子出让,因为他不得不回到东印度群岛去。"

　　"那我们离香巴尼就只有两步路了,"莫罗接着说,"我还打算花个十万法郎,买下穆尔的田庄和磨坊来。这样,我们一年可以有一万法郎的土地收益,还有一所全区最讲究的房子,房子离地产又只有几步远。此外,公债券一年大约还有六千法郎的利息。"

　　"你为什么不去伊勒·亚当搞个司法官当当呢?那我们就更有地位,而且可以多挣一千五百法郎啦。"

　　"啊!我也打过这个算盘。"

　　莫罗正在盘算这些事情,忽然听说他的东家要来普雷斯勒,并且要他邀请马格隆星期六来吃晚餐，他就赶快派了一个专差，送了一封信去。不料信交到伯爵的第一亲随奥居斯坦手里的时候，已经是深更半夜了，当然不便禀报德·塞里济先生；不过奥居斯坦碰到这种情况，总是照例把信放在伯爵的办公桌上。在这封信里，莫罗请伯爵不必劳神远来，并且请他相信他会尽力把事办好。在他看来，马格隆不愿意整批卖田，说过要把穆利诺的田产分成九十六块来卖；因此，非得使他打消这个念头不可，总管又说，可能不便用真名实姓和他打交道。

每个人都有自己的冤家对头。总管夫妇在普雷斯勒也得罪过一个名叫德·雷贝尔的退役军官和他的妻子。他们先是唇舌相争，然后挖苦讽刺，结果搞得剑拔弩张，势不两立了。德·雷贝尔先生一心只想报复，他要搞得莫罗丢掉饭碗，自己取而代之。这两个主意本来就是相互关联的。因此总管两年来的作为，雷贝尔夫妇全都看在眼里，知道得清清楚楚。就在莫罗派专差送信给伯爵的同时，雷贝尔也打发妻子到巴黎去。德·雷贝尔太太这样急着要求谒见伯爵，可她到的时候伯爵已经就寝了，她在头天晚上九点钟被打发出来，但在第二天早晨七点钟，她还是被领进了伯爵的公馆。

"大人，"她对国务大臣说道，"我的丈夫和我，我们都不是那种写匿名信的人。我是德·雷贝尔的妻子，娘家姓德·科鲁瓦。我的丈夫每年只能领到六百法郎的退休金。我们住在普雷斯勒，您的总管一次又一次地欺侮我们这种安分守己的人。德·雷贝尔先生一点也不会巴结讨好，他当了二十年兵，但是总和皇帝离得很远，他一八一六年退伍的时候才是个炮兵上尉，伯爵大人！您当然知道，军人不在主子跟前，要晋升是多么困难；加上德·雷贝尔先生老老实实，不会逢迎，更得不到他上司的欢心。我的丈夫三年来一直把您总管的所作所为看在眼里，想要使他丢掉他现在的差事。您看，我们是有啥说啥的。莫罗把我们当做对头，所以我们也不放过他。我这次来就是为了告诉您，在穆利诺田产的买卖中，他们把您耍了。他们打算从您这里多赚十万法郎，再由公证人、莱热和莫罗三个人私分。您说要请马格隆吃饭，您打算明天到普雷斯勒去；可是马格隆会装病,而莱热以为田产十拿九稳可以到手,已经到巴黎来提取现款了。我们把这件事一五一十地告诉了您,是因为如果您需要一个不搞鬼的总管的话,我的丈夫就可以为您效劳;虽然他是一个贵族,可是他准会像服兵役一样为您办事。您的总管已经捞到了二十五万法郎的私产,他也没有什么值得同情的了。”

伯爵冷淡地向德·雷贝尔太太道了谢,空洞地答应她帮忙,因为他瞧不起告密的人;但一回想起戴维尔的猜测,他的心里也动摇了;后来忽然一眼看见了总管送来的信,他就一口气把信读完;读到总管请他放心,并且恭恭敬敬地埋怨伯爵不信任他,要亲自过问这区区小事时,伯爵就猜到了莫罗的用意。

“贪污总是随着财富而来的!”他心里想。

于是伯爵向德·雷贝尔太太随便问了几个问题,与其说是要了解详细的情况,不如说是争取时间来观察她。他还给他的公证人写了一张条子,叫他不要再派他的首席帮办去普雷斯勒,而要他亲自去赴宴会。

“要是伯爵先生认为,”德·雷贝尔太太临走之前说,我不应该瞒着德·雷贝尔先生私自来谒见您,那现在至少也该请您相信,关于您那个总管的情况,我们都是自然而然地得到的,丝毫没有做什么欺心的见不得人的事。”

德·科鲁瓦家出生的德·雷贝尔太太笔直地站着,好像一根木桩。伯爵抓紧时间打量她,看到的是一张漏勺似的、到处是洞的麻皮脸孔,平板干瘦的身材,两只闪闪灼人的眼睛,金黄色的鬈发紧贴在心事重重的额头上,身上穿一件褪了色的绿缎子外套,里子是粉红色的,下面是一件紫色圆点的白袍,脚上穿着一双皮鞋。伯爵一望而知这是一个穷上尉的老婆,一个订阅《法兰西邮报》的清教徒,做人规规矩矩,但对一个肥缺能够带来的舒服生活也很敏感,并且非常眼红。

“你说只有六百法郎的退休金?”伯爵回答说,他是在回答他自己,而不是在回答德·雷贝尔太太刚才讲的话。

“是的,伯爵先生。”

"你的娘家姓德·科鲁瓦?"

"是的,先生,这是梅森地方的名门望族,我丈夫也是梅森人。"

"德·雷贝尔先生在第几联队服过役?"

"在炮兵第七联队。"

"好的!"伯爵记下联队的番号时说。

他想把领地交给一个退伍军官管理,可以放心,军官的经历可以到陆军部去调查清楚。

"太太,"他拉铃叫亲随进来时说,"你同我的公证人一道回普雷斯勒去,他会去赴宴的,我会把你的事先告诉他;这是他的地址。我自己也要秘密到普雷斯勒去一趟,我会叫人通知德·雷贝尔先生来见我的……"

因此,德·塞里济先生要坐公共马车外出,并且吩咐不要泄露他的身份。这个消息使马车夫吃了一惊,但并不是一场虚惊。马车夫预感到,他的一个老主顾就要大祸临头了。

(三)同车的旅客

皮埃罗坦走出"棋盘"咖啡店,看见"银狮"旅馆门口有一个妇人和一个小伙子,他职业性的敏感使他一眼就看出了这是他的主顾;因为那个妇人伸长了脖子,露出着急的神情,显然是在找他。那妇人穿了一件重新染过的黑绸子长袍,戴了一顶淡褐色的帽子,披着一条法国制的旧羊毛围巾,脚上穿的是粗丝袜子和羊皮鞋,手里拿着一个草提篮和一把天蓝色的雨伞。这妇人从前一定很漂亮,现在看来约摸有四十岁光景;她蓝色的眼睛不再闪耀着幸福的光辉,这说明她已经很久不过社交生活了。因此她的装束和姿态,都表明她是个全心全意为家务和儿女操劳的母亲。她的帽带已经褪了色,帽子的式样也是三年前才时兴的。她的围巾是用一管断头针加上一团火漆扣住的。这个不知名的妇人着急地等待着皮埃罗坦,要把儿子托付给他。孩子当然是头一次出门,所以母亲要把他一直送到车上,一半是不放心,一半也是心疼孩子。母亲配上这么一个儿子,真可以说是相得益彰;要是没有这个母亲,儿子也就不会给人一眼看穿。母亲不得已让人看见了她那缝补过的手套,儿子穿的浅绿色长上衣,袖子却又太短一点,没有遮住手腕,这说明他正在发育成长,像那些十八、九岁的青年一样。他穿着母亲补过的蓝色长裤,如果上衣一不凑趣,衣摆忽然掀开,就会露出屁股上的补丁。

"不要这样把你的手套扭来扭去,这样会把它扭得越来越皱的。"她正说着,皮埃罗坦就露面了。"你是马车夫吗?……啊!是你呀,皮埃罗坦!"她接着说,并且暂时把儿子丢下,拉着马车夫走了两步。

"你好吗,克拉帕太太?"马车夫回答说,他脸上的神情既流露了几分尊重,也表示了几分随便。

"好,皮埃罗坦。请你照顾照顾我的奥斯卡吧,这是他头一次一个人出门。"

"哦!他一个人到莫罗先生家里去?……"马车夫嚷着说,他想搞清楚这个年轻人是不是的确到那儿去。

"是的。"母亲回答说。

"那么,莫罗太太同意他去?"皮埃罗坦带着一点明白内情的神气接着问道。

"唉!"母亲说,"可惜情形并不像你说的那么好,可怜的孩子;不过为了他的前途着想,也不得不去了。"

这个回答深深地打动了皮埃罗坦的心,使他不敢把他为总管担忧的心事向克拉帕太太吐露,同样,她也不敢叮嘱得太多了,使马车夫看起来成了监护人,那会有损她儿子的体面。因此,他们心里各打各的算盘,口头上只好谈谈天气、道路、沿途的车站等等。趁着这个当儿,不妨来解释一下皮埃罗坦和克拉帕太太之间有什么关系,为什么他们刚才谈了那么两句知心话。

时常,这就是说,每个月总有三、四回,当皮埃罗坦路过"地窖"到巴黎去的时候,他总是发现莫罗总管一看见他的马车来,就向一个园丁做做手势。于是园丁就来帮皮埃罗坦把一两筐装得满满的水果、或者四季的新鲜菜蔬,还有母鸡、鸡蛋、黄油、野味等等,一齐装上马车。总管除了把运费交给皮埃罗坦之外,如果运送的东西里面有过关卡时应该纳捐上税的,总管还会另外给钱。不过这些菜篮、果筐、大包小件,从来不写收件人的姓名地址。只是在头一回,总管为了免得以后再麻烦,就亲口把克拉帕太太的住址告诉了懂事的马车夫,并且叮嘱他千万不要把这件他看得非常重要的事情转托别人去办。皮埃罗坦猜想总管大约是和什么小娇娘有了暧昧关系,不料他一到兵工厂区樱桃园街七号,看到的却不是他想象中的年轻漂亮的美人儿,而只是刚才描写过的克拉帕太太。送信人的身份使他们可以深入许多家庭的内部,接触到不少的秘密;但是盲目的社会也是半个命运的主宰,它使他们不是没受教育,就是缺乏观察力,结果他们也并不危险。因此,几个月后,皮埃罗坦虽然隐隐约约看到一些樱桃园街的内部情况,却还是搞不清克拉帕太太和莫罗先生的关系。

虽然这时兵工厂区一带的房租并不算贵,克拉帕太太还是住在一座楼房后院的四层楼上。当王朝的达官贵人都聚居在土内尔宫和圣保罗大厦的旧址时,这座楼房也做过某个大贵族的公馆。到了十六世纪末年,这些名门望族才瓜分了从前王宫御园所占用的大片土地,因此,这些街道还保留了当年的名字,叫做樱桃园街、大铁栅街、狮子路等等。

克拉帕太太住的这套房间镶了古老的护壁板,它包括三间连在一起的房子:一间餐厅,一间客厅,一间卧房。楼上还有一间厨房和奥斯卡的卧房。这套房间对面,在巴黎人叫做"楼梯口"的地方,看得见一间向外凸出去的房子,这种房间每一层楼都有一间,加上楼梯木架,形状看起来像是一个四方的塔楼,外墙是用大石头砌成的。这就是莫罗在巴黎过夜时住的房间。皮埃罗坦把筐子篮子放在头一间房里的时候,看见那里有六把带草垫的胡桃木椅子,一张桌子和一口碗橱;窗子上挂着赤褐色的小窗帘。后来,他也进过客厅,又看到一些褪了色的、帝国时代的陈旧家具。此外,客厅里只有些必要的陈设,没有这些陈设,房东会怀疑房客付不起房租的。根据客厅和餐厅的摆设,皮埃罗坦猜想得到卧房里的情况。护壁板的横头涂了厚厚一层不红不白的粗糙油漆,使得花边、图案、雕像都看不清楚,不但不像装饰,反而叫人看了难受。地板从来没打过蜡,颜色灰暗,就像寄宿生宿舍里的地板一样。有一次马车夫无意中在克拉帕夫妇用餐的时候走了进去,发现他们的杯盘碗盏,随便什么东西都显得非常寒酸;虽然他们使用的还是银质餐具,但是碟子和汤盘跟穷人家用的并无不同,不是破了一只角,就是修补过,看了叫人觉得可怜。克拉帕先生穿了一件蹩脚的小上衣,拖着一双肮脏的拖鞋,鼻子上老挂着一副绿眼镜。一脱下他那顶戴了五年的、难看得要命的鸭舌帽,就会露出一个尖尖的脑壳,头顶上垂下几根细长而油污的须须,这种须须,诗人是不肯叫它做头发的。这个脸色苍白的人看起来畏畏缩缩,其实却是强横霸道的。在这套朝北的寒酸的房间里,除了对面墙上的葡萄藤和院子角落里的一口水井之外,看不见别的景色。但是在这套房间里,克拉帕太太却摆出一副皇后的气派,走起路来,像是一个只习惯坐车而不走路的女人。在向皮埃罗坦表示谢意的时候,她的眼神往往流露出不胜今昔之感;有时还把几个十二苏的铜板,悄悄地塞到他的手里。她的声音也很娇媚动人。皮埃罗坦不认识奥斯卡,因为这个孩子过去在学校里寄宿,马车夫还没有在他家里碰见过他。

下面就是皮埃罗坦怎么样也猜不到的一段辛酸史,虽然他近来向看门的女人打听过消息,但是那个女人什么也不知道,只知道克拉帕夫妇交二百五十法郎的房租,只有一个女佣人每天早上来几个钟头,帮忙做家务事,克拉帕太太有时还得自己洗洗衣服,她每天付清她的邮资①,仿佛累积起来,这笔债就无法偿还了。

世界上没有,或者不如说,很少有一个犯人是百分之百有罪的。因此,人们很难碰到一个彻头彻尾的坏蛋。一个人向他的老板报账的时候,可能会报假账,揩点油,尽量多占一点便宜;一个人为了挣到一笔钱,或多

---

① 在发明邮票以前,邮费是根据邮件的重量和距离的远近由收信支付的,收费很高。

或少,手脚总会有点不干净;但是很少有人一辈子不做几件好事的。哪怕就是为了好奇,为了面子,或者是反常,或者是偶然,一个人也总有做好事的时刻;他会认为这是错误,可能再也不肯重蹈覆辙了;但是在他一生之中,总有一两次会拔一毛以利天下的,正如一个最粗鲁的人也会有一两次显得文雅一样。如果莫罗的错误情有可原的话,难道不是因为他一心想要救济一个可怜的女人?这个女人对他的情意,曾经使他感到骄傲,而在他有危难的时候,她还为他提供过藏身之所呢。

这个女人在督政府时期非常出名,因为她和当时的五大巨头之一有亲密的关系。由这个有权有势的靠山撮合,她和一个军用物资承办商结了婚。这个商人赚了几百万家私,但到了一八○二年,却给拿破仑搞得破了产。这个商人名叫于松,因为从豪华阔绰的生活突然堕入贫穷困苦的境地而发了疯,跳了塞纳河,丢下了年轻貌美、怀有身孕的于松太太。莫罗和于松太太有非常亲密的关系,但是那时他已被判死刑,不但不能娶军用物资承办商的寡妇,甚至还不得不暂时弃乡背井,离开法国。当时于松太太年方二十二岁,在逆境中,下嫁给一个名叫克拉帕的小职员。克拉帕是个二十七岁的年轻人,从外表看来,人家认为他前途大有希望。但愿上帝保佑女人,不要一看见前途无限的美男子就上当吧!在那个时期,小职员摇身一变就成了大人物,因为皇帝正在搜罗人才。可惜,克拉帕虽然天生一副好皮囊,但却俗里俗气,没有一点智慧。他以为于松太太非常有钱,就假装对她一往情深;但是不管现在也罢,将来也罢,他不但不能满足她过阔绰生活的需要,反而成了她的负担。克拉帕相当不称职地在财政部干一个小差事,每年的收入还不到一千八百法郎。莫罗回到德·塞里济伯爵身边的时候,知道了于松太太的难堪处境,就在他自己结婚之前,设法把她安插到皇太后身边当一等女侍。虽然有了这个有权有势的靠山,克拉帕却没有升过一次级,他的庸碌无能一眼就给人看穿了。一八一五年皇帝倒了台,这位督政府时代引人注目的亚斯巴兹①也跟着没落了。

---

① 亚斯巴兹:古雅典民主派政治家伯里克利的情妇,是当时最有名的妓女。

她没有别的收入，只是巴黎市政厅看在德·塞里济伯爵的份上，给了克拉帕一千二百法郎的年俸。莫罗是这个女人唯一的靠山，当年他曾见过她有百万家产，现在却不得不为奥斯卡·于松在亨利第四中学搞一笔巴黎市政厅的半额官费，还得时时托皮埃罗坦去樱桃园街，送上一切不会引起流言蜚语的东西，去接济一个处境困难的家庭。

奥斯卡是他母亲的唯一希望，是她的命根子。要说这个可怜的女人有什么缺点的话，那就是对她的孩子溺爱得过了头。这个孩子却是他继父的眼中钉。奥斯卡不幸生来有几分愚蠢，这点虽经克拉帕多次点破，做母亲的总是不太相信。这种愚蠢，或者不如说得更确切一点，这种自负，使总管也感到非常担心，他曾经请克拉帕太太把这个年轻人送到他那里去住个把月，好研究和摸索一下他到底干什么行当合适；其实，总管打算有朝一日能把奥斯卡推荐给伯爵，来接替自己的职务。不过，凡事不管好歹，总有一个来龙去脉，因此，指出奥斯卡愚蠢而自负的根源，也许不会是多余的。应该记得，他是在皇太后宫中长大的。在他幼年时代，皇家的荣华富贵已经使他眼花缭乱。他正在塑造中的心灵自然会保存这些灿烂景象的痕迹，留下黄金时代的欢乐节日的印象，并且希望重享这种乐趣。中学生本来就喜欢吹牛夸口，大家都想抬高自己，压低别人，这种炫耀的天性又有幼年时代的回忆作基础，就更发展得毫无止境了。说不定他母亲在家里谈起自己当年是督政府时代的巴黎名媛时，言下也不免有点得意洋洋，忘乎所以。最后，奥斯卡刚念完中学，在校时，交得起学费的阔学生对体力不如他们的公费生毫不客气，动不动就横加侮辱，奥斯卡也得有一手对付他们的办法。至于他的母亲，旧时代殒灭了的荣华富贵，一去不复返的青春美丽，忍受苦难的慈善心肠，对儿子的殷切期望，做母亲的盲目溺爱，和承担苦痛的英勇精神，都混杂在一起，构成了一个崇高的形象，自然会引起好管闲事的巴黎人瞩目。

皮埃罗坦猜不到莫罗对这个女人的深厚感情，也看不出这个女人对她在一七九七年曾经保护过、后来成了她唯一的朋友莫罗的感情，所以就不肯把他猜想到的关于莫罗所面临的危险，过早地泄露给她。仆人那句厉害的话:"我们照顾自己还忙不过来呢!"还有服从"首长"的观念,又回到了马车夫的心头。何况这时皮埃罗坦感到心里千头万绪,正如一千法郎里有好多个五法郎的铜板一样。一次七法里的旅行,在这个可怜的母亲想象起来,当然是一次长途跋涉了,因为在她娴雅的一生中,是很少走出城关一步的。皮埃罗坦不断重复说:"好吧,太太! ——是的,太太!"这也就足以说明马车夫是多么想摆脱这些显然啰嗦而又无益的叮嘱了。

"请你把包袱摆好,万一变天的话也不至于淋湿。"

"我有防雨布哩,"皮埃罗坦说,"再说,太太,你瞧,我们装行李是多么小心啊。"

"奥斯卡,不要在那里待半个月以上,不管人家怎样恳切地留你,"克拉帕太太又回过头来对她的儿子说,"不管你做什么事,你都不会讨莫罗太太喜欢的;再说,你到九月底也该回来了。你晓得,我们还得到贝勒维尔你的姑丈卡尔多家里去呢。"

"是的,妈妈。"

"最要紧的是,"她低声对他说,"千万不要提仆人的事……时刻都要想到莫罗太太做过女仆……"

"是的,妈妈。"

奥斯卡像所有特别爱面子的青年人一样,看见自己在"银狮"旅馆门口这样听教训,显得很不顺心。

"好吧,再见,妈妈;我们就要走了,马已经套好了。"

这个母亲忘记了她是在圣德尼城厢的大街上,居然搂住奥斯卡就吻,并且从提篮里拿出一块好看的小面包来,对他说道:

"咳,你几乎忘了你的小面包和巧克力啦! 我的孩子,我再对你说一遍,千万不要在路上的饭店里吃东西,那里随便什么都卖得比外面贵十倍。"

奥斯卡看见他母亲把小面包和巧克力塞进他的衣袋,真恨不得能离她远远的。但是这个情景却偏偏给两个年轻人看在眼里,他们比这个中学毕业生大几岁,衣服也穿得讲究些,并且没有母亲来送行。他们的举动、打扮、派头,都说明他们已经自立了,这正是一个还受母亲管束的孩子求之不得的。在奥斯卡看来,这两个年轻人简直是身在天堂。

"乳臭未干的孩子在叫妈妈呢!"这两个陌生的年轻人当中的一个笑着说。

这句话传到了奥斯卡的耳朵里,使他打定主意,非常不耐烦地喊了一声:"再见,母亲!"

应该承认,克拉帕太太说话的声音太高了一点,仿佛要让过路的人都知道她多么疼爱儿子似的。

"你怎么啦,奥斯卡?"这个可怜的母亲有点伤心地问道。"你这是什么意思?"她显出严厉的神色说,以为自己能够(这是所有惯坏了孩子的母亲所犯的通病)叫儿子不得不敬重她。"你听我说,奥斯卡,"她立刻又换成温和的声调说,"你喜欢随便说话,不管你知道的也好,不知道的也好,你都喜欢乱说,这是年轻人愚蠢的自负;我要对你再说一遍,记住祸从口出,不要随便开口。你还没有见过世面,我的好宝贝,哪里能识别出你碰到的那些人,因此,千万不要在公共马车上瞎说一通,那会出乱子的。再说,在公共马车上,有教养的人是不随便乱说话的。"

那两个年轻人大约已经走到了旅馆顶里首,转过身来,在旅馆大门下面又可以听到他们穿着马靴走路的声音;他们可能听见了母亲对儿子的训戒;因此,奥斯卡感到面子攸关,不得不甩掉他的母亲,他急中生智,想出了一个大胆的办法。

"妈妈,"他说,"你站在这里两面都有风,当心你会受凉发烧的;再说,我也要上车了。"

孩子的话打动了母亲的心,她又搂住他亲吻,仿佛他是要出远门一样,并且把他一直送上马车,眼睛里还含着泪水。

"不要忘了给仆人五个法郎的赏钱,"她说,"这半个月至少要给我写三封信! 要规规矩矩,记住我的嘱咐。你带的衣服够换洗的了,用不着给人家洗。总而言之,要记住莫罗先生的好心好意,要像对父亲一样听他的话,他叫你做什么就做什么……"

奥斯卡上马车的时候,因为裤脚忽然往上一提,结果露出了他的蓝色长袜,又因为长上衣的下摆掀开了,露出了他裤子上的新补丁。这些小户人家不体面的迹象,一点也逃不过那两个年轻人的眼睛,他们相视一笑,这对奥斯卡的自尊心又是一道新的伤痕。

"奥斯卡定的是一号座位,"母亲对皮埃罗坦说道,"坐到里首去吧。"她接着又对奥斯卡说,眼睛温柔地望着他,脸上露出了慈爱的笑容。

啊!奥斯卡多么惋惜:苦难和忧伤使他的母亲不再像从前那么美丽,贫穷和克己又使她穿不起好衣裳!那两个年轻人里面有一个穿了带马刺的长筒靴,他用胳膊肘捅了捅另外那个年轻人,要他看奥斯卡的母亲,另外那个就撩了撩嘴唇上边的胡须,意思好像是说:"身材倒还不错!"

"怎样才能甩掉我的母亲呢?"奥斯卡心里在嘀咕,脸上也露出着急的神气。

"你怎么啦?"克拉帕太太问他。

奥斯卡假装没有听见,这个没有良心的小畜生!不过在这种情况下,克拉帕太太也未免太不知趣,但是,感情太专一就不会为别人着想了!

"乔治,你喜欢同小孩子一道旅行吗?"一个年轻人问他的朋友。

"喜欢的,如果他们都断了奶,如果他们都叫奥斯卡,如果他们都带了巧克力糖的话,我亲爱的阿莫里。"

这几句话说得不高不低,让奥斯卡爱听就听,不爱听也行;不过奥斯卡的脸色会让乔治看出,一路之上,他可以拿这个孩子开玩笑开到什么程度。奥斯卡真愿没有听见。他东张西望,看看像梦魇一样压在他心上的母亲是不是还在那儿。他晓得她太疼他了,不肯这么干脆离开他的。他不由自主地把他旅伴的穿着和他自己的做了比较,并且感到多半是他母亲的打扮成了那两个年轻人的笑柄。

"要是他们能够走开就好了,这两个家伙!"他心里想。

可惜!阿莫里只用手杖轻轻敲了一下马车的轮子,对乔治说:

"你信得过这老马破车吗?"

"有什么法子呢!"乔治无可奈何地说。

奥斯卡叹了一口气,看到乔治歪戴着帽子,有意显示自己一头金黄鬈发的潇洒派头;而他自己的黑头发却按照继父的意思,推成了士兵式的平头。这个爱面子的孩子长着圆鼓鼓的脸颊,脸色显得非常健康;而他旅伴的脸孔却很俊秀、瘦长,脸色苍白,不过天庭倒还饱满,一件仿开司米的毛背心紧紧裹住他的胸脯。奥斯卡羡慕他深灰色的紧身裤,带有胸饰的卡腰上衣,简直觉得他是一个传奇式的陌生人物,生来高人一等,所以盛气凌人,就像一个丑媳妇见到一个美人儿,总会怪她锋芒外露一样。他长统靴的铁后跟走起路来太响,仿佛一直传进奥斯卡的心房。总而言之,奥斯卡穿着也许是他家里做的、用他继父的旧衣服改成的服装,感到局促不安的程度,正和那个令人倾倒的青年穿着合身的衣服,感到自由自在的程度不相上下。

"这小子钱包里至少也该有十来个法郎吧。"奥斯卡心里想。

那个年轻人转过身来。奥斯卡一眼看见他颈脖上挂着一条金链子,链子那头当然是一个金表,那时在奥斯卡的眼中,这个陌生人就成了个了不起的人物了。

从一八一五年起,奥斯卡就生长在樱桃园街。每逢节假日,总由他的继父到学校去接他,再把他送回去。从青年时代起,除了他母亲这个穷困的家庭之外,他没有见过别的家庭可以进行比较。按照莫罗的意见,他受着严格的管教,不常看戏,最多也只能去杂耍剧院。到了剧场,一个孩子除了看戏之外,即使他能分心看看剧场,也看不到什么高雅的派头。他的继父按照帝国时代的风气,还把挂表放在裤腰间的表袋里,让一根粗粗的金链子挂在肚皮上,表链的另一头系着一束稀奇古怪的小玩意儿,几个印章,一把圆形的扁头钥匙,钥匙头上镶嵌着一幅风景画。奥斯卡一直把这件过时的装饰品当作"好得不能再好的东西"。这时,看见人家满不在乎地摆出一副这样高雅的派头,他就不禁头晕目眩了。

那个年轻人还故意卖弄一双精工细制的手套,而且似乎要使奥斯卡眼花缭乱,他又潇洒地挥舞起一根雅致的金头手杖。奥斯卡已经到了青春时期的最后阶段,到了这个年龄,看来微不足道的小事,都能使他喜不自胜，或者悲不可言；他宁愿咬紧牙关吃苦，也不愿意衣服穿得给人笑话；他爱面子，并不是想在生活中干出一番事业，而是要在琐事上，在穿着上出出风头，装做大人。于是他就爱说大话，越是鸡毛蒜皮般的小事，越要吹得天花乱坠；不过，人们虽然妒忌一个衣冠楚楚的草包，但是也会羡慕有才能的人，崇拜天才。这些缺点如果根源不是在心里面，那只可以归咎于血气方刚，头脑发热。一个十九岁的孩子，而且是独生子，继父又是一年只赚一千二百法郎的穷职员，管他管得挺严，母亲却爱他如命，为他不惜吃苦受罪。一个这样的孩子，看到一个二十二岁的阔绰青年，怎能不佩服得五体投地？怎能不羡慕他波兰式的、有绣花边和绸缎里子的长上衣，仿开司米的毛背心，还有用一个低级趣味的铜环扣在胸前的领带？社会上哪个阶层的人没有这种眼睛往上看的小毛病？就是天生的圣人也得服从这种天性。日内瓦的天才卢梭不也羡慕过汪屠尔和巴克勒①吗？不过奥斯卡的小毛病却发展成了大错误，他感到自己丢了脸，他怪他同路的伙伴，并且心里偷偷地起了一个念头，他也要向他的旅伴露一手，表明他并不低人一等。

那两个漂亮的小伙子老是走来走去，从大门口走到马房，又从马房走到大门口，一直走到街上；他们转回头的时候，老是瞧着缩在车子角落里的奥斯卡。奥斯卡相信他们的讪笑和自己有关，就装出满不在乎的样子。他开始哼起一支自由派人喜欢唱的流行歌曲结尾的迭句："这点要怪伏尔泰，那点却要怪卢梭。"②他想这样大约会使人家把他当做一个诉讼代理人的小帮办。

"咳，他说不定是歌剧院合唱队的。"阿莫里说。

可怜的奥斯卡气得跳了起来，拿起那条做座位靠背的横档对皮埃罗

---

① 巴克勒是卢梭十九岁时形影不离的旅伴；汪屠尔是卢梭爱慕的音乐师。故事见卢梭《忏悔录》第三卷第一章。

② 当时的教会反对伏尔泰和卢梭，把社会上与他们毫不相干的过错，都推到他们身上，于是自由派就编了一些讽刺歌曲，如："农太尔出了个丑八怪，这点要怪伏尔泰；帕莱佐出了个蠢家伙，那点却要怪卢梭。"

坦说：

"我们到底什么时候才开车呀？"

"马上就开车了。"马车夫回答说，他手里拿着马鞭，眼睛却瞧着昂染街。

这时，场面更热闹了，因为又来了一个年轻人，带着一个真正调皮的少年，后面还跟着一个搬运夫，用一根皮带拖着一辆小车。这个年轻人悄没声地对皮埃罗坦说了几句话，皮埃罗坦点点头，就把他车行的搬运夫叫来。搬运夫跑来帮着把小车上的行李卸下，小车上除了两口大箱子之外，还有几个木桶，几把大刷子，几个奇形怪状的大箱子，数不清的大包小包，以及其他用具。两个新来的旅客中，更年轻的那一个一下就爬上了马车的顶层，眼明手快地把这些用具搬上去摆好。可怜的奥斯卡这时正微笑地瞧着站岗似的在街那一边为他送行的母亲，竟没有分心来看一看这些用品，要不然，它们会泄漏天机，说明这两个新旅伴是干哪个行当的。那个调皮的少年大约有十六岁，穿着一件灰色罩衫，腰间扎了一根漆皮带。他的鸭舌帽与众不同地歪戴在头上，露出了一头乱蓬蓬的、非常别致地一直披到肩头的黑色鬈发，显示了他开朗的性格。他那黑色的闪光缎领带在他洁白的脖子上划出了一道黑线，使他灰色的眼睛显得特别灵活。他那涨红了的、富有生气的褐色脸孔，他那相当厚的嘴唇，招风的耳朵，翘起的鼻子，几乎脸上的每一个细微表情都显示了费加罗①的讽刺精神和年轻人无忧无虑的态度；同样，他那活泼的姿势，含讥带讽的眼神，说明他从小就得干活谋生，智力也磨炼出来了。这个孩子仿佛在精神已经有恃无恐，艺术或者职业已经使他成熟，根本不把衣着问题放在心上。他瞧着他没有擦亮的皮靴，显得漠不关心，又在他的粗布裤子上面寻找污点，但与其说是要把污点擦掉，不如说是要看看裤子到底是玷污了还是美化了。

"我身上的色调很美呀！"他抖抖身上的尘土，对他的同伴说。

---

① 费加罗是法国十八世纪著名喜剧作家博马舍作品中的主角，他是一个公爵的仆人，但对贵族统治阶级嬉笑怒骂，讽刺讥嘲。

他同伴的眼神流露出师傅对徒弟的尊严，只要是阅历较深的老眼都可以看出：这个孩子是一个快活的学画的艺徒，用画室里的字眼来说，他就是个"涂画匠"。

"放规矩点，米斯提格里①！"他的师傅用他的绰号叫他，这个绰号当然是画室里的伙伴给他安上的。

他的师傅是个身材瘦削、脸色苍白的年轻人，一头非常浓密的黑发，简直乱得出奇；不过这一头乱发配上他的大脑袋，倒是不可缺少的衬托，他宽阔的脑门也显示了早熟的智慧。他五官不端正的脸孔太奇特了，不能说是难看，但是凹了下去，仿佛这个古怪的年轻人得了慢性病，或者穷得缺乏营养——这也是一种可怕的慢性病，再不然，就是他近来有什么难以忘却的伤心事。他的衣着和米斯提格里的差不多一样，只是大小不同。他穿了一件蹩脚的、美洲绿的旧上衣，不过洗刷得还干净。一件黑背心和上衣一样，钮扣一直扣到颈下，只稍微露出一条围着脖子的红绸巾。一条也和上衣一样旧的黑裤子，松松地绕着他的瘦腿，飘飘荡荡。最后还有一双沾满了污泥的靴子，说明他是走了远路来的。这个艺术家敏锐地打量了一下"银狮"旅馆的内部，它的马房，各式各样的窗口，还有其他细微的部分。他瞧瞧米斯提格里，他的学徒也学他的样子，讥讽地瞧了旅馆一眼。

"真美！"米斯提格里说。

"是的，真美。"他的师傅跟着说。

"我们还是来得太早了，"米斯提格里说，"能不能去随便找点东西嚼嚼？我的肚子也和大自然一样，它最不乐意空着。"

"我们能去喝杯咖啡吗？"他的师傅语气很柔和地问皮埃罗坦。

"不要去太久了。"皮埃罗坦说。

"好！我们可以去个一刻钟。"米斯提格里说，他就这样不知不觉地流露出了巴黎画室里的小徒弟生来善于察言观色的本领。

---

① "米斯提格里"的意思是"小灰猫"。

这两个旅客走了。那时,旅馆厨房里的钟敲了九点。乔治觉得可以理直气壮地质问皮埃罗坦了。

"咳!我的伙计,人家降格来坐你这样的破轱辘车,"他用手杖敲敲车轮子说,"你至少也得按时开车才像个样子呀。真见鬼!坐这种车子并不是开心的事。要不是有非常紧急的事情,坐你这样的车子谁不害怕摔断自己的骨头呢!再说,你耽误了我们这么多时间,你这匹叫做红脸的瘦马怎么也捞不回来啊!"

"趁这两位旅客去喝咖啡的时候,我再给你们套上小鹿好了。"皮埃罗坦答复说。"去吧,你,"他对搬运夫说,"你去看莱热老头是不是坐我的车走……"

"这个莱热老头在哪里呀?"乔治问道。

"就在对面,门牌是五十号,他没有买到博蒙的车票。"皮埃罗坦对搬运夫说,却不回答乔治,就找小鹿去了。

乔治和他的朋友握手告别之后,就上了马车,他摆出一副要人的架势,把一个大公事包放在坐垫底下。他坐在奥斯卡对面的那个角落里。

"这个莱热老头真麻烦。"他说。

"他总不能霸占我们的位子啊,我的位子是一号。"奥斯卡回嘴说。

"我是二号。"乔治接着说。

在皮埃罗坦牵着小鹿出来的时候,搬运夫也拖着一个至少有一百二十公斤重的大胖子来了。莱热老头是一个大肚子、宽背脊的农夫,头发上扑了粉,身上穿了件蓝帆布上衣。他的白色护腿套一直套到膝盖上,把用银扣子扣紧的条纹绒裤也套在里面。他的打着铁钉的皮鞋每只至少有两斤重。最后,他手里还拿着一根带红色的、发亮的粗头硬木棍子,棍子是用一根小皮带套在手腕上的。

"你就是莱热老头吗①?"这个农夫正要把一只脚踩上踏板的时候,乔治本正经地问道。

---

① 原文"莱热"是身轻如燕的意思,乔治故意来取笑他。

"不敢当,你有什么吩咐?"农夫说,同时仰起那张很像路易十八的脸孔。在他胖乎乎的红光满面的两颊中间,耸起了一个大鼻子,这个鼻子随便长在另外哪张脸上,都会显得太大了。他笑眯眯眯的眼睛,给周围的肉团子挤成了一条线。

"喂,帮下忙吧,我的伙计。"他对皮埃罗坦说。

马夫和搬运夫好不容易才把这个农夫抬上了车,乔治还在旁边打气:"加把劲呀!啊嘿!抬呀!"

"啊!我的路并不远了,到了'地窖',我就不再往前走了。"农夫用玩笑来回答别人的玩笑。

在法国,大家都懂得开玩笑。

"坐到里首去吧,"皮埃罗坦说,"里面一共要坐六位。"

"你还有一匹马呢?"乔治问道,"难道它也和驿车的第三匹马一样是不存在的吗?"

"瞧,少老板。"皮埃罗坦用手指着一匹不用人牵就自己走来了的小牝马说。

"他竟把这样一只小虫也叫做马。"乔治惊讶地说。

"咳!这匹小马可不错啊,"农夫坐下来之后说。"我向你们问好啦,诸位先生。——可以开车了吧,皮埃罗坦?"

"还有两个旅客喝咖啡去了,"马车夫答道。

这时,那个脸颊凹下去的年轻人和他的小徒弟也来了。

"开车吧!"这是大家一致的呼声。

"马上就走,"皮埃罗坦回答说,"喂,开车吧。"他对搬运夫说,搬运夫就把挡住车轮的石头搬开。

马车夫拿起红脸的缰绳,喉咙管里发出了"起!起!"的喊声,叫这两匹牲口使劲。虽然看得出来牲口是反应迟钝的,但总算拉动了车子,皮埃罗坦却又把马车停在"银狮"旅馆门前。做完了这个纯粹是准备性的动作之后,他又瞧瞧昂染街,然后把马车交给搬运夫,自己却走开了。

"喂,你的老板是不是老发这类毛病的?"米斯提格里问搬运夫道。

"他到马房里拿饲料去了。"奥韦涅人回答说,他已经学得很世故了,会用各式各样的花招来搪塞敷衍等得不耐烦的旅客。

"总之,"米斯提格里说,"时间使人出事故了①。"

当时,在画室里把成语格言改头换面的风气非常流行。窜改一两个字母,或者换上个把形似或者音近的字,却使格言的意思变得古怪或者可笑,那是一种莫大的开心。

"建设巴黎也不是叹息之功啊②,"他的师傅回嘴说。

皮埃罗坦领着德·塞里济伯爵从棋盘街回来了,当然他们已经谈了几分钟的话。

"莱热老头,请你和伯爵先生换个座位好不好?那样,我的车子可以走得稳些。"

"要是你这样折腾下去的话,我们再过一个钟头也走不了,"乔治说,"要换位子,又要拆掉这根该死的横木,而我们刚才好不容易才把它装上去。为了一个后到的人,却要大家都下车。还是登记哪个位子就坐哪个位子吧;这位先生的位子是几号?喂,点点名吧!你有没有一张旅客名单?你有登记簿吗?这位百角先生的位子在哪里?是什么地方的伯爵呀?"

"伯爵先生……,"皮埃罗坦显得很为难地说,"您要坐得很不舒服了。"

"难道你不会算账吗?"米斯提格里问道。"会算账何必穷装蒜呢③?"

"米斯提格里,放规矩点!"他的师傅板着脸说。

德·塞里济伯爵显然是被旅客们当做一个名叫百角的阔佬了。

"不用麻烦别人,"伯爵对皮埃罗坦说,"我就坐车子前头你旁边那个

---

① 法国有句俗语:"时间使人变世故了",这里故意把"世故"改成声音相似的"事故"。
② 法国有句格言:"建设巴黎不是旦夕之功",这里故意把"旦夕"改成声音相近的"叹息"。
③ 法文"伯爵""账目"同音,还有一句格言:"账算清,朋友亲",这里原文改换了几个音形相近的字。

位子好了。"

"喂,米斯提格里,"师傅对徒弟说,"要尊敬老人,你不知道自己将来也会老得怕人吗?行万里路,省得读万卷书啊①。把你的位子让给这位先生吧。"

米斯提格里打开了马车的前门,像青蛙跳水一样迅速敏捷地跳了下去。

"你可不能做黄鱼呀,老先生。"他对德·塞里济先生说。

"米斯提格里,助人为快乐之本②。"他的师傅回嘴说。

"谢谢你,先生。"伯爵对米斯提格里的师傅说,他就在他身边坐下了。

这位政治家向车子里首看了一眼,他锐利的眼光使奥斯卡和乔治都非常反感。

"我们已经耽误了一个钟头零一刻。"奥斯卡说。

"谁要在车子里当家作主,就该把所有的位子都包下来。"乔治提醒大家说。

德·塞里济伯爵肯定没有人认识他了,就对这些风言风语一概不理,并且装出一个浑厚的阔佬的样子。

"你们要是到晚了,让人家等等你们,不是也很开心吗?"农夫对这两个年轻人说。

皮埃罗坦拿着马鞭,朝圣德尼门望望,他还在犹豫要不要爬到米斯提格里屁股坐不住的那条硬板凳上去。

"如果你还等人的话,"伯爵说道,"那我并不是最后来的了。"

"说得有理,我也同意。"米斯提格里说。

乔治和奥斯卡放肆地笑了起来。

"这个老头子并不厉害。"乔治赏了奥斯卡一个面子,使他受宠若惊。

---

① 法国有句俗话:"旅行会使青年人增长见闻",这里原文改了。
② 这句格言原来是:"狗是人类的朋友。"这里原文改了,所以改用我国俗话:"助人为快乐之本。"

皮埃罗坦坐上驾驶座右边的位子,还扭转身子向后瞧瞧,但在人丛中找不到为了满座他所需要的两个旅客。

"说真的! 再加两个旅客,车子也没有什么不方便。"

"我还没有付车钱呢,那让我下车吧!"乔治吓得赶快说。

"你还等什么呀,皮埃罗坦?"莱热老头说。

皮埃罗坦吆喝了一声,小鹿和红脸都听得出来,这一回是真的要走了,就加了一把劲,赶快向城郊的斜坡冲了上去,但没走几步,步子又放慢了。

包法利夫人（节选）

［法］福楼拜　著

第一部

九

夏尔不在家的时候,她常常走到碗橱前,从折叠好的餐巾中,拿出那个绿绸雪茄烟匣来。

她瞧着烟匣,把它打开,闻闻衬里的味道,闻到的是马鞭草香精加烟味。这是谁的?……是子爵的吧。说不定还是一个情妇送给他的礼物呢。这是在一个红木绷架上绣出来的,情妇把绷架当宝贝似的珍藏起来,生怕人家发现,她在这上面花了多少时间啊!轻柔的卷发吊在绷架上,吊的是刺绣人的重重心事。爱情的气息浸透了绣花底布上的一针一线;每一针扎下的不是希望,就是回忆,这些纵横交错的丝线,不过是在默默无言、不绝如缕地诉说着情人的心而已。然后,一天早上,子爵把烟匣带走了。当烟匣放在宽阔的壁炉框上,放在花瓶和彭巴杜风格的座钟之间时,它听见子爵说过些什么话呢?现在,她在托特。他呢,他在巴黎,多么遥远!巴黎是什么样子?名声大得无法衡量!她低声重复这两个字,自得其乐;这个名字在她听来有如嘹亮的教堂钟声,印在香脂瓶的标签上也闪闪发光。

夜晚,海鱼贩子驾着大车,走过她的窗下,口里唱着《茉荠栾之歌》,把她吵醒了;她听着铁轱辘转出村庄,越走越远,在土路上,响声也越来越小。

"他们明天就到巴黎了!"她自言自语。

于是她的思想也跟着他们上坡下坡,穿过村庄,在星光下,在大路上奔波。不知道走了多远之后,总会到达一个模模糊糊的地方,于是她的梦就断了。

她买了一张巴黎地图,用手指在纸上画着路线,游览京城。她走上大街,每到一个街角,两条路交叉的地方,或是看到一个表示房屋的白色方块,她就停住。最后,她看累了,闭上眼睛,但在黑暗中也看见煤气灯光随风摇曳,听见马车在剧院的柱廊前,咔嗒一声放下脚踏板。

她订了一份妇女杂志《花篮》,还订了一份《纱笼仙女》。她贪婪地读赛马的消息、剧院晚场和首次演出的实况报道,一字不漏。她对女歌星初次登台,对商店开张,都很感兴趣。她知道流行的时装式样、上等裁缝的地址、森林公园和歌剧院每天演出的节目。她研究欧仁·苏描写的室内装饰;她读巴尔扎克和乔治·桑的小说,在幻想中寻求个人欲望的满足。甚至在餐桌上,她也带着她的书,当夏尔一边吃、一边和她谈话的时候,她就翻开书来看。她一读书,总会回忆起子爵。在子爵和书中的虚构人物之间,她居然建立起了联系。这个以子爵为中心的联系圈子越来越大,他头上的光辉也扩散得越来越远,结果离开了他的脸孔,照到她梦想中的其他脸孔上去了。

在艾玛眼里,巴黎比海洋还更模糊不清,它在一片镀了金的银色空气中,闪闪发光。不过这熙熙攘攘的芸芸众生,还是可以分门别类的。艾玛只看到两三类人,就一叶障目,以为他们代表全人类了。第一类人是外交官,他们踏着闪亮的地板,客厅的墙壁上镶满了镜子,椭圆形的桌面上蒙着金丝缘的天鹅绒毯子。这里有长长的礼服、大大的秘密、微笑掩饰下的焦虑不安。第二类是公爵夫人的社交界,他们脸色苍白,睡到下午四点钟才起床;女人都是楚楚动人的天使,裙子下摆镶了一道英吉利花边;男人都是怀才不遇而毫无作为的平庸之辈，为了寻欢作乐，不惜把马跑得筋疲力尽，到了夏天就去巴德温泉避暑，最后，快到四十岁了，不得不娶一个有钱的继承人了事。第三类人是五彩斑斓、成群结伙的文人雅士、舞台明星，过了半夜，他们才来到酒店餐馆的雅座，在烛光下，吃喝玩乐。他们这班人，花起钱来像国王一样不在乎，雄心勃勃，往往异想天开。他们过的是高人一等的生活，在天地之间，在狂风暴雨之中，他们显得超凡脱俗。这三类以外的人，都失落在茫茫人海之中，在艾玛心中没有固定的位置，仿佛他们根本就不存在似的。而且无论什么东西，如果离她越近，她越懒得去想。她周围的一切，沉闷的田野，愚蠢的小市民，生活的庸俗，在她看来，是世界上的异常现象，是她不幸陷入的特殊环境，而在这之外，展现的却是一望无际、辽阔无边、充满着幸福、洋溢着热情的世界。她被欲望冲昏了头脑，误以为感官的奢侈享受就是心灵的真正愉快，举止的高雅就是感情的细腻。难道爱情不像印度的花木一样，需要精耕细作的土壤，特别温暖的气候？月光之下的叹息，依依不舍的拥抱，沾满了泪水的、无可奈何的双手，这些肉体的热血沸腾和心灵的情意缠绵，难道能够离开古堡阳台的背景？只有在古堡里，才有悠闲的岁月、纱窗和绣房、厚厚的地毯、密密的花盆、高居台上的卧榻，还有珠光宝气和仆人华丽的号衣。

驿站的小伙计每天早上来刷洗母马，大木头套鞋践踏着走廊，罩衫上还有窟窿，光脚丫穿着布鞋。有这样一个穿短裤的小马夫也该知足了！他干完活就走，因为夏尔回来，会自己把马牵进马棚，卸下马鞍和马笼头，女仆会抱一捆草来，放进马槽，她也不会干别的了。

娜塔西泪如泉涌地离开了托特之后，艾玛找了一个十四岁的样子很乖的小孤女来干活。她不许小姑娘戴软帽；教她回话不要用"你"，而要称"太太"；端一杯水要用盘子；进来之前先要敲门；教她烫衣浆裳，伺候她穿衣服；想把她培养成贴身的女仆。新来的使女很听话，不发牢骚，以免被女主人辞退；因为太太经常不锁橱子，费莉西每天晚上偷一小包糖，做完晚祷之后，一个人躺在床上吃。

下午，她有时也去对面驿站找马车夫闲谈。太太待在楼上的房间里。

艾玛穿一件领子敞开的室内长袍,上身带披肩的翻领之间,露出了打褶的衬衫,上面有三粒金纽扣。她腰间系一条有大流苏的腰带,脚上穿一双石榴红小拖鞋,还有一束宽带子摊开在脚背上。她自己买了吸墨纸、一支笔、信纸、信封,虽然没有通信人。她掸掉架子上的灰尘,照照镜子,拿起一本书来,然后,心不在焉地让书掉在膝盖上。她想旅行,或者回修道院。她既想死,又想去巴黎。

夏尔不管下雨或是下雪,都骑着马到处奔波。他在农家的餐桌上吃炒鸡蛋,把胳膊伸进潮湿的床褥,放血时脸上溅了病人喷出的热血,听垂死的病人发出嘶哑的喘气声,检查抽水马桶,卷起病人肮脏的衣衫;不过每天晚上回家,等待他的总是温暖的火炉、准备好的晚餐、舒适的家具,还有一个打扮考究的妻子,她身上有一种魅力,一股不知道从哪里来的芬芳味,是不是她的肉体使她的内衣也变香了?

她做许多小事都能得到他的好感:有时在蜡烛托盘上放一张新花样的剪纸,有时给他的袍子换一道镶边,有时给女仆烧坏的普通菜取一个好听的名字,夏尔就津津有味地把它吃光。她在卢昂看见过一些贵妇,表链上挂了一串小巧玲珑的装饰品,她也买了一串。她在壁炉上摆了两个碧琉璃大花瓶,不久之后,又摆上一个象牙针线盒和一个镀银的顶针。夏尔越不懂这些名堂,越是觉得雅致。它们使他感官愉快,家庭舒适。这是铺在他人生道路上的金沙。

他身体好,气色好,在乡下已经有了名气。乡下人喜欢他,因为他没有架子。他抚摸小孩子的头,从来不进酒店的门,他的品行使人相信他靠得住。他最拿手的是治伤风感冒、胸部炎症。夏尔非常害怕病人死了找他麻烦,实际上,他开的药方不过是镇静剂,或者偶尔来点催吐药,再不然就是烫烫脚,用蚂蟥吸血。他并不怕动外科手术,给人放起血来,就像给马放血一样痛快,拔起牙来手劲大得像"铁钳子"。

最后,为了"了解情况",他收到了《医生之家》的征订书,就订了一份这种新出的刊物。他晚餐后读上一两页;但是房里很热,加上食物正在消化,他读不到五分钟就睡着了;就这样他双手托着下巴打盹儿,头发像马鬃毛一样松散,遮住了灯座脚。艾玛一见,只好耸耸肩膀。她怎么没有嫁给一个好点的丈夫? 起码也该嫁个虽然沉默寡言,却是埋头读书直到深夜的人。那么到了六十岁,即使是得了风湿病,他那不合身的黑礼服上,至少也可以挂上一串勋章呀! 她多么希望她现在的姓氏,也就是包法利这个姓,能够名扬天下,在书店里有作品出卖,在报纸上经常出现,在全法国无人不知。但是夏尔没有一点雄心壮志! 伊夫托有一个医生,最近同他一起会诊,就在病人床前,当着病人家属的面,简直叫他有点下不了台。夏尔晚上回家讲起这件事,气得艾玛破口大骂他这个同行。夏尔感激涕零。他带着眼泪吻她的额头,不知道她又羞又恼,恨不得打他一顿才能泄愤。她走到过道上,打开窗子,吸了一口新鲜空气,好让自己平下气来。

"居然有这样的窝囊废! 窝囊废!"她咬着嘴唇,低声说道。

她越看他,就越有气。他年纪越大,动作也就越笨:吃果点时,他把空瓶的塞子切开;餐后,他用舌头舔牙齿;喝汤时,他咽一口,就要咕噜一声;因为他开始发胖了,本来已经很小的眼睛,给浮肿的脸蛋往上一挤,挤得似乎离太阳穴更近了。

他穿衣时,艾玛有时把他羊毛衫的红边塞到背心底下去,帮他重新打好领带,把他舍不得丢掉的、褪了色的旧手套扔到一边;这一切并不是像他相信的那样是为他着想,而是为了她自己,她个人的好恶扩大到他身上,看到不顺眼的东西就恼火。有时,她也同他谈谈她读过的书,例如小说中的一段,新戏中的一出,或者报纸上登载的"上流社会"的趣闻轶事;因为,说到底,夏尔总是一个人,总有听话的耳朵,总有唯唯诺诺的嘴。她不是对她的小猎狗都讲过不少知心话吗? 没有猎狗,她恐怕要对壁炉里的木柴和壁炉上的钟摆推心置腹了。

然而,在她的灵魂深处,她一直等待着发生什么事。就像沉了船的水手,遥望着天边的朦胧雾色,希望看到一张白帆,她睁大了绝望的眼睛,在她生活的寂寞中到处搜寻。她不知道她期待的是什么机会,也不知道什么风会把机会吹来,把她带去什么海岸,更不知道来的是小艇还是三层甲板的大船,船上装载得满到舷窗的,究竟是苦恼还是幸福。但是每天早晨,她一睡醒,就希望机会当天会来,于是她竖起耳朵来听;听不到机会来临,又觉得非常惊讶,就一骨碌跳下床去寻找,一直找到太阳下山。晚上比早上更愁,又希望自己已经身在明天。

春天又来了。梨树开花的时候,放出了懒洋洋的暖气,使她觉得受到了压抑。

一到 7 月,她就掐着指头计算,还要过几个星期才到 10 月;心里暗想,安德威烈侯爵也许还会在沃比萨再开一次舞会呢。但整个 9 月过去了,既没有送请帖来,也没有人来邀请。

这种失望带来了烦闷,她的心又觉得空虚,于是没完没了的、同样无聊的日子又开始了。

现在,这种同样的日子一天接着一天来了,毫无变化,数不胜数,却没有带来一点新鲜的东西。别人的生活尽管平淡无奇,但至少总有发生变化的机会。运气碰得巧,说不定还会带来千变万化,甚至改变整个生活环境。而她呢,什么好运道也没有碰上。这是天意!对她来说,未来只是一条一团漆黑的长廊,而长廊的尽头又是一扇紧紧闭上的大门。

她放弃了音乐:为什么要演奏?给谁听呀?既然她没有机会穿一件短袖丝绒长袍,在音乐会上用灵巧的手指弹一架埃拉钢琴的象牙键盘,感到听众心醉神迷的赞赏,像一阵微风似的在她周围缭绕不绝,那么,她又何苦自寻烦恼,去学什么音乐呢!她的画夹和刺绣,也都丢在衣橱里了。有什么用?有什么用?针线活也惹她生气。

"我什么都懂了。"她自言自语说。

于是她待着无所事事,把火钳烧红了,或者瞧着天下雨。

星期天,晚祷钟声响了,她感到多么苦闷!她呆若木鸡,注意听那一声声沙哑的钟响。屋顶上有只猫,在暗淡的月光下弓起了背,慢慢地走着。大路上的风刮起了一阵阵尘土。远处有时传来一声狗叫,节奏单调的钟声继续响着,消失在田野里。

教堂里面的人出来了。妇女穿着擦亮了的木鞋,农民换了新的罩衣,小孩子光着头在大人前面蹦蹦跳跳,一起走回家去。有五六个男人,老是这几个,在客店大门口用瓶塞子赌钱,一直赌到天黑。

冬天很冷。每天早晨,玻璃窗都结上了一层霜;从窗口进来的光线,像透过了毛玻璃一样,都成了灰色的,有时整天都灰蒙蒙,没有变化。从下午四点起,就得点灯。

天气好的时候,她就下楼到花园里去。露水在白菜上留下银色的镂空花边,有些透明的银色长线把两棵白菜连起来了。鸟声也听不到,仿佛一切都在冬眠。墙边的果树上盖了草。葡萄藤像一条有病的大蛇躺在墙檐下,走近一看,那里有一串多足虫。靠近篱笆的雪松下,戴三角帽还在诵经的神甫的石膏像掉了右脚,甚至石膏也冻脱了皮,在神甫脸上留下了白癣。

她又回到楼上,关上房门,拨开木炭,壁炉里的热气使她昏昏沉沉,更觉得烦闷沉重地压在她心头。假如她下楼去和女佣聊聊天,也许会好一点,但是她又不好意思下去。

每天到了一定的时间,戴着黑色缎帽的小学校长就会推开他家的窗板,罩衣上挂着军刀的乡下警察也会走过她的门前。傍晚和清晨,驿站的马三匹一排,穿过街道,到池塘去饮水。一家小酒店的门铃,有时会响上一两声。只要起风,就听得见理发店的两根铁杆夹着几个小铜盆的招牌,嘎吱作响。理发店的玻璃窗上,贴了一张过时的时装画,还有一个黄头发女人的半身蜡像,作为装饰品。理发师也在埋怨生意清淡,前途没有希望,并且梦想着把店开在大城市,比如说在卢昂,在码头上,剧场附近。于是他整天在街上走来走去,从村公所一直走到教堂,面带忧色地等待顾客。只要包法利夫人张眼一望,就看得见他歪戴着希腊便帽,穿着斜纹呢上衣,像一个卫兵在站岗放哨似的。

下午,她有时看到一个人的头出现在房间的窗格玻璃外边,脸上饱经风霜,黑色络腮胡子,慢慢地张开大嘴微笑,露出了一口白牙齿。于是,华尔兹舞立刻开始了,在手风琴上的一个小客厅里,一些只有手指那么大的舞俑就跳起舞来,女人裹着玫瑰头巾,山里人穿着短上衣,猴子穿着黑礼服,男子穿着短裤,在长短沙发、桌几之间,转来转去,角上贴着长条金纸的镜片照出了他们的舞姿。那个人摇动手风琴的曲柄,左右张望,看看窗户。他时不时地朝着界石吐出一口拉得很长的黄色浓痰,同时因为手风琴的硬皮带挂在肩上很累,总得用膝盖去顶住风琴匣子;匣子是用一个阿拉伯式的铜钩吊住的,上面盖了一块玫瑰色的塔夫绸幕布,里面传出了嘈杂的音乐,有时声音忧伤,拖拖拉拉,有时兴高采烈,音调急促。这些曲调是在舞台上演奏的,在客厅里歌唱的,在吊灯下伴舞的,这些外部世界的回声都传到艾玛耳朵里来了。没完没了、狂跳乱舞的音乐在她的头脑里高低起伏;就像印度寺院的舞蹈女郎在花朵铺成的地毯上跳舞一样,她的思想也随着音乐跳跃,左右摇摆,从梦里来,到梦里去,旧恨才下眉头,新愁又上心头。当那个摇手风琴的人收起他帽子里得到的施舍之后,就拉下一块蓝色的旧呢料,蒙在手风琴上,再把它扛在背后,拖着沉重的脚步,慢慢走开。她的眼睛也跟着他走开了。

但她特别忍受不了的,是吃晚餐的时候,楼下的餐厅这么小,火炉冒烟,门嘎吱响,墙壁渗水,地面潮湿。人生的辛酸仿佛都盛在她的盘子里了。闻到肉汤的气味,她灵魂的深处却泛起了一阵阵的恶心。夏尔吃的时间太长,她就一点一点地啃榛子,或者支着胳膊肘,用刀尖在漆布上划着一道道条纹。

现在,她对家务事也听之任之。当她的婆婆到托特来过四旬斋节的时候,看到这种变化,觉得非常惊讶。的确,媳妇从前那样讲究挑剔,现在却整天懒得梳妆打扮,穿的是灰色棉布袜,夜里点的是有臭味的土蜡烛。她再三说,他们不是有钱人家,不得不省吃俭用,还说她很满足,很快活,很喜欢托特,以及其他新的老调,来堵婆婆的嘴。再说,艾玛似乎并不打算听婆婆的劝告。有一回,包法利老夫人居然谈到主人应该管用人的宗教生活,艾玛的回答只是生气地看了她一眼,冷冷地笑了一声,吓得老太婆再也不敢多管闲事了。

艾玛变得越来越难伺候,反复无常。她自己点了几样菜,却一点也不吃,一天只喝新鲜牛奶,第二天却只要几杯粗茶。她常常说了不出去,就不出门,但又闷得要死,只好打开窗户,却又只穿一件薄薄的衣衫。在她骂过女佣之后,总是送点东西赔礼,或者放女佣的假,让女佣去隔壁消消气,就像她有时候也会把口袋里的银币都施舍给穷人一样。虽然她并不是大发慈悲,也不是容易同情别人,只不过是像大多数乡下人一样,灵魂深处还有父辈手上的老茧而已。

到2月底,卢奥老爹为了纪念他痊愈一周年,亲自给女婿送来了一只又肥又大的母火鸡,在托特住了三天。夏尔要看病人,只有艾玛和他做伴。他在卧房里抽烟,往壁炉架上吐痰,谈的只是庄稼、牛羊、鸡鸭,还有乡镇议会;等他一走,她把大门一关,松了一口气,连她自己也觉得意外。再说,要是她瞧不起什么人,或者有什么东西看不上眼,她也并不隐瞒;有时她还喜欢发表奇谈怪论,别人说好的她偏说坏,伤风败俗的事,她却津津乐道,她的丈夫听得睁大了眼睛。

难道这种糟糕的生活要永远过下去?难道她永远不能跳出火坑?她哪一点比不上那些生活快乐的女人!她在沃比萨也见过几个公爵夫人,腰身都比她粗,举动也比她俗,她只有怨恨上帝太不公道了。她头靠着墙哭;她羡慕热闹的生活。戴假面具的晚会,她闻所未闻,然而却是自认理应享受的、放浪形骸之外的乐趣。

她脸色苍白,心律不齐;夏尔要她服缬草汤,洗樟脑浴。但不管试什么方法,她的病似乎越治越重了。

有些日子,她发高烧,说胡话,说个没完;兴奋过度之后,接着却又感觉麻木,一言不发,一动不动。要是恢复了一点知觉,她就拿一瓶科罗涅香水往胳膊上洒。

因为她不断地埋怨托特不好,夏尔心里也想,她得病的原因一定是水土不服。一头栽进了这个想法,他也认真考虑迁地为良,打算换个地方开业了。

从这时起,她喝醋,要瘦下去,得了小小的干咳症,倒了胃口。

要夏尔离开托特,那是太划不来了,他在这里住了四年,好不容易才开始站稳脚跟啊!但是不走又怎么办呢!他把她带到卢昂,去看他的老师。老师说她得的是神经病,应该换换空气。

　　夏尔到处打听,听说新堡区有一个大镇,叫荣镇修道院。医生是从波兰来的难民,上个星期搬到别的地方去了。于是他就写信给当地的药剂师,了解人口的数目,离最近的同行有多远,他的前任每年有多少收入,等等。得到的答复令人满意,他就决定,如果到春天艾玛的病情还不好转的话,他只好迁居了。

　　准备搬家的时候,有一天,她在收拾抽屉,有什么东西扎了她的手指。那是她结婚礼花上的一根铁丝。橘子花蕾上盖满了灰尘,已经发黄了,缎带的银边也丝缕毕露。她把纸花扔到火里去。花烧起来,比干草还快。在灰烬中,它好像红色的荆棘,慢慢地消耗干净。她看着纸花燃烧,硬纸做的小果子裂开了,铜丝弯曲了,金线、银线熔化了,纸做的花冠萎缩了,好像黑蝴蝶一样沿着底板飘起,最后从烟囱中飞了出去。

　　等到他们3月份离开托特的时候,包法利夫人已经怀了孕。

第二部

一

　　包法利夫妇就要到达荣镇的那天晚上,客店的老板娘勒方苏瓦寡妇正忙得不亦乐乎,一面大锅烧菜,一面大把出汗。明天是镇上赶集的日子,一定要事先切好肉,开好鸡膛,煮好汤和咖啡。此外,还要准备包伙人的膳食,医生夫妇和女仆的晚餐;台球房响起了阵阵笑声;小餐室的三个磨坊老板叫人送烧酒去;木柴在燃烧,木炭在噼啪响,厨房的长桌上,在放生羊肉的地方,堆了几叠盘子,砧板上一剁菠菜,盘子也晃荡起来。听得见后院的家禽咯咯叫,女佣在抓鸡捉鸭,准备宰了待客。

　　一个穿着绿色皮拖鞋的男人,脸上有几颗小麻子,头上戴一顶有金流苏的绒帽,背朝着壁炉,正在烤火。他的表情看来扬扬自得,神气平静,就像挂在他头上的柳条笼里的金翅雀一样:这个人就是药剂师。

"阿特米斯!"客店老板娘叫道,"拿些小树枝来,玻璃瓶装满水,送烧酒去,赶快! 要是我知道用什么果点招待新来的客人也就好了! 老天爷! 那些帮搬家的伙计又在台球房里闹起来了! 他们的大车还停在大门底下呢! 燕子号班车一来,要不把它撞翻才怪呢! 快叫波利特把车停好! ……你看,奥默先生,从早上起,他们大约打了十五盘台球,喝了八坛苹果酒! ……他们要把我的台毯弄破的!"她接着说,远远地望着他们,手里还拿着漏勺。

"破了也不要紧。"奥默先生答道,"你买一张新的不就得了。"

"买张新的!"寡妇叫了起来。

"既然旧的不管用了,勒方苏瓦太太,我对你再说一遍,是你错了! 大错而特错了! 再说,如今打台球的人,讲究台子四角的球袋要小,球杆要重。人家不再打弹子啦,一切都改变了! 人也得跟着时代走! 你看看特利耶……"

老板娘气得涨红了脸。药剂师接着说:

"他那张球台,随你怎么说也比你这张漂亮些;他又会出主意,比如说,为波兰的爱国难民,或者为里昂遭水灾的难民下赌注……"

"我才不在乎他那样的叫花子呢!"老板娘耸耸她的胖肩膀,打断他的话说,"得了! 得了! 奥默先生,只要金狮客店开一天,总会有客人来。我们这号人呀,不愁没有钱赚! 倒是总有一天,你会看到他开的法兰西咖啡馆关门大吉,门窗贴上封条的! 换掉我这张球台!"她接着自言自语说:"你不知道台子上放要洗的衣服多么方便! 等到了打猎的季节,台子上还可以睡六个客人呢! ……这个慢手慢脚的伊韦尔怎么还不来!"

"难道你还等班车来才给客人开晚餐?"药剂师问道。

"等班车来? 那比内先生怎么办? 只要六点钟一响,你准会看到他来用晚餐,像他这样刻板的人,世上也没有第二个。他总是要坐小餐室里的老位子! 宁死也不肯换个座位! 又挑剔! 连苹果酒也要挑三拣四! 一点也不像莱昂先生,人家有时七点钟,甚至七点半才来呢,有什么吃什么,看也不看一眼。多好的年轻人!说话声音高了都怕妨碍别人。"

"这一下你就可以看出来,一个受过教育的人和一个当过兵的税务员是多么不同了。"

六点钟一敲,比内进来了。

他的身子很瘦,穿的蓝色外衣,从上到下成条直线,皮帽子的护耳,在头顶上用绳子打个结,帽檐一翘起来,就露出了光额头,这是戴久了头盔留下的痕迹。他穿一件黑色呢子背心,衣领是有衬布的,裤子是灰色的,一年四季,靴子都擦得很亮,但是脚趾往上翘,两只靴的脚背都凸起一块。金黄色的络腮胡子,没有一根越轨出线的,描绘出他下巴的轮廓,像花坛边上的石框一样,围住他平淡的长脸,还有脸上的小眼睛和鹰钩鼻。无论玩什么牌,无论打猎或是写字,他都是个好手,家里有架车床,他就来做套餐巾用的小圆环,像艺术家那样妒忌,像大老板那样自私。他把圆环堆满了一屋。

他向小餐室走去,但是先得请三个磨坊老板出来。在摆刀叉的时候,他一言不发地坐在炉边的位子上,然后像平日一样关上门,脱下帽子。

"说几句客气话也不会磨烂他的舌头呀!"药剂师一见只有他和老板娘了,就说。

"他从来不谈天。"老板娘答道,"上星期,来了两个布贩子,两个挺有意思的年轻人。晚上,他们讲了一大堆笑话,笑得我都流眼泪了;而他呢,待在那里,好像一条死鱼,一句话也不说。"

"是呀!"药剂师说,"没有想象力,没有趣味,一点不像见过世面的人!"

"不过,人家却说他有办法呢。"老板娘不同意了。

"办法?"奥默先生回嘴说,"他!有什么办法?在他那一行,倒也可能。"他又用比较心平气和的语调加了一句。

于是他接着讲:

"啊!一个交际很广的商人,一个法律顾问,一个医生,一个药剂师,心无二用,变得古怪了,甚至粗暴了,这都说得过去,历史上有的是嘛!不过,至少,那是因为他们心里有事呀。就说我吧,多少回我在写字台上找钢笔写标签,找来找去都找不到,结果却发现笔夹在耳朵上!"

那时,勒方苏瓦寡妇走到门口,看看燕子号班车来了没有。她吃了一惊,一个穿黑衣服的男人突然走进了厨房。在苍茫的暮色中,看得出他的脸色通红,身体强壮。

"神甫先生,有事情找我吗?"客店老板娘一面问,一面伸手去拿铜蜡烛台,烛台和蜡烛在壁炉上摆了一排,"你要不要吃点什么?喝一点黑茶藨子酒,或者来一杯葡萄酒?"

教士非常客气地谢绝了。他是来找雨伞的,上次去埃纳蒙修道院时忘了带走,现在拜托勒方苏瓦太太派人在晚上送往神甫的住宅,说完他就回教堂去,因为晚祷钟声响了。

等到药剂师听见神甫的脚步声走过了广场,他就大发议论,说神甫刚才的做法太不妥当。在他看来,拒绝喝酒是最讨厌的装模作样,哪一个教士在没有人看见的时候不大吃大喝,总想恢复大革命以前的生活?

老板娘帮神甫说话了:

"要说嘛,像你这样的男人,他一个可以顶四个。去年,他帮我们的人收麦秆,一趟就扛了六捆,力气真大啊!"

"好极了!"药剂师说,"那么,打发你们的姑娘去向这样精力旺盛的男子汉忏悔吧!我呢,我若是政府的话,我要一个月给神甫放一次血。不错,勒方苏瓦太太,每个月都要切开静脉大放血,这才不会有碍治安、伤风败俗啊!"

"住口吧,奥默先生,你不信神!你不信教!"

药剂师回嘴说:

"我信教,信我自己的教,我敢说比他们哪一个都更相信,他们不过是装腔作势,耍骗人的花招而已。和他们不同,我崇拜上帝!我相信至高无上的真神,相信造物主,不管他叫什么名字,那都不要紧,反正是他打发我们到世上来尽公民的责任,尽家长的责任的。不过,我犯不着去教堂,吻银盘子,掏空自己的腰包去养肥一大堆小丑,他们吃得比我们还好呢!因为你要礼拜上帝,那在树林里,在田地里,甚至望着苍天都可以,古人不就是那样的吗?我的上帝,就是苏格拉底、富兰克林、伏尔泰和贝朗瑞的上帝!我拥护《萨瓦教长的信仰宣言》和89年的不朽原则!因此,我不承认上帝老倌能拄了拐杖在乐园里溜达,让他的朋友住在鲸鱼的肚子里,大叫一声死去,三天之后又活过来:这些事情本身就荒唐无稽,何况还完全违反了一切物理学的定律;这反倒证明了,顺便说一句,神甫都是愚昧无知的朽木,还硬要把世人和他们一起拉入黑暗的无底洞。"

药剂师住了口,用眼睛寻找周围的听众,因为他一激动就忘乎所以,还以为自己在开乡镇议会呢。但是客店老板娘却不再听他那一套,她伸长了耳朵,要听远处的车轮滚滚声。她听得出马车的声响,夹杂着松动了的马蹄铁打在地上的咔嗒声,燕子号到底在门口停住了。

班车只是两个大轮子上面放一只黄箱子,轮子和车篷一样高,使旅客看不见路,却把尘土带上他们的肩头。车门一关,狭窄的气窗上的小玻璃就在框子里哆嗦,玻璃上有一层灰尘,再加上左一块、右一块泥水干后留下的斑点,连大雨也洗不干净。班车套了三匹马,一匹打头,下坡的时候,车一颠簸,箱底就会碰地。

有几个荣镇的老板到广场上来了,他们同时说话,打听消息,问长问短,找鸡鸭筐子,伊韦尔忙得不知道回答谁才好。本地人总是拜托他进城办事。他要去铺子里买东西,替鞋匠带回几卷皮子,给马蹄铁匠带来废铁,给老板娘带一桶鲱鱼,从妇女服饰店带回几顶帽子,从理发店带来假发。他一路回来,站在座位上,高声呼唤,把一包一包东西从篱笆上扔到院子里去,而他的马认得路,会自己向前走。

一件意外的事使班车回来晚了:包法利夫人的狗在田野里不知去向。大家足足吹了一刻钟口哨,喊狗回来。伊韦尔甚至开了半古里倒车,总误以为看见狗了;但是不得不赶路呀。艾玛气得哭了,总怪夏尔倒霉。布贩子勒合先生和她同车,想法子安慰她,举了好多例子,说狗丢了几年之后,还认得它的旧主人。他听人说,有一条狗从君士坦丁堡回到了巴黎;另外一条笔直走了五十古里,泅过了四条河。他的父亲有一条卷毛狗,丢失了十二年,一天晚上,他进城吃晚餐,不料忽然在街上碰见这条狗,它一下就跳到他的背上去了。

～～ 二 ～～

艾玛头一个下车,接着是费莉西、勒合先生,还有一个奶妈。而夏尔却是不叫不醒的,打天一黑,他就在车角落里睡着了。

奥默上前作自我介绍,他向夫人表示敬意,对医生说了些客套话,说他非常高兴能为他们效劳,并且用亲热的口气说,他自作主张要陪他们用晚餐。再说,他的妻子也不在家。

包法利夫人一进厨房,就走到壁炉前。她用两个手指头捏住膝盖上的袍子,把它往上一提,露出了脚踝骨,再把一只穿着黑靴子的脚,伸在转动的烤羊腿上面,烤火取暖。火照亮了她的全身,一道强光穿透了她的衣料,穿透了她白净皮肤的小汗毛孔,甚至穿透了她时时眨动的眼皮。风从半开半关的门吹进来,把一大片红颜色吹到她身上。

在壁炉的另外一边,一个头发金黄的青年人在不声不响地瞧着她。

莱昂·杜普伊先生是第二个在金狮客店包伙的人,他在公证人吉约曼那里当实习生,在荣镇住得很乏味,时常推迟用膳的时间,希望客店里会来个把旅客,可以陪他聊一个晚上。有些日子,工作完了,他不晓得干什么好,只得准时来受活罪,从喝汤开始,到吃干酪为止,一直单独和比内在一起。因此,他非常高兴地接受了老板娘的建议,来陪新到的客人吃晚餐,他们走进大餐厅,勒方苏瓦太太要讲究一下,就摆了四副刀叉。

奥默怕鼻炎发作,请大家不要怪他戴着希腊便帽用膳。

然后,他转过头来对邻座的艾玛说:

"夫人一定有点累了吧?坐我们的燕子号班车实在颠簸得厉害!"

"的确厉害。"艾玛答道,"不过动动也很好玩,我喜欢换换地方。"

"钉在一个地方不动,"实习生叹口气说,"真是无聊透了!"

"要是你像我一样，"夏尔说，"总得骑马……"

"不过，"莱昂接着对包法利夫人说，"在我看来，没有什么比换地方更有意思的了，只要你做得到。"他又加了一句。

"其实，"药剂师说，"在我们这个地方行医，并不十分辛苦，因为大路上可以跑马车，而且一般来说，农民相当富足，出诊费也相当多。在医疗方面，除了肠炎、支气管炎、胆汁感染等常见病之外，也不过是在收获季节，三天两天有人发烧而已。但是总的说来，情况并不严重，没有什么特别值得注意的，顶多只是得了冷脓肿，而这不消说，是我们乡下人住的地方卫生条件太差的缘故。啊！你会发现：需要和多少偏见作斗争啊，包法利先生，陈规陋习是多么顽固啊！你为科学作出的努力，会碰到多少人反对啊！因为他们宁愿相信九天圣母、圣骨、神甫，也不愿合情合理地来找医生或药剂师。然而，说老实话，这里气候并不算坏，就在本乡，我们还有几个活到九十岁的老人呢。我观察过寒暑表，冬天降到摄氏四度，夏天升到二十五度，最多三十度，合成列氏表，最高也不过二十四度，或者合成英国的华氏表，也只有五十四度，不会再高了！而且实际上，我们一方面有阿格伊森林挡住北风，另一方面又有圣·让岭挡住西风。然而，这股热气来自河水蒸发而成的水汽，还有草原上大批牲畜吐出的氨气。这就是说，氮气、氢气和氧气，不对，只有氮气和氢气，这股热气吸收了土地上的腐烂植物，混合了这些不同的挥发物，可以说是把它们扎成一捆，而且自身也同空气中散布的电流起化合作用，时间一长，就像在热带地方一样，可能会产生有害健康的疫气——这股热气，我说，会变得温和的，因为从它来的地方，或者不如说，从它可能来的地方，也就是说，当它从南方来的时候，会碰上东南风的，而东南风吹过塞纳河就已经变凉爽了，有时突然一下吹到我们脸上，简直像俄罗斯的凉风呢！"

"难道附近连散散步的地方也没有吗?"包法利夫人继续问年轻的莱昂。

"啊！非常少。"他回答道，"只有一个叫做牧场的地方。在坡子高头，在树林边上。星期天，我有时也到那里去，带一本书，看看落日。"

"我觉得没有什么比落日更好看的了,"她接着说,"尤其是在海边。"

"啊!我真爱海。"莱昂先生说。

"难道你不觉得,"包法利夫人接过来说,"在无边无际的海上遨游,精神也更自由?只要看海一眼,灵魂就会升华,内心也会向往无穷,向往理想!"

"高山的景色也是一样。"莱昂接着说,"我有一个表哥,去年游历了瑞士。他对我说:你想象不出湖泊多么有诗意,瀑布多么有魅力,冰川多么宏伟。你看见高大得令人难以相信的松树,横跨过飞湍急流;木板小屋,高挂在悬崖峭壁之上;在你脚下,云开雾散,显出了万丈幽谷。这些景色会使人大喜若狂,心醉神迷。感谢上天!我这才恍然大悟,为什么那位大名鼎鼎的音乐家为了激发自己的想象,总要去对着惊心动魄的景色弹琴了。"

"你是音乐家吗?"她问道。

"不,我只是非常喜欢音乐。"他答道。

"啊!不要听他的,包法利夫人。"奥默插嘴了,身子还俯在盘子上,"这纯粹是谦虚——怎么,亲爱的朋友!咳!那一天,在你房间里,你唱的《守护天使》真好听极了。我在实验室里都听得见,你咬字清楚得像个演员。"

莱昂的确住在药剂师家,在二楼一间朝向广场的房子里。他听见房东的恭维话,脸都涨红了,而房东却已经转过头去,对医生一个一个地数着荣镇的主要居民。他讲故事,提供消息:没有人知道公证人到底有多少财产,还有"杜瓦施那家人",总是装腔作势。

艾玛接着问莱昂:

"你喜欢什么音乐?"

"啊!德国音乐,使人梦想联翩的音乐。"

"你去过意大利歌剧院吗?"

"还没有。不过我明年要去巴黎,读完我的法律课,那时就要看歌剧了。"

"我刚才非常荣幸,"药剂师说,"和你的丈夫谈到那个丢下房屋远走高飞的亚诺达。由于他挥金如土,才给你们留下了荣镇最舒适的一座房子。这房子对医生特别方便的是有个小门通到一条小路,进进出出都没有人看见。此外,对住家的人来说,一切方便都不缺少:洗衣房、带配膳室的厨房、起居室、水果储藏室,等等。这个亚诺达是个浪荡子,什么也不在乎! 他在花园尽头,水池边上,搭了一个花棚,专为夏天喝啤酒用,要是夫人喜欢园艺,不妨……"

"我的妻子不搞这套。"夏尔说,"虽然有人劝她多动动,她却老是喜欢待在房里看书。"

"这也和我一样。"莱昂接过去说,"的确,还有什么比在炉旁夜读更惬意的呢? 让风吹打玻璃吧,让灯点着吧!……"

"可不是?"她睁开又大又黑的眼睛,盯着他说。

"你什么也不想,"他继续说,"时间就过去了。你一动不动,就可以神游你想看到的地方,你的思想和小说难分难解,不是亲身体会细节,就是追随故事的来龙去脉。思想和书中人打成一片,似乎是你穿了他们的衣服,在心惊肉跳一样。"

"说得对! 说得对!"她说。

"你有没有碰到过这种情况,"莱昂接着说,"在书里看到似曾相识的念头、若远若近的形象,却表达了你最细腻的感情?"

"有的,有的。"她回答道。

"因此,"他说,"我特别喜欢诗人。我觉得诗比散文更温情脉脉,更能使人流泪。"

"不过,诗读久了也会生厌。"艾玛反驳说,"现在,相反,我倒喜欢一气呵成、惊心动魄的故事。我最讨厌平庸的人物、有节制的感情,那和日常见到的人一样。"

"的确,"实习生指出,"这样的作品不能感动人,在我看来,就脱离了艺术的真正目的。人生的幻想很容易破灭,如果在思想上能和高尚的性格、纯洁的感情、幸福的情景挂上钩,那是多么美好啊! 就说我吧,住在这里,远离大世界,不看书还有什么消遣呢? 荣镇能提供的娱乐实在是太少了!"

"当然,就像托特一样。"艾玛接着说,"因此,我从前一直在图书室借书看。"

"要是夫人肯赏光,"药剂师听到最后一句话,就说,"我倒有一架好书,可供夫人随意使用,书的作者都是名人:伏尔泰、卢梭、德利尔、华特·司各特,等等,还有《专栏回声》。此外,我还收到各种期刊,其中《卢昂灯塔》天天送来,因为我是该刊在比舍、福吉、新堡地区和荣镇一带的通讯员。"

他们的晚餐吃了两个半小时,因为阿特米斯这个侍女穿着一双粗布拖鞋,懒洋洋地在石板地上拖拖拉拉走着,端了一个盘子,再端一个盘子,丢三落四,什么也不懂,老是开了台球房的门就不关,让门闩的尖头不断在墙上碰得咔嗒响。

莱昂一面说话,一面不知不觉地把脚踩在包法利夫人椅子的横档上。她系了一条蓝缎小领带,使有管状褶裥的细麻布衣领变得笔挺,好像绉领一样;只要她的头上下一动,她的下半边面孔就会轻盈地藏进她的颈饰,或者款款地再露出来。就是这样,他们两个挨得很近,在夏尔和药剂师谈天的时候,他们也进入了闲谈,但是谈来谈去,总离不开一个固定的中心,那就是他们共同的兴趣:巴黎的演出、小说的名字、新式的四对舞、他们不认识的世界,她住过的托特、他们现在住的荣镇。他们翻箱倒柜,什么都谈,一直谈到吃完晚餐。

上咖啡的时候,费莉西到新居去把房间准备就绪。四个客人没等多久也离席了。勒方苏瓦太太靠着炉火的余烬已经睡着。马夫手里提着一盏灯,等着把包法利夫妇送去新居。他的红头发上还沾着碎麦秸,走起路来左腿一瘸一拐。等到他用另一只手接过了神甫先生的雨伞,大家就上路了。

全镇都已经入睡。菜场的柱子投下了长长的黑影。土地是灰色的,好像夏天的晚上一样。

不过,医生的住宅离客店只有五十步远,大家差不多立刻就互祝晚安,各走各的了。

艾玛一进门廊,就觉得石灰渗出的冷气好像湿布一样,落在她的肩上。墙是新粉刷的,木楼梯嘎吱作响。一楼的房间没有挂窗帘,一道淡淡的白光从窗口照了进来。隐隐约约地看得见树梢,还有远处在雾中半隐半现的牧场,沿河道的草地在月光下冒出水汽。房间里面,横七竖八地放着五斗柜的抽屉、瓶子、帐杆、镀金的床栏、堆在椅子上的褥垫、搁在地板上的面盆。那两个搬家的人,随随便便把家具放下了。

她这是第四次在一个陌生的地方睡觉。头一回是进修道院的那天,第二回是到托特的那一晚,第三回是到沃比萨,而这次是第四回了,每一回似乎都在她的生活中开始了一个新阶段。她不相信:在不同的地方,事物会现出相同的面目;既然过去的生活不如人意,剩下来等待消磨的时光,当然会更好了。

三

第二天,她刚起床,就看见实习生在广场上。她穿的是梳妆衣。他抬起头来,向她打招呼。她赶快点点头,就把窗子关上。

莱昂等了整整一天,等下午六点钟来到。但是,他走进客店时,只看见比内先生一个人在餐桌就座。

头一天的晚餐,对他来说,是一件大事:在这以前,他还从来没有同一位女士一连谈过两个小时。怎么能用这样美妙的语言,把这么多从没讲清楚的事情,对她讲得一清二楚呢?他一向胆小,非常保守,一半由于腼腆,一半由于害怕出丑。在荣镇,大家都认为他"规规矩矩"。他聆听成年人发表意见,似乎并不热衷于政治:这对年轻人来说,是很难得的。而且他多才多艺,会画水彩画,会读高音乐谱,晚餐后不打牌,就专心读文学作品。奥默先生看重他有知识,奥默太太喜欢他为人随和,因为他时常在小花园里陪伴那些小奥默。这些肮脏的小家伙,没有教养,有点迟钝,像他们的母亲一样。照料他们的人，除了女佣之外，还有药房的小伙计朱斯坦，他是奥默先生的远亲，药房收留了他，似乎是做好事，其实是把他当做用人。

药剂师表现得是一个再好不过的邻居。他告诉包法利夫人关于商店的情况，特意把他熟悉的苹果酒贩子找来，亲自为她尝酒，并且亲眼看着酒桶在地窖里摆好；他还指点她怎样才能买到价廉物美的黄油，并且替她和勒斯蒂布杜瓦打交道。这个教堂管事，除了照料教堂和料理丧葬以外，还随主顾的心意，按钟点或按年头照管荣镇的主要花园。

并不单单是关怀别人，才使药剂师这样亲切地巴结包法利的，关怀之下他还有自己的打算。

他违犯了 11 年风月 19 日公布的法律，第一条严禁任何没有执照的人行医。经人暗中告发，奥默被传唤到卢昂，去王家检察院办公室见检察官先生。这位法官穿了公服，肩上披了白鼬皮饰带，头上戴了直筒无边高帽，站着传见了他，这是在早上开庭以前。他听见宪兵的笨重靴子走过通道，远处好像还有大铁锁锁牢门的声音。药剂师的耳朵嗡嗡响，仿佛就要中风倒地。他似乎关在地牢底层，一家大小都在痛哭，药房已经出卖，短颈大口瓶丢得到处都是。他不得不走进一家咖啡馆，喝一杯掺矿泉水的甘蔗酒，才能清醒过来。

日子一久，对这次警告的记忆渐渐淡忘了，他又像以前一样在药房后间看病，开一些不关痛痒的药方。但是他怕镇长怪罪，又怕同行妒忌，所以向包法利先生大献殷勤，拉好关系，这是要赢得他的感激之心，万一他以后发现了什么，也会嘴下留情。因此，每天早上，奥默都给他把"报纸"送来，而到了下午，他又总要离开药房，到负责居民健康的医生那里谈上几句。

夏尔并不高兴：没有人来看病。他一坐就是好几个小时，一句话也不说，不是在诊室里睡觉，就是看太太缝衣服。为了消磨时间，他在家里干粗活，甚至试用漆匠剩下来的油漆给顶楼添上颜色。不过他最操心的，还是钱财大事。他花了那么多钱来修理托特的房屋，为夫人买化妆品，还有搬家，结果三千多金币的嫁资，在两年内就用完了。再说，从托特搬到荣镇，损坏了多少东西，又丢失了多少！还不算那座神甫的石膏像，因为颠簸得太厉害，从大车上掉了下来，在坎康布瓦的石板路上摔得粉碎！

还有一件他乐于操心的事，那就是他的妻子怀孕了。分娩期越来越近，他也越来越疼她。这是在建立另外一种血肉的联系，好像连续不断地感到他们的结合越来越复杂了。当他在远处看见她走路懒洋洋的样子，胯骨以上没穿束腰的身子软绵绵地转动，当他们面对面地坐着，他随心所欲地瞧着她在扶手椅上没精打采的模样，那时，他幸福得憋不住了：他站起来，拥抱她，用手摸她的脸，叫她年轻的小妈妈，想要她跳舞，又是笑，又是哭，想到什么，就说什么，滔滔不绝地开着各种各样亲热的玩笑。想到要生孩子，他陶醉了。现在，他什么也不缺。他认识了人生的整个过程，于是就把胳膊肘凭着人生的餐桌，从从容容地享受人生。

艾玛起先觉得非常惊奇，后来又急于分娩，想要知道做母亲是怎么回事。但是，她不能随心所欲地花钱，买一个有玫瑰罗帐的摇篮，几顶绣花的童帽，于是一气之下，她就懒得管婴儿的穿着，统统向村里一个女工订货，既不挑选，也不商量。这样一来，她就享受不到准备工作的乐趣，而在准备当中，母爱是会变得津津有味的。她的感情，从一开始，也许就缺了什么东西，就冲淡了。

相反，夏尔却是每餐不忘谈到他们的小把戏，久而久之，她想到他的时候，也越来越想念了。

她希望生一个儿子，身体强壮，头发褐色，她要叫他乔治。这个生男孩子的念头，就好像希望弥补一个女人无所作为的过去一样。一个男人至少是自由的，可以尝遍喜怒哀乐，走遍东南西北，跨越面前的障碍，抓住遥远的幸福。可对一个女人却是困难重重。她既没有活动能力，又得听人摆布，她的肉体软弱，只能依靠法律保护。她的愿望就像用绳子系在帽子上的面纱，微风一起，它就蠢蠢欲动。她总是受到七情六欲的引诱，却又总受到清规戒律的限制。

一个星期天早晨六点钟，太阳出来的时候，她分娩了。

"是个女儿!"夏尔说。

她头一转,昏过去了。

奥默太太差不多立刻跑过来吻她,金狮客店的勒方苏瓦大妈也不落后。药剂师懂得分寸,只在半开半闭的门口,临时说了几句道喜的话。他想看看婴儿,并且说她长得很好。

坐月子期间,她挖空心思给女儿起名字。她先考虑有意大利字尾的,如克拉蕾、路易莎、阿芒达、阿达拉;她相当喜欢嘉姗德,但又更喜欢伊瑟或莱奥卡蒂。夏尔希望孩子用母亲的名字,艾玛反对。她们把历书从头翻到尾,甚至见人就问。

"莱昂先生,"药剂师说,"前一天和我谈起这件事,他问你们为什么不选玛德兰这个非常走俏的名字。"

但是包法利奶奶大叫大嚷,不能用一个罪人的名字。至于奥默先生,他偏爱伟大的人物、光辉的事件、高贵的思想,因此他给他的四个孩子命名时,就是根据这套道理:拿破仑代表光荣;富兰克林代表自由;伊尔玛也许是对浪漫主义的让步;阿达莉却表示对法兰西舞台上不朽杰作的敬意。因为他的哲学思想并不妨碍艺术欣赏,思想家并不抑制感情的流露;他分得清想象和狂想。例如这部悲剧,他指摘思想,却欣赏风格;他诅咒全剧的构思,却称赞所有的细节;他厌恶剧中人物,却热爱他们的对话。当他读到得意之笔,不禁手舞足蹈;想到教士以权谋私,又不免悲愤交加。这样百感交集,无法自拔,既想亲手为拉辛戴上桂冠,又想和他争个水落石出,争到斗换星移。

最后,艾玛想起在沃比萨侯爵府,听见侯爵夫人叫一个年轻女子贝尔特,于是名字就选定了。因为卢奥老爹不能来,他们请奥默先生做教父。他送的礼物都是药房的出品:六盒枣糊止咳剂、一整瓶可可淀粉、三筒蛋白松糕,还有在橱子里找到的六根冰糖棒。举行洗礼的晚上,摆了一桌酒席,神甫也来了,过得很热闹。喝酒之前,奥默先生唱起《好人的上帝》来;莱昂先生唱了一支威尼斯船歌;包法利奶奶是教母,也唱了一首帝国时代流行的浪漫曲;最后,包法利老爹硬要人把小孩子抱下来,开始给她举行洗礼,当真拿一杯香槟酒倒在她头上。拿洗礼这种头等神圣的事来开玩笑,使布尼贤神甫生气了;包法利老爹却从《众神的战争》中引用了一句话来作答复,气得神甫要走;妇女们一起恳求他留下,奥默也来调解,结果总算又使神甫坐了下来,他倒像没事人一样,又端起碟子,喝那半杯咖啡剩下来的一半。

包法利老爹在荣镇还住了一个月,他早上戴着漂亮的银边警官帽,在广场上吸烟斗,把居民都唬住了。他习惯于大喝烧酒,时常派女佣去金狮客店买上一瓶,记在他儿子的账上。为使他的围巾有香味,他把媳妇储备的科隆香水全用光了。

媳妇也不讨厌有他做伴。他见过世面;他谈到柏林、维也纳、斯特拉斯堡,谈到他的军官生活、他过去的情妇、他摆过的盛大午宴,而且显出讨人喜欢的样子,有时在楼梯上或花园里,他甚至搂住她的腰喊道:

“夏尔,不要大意!”

于是包法利奶奶为儿子的幸福担心了,生怕时间一久,她的丈夫会对年轻女人的思想产生有伤风化的影响,她就催他早点动身回去。也许她有更深重的忧虑,包法利老爹是个不顾体统的人。

一天,艾玛忽然心血来潮,要去看小女儿,就到奶妈家去,也不看看历书,看坐月子的六个星期过了没有,就向罗勒木匠住的地方走去。他住在村子的尽头,在山坡下,在大路和草原之间。

时间已是中午,家家户户都关了窗板,青石板屋顶在蓝天的强光下闪闪发亮,人字墙的墙头好像在冒火花。一阵闷热的风吹来,艾玛觉得四肢无力,走不动了。河边道路上的碎石头又磨脚,她打不定主意,到底是回家,还是找个地方歇歇脚。

正在这个时候,莱昂先生从附近一家大门里出来了,胳膊下面还夹着一札文件。他走过来和她打招呼,并且在勒合商店门前伸出来的灰色帐篷的阴影下站住了。

包法利夫人说,她要去看她的孩子,但是她已经觉得累了。

“如果……”莱昂吞吞吐吐,不敢再说下去。

"你忙吗?"她问道。

实习生说他不忙,她就求他做伴。一到晚上,这事就传遍了荣镇,镇长的太太杜瓦施夫人对女佣说:"包法利夫人真不要脸。"

要到奶妈家去,就像去公墓一样,走出街后,要向左转,走上一条两边栽了女贞树的小路,穿过一些小房子和小院子。女贞树正开花,还有婆婆纳、犬蔷薇、荨麻和轻盈的树莓,耸立在荆棘丛中,争奇斗妍。从篱笆眼里看得见,破房子里有公猪躺在粪堆上,或者是颈上套着夹板的母牛在树上磨角。他们两个,肩并肩,慢慢走着,她靠在他身上,他随着她的脚步,放慢了自己的步子;在他们前头,一群苍蝇乱飞,在闷热的空气中发出了嗡嗡声。

他们看见一棵老胡桃树下有一所房子,认出了奶妈的家。房子很矮,屋顶上盖了灰色瓦,顶楼天窗下面,挂了一串念珠似的大葱。一捆一捆细小的树枝,直立在荆棘篱笆旁边,围着一块四方的生菜地,一小片只有几尺长的薰衣草地,还有爬在支架上的开花豌豆。脏水泼在草上,流得左一摊,右一摊,房子周围晾着好几件看不清楚的破衣烂衫、针织的袜子、一件红印花布的女佣短上衣,还有一大块厚帆布摊开在篱笆上。奶妈听见栅栏门响,就出来了,还抱着一个吃奶的孩子。她用另一只手牵着一个瘦得可怜的小家伙,脸上长满了瘰疬,这是卢昂一个帽商的儿子,父母做生意忙,把他留在乡下。

"进来吧。"她说,"你的孩子在那边睡着哪。"

底层只有一间房子。紧靠着里首的墙边,有一张没挂帐子的大床,靠窗放着和面缸,玻璃破了一块,是用蓝纸剪成的太阳图案粘起来的。门后面的角落里,在洗衣池的石板底下,摆着几只半筒钉靴,靴底的钉子很亮,旁边有一个装满了油的瓶子,瓶的颈口插了一根羽毛;一本《马太历书》扔在满是灰尘的壁炉架上,在打火石、蜡烛头和零碎的火绒当中。最后,这屋子里显得多余的是一个吹喇叭的荣誉女神的画像,这当然是从什么香水广告画上剪下来的,用六个靴钉钉在墙上。

艾玛的孩子睡在地上的一个柳条摇篮里。她连人带被窝都抱了起来,胳膊上下左右摇晃,轻轻地唱着歌。

莱昂在房里走来走去,看见这个漂亮的太太穿着南京布袍,待在一个穷苦人家里,他觉得不是滋味。包法利夫人脸红了,莱昂转过身去,以为这样看她未免失礼。孩子吐奶吐在她衣领上,她就把她放回原处。奶妈赶快来揩干净,并且说奶不会留下痕迹的。

"她也在我身上吐奶。"奶妈说,"我一天到晚都得给她漱洗!要是方便的话,好不好请你对杂货店的卡米说一声,我缺肥皂的时候,要他让我拿几块用?那我就不用多打搅你了。"

"好的,好的!"艾玛说,"再见,罗勒大嫂。"

她走出来,在门槛上擦了擦脚。

大嫂一直把她送出了院子,一面对她诉苦,说自己每夜都得起来。

"我有时候累得不行,坐在椅子上就睡着了。所以,你起码也该给我一小磅磨好的咖啡,我早上掺牛奶喝,可以喝个把月。"

包法利夫人耐着性子听完了她道谢的话,就上路了;小路走了一段,忽然听见木头套鞋的响声,回头一看:来的又是奶妈。

"还有什么事?"

于是乡下大嫂把她拉到旁边一棵榆树后面,开始对她谈起她的丈夫来,说他干的那行,一年才挣六个法郎,而他的头头……

"快点说吧。"艾玛说道。

"唉!"奶妈说一句话,叹一口气,接着说道,"我怕他看到我一个人喝咖啡,心里会难过的。你知道,男人……"

"既然你有咖啡喝,"艾玛重复说,"我会给你们的!……别啰唆了!"

"唉!好心的太太,因为他受过伤,胸口抽筋抽得厉害。他甚至说,连苹果酒也不能喝。"

"说快点吧,罗勒大嫂!"

"那么,"奶妈行了一个屈膝礼,"要是你不嫌我过分的话……(她又行了一个屈膝礼),要是你不介意的话(她的眼睛露出恳求的神色),要一小罐烧酒。"她到底说出了口:"我可以用来擦你孩子的脚,她的小脚丫嫩得像舌头。"

艾玛摆脱了奶妈的纠缠,又挽上了莱昂先生的胳膊。她先走得很快,后来放慢了脚步。她的眼睛看着前方,看到了年轻人的肩膀,他的外衣领子是黑绒的。他的褐色头发梳得整整齐齐,垂在衣领上。她注意到他的指甲留得比荣镇人长。实习生没事干就修指甲;他的文具盒里有把小刀,就是专修指甲用的。

他们顺着河岸走回荣镇。到了热天,水浅岸宽,花园连墙基也会露出来,要下一道台阶才能走到河边。河水不声不响地流着,看起来又快又凉;细长的水草成片地倒伏在流水里,随水浮动,好像没人梳理的绿头发,摊开在一片清澈之中。有时候,在灯心草的尖端,或者在荷叶上面,看得见一只细脚虫慢慢爬着,或是待着不动。阳光穿过前赴后继、随生随灭的波纹,好像穿过蓝色的小球;老柳树瞧着自己的灰色树皮和断枝残条在水中的倒影;再往前看,周围都是草场,显得空荡荡的。这时正是田庄用膳的时刻,年轻的少妇和她的同伴走路的时候,只听见他们自己的脚步在土路上行走的节奏、他们自己说话的声音,还有艾玛的袍子在身上磨蹭的窸窣声。

花园墙顶上砌了玻璃瓶的碎片,像暖房的玻璃屋顶一样热。砖墙缝里长了桂竹香。包法利夫人撑开阳伞走过,伞边碰到开残了的花,就会撒下一阵黄粉,碰到忍冬和铁线莲挂在墙外的枝条,小枝就会缠住蓬边,划过伞面。

他们谈到一个西班牙歌舞团,不久要在卢昂剧场演出。

"你去看吗?"她问道。

"能去就去。"他答道。

难道他们没有别的话讲? 他们的眼睛说出来的话还更重要得多。当他们搜索枯肠、说些平淡无奇的话时,他们两人都感到一种忧郁涌上心头;这好像是灵魂的窃窃私语声,深沉悠远,不绝如缕,比说话的声音还更有力量。他们惊奇地发现了这种新的美妙感,却没有想到要互相倾吐各自的感受,也没有想到要寻找这种感受的起因。未来的幸福好比热带地区的海岸,吹来一阵香风,把软绵绵的当地风光融入了无边无际、可望而不可即的幸福海洋,他们沉醉在感受中,甚至懒得去想那看不见的前途远景了。

有一个地方给牲口踩得陷了下去,只有踏着烂泥中稀稀落落的大青石,才能走过。她不得不时常站住,看看在哪里落脚好——石头一动,她就摇晃,胳膊高举,身子前倾,眼神惊惶。她笑了起来,生怕掉进水坑里去。

他们到了她家花园前面,包法利夫人推开小栅栏门,跑上台阶,就进去了。

莱昂回到事务所,公证人不在。他看了一眼档案夹,然后削了一支鹅毛笔,最后戴上帽子走了。

他来到阿格伊岭上的"牧场",没有走进森林,就在冷杉树下躺倒,从手指缝里看着天。

"我多无聊!"他自言自语说,"我多无聊!"

他抱怨村子里的生活、奥默这样的朋友、吉约曼这样的老师。公证人一天到晚只忙事务,戴一副金丝边眼镜,留一嘴络腮胡子,系一条白领带,一点也不懂得体贴别人,只会摆出一副英国人的死板派头,头几天倒把实习生唬住了。至于药剂师的老婆,那是诺曼底最好的妻子,温顺得像绵羊,爱护她的子女、父母、亲戚,为别人的不幸而哭,却不管自己的家务,讨厌穿紧身衣。她行动迟缓,语言无味,相貌寻常,说话就那几句,虽然她三十岁而莱昂才二十,他们住在对门而且每天说话,但他从没想到她是一个女人,脱了裙子还有什么女人味。

除此以外,还有什么人呢?比内,几个商人,两三个小酒馆老板,本堂神甫,最后还有镇长杜瓦施先生和他的两个儿子,他们有钱,粗鲁,迟钝,自己种地,一家人大吃大喝,却很信教,真叫人受不了。

这些面孔构成的背景,衬托得艾玛的形象更加孤单,更加遥远;因为他感到在她和他之间,仿佛隔着模模糊糊的深渊。

起初,他同药剂师到她家去过几次。夏尔对接待他似乎并不特别感兴趣;莱昂既怕自己冒昧,又寻求明知不可能的亲近,所以就不知道如何是好了。

～ 四 ～

冷天一开始，艾玛就不住在卧室里，而搬到厅子里去，厅子长长的，天花板很低，在壁炉上的镜子前面摆了一盆枝条茂密的珊瑚。她坐在窗前的扶手椅里，看着村里人在人行道上来来往往。

莱昂从公证人事务所走到金狮旅店去，每天要走两回。艾玛听见他的脚步声由远而近，她听时身子向前倾；而那个年轻人却总是同样的装束，头也不回，就从窗帘外溜过去了。但是到了黄昏时分，她时常用左手支着下巴，把开了头的刺绣撒在膝盖上不管，忽然看见这个影子溜过，不由得震颤一下。于是她站起来，吩咐用人摆好餐具。

奥默先生总是在晚餐时来他们家。他把希腊便帽拿在手里，悄悄走了进来，以免打扰他们。他老是重复同样的话："晚上好，老伙伴!"然后，他走到餐桌前，在这对夫妇之间的老位子上坐下。他向医生打听有多少人来看过病，医生也同他商量该收多少诊费。接着，他们就谈报纸上的消息。到了晚上这个时候，奥默差不多已经能把消息背诵如流了；他不但可以和盘托出，而且夹叙夹议，把记者的评论、国内外私人的大灾小祸等秘闻轶事都讲得历历如数家珍。但是，不等话题谈得山穷水尽，他就立刻话头一转，品评起眼前的菜肴来。有时，他甚至探起身子，精心地为夫人挑选一块最嫩的肉，或者转过身去对女佣说，怎样操作才能烧好炖肉加蔬菜，如何调味才算讲究卫生；他谈到香料、味精、肉汁和明胶，谈得令人目迷五色。而且奥默头脑里的配方比药房里的瓶子还多，他的拿手好戏是做各式果酱、香醋和甜酒，他还知道新发明的节约热能的方法以及保存干酪、料理坏酒的技术。

到了八点钟，朱斯坦来找他回去，药房要关门了。奥默先生发现他的学徒喜欢来医生家，尤其是碰到费莉西也在的时候，于是他就用狡诈的眼光看着他。

"我的这个小伙子，"他说，"开始会打主意了。我敢说，他爱上了你们的女佣,要不才怪呢!"

但是药剂师怪学徒的,还有一个更严重的错误,那就是一听见人家谈话,他便立地生根了。比如说,星期天,简直没有法子要他离开客厅。本来奥默太太把他叫来是要他把孩子们抱走的,因为他们在安乐椅里睡着了,而椅套太大,都给他们的背脊挤皱了,但他却站住了就不走。

并没有多少人来参加药剂师家晚上的聚会,他喜欢说长道短,议论政治,体面人先后都对他敬而远之,只有实习生一次聚会也不错过。一听见门铃响,他就跑去迎接包法利夫人,接过她的披肩;要是下雪,她的鞋上穿了布边大套鞋,他就把她脱下的套鞋放在药房长桌底下,摆在一边。

他们先玩了几盘"三十一点",然后,奥默先生和艾玛玩两人牌戏,莱昂站在她背后出点子。他把手搭在她的椅子靠背上,眼睛盯着像牙齿一般咬住她发髻的梳子。她每次出牌,身子一动,右边的袍子就撩起来。她的头发往上卷起,露出了她褐色的背脊,但是褐色越往下走越淡,渐渐消失在衣服的阴影中。她松松的衣服从座位两边一直拖到地上,上面满是褶皱。有时莱昂发现他的靴子后跟踩了她的袍子。就赶快把脚挪开,好像踩了她的脚一样。

打完了扑克牌,药剂师又和医生玩起多米诺骨牌来,艾玛换了座位,把胳膊肘撑在桌子上,一页一页地翻看《画报》。她带来了时装杂志。莱昂坐在她的身边,他们同看图画,先看完的等着后看完的。她总求他念诗,莱昂就拉长了声调朗诵,读到爱情的段落,他连出气都分外小心。但是打骨牌的声音扰乱了他;奥默先生是个强手,老是赢双满贯。打完了三百分,他们两个把腿一伸,就在壁炉前睡着了。柴火烧成了灰,茶壶喝得空空的,莱昂还在朗诵。艾玛一边听,一边无意识地转动灯罩,纱罩上画了几个坐车的丑角和拿着平衡木走钢丝的舞女。莱昂打住了,用手指着已经入睡的听众;于是他们低声谈起话来,这悄悄话显得特别情意绵绵,因为不怕别人听见。

这样,他们之间就建立了一种联系,不断地交流看书和唱歌的经验;包法利先生妒忌心不重,并不觉得奇怪。

他过生日，收到一个医学用的头颅标本，染上了蓝颜色，注满了数目字，一直注到胸口。这是实习生盛情送上的礼物。他还大献殷勤，甚至替医生去卢昂买东西；一个小说家写了一本书，引起了对热带植物的爱好，莱昂为医生太太买了一盆仙人掌，他坐燕子号班车回来，花放在膝盖上，硬刺扎破了手指也不管。

艾玛在窗子外面装了一个带栏杆的小木架，放她的小花盆；实习生也把花盆吊起，好像一个悬空的小花园。他们看得见对方在窗口养花。

在全村的窗户中，有一家老是显得比别家更忙；因为星期天从早到晚，或者天气好的每个下午，从顶楼的天窗口，都看得见比内先生瘦小的侧影弯在车床上，车床单调的隆隆声连在金狮旅店都听得见。

一天晚上，莱昂回到房里，发现了一条浅色底上印着绿叶的毛毯。他喊奥默太太、奥默先生、朱斯坦、孩子们和厨娘来看，他甚至告诉了他的老板，大家都想看看这条毯子。为什么医生太太要送实习生这份厚礼呢？这显得不合常规，于是大家一口咬定她是他的"情人"。

这也不是无中生有，他不住口地说她漂亮聪明，比内听得不耐烦了，有一次竟毫不客气地回嘴道：

"这跟我有什么关系！我和她并没有来往。"

莱昂折磨自己，想方设法，如何对她"吐露衷情"。他既怕惹得她不高兴，又恨自己胆小，老是犹豫不决，又是气馁，又是跃跃欲试，他痛苦得哭了起来。后来，他狠狠地下了决心，写了几封信，但又撕掉了，确定了时间，又一再延期。他时常打算，无论如何，也要开始行动了，但一到艾玛面前，他的决心就泄了气；碰到夏尔出来，邀他同坐马车去看附近的病人，他立刻答应，向医生太太告辞后就走了。她的丈夫不也是她的一部分吗？

至于艾玛，她并没有问过自己是否爱他。爱情对她来说，应该突然而来，光彩夺目，好像从天而降的暴风骤雨，横扫人生，震撼人心，像狂风扫落叶一般，把人的意志连根拔起，把心灵投入万丈深渊。她不知道，屋檐的排水沟如果堵塞的话，雨水会使屋顶上的平台变成一片汪洋的湖泊，她自以为这样待在屋内安然无事，不料墙上已经有一条裂缝了。

五

这是 2 月的一个星期天,一个落雪的下午。

包法利先生和夫人,奥默和莱昂先生,大家同到荣镇半古里外的河谷里,去参观一家新建的亚麻纺织厂。药剂师把拿破仑和阿达莉也带在身边,好叫他们活动一下;朱斯坦陪着他们,肩上扛着几把雨伞。

然而,他们要参观的地方,并没有什么可以参观的。只是一大片空地,乱七八糟地堆着些沙子和石头,还有几个已经生了锈的齿轮,当中有一座长方形的建筑,墙上打了许多洞,那就是小窗子。房子还没有盖好,从屋梁中间可以看见天空。人字墙的小梁上,系着一把麦秆,中间掺杂着些麦穗。头上的三色带子,在风中喀喇响。

奥默开讲了。他对同来的人解释这家厂房未来的重要性,他估计地板的载重能力,墙壁的厚度,可惜没有带把尺来,其实比内就有一把,可以供他随意使用。

艾玛伸出胳臂让他挽住,稍稍靠住他的肩膀,遥望着一轮太阳,在雾中发射出耀眼的白光,但她一转过头去,就看见了夏尔。他的鸭舌帽戴得很低,遮住了他的眉毛,两片厚厚的嘴唇有点哆嗦,使他的面孔显出了一副蠢相,就连他的背脊,虽然稳如大山,看了也令人生厌。她还发现,他这个人俗不可耐,连他的外衣也显得俗不可耐了。

她这样打量他的时候,在厌恶中得到了一种反常的快感,正好莱昂向前走了一步。天冷使他的面孔变得苍白,看起来显得落落寡欢,脉脉含情;他的衬衫领子有一点松,看得见领带和颈之间的皮肤;他的耳朵尖从一绺头发下面露了出来;他抬头看云的时候,又大又蓝的眼睛,在艾玛看来,简直比映照青天的山间湖泊还更清澈,还更美丽。

“该死!”药剂师忽然叫了起来。

他的儿子刚刚跳到石灰堆里,要把鞋子涂成白色,他赶快跑了过去。拿破仑一听见父亲骂他,就号叫起来,而朱斯坦拿着一把麦秆,帮他把鞋子擦干净,但他需要用刀把石灰刮掉,夏尔就掏出自己的刀子。

"啊!"她自言自语说,"他口袋里还带了一把刀子,真像个乡巴佬!"

直到下霜的时候,他们才回到荣镇。

晚上,包法利夫人没有去隔壁奥默家,但当夏尔一走,她感到孤独的时候,对比又自然而然地涌上心头,感觉清清楚楚,几乎就像刚才发生的事,景象模模糊糊,似乎是回忆的延长。她从床上看着燃烧的火光,仿佛身子还在河谷,看见莱昂站在那里,一只手弄弯他的软手杖,另一只手牵着静静地吃冰的阿达莉。她觉得他可爱,她简直无法摆脱。她想起了他在其他时候的姿态,他说过的话,说话的声音,他整个的人,于是她伸出嘴唇,像要吻他似的,翻来覆去地说:

"是啊,可爱! 可爱! ……他是不是在爱着一个人呢?"她问自己,"是哪一个? ……不就是我吗!"

所有的证据同时都摆在面前,她的心怦怦跳了。壁炉里的火焰在天花板上投下了一片红光,欢欢喜喜,哆哆嗦嗦;她转过身去,伸直了胳膊。

于是她又开始没完没了,如怨如诉地说:"唉! 假如这是天意! 那又有什么不可以的呢? 有谁会阻拦呀? ……"

等到夏尔半夜回家的时候,她装出刚刚睡醒的样子,听见他脱衣服的声音,她就说是头痛;然后漫不经心地问他晚上过得怎么样。

"莱昂先生,"他说,"很早就回楼上去了。"

她不禁微微一笑,灵魂深处感到新的心荡神怡,就沉入睡乡了。

第二天夜色降临的时候,她接待了来访的商店老板勒合,这是一个能干的商人。他生在加斯康尼,长在诺曼底,因此既像南方人一样爱说话,又像北方人一样有心眼。他浮肿的脸上没有胡须,像是涂了淡淡的甘草汁,而他的白头发使得他黑色的小眼睛射出的看得透人的光芒显得更加敏锐。没有人知道他的底细:有人说他过去是个货郎,有人说他在鲁托开过钱铺。可以肯定的是,他的头脑复杂,善于算计,就连比内也怕他几分。他客气到了卑躬屈膝的地步,老是半弯着腰,不知道他是在打招呼,还是有求于人。

他把绲了绦边的帽子挂在门口之后,就把一个绿色的纸匣子放在桌上,开始向夫人道歉,客客气气地说,直到今天,还没有得到夫人的照顾,像他开的那样的小铺子,本来不配"上流"妇女光临,他特别强调"上流"两个字。其实,只要她吩咐一声,他就会送货上门的,不管她要的是服饰还是内衣,帽子还是时装,因为他一个月照例要进四回城。他和最大的商行都有联系,在三兄弟公司、金胡商店或者大野商行,提起他的大名,真是无人不知,简直像囊中物一样熟悉!今天,他刚巧进了好货,机会难得,所以他顺便送来给夫人过目。于是他从纸匣子里拿出半打绣花衣领。

包法利夫人看了看。

"这种东西我用不着。"她说。

勒合先生又小心在意地摆出三条光彩夺目的阿尔及利亚围巾、好几包英国针、一双草拖鞋,最后,四个用椰子做的、由劳改犯雕镂而成的蛋杯。然后,双手撑在桌上,颈子伸出,身子前倾,张大了嘴,望着艾玛的眼睛。她浏览这些货物,拿不定主意。时不时地,好像为了掸掉浮尘,他用指甲弹一弹摊开了的围巾的纵缎面,围巾抖动了,发出了轻微的窸窣声,在傍晚暗绿色的光线中,缎面上的金色圆点,好像小星星一样闪闪发亮。

"卖多少钱?"

"不贵。"他回答道,"也不必忙着给钱。看你什么时候方便,我们并不是贪钱的犹太人!"

她考虑了一阵子,结果还是谢绝了勒合先生。他倒不在乎地答道:

"好吧!一回生,二回熟。和太太们我总是合得来的,只有我家里那一位不行!"

艾玛微微一笑。

"我这样说,"打趣之后,他又装出老实人的模样,接着说道,"就是不愁没有钱花……要是你手头紧,我这里倒方便。"

她露出了惊讶的神色。

"啊!"他赶快低声说,"你若缺钱,也用不着跑老远去借。相信我吧!"

于是他又打听咖啡馆老板特利耶的消息,包法利先生正在给这位老爹看病。

"特利耶老爹的病怎么样了？……他一咳嗽，就会震动整个房屋，我怕他过不了几天，就用不着法兰绒恤衫，而要进雪杉木棺材了。年轻的时候，他那样花天酒地！太太，他这号人，一点也不爱惜自己，就是喝烧酒也把他烧成石灰了！不过话又说回来，看着熟人死去总不是滋味。"

他扣上纸匣子的时候，就这样谈论医生的病人。

"天气不对头，当然啰，"他一脸不高兴地瞧着玻璃窗说，"人就生病了！我呀，我也觉得不舒服，总有一天，我也要来看医生，治治我的背痛。打扰了半天，再见吧，包法利太太，有事不必客气，在下一定效劳。"

他轻手轻脚地把门关上。

艾玛叫人用托盘把晚餐送到卧房里壁炉旁边，她吃的时间很长。一切都显得称心如意。

"我怎么那样老实！"她想起了围巾，就自言自语说。

她听见楼梯上有脚步声，来的人是莱昂。她站起来，在五斗柜上的一堆抹布中，随便拿起一块来缲边。他进来时，她显得很忙。

话谈得不带劲，包法利夫人说了上句没有下句，使他不知道说什么好。他坐在壁炉旁边一张矮椅子上，用手指头转动象牙针线盒。她却穿针走线，时不时地用指甲压得抹布打褶。她不说话，他也不开口。不管她说与不说，他都看入了迷。

"可怜的年轻人！"她心里想。

"我有什么不讨她喜欢？"他问自己。

到底还是莱昂开口了，他说他要到卢昂去给事务所办事。

"你订的音乐杂志到期了，要不要我续订？"

"不要。"她答道。

"怎么啦？"

"因为……"

她抿紧了嘴唇，慢吞吞地把针穿过抹布，抽出一长段灰色的线。

莱昂看了有气。艾玛的手指头似乎给抹布擦粗了。他脑子里闪出了一句献殷勤的话,但又不敢大胆说出口。

"你不再学了吗?"他接着说。

"什么?"她赶快说,"音乐吗?啊!我的上帝,是啊!难道我不要管家务了,不要照料丈夫了,说来说去,要干的活多着呢,难道分内的事不要先做!"

她看看钟。夏尔还没回来。于是她装出担心的样子。她三番两次说:

"他人多么好!"

实习生对包法利先生也有感情。不过妻子对丈夫感情太深反倒使他意外,使他不快,但他还是接着说医生的好话。他说,他听见大家都说他好,尤其是药剂师。

"啊!他是一个好人。"艾玛接着说。

"当然。"实习生接嘴道。

他又谈起奥默太太来,他们平常老是笑她衣着随便,邋里邋遢。

"那有什么关系?"艾玛打断他说,"一个做母亲的人,哪里顾得上打扮自己!"

然后,她又不说话了。

一连几天都是这样。她的谈话,她的姿态,统统都改变了。人家看见她把家务事放在心上,又按时上教堂,对女佣也管得更严格了。

她把贝尔特从奶妈那里接回家。一有客人,费莉西就把她抱出来,包法利夫人撩起孩子的衣服,让客人看她的胳膊和腿。她说她爱孩子,孩子是她的安慰,她的乐趣,她的癖好。她一边抚摸她,一边抒发感情,如果不是知道底细的荣镇人,恐怕要把她错当做《巴黎圣母院》里的好妈妈呢。

夏尔回家的时候,发现他的拖鞋总在壁炉边上烘着。现在,他的背心衬里不再脱线,他的衬衫也不再缺纽扣,他甚至高兴地看到:他的睡帽也整整齐齐地叠好,放在壁橱里面。她不再像从前一样,不乐意去花园里消愁解闷。无论他提什么建议,她都同意,虽然她并没有猜到他的意图,她也毫无怨言地顺从——莱昂看见他餐后坐在炉边,双手放在肚子上,两脚蹬着炉架,面孔饱得发红,眼睛浸润在幸福中,孩子在地毯上爬,而这个腰身苗条的少妇,竟俯在椅子背上吻他的前额。

"我想到哪里去了!"他自言自语,"怎么可能到手啊?"

在他看来,她显得这样贤惠,这样圣洁不可侵犯,甚至连最渺茫的希望也烟消云散了。

这种可望而不可即的情况,更把她抬高到了超凡入圣的地位。对他说来,他既然得不到她的肉体,她似乎也就摆脱了凡胎俗骨。在他心里,她总是扶摇直上,远离人间,好像成了仙的圣徒,令人目眩神迷地飞上九霄云外去了。这是一种纯洁的感情,它并不会妨碍日常生活的运行,人们培养这种感情,因为情也以稀为贵,有了这种感情使人得到的享受,远远少于失去这种感情给人造成的痛苦。

艾玛瘦了,脸色变得苍白,面孔也拉长了。她的黑头发从中间分开,紧紧贴住两鬓。她的眼睛大,鼻子直,走起路来像只小鸟,现在老是沉默寡言,难道不像蜻蜓点水似的度过人生,而且额头上隐约地露出了负有崇高使命的迹象?她是这样忧郁而又平静,温柔而又持重,使人觉得她有一种冷若冰霜的魅力,就像一座冰凉的大理石教堂,虽然花香扑鼻,也会使人寒战一样。即使莱昂以外的人也会感到这种不可抗拒的引诱。药剂师就说过:

"她的资质不凡,即使县长夫人也不如她。"

老板娘称赞她节省,病人称赞她客气,穷人称赞她慈善。

其实她却贪心不足,容易生气,怨天尤人。她的纹丝不乱的直褶裙包藏着一颗动荡不安的祸心,她的羞答答的嘴唇讲不出内心的苦恼。她爱上了莱昂,却寻求孤独,好无拘无束地在想象中自得其乐,看见了真人反而扰乱了沉思默想的乐趣。艾玛听见他的脚步,心就扑扑地跳;在他面前,激动的感情反而低落,使她莫名其妙,最后陷入一片惆怅。

莱昂并不知道,当他灰心失望地离开她家的时候,她却站了起来,在他后面看着他走到街上。他的行动使她挂念,她暗中观察他的脸色,甚至凭空捏造,找个借口到他房间里去。药剂师的老婆在她看来真是幸运,能够和他同住在一个屋檐下,而她的思想不断落在这所房子上,就像金狮旅店的鸽子老是飞来这里,把白羽红爪浸在檐沟里一样。艾玛越是发觉自己堕入情网,越是压制自己的感情,好不流露出来,让它慢慢削弱。她并不是不想莱昂猜到她的心事,她甚至想出一些机会,一些突如其来的变化,好使他恍然大悟。但是她没有这样做,当然,不是行动太慢就是心里害怕,还有不好意思。她想到她的拒绝也许做得过分,已经错过了时机,无法挽回了。然后,她的自尊心,自封"贤妻良母"带来的喜悦,无可奈何的顾影自怜得到的安慰,总算聊胜于无,可以弥补一点她自认为作出了的牺牲。

于是,肉体的七情六欲,对金钱的垂涎三尺,还有热情带来的伤感,全都混在一起,成了一种痛苦——而她不但不求解脱,反而越陷越深,自寻烦恼。一盘菜烧得不好,一扇门关得不紧,她都有气。她埋怨自己没有丝绒衣服,错过了幸福,没有实现太高的理想,住的房子太窄。

她最恼火的是,夏尔似乎想都没有想到她在受苦。他居然以为是他使她幸福的。这种愚蠢的想法,在她看来,简直是一种侮辱,而他的心安理得,就是无情无义。她为谁做贤妻良母的?难道他不是一切幸福的障碍、一切苦难的根源,像一根复复杂杂的皮带上的尖扣针一样,从四面八方把她紧紧扣在他的身上?

因此,她由于烦闷无聊而产生的种种怨恨,都转移到他头上。她想努力减轻痛苦,结果反而加重了愤怒,因为这种徒劳无益的努力,更增加了她灰心失望的理由,扩大了他们之间的裂痕。她对自己的温存体贴也起了反感。家庭生活的平凡使她向往奢侈豪华,夫妇生活的恩爱却使她幻想婚外的恋情。她恨不得夏尔打她一顿,她才好理直气壮地憎恨他,报复他。有时她会大吃一惊,自己居然会起这样无情的念头。然而她不得不继续露出笑容,自己骗自己说:"我很幸福。"然后装出幸福的模样,骗别人相信自己真幸福。

其实,她讨厌这样口是心非。她也起过同莱昂私奔的念头,随便到哪里去,也不管多么远,只要能尝尝新的生活。但一想到私奔,她的灵魂深处立刻裂开,朦朦胧胧地出现了一个黑暗的深渊。

"而且他已经不再爱我了。"她心里想,"怎么办呢? 还能指望谁来帮忙,谁来安慰,谁来减轻我的痛苦?"

她已经精疲力竭,气急败坏,如痴似呆,老是低声哭泣,眼泪直流。

"为什么不告诉先生呢?"女佣碰到她发病的时候进来,就这样问。

"这是神经有毛病。"艾玛答道,"不要告诉他,免得他难过。"

"啊! 对了,"费莉西接着说,"你就像小盖兰一样。她是在波莱打鱼的老盖兰的女儿,我到你们家来以前,在迪厄普认识的。她老是愁眉苦脸,站在门口,好像报丧的裹尸布。她的病看起来似乎是脑袋里起了雾,医生无能为力,神甫也没办法。病得太厉害了,她就一个人跑到海边去,海关人员巡查的时候,老看见她伏在地上,趴在鹅卵石上哭呢。后来,说也奇怪,她一嫁人,病就好啦。"

"可是我呢,"艾玛接过来说,"我的病是嫁人后才得的。"

六

傍晚时分,她坐在打开的窗前,刚刚看见教堂管事勒斯蒂布杜瓦修剪黄杨,忽然就听见晚祷的钟声响了。

时间是 4 月初,报春花已经开放,一阵暖洋洋的风卷过新翻土的花坛,花园也像女人一样,打扮得花枝招展,来迎接夏天的良辰美景。从花棚的栅栏向外一望,可以看见蜿蜒曲折的河水在草原上漫游的行迹。暮霭穿过落了叶的杨树,使树的轮廓呈现出淡淡的紫色,仿佛在树枝上挂了一层朦胧的透明轻纱似的。远处有牲口在走动,但听不见它们的脚步声,也听不到它们的哞叫。晚钟一直在响,在空气中散发出哀而不怨的长鸣。

听到漫长的叮当钟声,少妇的情思又迷迷糊糊地回到了她的青年时代,回忆起当年的寄宿生活。她想起了圣坛上的大蜡烛台,比摆满了鲜花的花瓶和圣龛的小圆柱都要高得多。她真想像从前一样,和修女们打成一片,排成长长的一行,看着白面纱中夹杂着一顶顶黑色的硬风帽,全都伏在跪凳上祈祷。星期天做弥撒的时候,她一抬起头来,就看见淡蓝色的香烟缭绕着圣母慈祥的面容。想到这里,她的心有动于衷了。她觉得自己柔弱无力,无依无靠,就像一只小鸟身上的绒毛,在暴风雨中晕头转向。就是这样,她自己还没有意识到,却已经走上了去教堂的路。她准备献身给宗教,不管哪种信仰都行,只要她能够把灵魂全部投进去,只要她能忘掉人间的烦恼。

她在广场上碰见勒斯蒂布杜瓦回来,因为他为了充分利用一天的时间,宁愿打断工作,回头再做,所以他只在他方便的时候敲晚祷钟。再说,早点敲钟还可以提醒孩子们上教理课。

有几个孩子已经来了,在墓地的石板上玩弹子。另外几个骑在墙头,摆动两条腿,用木鞋弄断围墙和新坟之间的荨麻。这是唯一的有绿色植物的地方,别的地方都是石头,上面老是蒙着一层浮土,圣器室的扫帚也扫不干净。

孩子们穿着软底鞋在石板上跑来跑去,仿佛这是特意为他们铺好的拼花地板,他们的叫声笑声,比叮当的钟声还响得多。粗粗的钟绳从高高的钟楼上吊下来,一头拖在地上,摆动得越来越少,钟声也就越来越小。几只燕子飞过,发出唧唧啁啁的叫声,用翅膀划破了长空,迅速地飞回滴水檐下黄色的燕子窝。教堂里首点了一盏灯,这就是说,挂了一个玻璃盏,里面点着一根灯芯。从远处看,灯光好像一个白点,在灯油上摇曳不定。一道长长的阳光穿过教堂的中殿,使两边的侧道和四围的角落,显得更加阴沉。

“神甫在哪里?”包法利夫人问一个小孩子,他正在摇晃活动栅门上一根已经松了的栏杆。

“他就要来了。”他回答道。

果然,教士住宅的门咯吱一响,布尼贤神甫出来了。孩子们乱糟糟地挤进了教堂。

“这些小淘气!”教士嘀咕说,“总是这样!”

他一脚碰到一本破破烂烂的《教理问答入门》,就捡起来说:

“什么都不爱惜。”

他一眼看见了包法利夫人。

"对不起,"他说,"我没有认出来是你。"

他把《教理问答入门》塞进衣服口袋,就站住了,两个手指还在摆动圣器室沉重的钥匙。

夕阳的光辉照在他脸上,使他的毛料道袍显得颜色暗淡了,胳膊肘下面已经磨得发亮,下摆还脱了线。油污和烟熏的痕迹,一点接着一点,就像他宽阔的胸前那一排小纽扣在延长似的,离他的大翻领越远,污点也就越多。翻领之上,露出他红皮肤的褶皱,皮肤上还星罗棋布地撒上了一些黄色斑点,直到灰色的胡子遮住了粗糙的皮肤,才看不见。他刚用过晚餐,呼气吸气声音都响。

"你身体好吗?"他接着问道。

"不好。"艾玛答道,"我很难受。"

"可不是! 我也一样。"教士接着说,"这些日子天气一热,说也奇怪,人就软弱无力了,对不对? 但这有什么办法呢? 我们生来就是受罪的,圣·保罗不是说过吗? 不过,包法利先生怎么说?"

"他呀!"她说时做了一个瞧不起的手势。

"怎么!"好神甫吃了一惊,接着就说,"他没有给你开药方吗?"

"啊!"艾玛说,"我要的不是世上治病的药方。"

但是神甫时刻望着教堂里面,顽童们都跪在那里,互相用肩膀你推我挤,好像竖着摆成一行、一推就倒的纸牌。

"我想知道……"她接着说。

"等着,等着,理布德。"教士生气地喊道,"我要打你耳光,打得你耳朵发烧,调皮鬼!"

然后,他又转身对艾玛说:

"他是布德木匠的儿子,父母有钱,把他惯坏了。不过他很快就会学好的,只要他肯用功,因为他蛮聪明。我有时候开开玩笑,就叫他'理布德'(因为去玛罗姆要走过一个叫做'理布德'的山坡),甚至叫他'理布德坡'。哈哈!'理布德坡'! 有一天,我把这个叫法告诉了主教大人,大人居然笑了……大人真给面子,居然笑了。——哦,包法利先生怎么样了?"

她仿佛没有听见。他又接着说:

"当然非常忙啰。因为他和我,我们两个人在教区要做的事实在太多了。他呀,他是治疗身体的医生。"他笨拙地笑着加了一句,"我呢,我是拯救灵魂的医生。"

她用哀求的眼神盯着教士。

"是啊……"她说,"你是救苦救难的。"

"啊!不用说客气话啦,包法利太太!就在今天早上,我还不得不到下狄奥镇去了一趟,一条母牛'肚子胀',他们说是着了魔。他们的母牛,我也不晓得是怎么搞得……不过,对不起!隆格玛和布德这两个该死的小鬼!你们有没有个完?"

他一步就跳进了教堂。

那时,淘气的孩子们正挤在大讲经台周围,爬到领唱人的凳子上,打开了祈祷书。有几个还蹑手蹑脚,胆大得就要走进忏悔室。但是,神甫突然来了,巴掌像雹子似的落下,打了大家一顿耳光。他抓住他们的上衣领子,把他们从地上提起来,使劲要他们双膝跪在祭坛的石板地上,仿佛要把他们像树木似的栽进去。

"唉!"他回到艾玛身边,拿出一条印花大手帕,用牙齿咬住一个角说,"这些可怜的乡巴佬!"

"还有别的可怜人。"她答道。

"当然!比如说,城里的工人。"

"我不是说他们……"

"对不起!我也认识一些可怜的母亲,的确是家庭的好主妇,我敢说,简直就是女圣徒,却连面包也没得吃。"

"不过还有些人,"艾玛说的时候,嘴角都抽搐了,"神甫先生,有些人虽然有面包,却没有……"

"冬天没有火炉。"教士说道。

"哎!那有什么关系?"

"怎么！没有关系？在我看来，一个人只要温饱……因为说到头……"

"我的上帝！我的上帝！"她叹了一口气。

"你不舒服了？"他有点担心的样子，把身子向前移动了一下，"恐怕是消化不好吧？最好是回家去，包法利太太，喝一杯茶，或者喝上一杯新鲜的红糖水，就有劲了。"

"为什么？"

她好像如梦初醒的样子。

"因为你把手放在额头上，我以为你头晕了。"

然后，他又改变话题：

"你本来要问我什么来着？我不记得了。"

"我吗？没什么……没什么……"艾玛重复说。

她向周围看看，目光慢慢地落在穿道袍的老神甫身上。他们两人面对面地，你看着我，我看着你，没有话说。

"那么，包法利太太，"他到底说了，"请你原谅，因为你也知道我的职责第一。我得打发那些调皮的小家伙去了。马上要第一次领圣体，我怕我们还会乱套。因此，从升天节起，我要他们每星期三准时来加上一堂课。这些可怜的孩子！指引他们走上主的道路，总不会嫌太早的。其实，主已经通过圣子的口，向我们指出了正路……祝你身体好，太太，替我向你丈夫问候！"

他走进教堂去，在门口还屈了一下膝。

艾玛看着他头朝一边歪，双手微微张开，手心朝外，脚步沉重，走到两排长凳中间去了。

于是她也掉转脚跟，整个身子就像一座雕像在基石上转动，走上了回家的道路。但神甫的粗嗓子，顽童的尖嗓子，还是传到了她的耳边，在她背后喊着：

"你是基督徒吗？"

"是的，我是基督徒。"

"基督徒是什么人?"

"基督徒就是一个受过洗礼……受过洗礼……受过洗礼……"

她扶住栏杆,走上楼梯,一进卧房,就倒在一张扶手椅里。

苍茫的暮色透过玻璃窗,后浪推着前浪,慢慢地降临了。家具摆在原处不动,仿佛已经僵化,在阴影笼罩下,似乎落入了黑暗的海洋。壁炉里的火已经熄灭,挂钟一直在滴答滴答地响。艾玛模模糊糊地感到惊讶,为什么周围的环境这样安静,而她的内心却是一片混乱。那时,小贝尔特站在窗子和女红桌子之间,穿着毛线织的小靴,摇摇晃晃地要到母亲身边来,揪住她围裙带子的末端。

"不要打搅我!"母亲说的时候用手把她推开。

小女儿不久又来了,离母亲的膝盖更近,她把胳膊靠在母亲膝上,抬起蓝色的大眼睛望着母亲,嘴里流出一道纯口水,滴在母亲的绸子围裙上。

"不要打扰我!"少妇烦了,又说一遍。

她的面孔把孩子吓坏了,女儿就哭起来。

"咳! 不要烦我呀!"她说时用胳膊推了女儿一下。

贝尔特摔倒在五斗柜脚下,碰在铜花饰上,划破了脸,血流出来了。包法利夫人赶快把她扶起来,拼命叫女佣,把传呼铃的带子都拉断了,正要咒骂自己,忽然一眼看见了夏尔。原来已经到了他回家吃晚餐的时间。

"你看,好朋友,"艾玛没事人似的对他说,"小东西玩时不小心,在地上摔伤了。"

夏尔叫她不用担心,情况并不严重,然后就找胶布去了。

包法利夫人没有下楼到餐厅去,她要一个人守着孩子。看到她睡着了,她的担心才慢慢地消散。回想起来,她自己显得既愚蠢,又善良,为了刚才那么一点小事,居然会搅得心烦意乱。的确,贝尔特已经不再哭泣了。现在,也觉察不到她的呼吸还能不能使棉被上下起伏。大颗的眼泪留在她眼皮半开的眼角里,睫毛当中露出了两个暗淡无光、深深下陷的眼珠,胶布贴在脸上,使她皮肤绷紧,把脸也拉歪了。

"说也奇怪，"艾玛心里想，"这孩子怎么这样难看！"

夏尔餐后把没用完的胶布还给药房，直到晚上十一点钟才回家，看见妻子还站在摇篮旁边。

"既然我已经和你讲过，不会出什么事的。"他一边吻她的额头，一边说道，"那就不要自寻烦恼了，可怜的小亲亲，你这样会搞出病来的！"

其实他也在药房里待了很久。虽然他并没有显得非常着急，但是奥默先生还是尽力要他坚强一点，要他"鼓起勇气"。于是他们谈起儿童时代要经历的各种风险，用人可能做出的糊涂事。奥默太太就有亲身的体会，她胸部还留下了小时候烫伤的痕迹，那是一个女厨子把一碗滚烫的热汤打翻在她的小罩衫上造成的。因此，她的慈父良母采取了种种预防的措施：刀子从来不磨得太快，房间里的地板也从来不打蜡，窗子上装了铁栏杆，壁炉前装上牢固的小柱子。那些小奥默虽然纵容惯了，其实动一动就有人在后面看着的，只要得了一点伤风感冒，父亲就给他们灌祛痰止咳药，哪怕过了四岁，也毫不通融地要他们戴防风防跌的软垫帽。其实，这是奥默太太的怪主意。她的丈夫心里担忧，生怕这样紧紧地箍着脑袋，可能会使他们的脑子受到影响，有一次居然脱口说出：

"你难道当真要把他们变成西印度群岛的土著，还是巴西的印第安人？"

夏尔有好几次要打断他的话。

"我有话想要对你讲。"他低声对着实习生的耳朵说，实习生上楼时走在前头。

"难道他猜到什么啦？"莱昂心里寻思。他的心跳得厉害了，于是越发胡思乱想。

最后，夏尔关上门，请他去卢昂打听一下，买一个好照相机要多少钱。他想使他的妻子喜出望外，想向她表示无微不至的关心，想送她一张穿黑色燕尾服的照片。但他事先要"心中有数"。这大概不太费莱昂的事，因为他几乎每个星期都要进一次城。

进城有什么事，奥默猜想这是年轻人的通病，有什么风流勾当。但是他猜错了,莱昂在城里并没有一个相好。他比以前任何时候都更忧郁。勒方苏瓦老板娘一眼就看得出,他盘子里剩的菜现在多起来了。她要寻根究底,就去找税务员打听,比内让她碰了一鼻子的灰,说"警察局并没有雇用他作耳目"。

不过,在他看来,他的伙伴也真古怪,因为莱昂老是坐在椅子上往后一仰,双手一伸,空空洞洞地说什么人生没有意思。

"那是因为你没有什么消遣呀。"税务员说。

"什么消遣呢?"

"我要是你,我就玩玩车床!"

"可我不会车东西呀。"实习生回嘴说。

"说得也是!"对方摸摸下巴,藐视中夹杂了几分得意的神气。

莱昂对没有结果的恋爱感到厌倦了,再说,他开始觉得毫无变化的生活成了沉重的负担,既没有兴趣来引导,又没有希望来支持。他对荣镇和荣镇人都感到如此乏味,一看到某些人、某些房子,他就恼火得无法控制。而药剂师呢,不管他人多好,也变得完全无法忍受了。然而,展望前途,若要换个地方,对他既有几分引诱,却也有几分害怕。

害怕很快就变成了焦急,于是巴黎在远方向他招手,吹起了化装舞会的铜管乐,发出了轻佻姑娘的笑声。既然他要去那里读完法律,为什么不早点去?有谁阻拦他吗?于是他心里开始作准备,预先安排他的活动。他在头脑里设计,怎样布置房间里的家具。他要过艺术家的生活!他要学六弦琴!他要穿室内装,戴无边软帽,穿蓝色丝绒拖鞋!他想得出神,似乎已经在欣赏壁炉上交叉地挂着的两把花式剑,还有高头的死人脑壳和六弦琴了。

困难的是要得到他母亲的同意,然而,她的同意似乎又是合乎情理的事。甚至他的老板也劝他换个事务所,可能更有发展前途。于是莱昂想了一个折中的办法,要到卢昂去找一个二等帮办的差事,可惜没有找到。最后,他给母亲写了一封长信,详细地说明了他要尽早去巴黎的理由。母亲同意了。

其实,他一点也不着急。整整一个月来,伊韦尔每天帮他把大箱小箱、大包小包,从荣镇运到卢昂,从卢昂运到荣镇。等到他添置了衣服,修理了三把扶手椅,买好了一大批绸巾,总而言之,准备的东西多得周游世界也用不完,但他还是拖了一个星期又是一个星期,一直拖到母亲来第二封信,催他赶快动身,否则,他就来不及在放假前通过考试了。

互相拥抱吻别的时间终于来到。奥默太太哭了起来,朱斯坦也在啜泣。奥默是男子汉,感情不便外露,只说要帮他的朋友拿大衣,亲自把他送到公证人的铁栅门前,公证人再用自己的马车把莱昂送到卢昂去。莱昂就只剩下一点时间,去向包法利先生告别。

他走到楼梯高头,就站住了,因为他觉得呼吸紧张,上气不接下气。他一进来,包法利夫人赶紧站起。

"是我,还是我!"莱昂说。

"我早就知道了!"

她咬咬嘴唇,血像潮水似的往上涌。她脸红了,从头发根部到衣领边上,皮肤都变成了玫瑰色的。她站着不动,肩膀靠住护壁板。

"先生不在家吗?"

"他出去了。"

她再说一遍:

"他出去了。"

于是一阵沉默。他们互相瞧着,他们的思想在共同的焦虑中混成一片,紧紧搂在一起,就像两个扑扑跳动的胸脯。

"我想亲一亲贝尔特。"莱昂说。

艾玛走下几步楼梯,去叫费莉西来。

他赶快向周围笼笼统统地扫了一眼,眼光依依不舍地落在墙壁上、架子上、壁炉上,恨不得能钻进去,或者都带走。

但是艾玛又进来了,女佣牵着贝尔特,贝尔特用绳子拉着一架头朝下的风车。

莱昂吻她的小脖子,吻了一遍又一遍。

"再见,可怜的孩子!再见,亲爱的小宝贝,再见!"

他把孩子交还母亲。

"带走吧。"母亲对女佣说。

只剩下他们两个人。

包法利夫人转过身去,脸靠住玻璃窗。莱昂手里拿着鸭舌帽,从上到下轻轻地拍着自己的屁股。

"要下雨了。"艾玛说。

"我有外套。"他答道。

"啊!"

她又转回身来,下巴低着,脸孔朝前。阳光照着她的额头,好像照着一块大理石,画出了她眉毛的曲线,谁也不知道艾玛在天边看见了什么,也不知道她心里想什么。

"好了,再见吧!"他叹口气说。

她突然一下抬起头来。

"是的,再见了……走吧!"

他们彼此向着对方走去;他伸出手来,她犹豫了一下。

"那么,照英国规矩吧。"她说,一面伸过手去,勉强笑了一笑。

莱昂感到他的指头捏住了她的手,他的整个生命似乎也都化为流体,流入了她的手掌。

然后,他松开了手,他们还是眼睛望着眼睛,他就这样走了。

他刚走到菜场又站住,藏在一根柱子后面,要最后一次看看这白色的房屋和那四个绿色的窗帘。他仿佛看见卧室窗口有一个人影,窗帘似乎没有人碰,就自动脱离了帘钩,长长的、斜斜的褶纹慢慢地移动。忽然一下,所有的褶纹都铺开了,窗帘已经挂直,一动不动,好像是一堵石灰墙。莱昂跑了起来。

他远远看见他老板的轻便马车停在大路上,旁边有一个系着粗布围裙的男人,手拉着马。奥默和吉约曼先生在谈天。他们等着他呢。

"拥抱我吧。"药剂师说,眼睛里还有眼泪,"这是你的大衣,我的好朋友。当心不要着凉！好好照顾自己！多多保重！"

"好了，莱昂，上车吧！"公证人说。

奥默弯腰站在挡泥板旁边，说一个字呜咽一声，才说出了这句断肠话：

"一路平安！"

"再见。"吉约曼先生答道，"走吧！"

他们走了，奥默也回家了。包法利夫人打开朝着花园的窗子，看看天上的云。

朝西，在卢昂那一边，乌云密集，奔腾翻滚，卷起了螺旋形的黑色波浪，在层云后面，太阳像高悬的金盾，发出条条金光，就像盾上射出的支支金箭，而在别的地方，天上却是空的，像瓷器一样白。但是一阵狂风吹来，吹得杨树弯腰，突然落下一阵急雨，噼噼啪啪地打在绿色树叶上。随后，太阳又出来了，母鸡咯咯地叫，麻雀在淋湿的小树丛中拍打翅膀，沙上的小水洼往低处流，带走了洋槐的粉红落花。

"啊！他恐怕已经走远了！"她心里想。

奥默先生还和过去一样，在他们六点半钟吃晚餐的时间过来。

"好了！"他坐下来说道，"我们刚才总算把我们的年轻人送走了吧？"

"总算送走了！"医生答道。

然后，他坐着转过身来问道：

"你们家里没出什么事吧？"

"没出什么大事。只是我的女人，今天下午有点感情冲动。你知道，女人嘛，一点小事都会叫她们难过！尤其是我家里那一口子！若是你要怪她们，那就不对了，因为她们的脑神经组织，本来就比我们的脆弱。"

"可怜的莱昂！"夏尔说道，"他到了巴黎怎么打发日子呢？……他会过得惯吗？"

包法利夫人叹了一口气。

"得了！"药剂师咂咂舌头说，"饭店老板会做好的给他吃！还有化妆舞会！喝香槟酒！我敢保证，日子过得快活着呢！"

"我不相信他会胡来。"包法利反驳道。

"我也不相信!"奥默先生赶紧接着说,"虽然他恐怕不得不跟别人一样胡来,否则人家就会说他是伪君子。唉!你不知道这些轻浮的学生在拉丁区和女戏子过的是什么生活!再说,他们在巴黎还很吃得开。只要他们有一点寻欢作乐的本事,上流社会就会接待他们,甚至圣·日耳曼市郊的贵妇人还会爱上他们呢,这就给他们提供了攀龙附凤的机会。"

"不过,"医生说,"我担心他在那里……"

"你说得对。"药剂师打断他说,"这是事情的阴暗面!那就不得不老是用手捏紧钱包。假如说,你在公园里碰到一个人,穿得讲究,甚至挂了勋章,你会以为他是个外交官,他走过来,和你闲谈,讨你好,请你吸烟,帮你捡帽子,然后关系更密切了,他带你上咖啡馆,请你去乡间别墅,等你半醉时,让你结识各色人等。其实,大部分时间只是要抢你的钱,或者拉你下水干坏事。"

"不错。"夏尔答道,"但我更怕他们生病,比如说,伤寒就老是拿外省学生开刀。"

艾玛发抖了。

"这是饮食失调的缘故。"药剂师接着说,"还有过分节省造成的紊乱。再说,巴黎的水,你知道!饭馆的菜,样样都加香料,结果吃得你发烧,随便怎么说也比不上一锅牛肉汤。我呢,我总是喜欢实惠的菜,也对健康更有益!因此,我在卢昂念药剂学的时候,就住在寄宿学校里,和老师一起吃。"

他就这样高谈阔论,谈个人的好恶,一直谈到朱斯坦来找他回去配制蛋黄甜奶。

"没有一点休息!"他喊道,"总是锁着!不能出来一分钟!得像牛马一样流血流汗!多苦的命!"

然后,等他走到门口,"忘了问你,"他说,"你听到消息了吗?"

"什么消息?"

"非常可能,"奥默接着竖起眉毛,认真地说,"下塞纳区的农业展览会今年要在荣镇一修道院举办。消息至少是传开了。今天早上,报上还提过。这对本区是头等重要的大事!下次再谈吧。我看得见,不用点灯了,朱斯坦有提灯。"

～～～ 七 ～～～

第二天对艾玛来说,是个死气沉沉的日子。一切都似乎笼罩在阴郁的气氛中,外部弥漫着一片迷雾,痛苦沉入了心灵的深处,发出了低沉的呼啸,就像冬天的风吹过一片废墟。这是对一去不复返的时光魂牵梦萦、大功告成后感到的心力交瘁,习以为常的行动忽然被打断,或者经久不息的震荡突然中止带来的痛苦。

就像那年从沃比萨回来,合舞的形象还在头脑里旋转一样,她觉得闷闷不乐,灰心失望,甚至麻木不仁。莱昂又出现了,更高大,更漂亮,更温存,更模糊。他虽然走了,但并没有离开她,他还在这里,房屋的墙壁似乎把他的影子留了下来。她的眼睛舍不得离开他走过的地毯,他坐过的空椅子。河水一直在流,后浪慢慢推着前浪,顺着滑溜的河堤流过去。他们在这里散过多少次步,听着水波潺潺地流过长满了青苔的石子。他们享受过多么美好的阳光!多么美好的下午,单单两个人,在花园深处的树荫下!他不戴帽子,坐在一张木条长凳上,高声朗诵。草原上的清风吹得一页一页的书窸窣作响,棚架上的旱金莲簌簌摆动……啊,他走了,他是她生活中唯一的乐趣,是使幸福有可能实现的唯一希望!幸福出现的时候,她怎么不紧紧抓住!幸福就要消逝的时候,为什么不双膝跪下,双手拉住不放?她诅咒自己为什么不敢爱莱昂,她多么渴望吻莱昂的嘴唇。她甚至想跑去追他,扑进他的怀抱,对他说:"是我呀,我是你的了!"但是艾玛一想到重重的困难,心里先就起了一片混乱,而她的欲望却因为后悔反而变得越来越强烈了。

从这时起,对莱昂的回忆仿佛是她忧郁的中心,回忆在忧郁中闪闪发光,好像漂泊的游子在俄罗斯大草原的雪地里留下的一堆火。她赶快向这堆火跑去,蹲在火旁,轻巧地拨动快要熄灭的火堆,到处寻找能够把火烧旺的柴草,于是最遥远的回忆和最近发生的事情,感觉到的和想象到的,烟消云散了的对肉欲的渴望,像风中枯枝一样摇摇欲坠的如意算盘,没有开花结果的道德观,已经落空了的希望,家庭里的鸡毛蒜皮,她都集拢了,捡起来,加到火堆里去,使她的忧郁变得暖和一点。

然而火焰越烧越低了,也许是燃料不够,或者是堆积太多。情人不在眼前,爱情也就渐渐熄灭,习惯的压力太大,压得她出不了气。火光映红过她灰色的天空,后来笼罩在阴影中,变得越来越模糊了。她的头脑昏昏沉沉,误以为讨厌丈夫就是思念情人,怨恨的创伤就是柔情重温。但是狂风一直在吹,热情已经烧成灰烬,没有人来援助,没有太阳照耀。她感到四面八方一片黑暗,自己失落在彻骨的寒冷中。

于是托特的坏日子又重新开始了。她认为现在比那时还更不幸,因为她已经有了痛苦的经验,并且相信痛苦是没完没了的。

一个女人为了爱情勉强自己作出这样大的牺牲,只好在花哨的小玩意中寻求满足。她买了一个哥特式的跪凳,一个月买了十四个法郎的柠檬来洗指甲;她写信去卢昂买一件卡什米蓝袍;她在勒合店里挑了一条最漂亮的绸巾;她把绸巾当室内服的腰带用;她把窗板关上,手里拿一本书,穿着这身奇装异服,躺在一张长沙发上。

她常常改变头发的式样:她梳中国式的头发,有时云鬓蓬松,有时编成发辫;她把头发中间的分缝留在一边,像男人的头发一样在下边卷起。

她心血来潮要学意大利文:她买了几本词典,一本文法,一些白纸。她试着认真读书,读历史和哲学。夜里,有时夏尔忽然惊醒,以为有人找他看病。

"就来。"他含糊地说。

其实只是艾玛擦火柴的声响,她要点灯看书。不过她读书也像刺绣一样,刚开个头,就塞到衣橱里去了;她读读停停,一本没完,又换一本。

她一赌气,就容易走极端。一天,她和丈夫打赌,硬说一大杯烧酒,她也能喝个半杯,夏尔笨得说了声不信,她就一口把酒喝完。

艾玛虽然看起来轻飘飘的(这是荣镇的女人议论她的话),但是并不显得快活,习惯使她嘴角上保留了一条固定不动的皱纹,就像失意的政客或老处女的脸一样。她的脸色苍白,好像一块白布,鼻子上的皮朝着鼻孔的方向拉得更紧了,眼睛看人显得心不在焉。她在鬓角上发现了三根灰头发,就说自己老了。

她时常昏倒。有一天,她甚至吐了一口血,夏尔心里一急,外表也就显得不安。

"得了!"她回答道,"这有什么关系?"

夏尔跑到诊室里去,他坐在大扶手椅里,胳膊肘拄在桌子上,对着做成标本的人头哭了起来。

于是他给他的母亲写了一封信,求她来一趟,他们在一起谈艾玛的事,谈了很久。

能够作出什么决定呢? 既然她拒绝治疗,那该怎么办呢?

"你知道应该怎样对付你的女人?"包法利奶奶回答说,"那就是逼她去做事,用两只手干活! 要是她像别人一样,不得不挣钱过日子,她就不会无所事事,胡思乱想,晕头转向了。"

"不过,她并不是无所事事呀!"夏尔说。

"啊! 她有事做! 什么事呀? 看小说,读坏书,读反对宗教的书,用伏尔泰的话讥笑神甫。还不止这些呢,我可怜的儿子,一个不信教的人总不会有好结果的。"

于是他们决定不让艾玛看小说。这似乎不容易做到。好奶奶包下来了:等她路过卢昂的时候,她要亲自去找租书的人,说艾玛不再租阅了。万一书店硬要做这种毒害人心的勾当,难道他们不会被告到警察局去?

婆婆和媳妇的告别是干巴巴的。她们在一起待了三个星期,可没有说过几句话,只不过在餐桌上见面时,或者夜晚上床以前问一声好,说一句客套话而已。

包法利奶奶星期三走,这是荣镇赶集的日子。

广场从早晨起,就挤满了大车,都是车头朝下,车辕朝天,从教堂到客店,顺着房屋,摆了长长的一排。对面是搭帆布棚的小摊子,出卖布帛、被褥、毛袜,还有马笼头和蓝丝带,丝带一头露在布包外面,随风飞舞。地上摆着粗糙的铜器、铁器,一边是金字塔形的鸡蛋堆,一边是放着干酪的小柳条筐,垫底的草粘粘地伸出筐外。在打麦机旁边,咯咯叫的母鸡从扁平的笼子里伸出头来。老乡挤进了药房的门就站着不动,有时简直要把铺面挤塌。每逢星期三,药房里总是人满满的,大家挤进去,与其说是买药,不如说是看病,奥默先生的大名在周围的村子里可响着呢。他胆大脸厚,哄得乡巴佬五体投地。他们把他当做比真医生还更伟大的医生。

艾玛靠着窗子(她时常靠着窗子看热闹。在外省,窗口可以取代剧院和散步场),望着乱糟糟的乡巴佬,消遣时光,忽然看见一个穿着绿色丝绒外套的先生。他戴了一副黄色的手套,虽然脚上罩着粗皮的鞋罩。他向着医生的住宅走来,后面跟着一个乡下人,低着脑袋,好像心里有事似的。

"医生在家吗?"他问在门口和费莉西谈天的朱斯坦。

他以为朱斯坦是医生的用人,就说:

"请通报一声:于谢堡的罗多夫·布朗瑞先生要见他。"

新来的人并不是为了炫耀他有地产,才把地名放在他的姓名前面,其实只是为了说明他的身份。于谢堡的确是荣镇附近的一片地产,他不久前买下了城堡,还有两个农场,亲自耕种,但是并不太费工夫。他过的是单身生活,人家说他"一年起码有一万五千法郎的收入"。

夏尔走进了会客厅。布朗瑞先生指着他的用人说:他要放血,因为他觉得"浑身有蚂蚁咬似的"。

"放血就不痒了。"用人什么意见也听不进去。

于是包法利要人拿来一捆绷带,一个脸盆,并且请朱斯坦端住盆子。然后,他对脸色已经发白的乡下人说:

"不要害怕,老乡。"

"我不怕。"乡下人答道,"动手好了!"

他假装好汉,伸出了粗胳膊。柳叶刀一刺,血就喷了出来,一直溅到镜子上。

"把盆子端过来!"夏尔喊道。

"瞧!"乡下人说,"人家会说是一小道泉水在流!我的血多红啊!这该是好兆头,对不对?"

"有时候,"医生接着说,"开头不觉得怎么样,忽然一下就晕倒了,特别是身体结实的人,像他这样的。"

乡下人一听这话,手指头转动的匣子拿不住了。肩膀突然往后一倒,把椅子背压得嘎吱响,帽子也掉在地上。

"我早就说过了。"包法利用手指捺住血管说。

脸盆开始在朱斯坦手里摇晃。他的膝盖在打哆嗦,脸也白了。

"太太!太太!"夏尔喊道。

她一步跳下楼梯。

"拿醋来!"他叫道,"啊!我的上帝!一下子倒了两个!"

他一紧张,纱布也绑不好。

"不要紧。"布朗瑞先生把朱斯坦抱在怀里,没事人似的说道。

他把他抱到桌上,背靠墙坐着。

包法利夫人动手解开他的领带,衬衫的带子打了一个死结,她轻巧的手指花了几分钟,才把年轻人颈上的死结解开。然后她把醋倒在她的麻纱手绢上,她一下一下地擦他的太阳穴,并且小心在意地擦一下,吹一口气。

赶车的乡下人醒过来了,但朱斯坦还是昏迷不醒,蓝眼珠给灰白的巩膜遮住了,就像牛奶中的蓝花一样。

"不要让他看见血。"夏尔说。

包法利夫人拿起脸盆。她要弯腰才能把盆子放到桌子底下,弯腰时她的袍子(这是一件夏天穿的袍子,有四道褶皱,黄颜色,腰身长,裙幅宽)就像喇叭花一样摊开在周围的石板地上。因为艾玛俯下身子,伸开胳膊时,有一点站不稳,鼓起来的衣服有些地方紧紧贴住身子,露出了她上半身的曲线。随后,她去拿了瓶水来,溶化了几块糖,那时候药剂师才到。女佣去找他,他正在发脾气。看见他的学徒睁开了眼睛,他才松了一口气。然后,他围着学徒兜圈子,从上到下地打量他。

"不中用!"他说,"小笨蛋,的的确确,三个字:不中用! 放放血到底算得了什么呀! 你还是一个什么都不怕的好汉呢! 大家看,他就是爬上树梢也不头晕,还能摇落核桃的松鼠呢! 啊! 对了,说吧,吹牛吧! 难道这是将来开药房的人才吗? 因为说不定有一天,情况紧急,法院会传你去医治法官的良心呢。那时你可不能毛手毛脚,一定要冷冷静静,说话头头是道,像一个男子汉,否则,就要当大傻瓜了!"

朱斯坦没有回答。药剂师继续说:

"谁请你来的? 你老给包法利先生和太太添麻烦! 再说,星期三我更少不了你。现在,药房里还有一大堆人呢。为了关心你,我什么都丢下不管了。得了,走吧! 快跑! 等着我,不要打了瓶子!"

等到朱斯坦穿好衣服走了之后,大家又谈到晕倒的事。包法利夫人从来没有晕倒过。

"女人不晕倒,真了不起!"布朗瑞先生说,"其实,有些男人都太脆弱。有一次决斗,我就看到一个见证人,只听到手枪装子弹就晕过去了。"

"我呢,"药剂师说,"看见别人出血,我一点也不在乎,但是一想到自己的血在流,若是想得太多,我就要晕倒了。"

这时,布朗瑞先生把他的用人打发走,叫他放心,因为他已经如愿以偿了。

"他一心血来潮,倒使我认识了你们。"他又加了一句。

说这句话的时候,他瞧着艾玛。

然后,他把三个法郎放在桌子角上,随随便便打个招呼就走了。

他不消多久就到了河对岸(那是他回于谢堡必经之路)。艾玛看见他在草原上,在白杨树下走着,走走又放慢了脚步,好像一个有心事的人。

"她很讨人喜欢!"他心里想,"她很讨人喜欢,这个医生的太太! 牙齿很白,眼睛很黑,脚很迷人,样子好像一个巴黎女人。她到底是哪里来的? 那个笨头笨脑的小子又是从哪里搞到她的?"

罗多夫·布朗瑞先生三十四岁,脾气粗暴,眼光敏锐,和女人往来很多,对风流事了如指掌。他看中了这个女人,就打她的主意,也考虑她的丈夫。

"我想他一定很蠢。不消说,她对他感到厌倦了。他的指甲很脏,胡子三天没刮。他在外头看病人的时候,她待在家里补袜子。她一定很无聊!想住到城里去,每天晚上跳波尔卡舞!可怜的小娘儿!她渴望爱情,就像砧板上的鲤鱼渴望水一样。只要三句情话,她就会服服帖帖!她一定温柔!可爱!……是的,不过事成以后,怎样摆脱她呢?"

隐隐约约预见到寻欢作乐会带来的困难,他又想起他的情妇来了。那是他供养的一个卢昂的女戏子,一回想她的形象,他就觉得腻味。

"啊!包法利夫人,"他想,"比她漂亮多了,特别是鲜艳多了。维吉妮肯定在发胖。玩她也没意思。再说,她长臂虾都吃上了瘾!"

田野里没有人,罗多夫只听见他的靴子有节奏地碰到草的飒飒声,蟋蟀伏在远处的燕麦下发出的唧唧声。他仿佛又看见艾玛在厅子里,穿着他刚才看到的衣服,他把她的衣服剥光了。

"我要把她搞到手!"他喊了起来,一手杖把面前的土块敲了个粉碎。

他立刻盘算如何耍手腕。他问自己:

"在哪里会面?怎么要她来?她还要不断管孩子、女仆、邻居、丈夫,各种各样的头痛事。去他的吧!"他说,"太花时间了!"

然而他又重新想起:

"只是她的眼睛,就像钻子一样钻进你的心里。还有梦一般的脸色!……我就爱这样迷离恍惚的女人!……"

到了阿格伊山坡高头,他的决心已经下定。

"只等找机会了。有啦!偶尔去看看他们,送些野味,送些鸡鸭,需要的话,我去放血。成了朋友,就请他们到家里来……啊!不必了!"他心中又起了一个主意,"不是快开展览会了吗?她会来的,我会见到她的。一开了头,只要大胆,这不就成了吗!"

八

这闻名遐迩的展览会果然开幕了！从盛大节日的早上开始，居民就在门口说长道短，议论准备工作做得怎样。镇公所门口装饰了常春藤，草地上搭起了一座帐篷，准备摆酒席。而广场当中，教堂前面，有一架中世纪的射石炮，等到州长光临，或者农民受奖的时候，就要鸣炮。国民自卫队从比希开来（荣镇没有自卫队），和比内率领的消防队联合参加检阅。这一天，比内的衣领比平时还高，制服紧紧裹在身上，胸部挺起，一动不动，仿佛只有下半身两条腿才会动似的，抬腿也有节奏，一步一拍，动作一致。税务官和联队长似乎要见个高低，显显本领，就要部下各自操练。观众只见自卫队的红肩章和消防队的黑胸甲你来我往，川流不息，红的才走，黑的又来！他们从来没见过这样盛大的场面！好些人家头一天就把房屋打扫干净，三色的国旗挂在半开半关的窗子外面。家家酒店都是高朋满座。天气晴朗，上了浆的帽子、金十字架和花围巾在阳光下闪耀，似乎比雪还白，在星罗棋布的五颜六色衬托之下，深色的外套和蓝色的工装越发显得单调了。附近的农村妇女生怕弄脏了长袍，就把下摆卷起，用大别针紧紧扣在身上，一直等到下马的时候才解开。他们的丈夫却相反，只爱惜他们的帽子，把手帕遮在上面，还用牙齿咬住手帕的一个角。

人群从村子的两头走上大街。小街小巷，家家户户都有人出来；时不时地听得见门环响，戴线手套的太太们出来看热闹，门就关上了。大家特别津津乐道的是两个长长的三脚架，上面挂满了灯笼，竖立在要人们就座的主席台两边。另外，在镇公所门前的四根圆柱上，绑了四根旗杆，每根杆子上挂了一面淡绿色的小旗，旗子上绣了金字。一面旗子上绣的是商业，另一面是农业，第三面是工业，第四面是艺术。

大家兴高采烈，人人笑逐颜开，只有勒方苏瓦老板娘一个人显得闷闷不乐。她站在厨房的台阶上，仿佛下巴在嘀咕似的说道：

"真是胡闹！这些帆布篷子真是胡闹！难道他们以为州长也像一个

街头艺人,会坐在帐篷底下吃午餐吗?这些阻碍交通的摊子,难道能说是造福乡里吗!早知道这样,犯得着到新堡去找一个蹩脚厨子来吗!为什么找人呢?为这些放牛的!为赤脚的流浪汉!……"

药剂师过来了。他穿着黑色的礼服,一条米黄色的裤子,一双狸毛皮鞋,尤其难得的是戴了一顶小礼帽。

"对不起!"他说,"鄙人很忙。"

胖胖的寡妇问他到哪里去。

"你觉得很奇怪,是不是?我一直钻在实验室里,就像拉·封丹寓言中写的老鼠钻在干酪里一样。"

"什么干酪?"老板娘问道。

"没什么!没什么!"奥默接着说,"我只是跟你讲,勒方苏瓦太太,我习惯于一个人待在家里。不过今天,情况不同了,我不得不……"

"啊!你到那边去?"她说时露出一副瞧不起的神气。

"是的,到那边去。"药剂师诧异地回答道,"我不是咨询委员会的委员吗?"

勒方苏瓦大娘打量了他几分钟,最后笑着说:

"那是另外一码事!耕田种地和你有什么关系呢?你懂得那一套吗?"

"当然懂得,因为我是药剂师,也就是化学家嘛!而化学的目的,勒方苏瓦太太,就是认识自然界一切物体的分子之间的相互作用,农业当然也包括在化学的范围之内了!事实上,肥料的合成、酒精的发酵、煤气的分析、瘴气的影响,这切的一切,我要问你,不是不折不扣的化学吗?"

老板娘无言对答。奥默又接着说:

"你以为做一个农学家,就要自己耕田种地、养鸡喂鸭吗?其实,他更需要知道的倒是物质的成分,地层的分类,大气的作用,土地、矿床、水源的性质,各种物体的密度和毛细管现象!等等。一定要彻底掌握了卫生原理,才能指导、批评如何建筑房屋、喂养牲口、供应仆人食物!勒方苏瓦太太,还要掌握植物学,学会分辨草木,你明白吗?哪些对健康有益,哪些有害;哪些产量低,哪些营养高;是不是应该在这边拔,再在那边种;繁殖一种,消灭另一种;总而言之,要读小册子和报章杂志,才能了解科学发展的情况,总要紧张得喘不过气来,才能指出改进的方法……"

老板娘的眼睛没有离开法兰西咖啡馆的门,药剂师却接着说:

"上帝保佑,假如我们的农民都是农学家,或者他们至少能多听听科学家的意见,那就好了! 因此,我最近写了一本很有用的小册子,一篇有七十二页的学术论文,题目是《论苹果酒的制作法及其效用附新思考》。我送到卢昂农学会去了,并且很荣幸地被接受为会员,分在农业组果树类。哎,要是我的作品能够公布于世……"

但是药剂师住口了,因为勒方苏瓦大娘看来心不在焉。

"看他们!"她说,"真不懂! 简直不成话!"

她耸一耸肩膀,把胸前毛衣的网眼也绷开了。她伸出两只手来,指着她对手开的小餐馆,里面传出了歌声。

"你看,这长久得了吗?"她又说了一句,"不到一个星期,不关门才怪呢!"

奥默一听,吓得倒退了两步。她却走下三级台阶,在他耳边说道:

"怎么! 你不晓得? 这个星期就要查封了。是勒合害了他。他的借票都到期了。"

"那真是祸从天降!"药剂师叫了起来,不管碰到什么情况,他总不会没有话说。

于是老板娘就讲起这件事来,她是听吉约曼先生的用人特奥多讲的。虽然她恨小餐馆的老板特利耶,但也不肯放过勒合。他是一个骗子、一条爬虫。

"啊! 且慢!"她说,"菜市场里那个人不就是他吗? 他正向包法利夫人打招呼呢。夫人戴了一顶绿色的帽子。她还挎着布朗瑞先生的胳膊。"

"包法利夫人吗!"奥默说,"我得过去招呼一下。说不定她要在院子里,在柱廊下找个座位。"

勒方苏瓦大娘想叫住药剂师,还要啰啰唆唆地讲下去,可是他不听她的,赶快走开了,嘴上还挂着微笑,腿伸得直直的,碰到人就打招呼,黑礼服的下摆在后面随风飘动,占了好多地方。

罗多夫老远就看见了他,却加快了脚步,但是包法利夫人喘气了。他只好又放慢步子,不太客气地微笑着对她说:

"我是要躲开那个胖子。你知道,我说的是药剂师。"

她用胳膊肘捅了他一下。

"这是什么意思?"他心里想。

他继续往前走,一面斜着眼睛看她。

她的侧影很安静,简直叫人猜不透。她的脸在阳光下看得更清楚。她戴着椭圆形的帽子,浅色的帽带好像芦苇的叶子。她的眼睛在弯弯的长睫毛下望着前面,虽然睁得很大,但由于白净的皮肤下面血在流动,看来有点受到颧骨的抑制。她的鼻孔透出玫瑰般的红颜色。她头一歪,看得见两片嘴唇之间珍珠般的白牙齿。

"难道她是在笑我?"罗多夫心里想。

其实,艾玛捅他,只是要他当心。因为勒合先生陪着他们,没话找话地说上一两句:

"今天天气真好! 大家都出来了! 今天刮的是东风。"

包法利夫人和罗多夫一样,都懒得回答,但是只要他们稍微一动,他就凑到他们身边问道:"有什么吩咐吗?"并且做出要脱帽的手势。

他们走到铁匠店前,罗多夫突然不从大路到栅栏门去,拉着包法利夫人走上了一条小路,并且喊道:

"再见,勒合先生! 祝你快乐!"

"你真会打发人!"她笑着说。

"为什么,"他回答说,"要让别人打搅! 既然今天我三生有幸……"

艾玛脸红了。他没有说完他的话。于是他又谈起好天气,谈起草地上散步的乐趣来。

有些雏菊已经长出来了。

"这些温存体贴的雏菊,"他说,"够本地害相思的姑娘用来求神问卦的了。”

他又加上一句：

“要是我也摘一朵呢！你说好不好呀？”

“难道你也在恋爱吗？”她咳嗽了一声说。

“哎！哎！那谁晓得？”罗多夫答道。

草地上的人多起来了，管家婆拿着大雨伞、大菜篮，带着小孩子横冲直撞。你还要时常躲开一溜乡下女人，穿蓝袜子、平底鞋、戴银戒指的女佣，你走她们身边过，就闻得到牛奶味。她们手拉着手，顺着草地走来，从那排拍手杨到宴会的帐篷，到处是人。好在评审的时间到了，庄稼汉一个接着一个，走进了一块用绳子拴着木桩圈出来的空场子。

牲口也在里面，鼻孔冲着绳子，大大小小的屁股乱糟糟地挤成一排。有几头猪似睡非睡地在用嘴拱土；有些小牛在哞哞叫，小羊在咩咩呼喊；母牛弯着后腿，肚皮贴着草地，在慢慢地咀嚼，还不停地眨着沉重的眼皮；牛蝇围着它们嗡嗡飞。几个赶大车的车夫光着胳膊，拉住公马的笼头，公马尥起蹶子，朝着母马扯开嗓子嘶叫。母马却老老实实地待着，伸长了鬃毛下垂的脖子，小马驹躺在母马身子下面，有时站起来吮几口奶。这些牲口挤在一起，排成一行，动起来就像波浪随风起伏一样，这里冒出雪白的鬃毛，那里露出牛羊的尖角，或者是来回攒动的人头。在围场外面大约一百步远的地方，有一头黑色的大公牛，戴了嘴套，鼻孔上穿了一个铁环，一动不动，好像一头铜牛。一个衣衫褴褛的孩子用绳子牵着它。

这时，在两排牲口中间，来了几位大人先生，他们走的脚步很重，每检查一只牲口之后，就彼此低声商量。他们当中有一位显得更重要，一边走，一边在本子上记录。他就是评判委员会的主席：邦镇的德罗泽雷先生。他一眼认出了罗多夫，就兴冲冲地走过来，做出讨人欢喜的模样，微笑着对他说：

“怎么，布朗瑞先生，你放得下大伙儿的事情不管吗？”

罗多夫满口答应说他一定来。但等主席一走，他就对艾玛说：

“说老实话，我才不去呢。陪他哪里比得上陪你有意思！”

罗多夫虽然不把展览会放在眼里,但是为了行动方便,却向警察出示自己的蓝色请帖,有时还在一件"展品"面前站住,可惜包法利夫人对展品不感兴趣。他一发现,马上就改变话题,嘲笑荣镇女人的打扮,接着又请艾玛原谅他的衣着随便。他的装束显得不太协调,既普通,又讲究,看惯了平常人的衣服,一般老百姓会看出他的生活与众不同。他的感情越出常轨,艺术对他的专横影响,还总夹杂着某种瞧不起社会习俗的心理。这对人既有吸引力,又使人恼火。他的细麻布衬衫袖口上有褶皱,他的背心是灰色斜纹布的,只要一起风,衬衫就会从背心领口那儿鼓出来;他的裤子上有宽宽的条纹,在脚踝骨那儿露出了一双南京布面的漆皮鞋。鞋上镶的漆皮很亮,连草都照得出来。他就穿着这样贼亮的皮鞋在马粪上走,一只手插在上衣口袋里,草帽歪戴在头上。

"再说,"他又补充一句,"一个人住在乡下的时候……"

"做什么都是白费劲。"艾玛说。

"你说得对!"罗多夫接过来说,"想想看,这些乡巴佬,没有一个人知道礼服的式样!"

于是他们谈到乡下的土气,压得喘不出气的生活,幻灭了的希望。

"因此,"罗多夫说,"我沉在忧郁的深渊里……"

"你吗!"她惊讶得叫了起来,"我还以为你很快活呢?"

"啊!是的,表面上是这样,因为在人群中,我总在脸上戴了一个嘻嘻哈哈的假面具。但是只要一看见坟墓,在月光之下,我有多少回在心里寻思:是不是追随长眠地下的人好些……"

"哎呀!那你的朋友呢?"她说,"难道你就不想他们!"

"我的朋友吗?那是什么人呀?我有朋友吗?谁关心我呀?"

说到最后一句话的时候,他嘴里不知不觉地吹出了口哨的声音。

但是他们不得不分开一下,因为有一个人抱着一大堆椅子从后面走来了。椅子堆得这样高,只看得见他的木头鞋尖和张开的十个指头。来的人是掘坟墓的勒斯蒂布杜瓦,他把教堂里的椅子搬出来给大家坐。只要和他的利益有关,他的想象力是丰富的,所以就想出了这个办法,要从展览会捞点好处。他的想法不错,因为要租椅子的人太多,他不知道听谁的好。的确,乡下人一热,就抢着租椅子,因为草垫子闻起来有香烛的气味,厚厚的椅背上还沾着熔化了的蜡,于是他们毕恭毕敬地坐了上去。

包法利夫人再挽住罗多夫的胳膊。他又自言自语地说起来:

"是啊! 我总是一个人! 错过了多少机会! 啊! 要是生活有个目的,要是我碰到一个真情实意的人,要是我能找到……哎呀! 我多么愿意用尽我的精力,克服一切困难,打破一切障碍!"

"可是,在我看来,"艾玛说,"你并没有什么可抱怨的呀!"

"啊! 你这样想?"罗多夫说。

"因为,说到底……"她接着说,"你是自由的。"

她犹豫了一下说:

"你还有钱呢。"

"不要拿我开玩笑了。"他回答说。

她发誓不是开玩笑。忽然听见一声炮响,大家立刻一窝蜂似的挤到村子里去。

不料这是个错误的信号。州长先生还没有来,评判委员们感到很为难,不知道是应该开会,还是该再等一等。

到底,在广场的尽头,出现了一辆租来的双篷四轮大马车,拉车的是两匹瘦马,一个戴白帽的车夫正在挥舞马鞭。比内还来得及喊:"取枪!"联队长也不甘落后。大家跑去取架好的枪。大家都争先恐后。有些人还忘记了戴领章。好在州长的车驾似乎也能体谅他们的苦衷,两匹并驾齐驱的瘦马,咬着马嚼小链,左摇右摆,小步跑到了镇公所的四根圆柱前,正好国民自卫队和消防队来得及摆好队伍,打着鼓在原地踏步。

"站稳!"比内喊道。

"立定!"联队长喊道,"向左看齐!"

于是持枪敬礼,枪箍卡里卡拉一响,好像铜锅滚下楼梯一般,然后枪都放下。

于是就看见马车里走下一位先生,穿了一件银线绣花的短礼服,前额秃了，后脑有一撮头发，脸色灰白，看起来很和善。他的两只眼睛很大，眼皮很厚，半开半闭地打量了一眼在场的群众，同时仰起他的尖鼻子，使瘪下去的嘴巴露出微笑来。他认出了佩绶带的镇长，就对他解释，说州长不能来了。他本人是州议员。接着，他又表示了歉意。杜瓦施回答了几句恭维话，州议员表示不敢当。他们就这样面对面地站着，前额几乎碰到前额，四周围着评判委员、乡镇议员、知名人士、国民自卫队和群众。州议员先生把黑色的小三角帽放在胸前，一再还礼，而杜瓦施也把腰弯得像一张弓，一面微笑着，结结巴巴地搜索枯肠，要表明他对王室的忠心，对贵宾光临荣镇的感激。

客店的小伙计伊波利特走过来，接过了马车夫手里的缰绳，虽然他跛了一只脚，还是把马牵到金狮客店的门廊下，那里有很多乡下人挤在一起看马车。于是击鼓鸣炮，先生们一个接着一个走上了主席台，坐上杜瓦施夫人借给大会的红色粗绒扶手椅。

大人先生的模样都差不多。他们脸上的皮肤松弛，给太阳晒得有点黑了，看起来像甜苹果酒的颜色，他们蓬松的连鬓胡子显露在硬领外面，领子上系了白领带，还结了一个玫瑰领花。他们的背心都是丝绒的，都有个圆翻领；他们的表带末端都挂了一个椭圆形的红玉印章；他们都把手放在大腿上，两腿小心地分开，裤裆的料子没有褪色，磨得比靴皮还亮。

有身份地位的女士们坐在后面，在柱廊里，在圆柱子中间，而普通老百姓就站在对面，或者坐在椅子上。的确，勒斯蒂布杜瓦把原先搬到草地上的椅子又都搬到这里来了，他甚至还一刻不停地跑到教堂里去找椅子。由于他这样来回做买卖，造成了交通堵塞，要想走到主席台的小梯子前，也都很困难了。

"我认为，"勒合先生碰到回座位去的药剂师，就搭话说，"我们应该竖两根威尼斯旗杆，挂上一些庄严肃穆、富丽堂皇的东西，就像时新的服饰用品一样，那才好看呢！"

"的确，"奥默答道，"但是，你有什么办法呢！这是镇长一手包办的呀！他的口味不高，可怜的杜瓦施，他根本就没有什么艺术的天分。"

这时,罗多夫带着包法利夫人上了镇公所的二楼,走进了"会议厅",里面没有人,他就说:"在这里瞧热闹舒服多了。"他在摆着国王半身像的椭圆桌边搬了三个凳子,放在一个窗前,于是他们并肩坐着。

主席台上正在互相推让,不断地交头接耳,低声商量。最后,州议员先生站了起来。这时大家才知道他姓略万,于是你一言,我一语,这个姓氏就在群众中传开了。他核对了一下几页讲稿,眼睛凑在纸上,开口讲道:

"诸位先生:

"首先,在谈到今天盛会的主题之前,请允许我表达一下我们大家共有的感情。我说,我要公正地评价我们的最高行政当局、政府、君主,诸位先生,我是说我们至高无上、无比爱戴的国王,无论我们国家的繁荣,或是个人事业的兴隆,国王无不关心,并且坚定明智,驾驭国家这辆大车,经过千难万险,惊涛骇浪,无论是平时或是战时,都能振兴工业、商业、农业、艺术。"

"我看,"罗多夫说,"我该靠后一点坐。"

"为什么?"艾玛问道。

偏偏就在这个时候,州议员的声音提得特别高。他激动地讲道:

"诸位先生,内战血染广场,工商业主夜半被警钟惊醒,标语口号颠覆国家的基础,这种日子已经一去不复返了⋯⋯"

"这是因为,"罗多夫接着说,"下面的人看得见我,这样一来,我要花半个月来道歉还怕不够呢!你要晓得,像我这样名声不好的人⋯⋯"

"哎呀!你怎么糟蹋自己!"艾玛说。

"不,不,我的名声是糟透了,我说的是真话。"

"但是,诸位先生,"州议员接着说,"如果我们不去回想这些黑暗的情景,而把我们的目光转移到我们美丽祖国的现实状况上来,我们又会看见什么呢?到处的商业和艺术都是一片繁荣;到处的新交通路线,就像国家机体内的新动脉一样,建立了新的联系;我们巨大的生产中心又恢复了活动;宗教更加巩固,向所有的心灵微笑;我们的港口货源不断,我们的信心得到恢复,法兰西总算松了一口气!……"

"其实,"罗多夫补充说,"从社会的观点看来,他们也许有理。"

"怎么有理?"她问。

"什么!"他说,"难道你不知道,有些人的灵魂不断受到折磨?他们有时需要理想,有时需要行动,有时需要最纯洁的热情,有时却需要最疯狂的享受,人就这样投身于各式各样的狂想、怪癖。"

于是她瞧着他,好像打量一个天外来客一样,接着又说:

"我们却连这种享受也没有呢! 多么可怜的女人啊!"

"这不能算是什么享受,因为这里找不到幸福。"

"幸福是找得到的吗?"她问道。

"是的,总有一天会碰到的。"他答道。

"这是你们都明白的。"州议员说,"你们是农民和乡镇工人! 你们是文化的先锋、和平的战士! 你们是有道德的人,是进步人士! 你们明白,我说,政治风暴的确比大自然的风暴还要可怕得多……"

"总有一天会碰到的。"罗多夫重复说,"总有一天,在你灰心绝望的时候,突然一下就碰到了。于是云开见天,仿佛有个声音在喊:'就在眼前!'你觉得需要向这个人推心置腹,把一切献给他,为他牺牲一切! 不用解释,心照不宣。你们梦里似曾相识(他瞧着她)。总而言之,踏破铁鞋无觅处,宝贝忽然出现在面前,它在闪闪发光。然而你还怀疑,你还不敢相信,你还目瞪口呆,好像刚刚走出黑暗,突然看见光明一样。"

说完了这几句话,罗多夫还做了一个手势。他把手放在脸上,好像感到头晕。然后他又把手放下,却趁势让手落在艾玛手上,她把手抽出来。州议员还在念讲稿:

"有什么人会感到惊奇吗,诸位先生! 有的,就是那种瞎了眼睛、有目无珠的人,我敢说,就是那种陷入偏见,在另一个世纪的偏见中陷得太深,甚至不相信农民有头脑的人。的确,如果不来农村,到哪里找得到爱国精神,到哪里找得到对公共事业的忠诚,总而言之一句话,到哪里找得到智慧? 诸位先生,我不是说表面上的智慧,那是游手好闲、无所事事的点缀品。我指的是那种深刻而不外露的智慧,最重要的是,达到实用目的的智慧,那才对提高个人福利,发展公共事业,支持国家,大有好处;那才是遵守法律、恪尽职守的结果……"

"啊! 又来了,"罗多夫说,"总是职责,我听都听腻了。真是一堆穿着法兰绒背心的老混蛋,一堆离不开脚炉和念珠的假教徒,老是在我们耳边唱高调:'职责! 职责!'哎! 天呀! 职责是要感到什么是伟大的,要热爱一切美丽的,而不是接受社会上的一切陈规陋习,还有社会强加在我们身上的恶名。"

"不过……不过……"包法利夫人反对了。

"哎! 不要说不! 为什么要反对热情? 难道热情不是世界上唯一美丽的东西? 不是一切美好事物的根源? 没有热情会有英雄主义、积极性、诗歌、音乐、艺术吗?"

"不过,"艾玛说,"也该听听大家的意见,遵守公共的道德呀。"

"啊! 但是道德有两种,"他反驳说,"一种是小人的道德,小人说了就算,所以千变万化,叫得最响,动得厉害,就像眼前这伙笨蛋一样;另外一种是永恒的道德,天上地下,无所不在,就像风景一样围绕着我们,像青天一样照耀着我们。"

略万先生刚刚从口袋里掏出手帕来擦擦嘴。他又接着说:

"诸位先生,难道还用得着我来向你们说明农业的用处吗? 谁供应我们的必需品? 谁维持我们的生计? 难道不是农民? 诸位先生,农民用勤劳的双手在肥沃的田地里撒下了种子,使地里长出了麦子,又用巧妙的机器把麦子磨碎,这就成了面粉,再运到城市,送进面包房,做成了食品,给富人吃,也同样给穷人吃。为了我们有衣服穿,难道不又是农民养肥了牧场上的羊群? 要是没有农民,叫我们穿什么? 叫我们吃什么? 其实,诸位先生,何必举那么远的例子呢?近在眼前,谁能不常常想到那些不显眼的家禽,我们饲养场的光荣,它们为我们的枕头提供了软绵绵的羽毛,为我们的餐桌提供了美味的食品,还为我们下蛋呢。要是这样讲下去的话,我怕没个完了,因为精耕细作的土地生产各种粮食,就像慈母对儿女一样慷慨大方。这里是葡萄园,那里是酿酒用的苹果树,远一点是油菜,再远一点在制干酪。还有麻呢,诸位先生,我们不能忘记麻!最近几年,麻的产量大大增加,因此,我要特别提请大家注意。"

用不着他提请,因为听众的嘴都张得很大,仿佛要把他的话吞下去。杜瓦施坐在他旁边,听得睁大了眼睛;德罗泽雷先生却时不时地微微合上眼皮;再过去一点,药剂师两条腿夹住他的儿子拿破仑,把手放在耳朵后面,唯恐漏掉一个字;其他评判委员慢慢地点头,摆动下巴,表示赞成;消防队员站在主席台下,靠在他们上了刺刀的枪上;比内一动不动,胳膊肘朝外,刀尖朝天,他也许听得见,但他肯定什么也看不清,因为他头盔的帽檐一直遮到他的鼻子;他的副手是杜瓦施先生的小儿子,帽檐低得越发出奇,因为他戴的头盔太大,在脑瓜上晃晃荡荡,垫上印花头巾也不顶事,反而有一角露在外面;他戴着大头盔,笑嘻嘻的,满脸的孩子气,小脸蛋有点苍白,汗水不断地滴下来,他又累又困,却好像在享受似的。

广场上挤满了人,一直站到两边的房屋前面。家家有人靠着窗子,有人站在门口,朱斯坦也在药房的铺面前,似乎在聚精会神地注视着他在看的东西。虽然很静,略万先生的声音还是消失在空气中。只有片言只语传到你的耳边,因为不是这里,就是那里,群众中总有椅子的响声打断他的话头。然后忽然听见背后一声牛叫,或者是街角的羊羔,咩咩地遥相呼应。的确,放牛的和放羊的把牲口一直赶到这里,牛羊时不时地要叫上一两声,伸出舌头,把嘴边的残叶卷进嘴里去。

罗多夫靠得离艾玛更近了,他低声对她说,并且说得很快:

"这伙小人的合谋难道不使你反感?难道有哪一种感情不受到他们指责?最高尚的本性、最纯洁的同情,都要受到迫害,诬蔑。而且,只要一对可怜的有情人碰到一起,小人们就要组织一切力量,不许他们团聚。不过情人总要试试,总要拍拍翅膀,你呼我应。哎! 有什么关系,或迟或早,十个月或十年,他们总是要结合的,总是要相爱的,因为他们命里注定了是天生的一对、地成的一双。"

他两臂交叉,手放在膝盖上,就这样仰起脸来,凑得很近地凝目瞧着艾玛。在他的眼睛里,她看得清黑色瞳孔的周围,发射出细微的金色光线,她甚至闻得到他头发上的香味。于是她感到软绵绵、懒洋洋的,回想起在沃比萨带她跳华尔兹舞的子爵,他的胡子和这些头发一样,也发出了香草和柠檬的香气。不知不觉地,她微微闭上了眼皮,要更好地闻闻这股味道。但是她这样往后一仰,却看见了遥远的天边,燕子号公共马车正慢慢地走下勒坡,后面还掀起了一片尘土。当年,莱昂就时常坐了这辆黄色马车进城,为她买东西回来;以后,他又是走这条路,一去不复返了! 她仿佛看见他还在对面,还在窗前;随后,一切化为一片烟云。她似乎还在跳华尔兹舞,在吊灯下,在子爵怀里,而莱昂也离她不远,他就要来⋯⋯但是她一直感觉得到的只是罗多夫的头在她身边。这种温柔的感觉渗进了她昔日的梦想,她的欲望在一股微妙的香气中死灰复燃,散遍了她整个灵魂,就像一阵风卷起漫天飞舞的黄沙一样。她好几次张大鼻孔,用力吸进缠着柱头的常春藤发出的清新气息。她脱下手套,擦擦双手;然后,她拿出手绢来当扇子用,扇自己的脸。太阳穴的脉搏跳得很快,但她还听得见群众的喧哗和州议员念经一般的声音。

他说:

"继续努力! 坚持到底! 不要因循守旧,也不要急躁冒进、听信不成熟的经验! 努力改良土壤,积好肥料,发展马种、牛种、羊种、猪种! 让展览会成为和平的竞赛场,让胜利者向失败者伸出友谊之手,希望下一次取得更大的成功! 你们这些可敬的用人,谦虚的下人,今天以前,没有一个政府重视你们的艰苦劳动。现在,请来接受你们只做不说的报酬吧! 请你们相信,从今以后,国家一定会注重你们,鼓励你们,保护你们,满足你们的合理要求,尽力减轻你们的负担,减少你们痛苦的牺牲!"

于是略万先生坐下。德罗泽雷先生站了起来,开始另外的长篇大论。他讲的话也许不如州议员讲的冠冕堂皇,但他也有独到之处。他的风格更重实际,这就是说,他有专门知识,议论也高人一等。因此,歌功颂德的话少了,宗教和农业谈得多了。他讲到宗教和农业的关系,两者如何共同努力,促进文化的发展。罗多夫不听这一套,只管和包法利夫人谈梦,谈预感,谈磁力。演说家却在回顾社会的萌芽时期,描写洪荒时代,人住在树林深处,吃橡栗过日子。后来,人又脱掉兽皮,穿上布衣,耕田犁地,种植葡萄。这是不是进步? 这种发现是不是弊多利少? 德罗泽雷先生自己提出了这个问题。罗多夫却由磁力渐渐地谈到了亲和力,而当主席先生列举罗马执政官犁田,罗马皇帝种菜,中国皇帝立春播种的时候,年轻的罗多夫却向年轻的少妇解释:这些吸引力所以无法抗拒,是因为前生有缘。

"因此,我们,"他说,"我们为什么会相识? 这是什么机会造成的? 这就好像两条河,原来距离很远,却流到一处来了,我们各自的天性,使我们互相接近了。"

他握住她的手,她没有缩回去。

"耕种普通奖!"主席发奖了。

"比方说,刚才我到你家里……"

"奖给坎康普瓦的比泽先生。"

"难道我晓得能陪你出来吗?"

"七十法郎!"

"多少回我想走开,但我还是跟着你,一直和你待在一起。"

"肥料奖。"

"就像我今天晚上,明天,以后,一辈子都和你待在一起一样!"

"奖给阿格伊的卡龙先生金质奖章一枚!"

"因为我和别人在一起,从来没有这样全身都着了迷。"

"奖给吉夫里·圣马丁的班先生!"

"所以我呀,我会永远记得你。"

"他养了一头美利奴羊……"

"但是你会忘了我的,就像忘了一个影子。"

"奖给圣母院的贝洛先生……"

"不会吧!对不对?我在你的心上,在你的生活中,总还留下了一点东西吧?"

"良种猪奖两名:勒埃里塞先生和居朗布先生平分六十法郎!"

罗多夫捏住她的手,感到手是暖洋洋、颤巍巍的,好像一只给人捉住了的斑鸠,还想飞走。但是,不知道她是要抽出手来,还是对他的紧握作出反应,她的手指做了一个动作。他却叫了起来:

"啊!谢谢!你不拒绝我!你真好!你明白我是你的!让我看看你,让我好好看看你!"

窗外吹来一阵风,把桌毯都吹皱了,而在下面广场上,乡下女人的大帽子也掀了起来,好像迎风展翅的白蝴蝶一样。

"利用油料植物的渣子饼,"主席继续说。

他赶快说下去:

"粪便肥料,——种植亚麻,——排水渠道,——长期租约,——雇佣劳动。"

罗多夫不再说话。他们互相瞅着。两个人都欲火中烧,嘴唇发干,哆哆嗦嗦。软绵绵地,不用力气,他们的手指就捏得难分难解了。

"萨塞托·拉·盖里耶的卡特琳·尼凯丝·伊利沙白·勒鲁,在同一农场劳动服务五十四年,奖给银质奖章一枚——价值二十五法郎!"

"卡特琳·勒鲁,到哪里去了?"州议员重复问了几遍。

她没有走出来领奖,只听见有人悄悄说:

"去呀!"

"不去。"

"往左边走!"

"不要害怕!"

"啊!她多么傻!"

"她到底来了没有?"杜瓦施喊道,

"来了!……就在这里!"

"那叫她到前面来呀!"

于是一个矮小的老婆子走到主席台前。她显得畏畏缩缩,穿着皱成一团的破衣烂衫,显得更加干瘪;她脚上穿一双木底皮面大套鞋,腰间系一条蓝色大围裙;她的一张瘦脸,戴上一顶没有镶边的小风帽,看来皱纹比干了的斑皮苹果还多;从红色短上衣的袖子里伸出两只疙里疙瘩的手,谷仓里的灰尘、洗衣服的碱水和羊毛的油脂使她手上起了一层发裂的硬皮,虽然用清水洗过,看来也是脏的;手张开的时候太多,结果合也合不拢,仿佛在低声下气地说明她吃过多少苦;她脸上的表情像修道院的修女一样刻板,哀怨、感动,都软化不了她暗淡的眼光;她和牲口待在一起的时间太多,自己也变得和牲口一样哑口无言,心平气和。她这是第一次在这样一大堆人当中,看见旗呀,鼓呀,穿黑礼服的大人先生,州议员的十字勋章,她心里给吓唬住了,一动不动,也不知道该往前走,还是该往后逃,既不明白大伙儿为什么推她,也不明白评判委员为什么对她微笑。吃了半个世纪的苦,她现在就这样站在笑逐颜开的老爷们面前。

"过来,可敬的卡特琳·尼凯丝·伊利沙白·勒鲁!"州议员说,他已经从主席手里接过了得奖人的名单。

他审查一遍名单,又看一遍老婆子,然后用慈父般的声音重复说:

"过来,过来!"

"你聋了吗?"杜瓦施从扶手椅里跳起来说。

他对着她的耳朵喊道:

"五十四年的劳务！一枚银质奖章！值二十五个法郎！这是给你的。"

等她得到了奖章，她就仔细看看。于是，天赐幸福的微笑出现在她脸上。

她走开时，听得见她叽叽咕咕地说：

"我要送给神甫，请他给我做弥撒。"

"信教信到这种地步！"药剂师弯下身子，对公证人说。

会开完了，群众散了。既然讲稿已经念过，每个人都各归原位，一切照旧：主人照旧骂用人，用人照旧打牲口，得奖的牛羊在角上挂了一个绿色的桂冠，照旧漠不关心地回栏里去。

这时，国民自卫队上到镇公所二楼，刺刀上挂了一串奶油圆球蛋糕，大队的鼓手提了一篮子酒瓶。包法利夫人挽着罗多夫的胳膊，他把她送回家里。他们到门口才分手，然后他一个人在草地里散步，等时间到了就去赴宴。

宴会时间很长，非常热闹，但是招待不周。大家挤着坐在一起，连胳膊肘都很难动一下，用狭窄的木板临时搭成的条凳，几乎给宾客的体重压断。大家大吃大喝。人人拼命吃自己那一份。个个吃得满头大汗，热气腾腾，像秋天清晨河上的水蒸气，笼罩着餐桌的上空，连挂着的油灯都熏暗了。罗多夫背靠着布篷，心里在想艾玛，什么也没听见。在他后面的草地上，有些用人在把用过的脏盘子摞起来；他的邻座讲话，他不搭理；有人给他斟满酒杯，虽然外面闹哄哄的，他的心里却是一片寂静。他做梦似的回想她说过的话，她嘴唇的模样；军帽上的帽徽好像一面魔镜，照出了她的脸；她的百褶裙沿着墙像波浪似的流下来，他想到未来的恩爱日子也会像流不尽的波浪。

晚上放烟火的时候，他又看见了她，不过她同她的丈夫，还有奥默夫妇在一起。药剂师老是焦急不安，唯恐花炮出事，他时常离开大伙儿，过去关照比内几句。

花炮送到杜瓦施先生那里时，他小心翼翼地把炮仗锁进了地窖，结果火药受了潮,简直点不着,主要节目"龙咬尾巴"根本上不了天。偶尔看到一支罗马蜡烛似的焰火,目瞪口呆的群众就发出一声喊,有的妇女在暗中给人胳肢了腰,也叫起来。艾玛不出声,缩成一团,悄悄地靠着夏尔的肩头,然后她仰起下巴来,望着光辉的火焰射过黑暗的天空。罗多夫只有在灯笼的光照下,才能凝目看她。

灯笼慢慢熄了。星星发出微光。天上还落下几点雨。艾玛把围巾扎在头上。

这时,州议员的马车走出了客店。车夫喝醉了酒,忽然发起迷糊来,远远看得见他半身高过车篷,坐在两盏车灯之间,车厢前后颠簸,他就左右摇摆。

"的确,"药剂师说,"应该严格禁止酗酒! 我希望镇公所每星期挂一次牌,公布一周之内酗酒人的姓名。从统计学的观点看来,这也可以像年鉴一样,必要时供参考……对不起。"

他又向着消防队长跑去。

队长正要回家。他要回去看看他的车床。

"派个人去看看,"奥默对他说,"或者你亲自去,这不太碍事吧?"

"让我歇一口气。"税务员答道,"根本不会出事!"

"你们放心吧。"药剂师一回到朋友们身边就说,"比内先生向我确保已经采取了措施。火花不会掉下来的。水龙也装满了水,我们可以睡觉去了。"

"的确! 我要睡觉。"奥默太太大打呵欠说,"不过,这有什么关系呢? 我们这一天过得好痛快。"

罗多夫眼睛含情脉脉,低声重复说:

"是啊! 好痛快!"

大家打过招呼,就都转身走了。

两天后,《卢昂灯塔》发表了一篇报道展览会的大块文章。那是奥默劲头一来,第二天就一气呵成了:

"为什么张灯结彩,鲜花似锦? 群众像怒海波涛一样,要跑到哪里去?

他们为什么不怕烈日的热浪,淹没了我们的休闲田?"

于是,他谈起了农民的情况。

当然,政府尽了大力,但还不够!"要鼓足干劲!"他向政府呼吁,"各种改革责无旁贷,要我们来完成。"然后,他谈到州议员驾临,没有忘记"我们民兵的英勇姿态",也没有忘记"我们最活泼的乡村妇女",还有秃头的老人,好像古代的族长,其中有几位是"我们不朽队伍的幸存者,听到雄壮的鼓声就会心情激动。"他把自己说成是首要的评判委员之一,并且加注说明:药剂师奥默先生曾向农学会递交过一篇关于苹果酒的论文。写到发奖时,他用言过其实的字眼来描绘得奖人的高兴:父亲拥抱儿子,哥哥拥抱弟弟,丈夫拥抱妻子。不止一个人得意扬扬地出示他小小的奖章,不用说,回家之后,到了他贤内助的身边,他会流着眼泪,把奖章挂在小茅屋的不引人注意的墙上。

"六点钟左右,宴会在列雅尔先生的牧场上举行,参加大会的主要人物欢聚一堂。气氛始终热烈亲切,无以复加。宴会中频频举杯:略万先生为国王祝酒! 杜瓦施先生为州长祝酒! 德罗泽雷先生为农业干杯! 奥默先生为工业和艺术两姊妹干杯! 勒普利谢先生为改良干杯! 到了夜晚,光明的烟火忽然照亮了天空。这简直可以说是千变万化的万花筒,真正的歌剧舞台布景。片刻之间,我们这个小地方就进入了《天方夜谭》的梦境。"

"我们敢说:这次大家庭的聚会没有出现任何不愉快的麻烦事。"

他还加了两句:

"我们只注意到:神职人员没有出席宴会。当然,教会对进步的了解,和我们有所不同。耶稣会的信徒,随你们的便吧!"

九

六个星期过去了。罗多夫还没有来。一天晚上,他到底出现了。

展览会过后的第二天,他就对自己说:

"不要去得太早了,否则反而会坏事。"

过了一个星期,他打猎去了。打猎回来,他想,现在去太晚了。但又自己说服自己:

"不过,要是她头一天就爱上了我,那她越是急着见我,就会越发爱我。还是去吧!"

他明白他的算盘没有打错,因为他一走进厅子,就看见艾玛的脸发白了。

只有她一个人。天色晚了。一排玻璃窗上挂了小小的纱帘子,使厅子显得更暗。晴雨表上镀了金,在斜阳的残照下,闪闪发光,金光穿过珊瑚的枝丫,反射到镜子里,好像一团烈火。

罗多夫站着。艾玛几乎没有回答他的问候。

"我呀,"他说,"我事忙。又病了。"

"病重吗?"她急了。

"啊!"罗多夫坐在她身边的一个凳子上说,"不!……其实是我不想来了。"

"为什么?"

"难道你猜不着?"

他又看了她一眼,眼里露出了强烈的情欲。她羞红了脸,低下了头。他又接着说:

"艾玛……"

"先生!"她站开了一点说。

"啊!你看,"他用忧伤的声音对答,"我不想来是不是有道理?因为这个名字,这个占据了我的心灵、我脱口而出的名字,你却不许我叫!你要我叫你包法利夫人!……哎!大家都这样叫!……其实,这不是你的名字,这是别人的姓!"

他重复说:

"别人的姓!"

他用两只手捂住脸。

"是的,我日日夜夜想念你!……我一想起你就难过!啊!对不起!……我还是离开你好……永别了!……我要到很远……远得你听不见人谈我!……但是……今天……我也不知道是什么力量把我推到你的身边!因为人斗不过天,人抵抗不了天使的微笑!一见到美丽的、迷人的、可爱的,人就只好听天由命了!"

艾玛是头一回听到说这种话,她开心得就像一个懒洋洋、软绵绵、伸手伸脚躺在蒸汽浴盆中的人,沉浸在语言的温馨中一样。

"不过,即使我没有来,"他继续说,"即使我不能来看你,啊!至少我也来看过你周围的一切。夜晚,每天夜晚,我都从床上爬起来,一直走到这里,来看你的房屋,看在月下闪闪发光的屋顶、在你窗前摇摆的园中树木、在暗中透过窗玻璃发射出来的微弱灯光。啊!你哪里晓得离你这么近,却又离你那么远,还有一个多么可怜的人……"

她转身对着他,声音呜咽了。

"啊!你真好!"她说。

"不,这只是因为我爱你!你不怀疑吧!告诉我,一句话!只要一句话!"

罗多夫神不知鬼不觉地溜下了凳子,站在地上。忽然听见厨房里有木头鞋子走动的声音,他才发现厅子的门没有关。

"但愿你能行行好,"他站起来说下去,"了却我一件心事!"

他要看看她的房子,他想熟悉环境。包法利夫人看不出有什么不方便的,他们两人一同站起,那时夏尔走进来了。

"你好,博士。"罗多夫对他说。

医生听到这个头衔,喜出望外,赶快大献殷勤,罗多夫就乘机定一定神。

"尊夫人,"他说,"同我谈到她的健康……"

夏尔打断他的话头,说他的确非常担心,他的妻子又恢复了以前的压抑感。于是罗多夫就问,骑马是不是有点好处。

"当然!很好,好极了!……这是个好主意!你应该骑骑马。"

她反对说,他没有马,罗多夫先生就主动借她一匹。她谢绝了,他也没有坚持。然后,为了要给他的访问找个理由,他说他的车夫,就是上次放血的那一个,总是觉得头晕。

"等哪一天我看他去。"包法利说。

"不必,不必,我叫他来。我们来对你更方便。"

"啊!那好。麻烦你了。"

等到只剩下夫妻两个人:

"为什么不接受布朗瑞先生借的马?他是一片好意呀!"

她装出赌气的模样,找了种种借口,最后才说她"怕人家笑话"。

"啊!我才不怕人笑话呢!"夏尔踮着一只脚转了一个身说,"健康第一嘛!你错了!"

"哎!你叫我怎么骑马呀?我连骑装也没有。"

"那就定做一套吧!"他答道。

一套骑装使她打定了主意。

等到骑装做好了,夏尔写信给布朗瑞先生说:他的妻子遵嘱整装待发,恭候驾临。

第二天中午,罗多夫来到夏尔门前,带来了两匹好马。一匹耳朵上系了玫瑰色的小绒球,背上搭了一副女用的鹿皮鞍子。

罗多夫穿了一双长筒软皮鞋,心想她当然没见过这等货色。的确,他在楼梯口出现时,穿着丝绒上衣,白色毛裤,这种装束就使艾玛倾倒了。她也已经准备就绪,只等他来。

朱斯坦溜出药房来看她,药剂师也撂下了正在办的事。他再三叮嘱布朗瑞先生:

"小心祸从天上飞来!你的马驯不驯呀?"

她听见楼上有响声:原来是费莉西在和小贝尔特玩,把玻璃窗当做小鼓敲。孩子在远处飞了一个吻,妈妈只摇动马鞭的圆头,作为回答。

"一路快乐!"奥默先生喊道,"要小心!要特别小心!"

他摆动手上的报纸,看着他们走远了。

艾玛的马一走到土路上,立刻就跑起来。罗多夫不离她的身旁。偶尔他们也说一两句话。她的脸略微朝下,手举起来,右胳膊伸直了,随着马跑的节奏,在马鞍上前俯后仰。

到了坡下,罗多夫放松了缰绳。突然一下,他们一同飞跑起来。到了坡上,马又猛然站住,她脸上的蓝色大面纱就落下来了。

这时是 10 月初。雾笼罩着田野。水蒸气弥漫到天边,露出了远山的轮廓。有的地方水汽散开,升到空中,就消失了。有时云开见天,露出一线阳光,远远可以望见荣镇的屋顶,还有水边的花园,院落,墙壁和教堂的钟楼。艾玛的眼皮半开半闭,要找出她的房子来,她住的这个可怜的村子,从来没有显得这样小。他们在坡子高头,看到下面的盆地好像一片白茫茫的大湖,湖上雾气腾腾,融入天空。不是这里,就是那里,会冒出一丛树木,好似黑色的岩礁。一排一排的白杨,高耸在雾气之上,看来犹如随风起伏的沙滩。

在旁边的草地上,在冷杉树之间,褐色的光线在温暖的空气中流动。橙黄色的土地像烟草的碎屑,埋没了脚步声;马走过的时候,用铁蹄踢开落在面前的松果。

罗多夫和艾玛就这样沿着树林边上走。她时不时地转过头去,以免和他四目相视,但是那时她就只看得见一排一排冷杉的树干,连绵不断,看得她有点头昏眼花。马喘气了。马鞍的皮子也咯啦作响。

他们走进树林的时候,太阳出来了。

"上帝保佑我们!"罗多夫说。

"你相信吗?"她说。

"往前走吧!往前走吧!"他接着说。

他用舌头发出咯啦的响声。两匹马又跑起来了。

路边有些长长的羊齿草,老是缠住艾玛的脚镫。罗多夫在马上歪着身子,一根一根地把草拉掉。有时为了拨开树枝,他跑到她身边来,艾玛感到他的膝盖蹭着她的腿。天空变蓝了。树叶动也不动。大片空地上长满了正开花的欧石南,有些地方一片紫色,有些地方杂树丛生,树叶的颜色有灰,有褐,有黄。时常听得见荆棘丛中,有翅膀轻轻扑打的声音,或者是乌鸦在栎树丛中飞起,发出沙哑而和缓的叫声。

他们下了马。罗多夫把马拴好。她在前面,在车辙之间的青苔上走着。

可是她的袍子太长,虽然把后摆撩起,行动还是不便。罗多夫跟在后面,看着黑袍子和黑靴子中间的白袜子,仿佛是看见了她赤裸裸的细皮嫩肉。

她站住了。

"我累了。"她说。

"走吧,再走走看!"他答道,"加一把劲!"

又走了百来步,她又站住了。蓝色透明的面纱,从她的骑士帽边沿,一直斜坠到她的屁股上,从后面看来,她仿佛在天蓝的波涛中游泳。

"我们到底去哪里?"

他不回答。她呼吸急促了。罗多夫向周围环视了一眼,咬住嘴唇上的胡子。

他们到了一个比较宽阔的地方,那里的小树已经砍掉了。他们坐在一棵砍倒了的树干上,罗多夫开始对她谈情说爱了。

他先怕恭维话会吓坏她。他就显出平静、严肃、忧郁的样子。

艾玛低着头听他说,一面还用脚尖拨动地上的碎木屑。

但是一听见:

"难道我们的命运不是共同的?"

"不是!"她答道,"你知道。这是不可能的。"

她站起来要走。他抓住她的手腕。她站住了。然后。她用多情的、湿润的眼睛看了他几分钟,激动地说道:

"啊!好了,不要再说了……马在哪里?回去吧。"

他做了一个生气而又苦恼的手势。她却重复说:

"马在哪里?马在哪里?"

于是他露出一张奇怪的笑脸,瞪着眼睛,咬紧牙齿,伸出两只胳膊,向她走来。她哆哆嗦嗦地向后退。她结结巴巴地说：

"啊！你叫我害怕！你叫我难过！走吧！"

"既然这样。"他回答说，脸色忽然变了。

他立刻又变得恭恭敬敬，温存体贴，畏畏缩缩。她挽住他的胳膊。他们一同往回走。他说：

"你到底怎么啦？为什么这样？我不明白。你恐怕是误会了？你在我的心里就像圣母在神位上，高不可攀，坚不可摧，神圣不可侵犯。不过没有你，我活不下去了！我需要你的眼睛，你的声音，你的思想。做我的朋友，做我的妹妹，做我的天使吧！"

他伸出胳膊，搂着她的腰。她软弱无力地要挣开。他就这样边走边搂着她。

他们听见两匹马在吃树叶。

"再待一会儿！"罗多夫说，"不要走！待一会儿！"

他带她往前走，走到一个水塘旁边，浮萍在水上铺开了一片绿茵。残败的荷花静静地立在灯心草中间。听到他们在草上的脚步声，青蛙就跳进水里，藏起来了。

"我该死，我该死，"她说，"我怎么这样傻，怎么能听你的话！"

"怎么了？……艾玛！艾玛！"

"唉！罗多夫！……"少妇把身子偎着他的肩膀，慢慢地说。

她的袍子紧紧贴住他的丝绒衣服。她仰起又白又嫩的脖子，发出一声叹息，脖子就缩下去，四肢无力，满脸流泪，浑身颤抖。她把脸藏起来，就由他摆布了。

黄昏的暝色降落了，天边的夕阳穿过树枝，照得她眼花缭乱。在她周围，不是这里的树叶上，就是那里的草地上，有些亮点闪闪烁烁，好像蜂鸟飞走时撒下的羽毛。到处一片寂静，树木似乎也散发出了温情蜜意。她又感到她的心跳急促，血液在皮肤下流动，仿佛一条奶汁汹涌的河流。那时，她听到从遥远的地方，从树林外，从小山上，传来了模糊而悠扬的呼声。她静静地听着，这声音不绝如缕，像音乐一般溶入了她震荡激动的心弦。罗多夫却叼着一支雪茄,正用小刀修补一根断了的缰绳。

他们走原路回荣镇去。他们在泥地里又看见了并排的马蹄印,同样的小树丛,以及在草地上同样的石子。他们周围的一切都没有改变,但是对她来说,却仿佛发生了移山倒海的变化。罗多夫只时不时地俯下身子,拿起她的手来,吻上一吻。

她骑在马上很漂亮。她挺直了细长的腰身,膝盖靠着马鬃毛弯了下去,新鲜的空气和夕阳的晚照,使她的脸色更加红润。

一走上荣镇的石板地,她就调动马头,左旋右转。大家都在窗口看她。

晚餐时,她的丈夫觉得她的气色很好。但问她玩得怎么样,她却装作没有听见,只把胳膊肘挂在盘子旁边,在两根点着的蜡烛之间。

"艾玛!"他叫她。

"什么事?"

"你听,我今天下午到亚历山大先生家去了。他有一匹母马,虽然老了,还很好看,只是膝盖受过一点伤。我想,只要花上百把个金币,就可以买下来……"

他又补充说:

"一想到你会喜欢的,我就要下来了……我就买了下来……我干得怎么样,你说?"

她点点头,表示干得不错。然后,过了刻把钟。

"你今晚出去吗?"她问道。

"出去。有什么事吗?"

"啊,没什么事,没什么事,只是问问。"

她把夏尔打发走后,就上楼来,关了房门。

开始,她有点神情恍惚,又看见了树林、小路、小沟、罗多夫,还感到他双臂的搂抱,听见树叶哆嗦,灯心草呼呼响。

但是一照镜子,她又惊又喜。她的眼睛从来没有这么大,这么黑,这么深。一种神妙的东西渗透了她的全身,使她改头换面了。

她不厌其烦地自言自语:"我有了一个情人!一个情人!"她自得其乐,仿佛恢复了青春妙龄一样。她到底享有爱情的欢乐、幸福的狂热了,她本以为是无缘消受的啊!她到达了一个神奇的境界,那里只有热情、狂欢、心醉神迷,周围是一望无际的蓝天,感情的高峰在她心上光芒四射,而日常生活只在遥远的地面,在山间的暗影中若隐若现。

于是她想起了书中的美人,这些多情善感的淫妇,成群结队,用姐妹般的声音,在她记忆中唱出了令人销魂的歌曲。而她自己也变成了这些想象人物中的真实部分,实现了自己青春年代的梦想,化为自己长期向往的情妇了。再说,艾玛也感到她的报复心理得到了满足。难道她没有吃够苦?现在她胜利了,长期受到压抑的爱情,就像欢腾汹涌的喷泉,突然一下迸发。她要享受爱情,既不懊悔,又不担忧,也不心慌意乱。

第二天又是甜甜蜜蜜度过的。他们发了海誓山盟。她对他讲她的苦闷。罗多夫用吻打断她的话。她眼皮半开半闭地瞧着他,要他再叫一遍她的名字,再说一遍他爱她。像昨天一样,他们进了森林,待在一间做木鞋的小屋里。墙是草堆成的,屋顶非常低,要弯腰才能走进去。他们紧紧挨着,坐在一张干树叶堆成的床上。

从这一天起,他们天天晚上写信。艾玛把信带到花园尽头,放在河边地坛的护墙缝里。罗多夫来取信,同时放另外一封进去,可是她总嫌他的信太短。

一天早晨,夏尔天不亮就出门去了,她起了一个怪念头,要立刻去看罗多夫。她可以赶快去于谢堡,待上个把小时回来,荣镇的人还没有睡醒呢。这个念头使她欲火中烧,呼吸急促,她很快就走到了草原上,更加快了脚步,也不回头向后看一眼。

天开始蒙蒙亮。艾玛远远看到了情人的房屋,屋顶上有两支箭一般的风标,在泛鱼肚色的天空,剪出了黑色的燕尾。

走过农庄的院子,就到了房屋的主体,这大约是住宅了。她走了进去,仿佛墙壁见了她来也会让路似的。一座大楼梯笔直通到一个走廊。艾玛转动门闩,一下就看见房间紧里首有个人在睡觉。那正是罗多夫。

她叫了起来。

"你来了！你来了！"他重复说，"你怎么来的？……啊！你的袍子湿了！"

"我爱你！"她回答时用胳膊搂住他的脖子。

这头一回大胆的行动，居然得心应手。以后每逢夏尔一早出门，艾玛就赶快穿好衣服，蹑手蹑脚地走下河边的台阶。

有时牛走的木板桥拆掉了，那就不得不沿着河边的围墙走，堤岸很滑，她要用手抓住一束束凋残了的桂竹香，才能不跌倒。然后她穿过耕过的田地，有时陷在泥里，跌跌撞撞，拔不出她的小靴来。她的绸巾包在头上，给草场的风吹得呼呼动。她又怕牛，看到就跑。她跑到的时候气喘吁吁，脸颊绯红，全身发出一股树液、草叶和新鲜空气合成的清香。罗多夫这时还在睡大觉。她就像春天的清晨一样，降临到他的房间里。

沿着窗子挂着黄色的窗帘，悄悄地透过来的金色光线显得沉重。艾玛眨着眼睛，摸索着走进来。她紧贴两鬓的头发上沾满了露水，好像一圈镶嵌着黄玉的光环，围着她的脸蛋。罗多夫笑着把她拉过来，紧紧抱在怀里。

然后，她就巡视房间，打开抽屉，用他的梳子梳头，照照他刮脸的镜子。床头柜上放着一瓶水，旁边有柠檬和方糖，还有一个大烟斗，她甚至经常拿起来叼在嘴里。

他们总要花足足一刻钟，才舍得分离。那时艾玛总是哭，她恨不得永远不离开罗多夫。她总是身不由己地就来找他，有一天，他看见她出乎意料地突然来到，不禁皱起眉来，仿佛出了什么不顺心的事。

"你怎么了?"她问道，"不舒服吗？快告诉我！"

他到底板着脸孔说了：她这样随随便便就来看他，会给她自己带来麻烦的。

～～ 十 ～～

渐渐地,罗多夫的担心也感染了她。起初,爱情使她陶醉,她也心无二用。可是到了现在,爱情已经成了她生活中不可缺少的,她唯恐失掉一星半点,甚至不愿受到干扰。当她从他那里回来的时候,她总要惴惴不安地东张西望,看看天边会不会出现一个人影,村子里的天窗后面会不会有人看见她。她还注意听脚步声、叫唤声、犁头的响声。她在白杨树下站住,脸色苍白,浑身颤抖,抖得比白杨树叶还厉害。

一天早晨,她正这样走回家去,忽然发现有支卡宾枪的长筒枪管似乎正在对她瞄准。枪筒斜斜地从一个小木桶上边伸出来,木桶半隐半现地埋在沟边的草丛中。艾玛吓得几乎要昏倒了,但又不得不走。这时一个人从桶里钻了出来,就像玩偶盒子里的弹簧玩偶一样。他的护腿套一直扣到膝盖,鸭舌帽低得一直遮到眼睛,嘴唇哆嗦,鼻子通红。原来是比内队长,他埋伏在那里打野鸭。

"你老远就该说句话呀!"他叫道,"看见枪口,总该打个招呼。"

税务员这样说,其实他是想掩饰内心的害怕,因为本州法令规定,只许在船上打野鸭。比内先生虽然奉公守法,偏偏在这件事上明知故犯。因此,他似乎无时无刻不听到乡村警察的脚步声。但是这种忐忑不安的心情,反倒增加了偷猎的兴趣,他一个人缩在木桶里,因为他的诡计得逞而自得其乐。

一看见是艾玛,他心里的大石头落了地,就立刻随便搭起话来:

"天气不暖和,有点'冷'吧!"

艾玛没有回答。他又说道:

"你出来得这么早呀?"

"是的。"她结结巴巴地说,"我刚去奶妈家,看我孩子来的。"

"啊!那好!那好!我呢,你看我这模样,天不亮就来了。天要下牛毛雨,要不是翅膀飞到枪口上来……"

"再见,比内先生。"她打断他的话,转过脚跟就走。

"请便吧,夫人。"他也干巴巴地回了一句。

说完,他又钻进桶里去了。

艾玛后悔不该这样突然一下离开了税务员。当然,他一定会往坏处猜测。去奶妈家实在是个糟透了的借口,荣镇的人谁不知道,小包法利早在一年前就接回父母身边了。再说,附近没有人家,这条路只通于谢堡。比内自然猜得到她从哪里来,难道他会不说出去吗?他会随便乱讲,这是一定的!她就在那里挖空心思,胡思乱想,凭空捏造各种借口,一直想到晚上,也赶不走眼前这个拿猎枪的坏事人。

晚餐后,夏尔见她愁容满脸,要带她到药剂师家去散散心。偏偏在药房看到的头一个人,又是这个不凑趣的税务员!他站在柜台前,短颈大口药水瓶反映的红光照在他脸上。他说:

"请给我半两硫酸盐。"

"朱斯坦,"药剂师喊道,"拿硫酸来。"

然后,他对要上楼去看奥默太太的艾玛说:

"不敢劳驾,她就下来。还是烤烤火吧……对不起……你好,博士(药剂师非常喜欢叫夏尔'博士',仿佛这样称呼别人,自己也可以沾点光似的)……小心不要打翻了研钵!还是到小厅子里去搬椅子来,你知道客厅的大椅子不好动。"

奥默赶快走出柜台,要把扶手椅放回原位,比内却要买半两糖酸。

"糖酸?"药剂师做出内行瞧不起外行的神气说,"我不知道,没听说过!你恐怕是要买草酸吧?是草酸,对不对?"

比内解释说,他要一种腐蚀剂,好配一点擦铜的药水,把打猎的各种用具上的铜锈擦掉。艾玛一听就打哆嗦。

药剂师改了口:

"的确,天气不对头,太潮湿了。"

"不过,"税务员似乎话里有话,"有的人可不怕潮湿。"

她连气也不敢出。

"请再给我……"

"他怎么老也不走！"她心里想。

"半两松香和松脂，四两黄蜡，还请给我一两半骨炭，好擦漆皮。"

药剂师开始切蜡时，奥默太太下楼来了，怀里抱着伊尔玛，旁边走着拿破仑，后面跟着阿达莉。她坐在靠窗的丝绒长凳上，男孩在一个小凳子上蹲着，而他姐姐围着爸爸身边的枣盒子转。爸爸在灌漏斗，封瓶口，贴标签，打小包。周围没人说话，只有时听见天平的砝码响，还有药剂师偶尔低声交代学徒几句话。

"你的小宝贝怎么样？"奥默太太忽然问艾玛。

"不要说话！"她的丈夫叫道，他正在账本上记账。

"怎么不带她来呀？"她放低了声音又问。

"嘘！嘘！"艾玛用手指指药剂师说。

好在比内一心都在算账，看看加错了没有，可能没有听见她们的话。他到底走了。于是艾玛如释重负，出了一口大气。

"你出气好吃力啊！"奥默太太说。

"啊！天气有点热。"她答道。

第二天，他们打算换个地方幽会。艾玛想用礼物收买女佣。但最好还是在荣镇找一所不会走漏风声的房子。罗多夫答应去找。

整个冬天，他一个星期有三四个夜晚要到花园里来。艾玛特意藏起栅栏门的钥匙，夏尔还以为真丢了。

罗多夫为了叫她下楼，就抓一把沙子撒在百叶窗上。她一听到就跳下床。不过有时也得耐心等待，因为夏尔有个怪脾气，喜欢坐在炉边闲聊，并且说个没完。她急得要命，要是她的眼睛有办法，真会帮他从窗口跳进来的。最后，她开始换上睡衣，接着就拿起一本书来，装作没事人的样子读下去，仿佛读得很开心。但夏尔一上了床，就叫她睡下。

"睡吧，艾玛。"他说，"时间不早了。"

"好，就来！"她答道。

然而，因为烛光耀眼，他就转身朝墙睡着了。她不敢大声呼吸，脸微微笑,心突突跳,也不穿衣服,就溜了出去。

罗多夫穿了一件大披风,把她全身裹起,用胳膊搂住她的腰,也不说话,就把她带到花园的深处。

他们来到花棚底下,坐在那张烂木条长凳上。从前,在夏天的傍晚,莱昂也坐在这里,含情脉脉地望着她。现在她想不到他了。

闪烁的星光穿过茉莉树落了叶的枝条。他们听得见背后的河水流溅,堤岸边干枯的芦苇不时咯啦作响。左一团右一团阴影,在黑暗中鼓了出来。有时,阴影忽然一下全都瑟瑟缩缩,笔直竖立或者俯仰上下,好像巨大的黑浪,汹涌澎湃,要把他们淹没。夜里的寒气使他们拥抱得更紧。他们嘴唇发出的叹息似乎也更响。他们隐约看见对方的眼睛也显得更大。在一片寂静中,窃窃私语落入灵魂的深处,清澈透明有如水晶,回音萦绕心头,不绝如缕,引起无数的涟漪。

碰到夜里下雨,他们就躲到车棚和马房之间的诊室里去。她从书架后面取出一支厨房用的蜡烛,点着照明。罗多夫坐在这里,俨然一副主人的姿态。看到书架和书桌,甚至整个房间,都使他觉得好笑,不由得他不开起夏尔的玩笑来,这使艾玛局促不安。她倒希望他更严肃一点,甚至更像戏剧中的人物,有一回,她以为听到了巷子里的脚步声。

"有人来了!"她说。

他赶快吹灭蜡烛。

"你带了手枪没有?"

"干吗?"

"怎么? ……为了自卫呀!"艾玛答道。

"要对付你的丈夫吗? 啊! 这个倒霉鬼!"

罗多夫说完这句话时,做了一个手势,意思是说:"只消一弹手指,就会把他打垮。"

他的匹夫之勇使她目瞪口呆,虽然她也觉得他的口气粗鲁庸俗,令人反感。

关于手枪的事。罗多夫考虑了好久。他想,如果她说这话当真,那就非常可笑,甚至有点可恶了,因为他没有任何理由要恨夏尔这个老实人,这个不妒忌的丈夫——丈夫不会妒忌,艾玛还向他赌咒发誓,他也觉得趣味不高。

而且她越来越感情用事。起先,她一定要交换小照,并且剪下几绺头发相送。而现在,她又要一个戒指,一个真正的结婚戒指,表示永久的结合。她时常同他谈起晚祷的钟声,或是"自然的呼声"。然后,她又谈到她自己的母亲,问到他的母亲。罗多夫的母亲已经死了二十年。艾玛却还要用假惺惺的语言来安慰他,仿佛他是一个失去了母爱的孩子。有时,她甚至望着月亮对他说:

"我相信,我们的母亲在天之灵知道了我们的爱情,也会很高兴的。"

好在她的确是漂亮!他也没有玩过这样坦率的女人!这种不放荡的爱情,对他说来,是一桩新鲜事,并且越出了容易到手的常规,使他既得意,又动情。艾玛的狂热,用市侩的常识来判断,是不值钱的,但他在内心深处也觉得高兴,因为狂热的对象是他自己。爱情既然稳如大山,他就不再费劲去争取,不知不觉地态度也改变了。

他不再像以前那样,说些感动得她流泪的甜言蜜语,做些热情洋溢、令人神魂颠倒的拥抱抚摸。结果,以前淹没了她的伟大爱情,现在却像水位不断下降的江河,已经可以看见水底的泥沙了。她还不肯相信,反而加倍温存体贴;而罗多夫却越来越不耐烦,越来越不在乎了。

她不知道,她到底是在后悔不该顺从他,还是相反,只是希望不要过分亲热。自恨软弱的羞愧感慢慢积成了怨恨,但颠鸾倒凤的狂欢又使怨恨缓和了。这不是依依不舍的眷恋,而是更像一种剪不断的引诱。他降伏了她。她几乎有点怕他了。

然而表面上看起来简直平静无事,罗多夫随心所欲地摆布他的情妇。过了半年,到了春天,他们两人你看着我,我看着你,好像一对过太平日子的夫妻,爱情已经成为家常便饭了。

又到了卢奥老爹送火鸡的日子,纪念他断腿复原的周年。礼物总是和信一同送到。艾玛剪断把信和筐子拴在一起的绳子,就读到了下面这封信：

我亲爱的孩子们：

我希望这封信收到时，你们的身体健康。这次送的火鸡和以前的一样好，因为在我看来，它要更嫩一点，而且我还敢说，个儿更大一点。不过下一回，为了换换花样，我要送你们一只公鸡，除非你们硬要"母的"，请把鸡筐子送还给我，还有以前两个。我不走运，车棚的棚顶给夜里的大风刮到树上去了。收成也不给我争面子。总而言之，我不知道什么时候能去看你们。自从我打单身起，我就很难离开家了，我可怜的艾玛！

这里有个空行，仿佛老头子放下了笔来想心事似的。

至于我呢，身体还好，只是有一天去伊夫托赶集着了凉。我去赶集是要找个羊倌，原来那个给我辞了，因为他太讲究吃喝。碰到这种坏蛋有什么办法！再说，他还不老实哩。

我听一个小贩告诉我，他去年冬天到你们那里去做生意，拔了一个牙，他说包法利很辛苦。这并不奇怪，他还给我看他的牙齿。我们一起喝了一杯咖啡。我问他见到你没有，他说没有，不过他看见马棚里有两匹马，我猜想生意还不错。那就好，我亲爱的孩子们，愿上帝保佑你们幸福无比！

我觉得遗憾的是，我还没有见过我心爱的小外孙女贝尔特·包法利。我为她在花园里种了一棵李子树，我不许人碰它，因为我打算将来给她做成蜜饯，放在橱子里，等她来吃。

再见，我亲爱的孩子们。我吻你，我的女儿；也吻你，我的女婿；还有我的小宝贝，我吻你的双颊。

祝你们好！

你们慈爱的父亲
特奥多尔·卢奥

她呆了几分钟，把这张粗信纸捏在手里。错字别字到处都有，但是艾玛在字里行间,读出了温柔敦厚的思想,就像在荆棘篱笆后面,听得见一只躲躲闪闪的母鸡在咯咯叫一样。墨水是用炉灰吸干的,因为有灰屑子从信上掉到她袍子上,她几乎想象得出父亲弯腰到壁炉前拿火钳的情景。她有多久不在他的身边!从前她老是坐在壁炉前的矮凳上,用一根木棍去拨动烧得噼里啪啦响的黄刺条,结果熊熊的火焰把木棍头上都烧着了。……她还记得夏天的傍晚,太阳还没有落,一有人走过,马驹就会嘶叫,东奔西跑……她的窗子下面有个蜂房,蜜蜂在阳光中盘旋飞舞,有时撞到窗玻璃上,就像金球一样弹了回来。那时多么幸福!多么自由!多少希望!多少幻想!现在一点也不剩了!她已经把它们消耗得干干净净了,在她的灵魂经风历险的时候,在她的环境不断改变的时候,在她从少女到妻子,再到情妇的各个阶段——就是这样,在她人生的道路上,她把它们丢得不剩一星半点了,就像一个旅客把他的财富全都花费在路上的旅店里一样。

那么,是谁使她变得这样不幸的?是什么特大的灾难使她天翻地覆的?于是她抬起头来,看看周围,仿佛要找出她痛苦的原因。

一道 4 月的阳光使架子上的瓷器闪闪烁烁,壁炉里的火在燃烧,她感觉得到拖鞋下面的地毯软绵绵的。白天气候温暖,她听得见她的孩子哇啦哇啦在笑。

的确,小女孩在草上打滚,四围都是翻晒的草。她伏在一个草堆上。保姆拉住她的裙子。勒斯蒂布杜瓦在旁边耙草,只要他一走到身边,她就弯下身去,两只小胳膊在空中乱打。

"把她带过来!"母亲说,一面跑去吻她,"我多么爱你,我可怜的小宝贝!我多么爱你!"

然后,她看见女儿耳后根有点脏,就赶快拉铃要人送热水来,把她洗干净,给她换内衣、袜子、鞋子,一遍又一遍地问她的身体怎么样,好像刚出门回来似的,最后还吻了她一次,这才流着眼泪,把她交还到保姆手里。保姆见她一反常态,意外得说不出话来。

晚上,罗多夫发现她比平常庄重多了。

"这是心血来潮。"他认为,"一下就会过去的。"

他一连三次不来赴约会。等他再来的时候,她显得很冷淡,甚至有点瞧不起他的神气。

"啊!你这是糟蹋时间,我的小妞儿……"

他装出没有注意她唉声叹气、掏手绢的模样。

他哪里知道艾玛后悔了!

她甚至问自己:为什么讨厌夏尔?如果能够爱他,岂不更好?但是他没有助一臂之力,让她回心转意,结果她本来就薄弱的意志,要变成行动,就更加困难了,刚好这时药剂师来提供了一个机会。

十一

奥默先生最近读到一篇赞扬新法治疗跛脚的文章。因为他主张进步,所以就起了热爱乡土的念头,为了赶上先进水平,荣镇也应该做矫正畸形足的手术。

"因为,"他对艾玛说,"有什么风险呢?你算算看(他扳着手指头算计尝试一下的好处):几乎肯定可以成功,病人的痛苦可以减轻,外形更加美观,做手术的人可以很快出名。比方说,你的丈夫为什么不搭救金狮旅店的伙计,可怜的伊波利特呢?你看,病治好了,他能不对旅客讲吗?再说(奥默放低了声音,向周围望了一眼),谁能不让我给报纸写一段报道呢?那么!我的上帝!报道是会流传的……大家都会谈起……那结果就像滚雪球一样!啊!谁晓得会怎样?谁晓得?"

的确,包法利可能会成功。艾玛并不知道他的本领不过硬,如果她能鼓动他做一件名利双收的大好事,那她会是多么心满意足啊!她正要寻找比爱情更靠得住的靠山呢。

夏尔经不起药剂师和艾玛的恳求,就勉强答应了。他从卢昂要来了杜瓦尔博士的那部大作《跛脚矫正论》,就每天晚上埋头钻研起来。

他研究马蹄足、内翻足、外翻足,也就是说,趾畸形足、内畸形足、外畸形足(或者说得通俗一点,就是脚的各种偏差,从上往下跷,从外往内跷,从内往外跷),还有底畸形足和踵畸形足(换句话说,就是平板脚和上跷脚)。同时,奥默先生也用种种理由,说服客店伙计来动手术。

"你也许不会觉得痛,就像放血一样扎一下,恐怕比除老茧还方便呢。"

伊波利特在考虑,转动着发呆的眼睛。

"其实,"药剂师又接着说,"这不关我的事!都是为了你好!纯粹是人道主义!我的朋友,我不愿意看到你走起路来一瘸一拐,叫人讨厌,还有你的腰部一摇一晃,不管你怎么说,干起活来,总是很碍事的。"

于是奥默向他指出:治好了脚,会觉得更快活,行动也更方便。他甚至还暗示,也更容易讨女人喜欢。马夫一听,笨拙地笑了。然后,奥默又来打动他的虚荣心:

"你不是一个男子汉吗,好家伙?万一要你服兵役,要你到军旗下去战斗,那怎么办呢?……啊!伊波利特!"

奥默走开了,口里还说着:他不明白一个人怎么这样顽固,这样盲目,甚至拒绝科学给予他的好处。

倒霉虫让步了,因为大家仿佛商量好了来对付他似的。从来不多管闲事的比内,勒方苏瓦老板娘,阿特米斯,左邻右舍,甚至镇长杜瓦施先生,都来劝他,对他传道说教,说得他难为情了。但是,最后起决定作用的,还是动手术"不要他花钱"。包法利甚至答应提供做手术的机器。艾玛要他大方一点,他当然同意了,心里一直说他的妻子是天使下凡。

于是他征求了药剂师的意见,做错了又从头来过,总算在第三回要木匠和锁匠做成了一个盒子般的机器,大约有八磅重,用了多少铁和铁皮、木头、皮子、螺钉、螺帽,说不清楚,反正没有偷工减料。

然而,要割伊波利特哪一条筋,先要知道他是哪类跛脚。

他的脚和腿几乎成一直线,但是还不能说并不内歪。这就是说,他是马蹄足加上内翻足,或者说是轻微的内翻足加上严重的马蹄足。他的马蹄足的确也和马蹄差不多一样大,皮肤粗糙,筋腱僵硬,脚趾粗大,指甲黑得像铁钉,但这并不妨碍跛子从早到晚,跑起路来和鹿一样快。大家看见他在广场上围着大车不断地蹦蹦跳跳,提供左右力量不相等的支援。看来他的跛腿甚至比好腿还更得力。跛腿用得久了,居然得到了一些优秀的精神品质,它精力充沛,经久耐用,碰上重活,它更不负所托。

既然是马蹄足,那就该先切断跟腱,以后再冒损伤前胫肌的危险,来除掉内翻足;因为医生不敢一下冒险做两次手术,其实做一次已经使他胆战心惊,唯恐误伤自己摸不清楚的重要部位了。

昂布瓦斯·帕雷在塞尔斯一千五百年之后,头一回做动脉结扎手术;杜普伊腾打开厚厚的一层脑髓,消除脓疮;让苏尔第一次切除上颌骨;看来他们都不像包法利先生拿着手术刀走到伊波利特面前心跳得那么快,手抖得那么厉害,神经那么紧张。就像在医院里一样,旁边一张桌子上放了一堆纱布、蜡线、绷带——绷带堆成了金字塔,药房里的全拿来了。奥默先生一早就在做准备工作,既要使大家开开眼界,也要使自己产生错觉。夏尔在皮上扎了一个洞,只听见咯啦一声,筋腱切断了,手术做完了。伊波利特感到意外,还没恢复过来,他只是弯下身子,不断吻包法利的手。

"好了,平静一点。"药剂师说,"改天再表示你对恩人的感激吧!"

他走到院子里,对五六个爱打听消息的人讲了手术的结果,他们本来还以为伊波利特马上就会走出来呢。夏尔把机器盒子扣在病人腿上,就回家去了,艾玛正焦急地在门口等候。她扑上去拥抱他,他们一同就餐。他吃得很多,吃了还要喝杯咖啡,星期天家里有客人,他才允许自己这样享受。

晚上过得很愉快,谈话也投机了,梦想也是共同的。他们谈到未来要赚的钱,家庭要更新的设备;他看到自己名声扩大了,生活更幸福了,妻子也一直爱他;她也发现更健康、更美好、更新的感情,使自己得到新生的幸福,到底也对这个热爱自己的可怜虫,有了几分脉脉的情意。忽然一下,罗多夫的形象闪过她的脑子。但当她的眼睛再落到夏尔身上时,她意外地发现他的牙齿并不难看。

他们还在床上的时候,奥默先生却不理睬厨娘的话,一下就跑进了卧房,手里拿着一张刚写好的稿纸。这是他要投到《卢昂灯塔》去的报道。他先拿来给他们过目。

"你自己念吧。"包法利说。

他就读起来了:

"虽然先入为主的成见还笼罩着欧洲一部分地面,但光明已经开始穿云破雾,照射到我们的农村。就是这样,本星期二,我们小小的荣镇成了外科手术的试验场所,这试验同时也是高尚的慈善事业。我们一位最知名的开业医生包法利先生……"

"啊!太过奖了!太过奖了!"夏尔几乎激动得说不出话来。

"不!一点也不!难道不该这样说吗!……为一个跛子动了手术……我没有用科学术语,因为,你们知道,在报纸上……并不是大家都懂得。一定要使公众……"

"当然。"包法利说,"念下去吧。"

"我接着念。"药剂师说,"我们一位最知名的开业医生包法利先生,为一个跛子动了手术。跛子名叫伊波利特·托坦,是在大操场开金狮客店的勒方苏瓦寡妇雇用了二十五年的马夫。这次尝试是个创举,加上大家对患者的关心,使客店门前挤满了人。动手术好像施魔法,几乎没有几滴血沾在皮肤上,似乎是要说明:坚韧的筋腱到底也招架不住医术的力量。说也奇怪,患者并不感觉疼痛,我们'亲眼目睹',可以作证。他的情况,直到目前为止,简直好得无以复加。一切迹象使人相信:病人复原为期不远。下次镇上过节,说不定我们会看到伊波利特这位好汉,在欢天喜地、齐声合唱的人群中,大跳其酒神舞呢!看到他劲头十足,蹦蹦跳跳,不是向大家证明他的脚完全医好了吗!因此,光荣归于慷慨无私的学者!光荣归于不知疲倦、不分昼夜、献身事业、增进人类幸福、减轻人类痛苦的天才!光荣!三重的光荣!瞎子可以看见,跛子可以走路,难道这不正是高声欢呼的时候吗!从前,天神只口头上答应给选民的,现在,科学在事实上已经给全人类了!这个令人注目的医疗过程的各个阶段,我们将陆续向读者报道。"

不料五天之后,勒方苏瓦大娘惊恐万状地跑来,高声大叫:

"救命啦!他要死了!……我的头都吓昏了!"

夏尔赶快往金狮客店跑去。药剂师看见他经过广场,连帽子都没戴,也就丢下药房不管。他赶到客店,上气不接下气,满脸通红,忐忑不安,碰到上楼的人就问:

"我们关心的畸形足患者怎么样了?"

畸形足患者正在痛苦地抽搐,结果装在腿上的机器撞在墙上,简直要撞出洞来。

为了不移动腿的位置,医生非常小心地拿掉机器盒子,于是大家看到了一个可怕的景象。脚肿得不成其为脚,腿上的皮都几乎胀破了,皮上到处是那部出色的机器弄出来的污血。伊波利特早就叫痛了,没有人在意。现在不得不承认,他并不是无病呻吟,于是就把机器拿开了几个钟头。但是浮肿刚刚消了一点,两位医学家又认为应该把腿再装进机器里去,并且捆得更紧,以为腿会好得更快。三天之后,伊波利特实在受不了,他们又再把机器挪开,一看结果,他们都吓了一跳。腿肿得成了一张铅皮,到处都是水泡,水泡里渗出黑水。情况变得更严重了。伊波利特开始觉得苦恼,于是勒方苏瓦大娘把他搬到厨房隔壁的小房间,至少可以不那么闷。

不过税务员在这里一天三餐,对这样的邻人深表不满。于是又把伊波利特搬到台球房去。

他躺在那里,在厚被窝里呻吟,面色苍白,胡子老长,眼睛下陷,满头大汗,在肮脏的枕头上转来转去,和苍蝇作斗争。包法利夫人来看他。她还带来了敷药的布,又是安慰,又是鼓励。其实,他并不是没人做伴,尤其是赶集的日子,乡下人在他床边打台球,用台球杆做剑来比武,又吸烟,又喝酒,又唱歌,又叫嚷。

"怎么样了?"他们拍拍他的肩膀说,"啊!你看起来好像并不满意!这都要怪你自己。你本来应该这么的,不应该那么的。"

于是他们讲起别的病人,没有用什么机器;只用别的法子就治好了。然后,好像安慰他的样子,又加上几句风凉话:

"你把自己看得太重了！起来吧！你又不是娇生惯养的国王！啊！没关系，不要穷开心！你不会觉得舒服的！"

的确，溃疡越来越往上走，包法利自己也觉得难过。他每个钟头来，时时刻刻来。伊波利特用十分害怕的眼光瞧着他，结结巴巴地呜咽着说：

"我什么时候能好？……啊！救救我吧！……我多倒霉啊！我多倒霉啊！"

但是医生走了，只是要他少吃东西。

"不要听他的，我的好伙计。"勒方苏瓦老板娘接着却说，"他们害得你好苦啊！你不能再瘦下去了。来，只管大口吃吧！"

她给他端来了好汤，几片羊肉，几块肥肉，有时还拿来几小杯烧酒，不过他却不敢把酒杯端到嘴边喝下去。

布尼贤神甫听说他病重了，让人求他来看看病人。他开始对病人表示同情，一面却说，既然生病是上帝的意思，那就应该高兴才是，并且应该利用这个机会，请求上天宽恕。

"因为，"教士用慈父的口气说，"你有点疏忽你应尽的义务。我们很少看到你参加神圣的仪式。你有多少年没有接近圣坛啦？我知道你事忙，人世的纷扰分了你的心，使你想不到拯救灵魂的事。不过，现在是应该想到的时候了。但是，也不要灰心失望，我认识好些犯过大罪的人，快到上帝面前接受最后的审判了（当然你还没到这步田地，我很清楚），他们再三恳求天主大发慈悲，到后来也就平平安安咽了气。希望你像他们一样，也给我们做出个好榜样来！因此，为了提前做好准备，为什么不每天早晚念一句经，说一声'我向你致敬，大慈大悲的圣母玛利亚'，或者'我们在天上的圣父'！对，念经吧！就算看在我的分上，为了得到我的感激。这又费得了什么呢？……你能答应我吗？"

可怜的家伙答应了。神甫接着一连来了几天。他和老板娘聊天，甚至还讲故事，穿插了一些笑话，还有伊波利特听不懂的双关语。情况需要，他又一本正经，大谈起宗教来。

他的热忱看来收到了好效果，因为不久以后，畸形足患者就表示，他病一好,就去朝拜普济教堂。布尼贤先生听了答道,这没有什么不好的,采取两个预防措施,总比只采取一个强。"反正不会有什么风险。"

药剂师很生气,反对他所谓的"教士操纵人的手腕"。他认为这会妨碍伊波利特复原,所以三番两次对勒方苏瓦大娘说:

"让他安静点吧!你的神秘主义只会打扰他的精神。"

但是这位好大娘不听他的。他是"祸事的根源"。她要和他对着干,甚至在病人的床头挂上一个满满的圣水缸,还在里面插上一枝黄杨。

然而宗教的神通也不比外科医生更广大,看来也救不了病人。溃疡简直势不可挡,一直朝着肚子下部冲上来,改药方,换药膏,都没有用,肌肉一天比一天萎缩得更厉害。最后,勒方苏瓦大娘问夏尔,既然医药无济于事,要不要到新堡去请名医卡尼韦先生来,夏尔无可奈何,只好点头同意。

这位同行是医学博士,五十岁了,职位很高,自信心很强,看到这条腿一直烂到膝盖,就毫不客气地发出了瞧不起人的笑声。然后,他只简单说了一句"需要截肢",就到药剂师那里去大骂这些笨蛋,怎么把一个可怜的人坑害到了这种地步。他抓住奥默先生外衣的纽扣,推得他前俯后仰,在药房里大声骂道:

"这就是巴黎的新发明!这就是首都医生的好主意!这和正眼术、麻醉药、膀胱碎石术一样,是政府应该禁止的歪门邪道!但是他们冒充内行,大吹大擂,乱塞药给你吃,却不管结果怎么样。我们这些人,我们不像人家会吹;我们没有学问,不会夸夸其谈,不会讨好卖乖;我们只是开业医生,只会治病,不会异想天开,把个好人开刀开成病人!要想医好跛脚!难道跛脚是能医得好的吗?这就好比要驼背不弯腰一样!"

奥默听了这长篇大论,心里非常难受,但是他不露声色,满脸堆笑,不敢得罪卡尼韦先生,因为他的药方有时一直开到荣镇。他也不敢为包法利辩护,甚至一言不发,放弃原则,为了商业上更大的好处,他就见利忘义了。

卡尼韦博士要做截肢手术,这在镇上是一件了不得的大事!那一天,所有的居民都起了一个大早,大街上虽然到处是人,却有点凄凄惨惨,好像是看砍头似的。有人在杂货铺里谈论伊波利特的病。商店都不营业,镇长夫人杜瓦施太太待在窗前不动,急着要看医生经过。

他驾着自用的轻便马车来了。但是马车右边的弹簧给他沉重的身体压得太久,陷下去了,结果车子走的时候,有一点歪歪倒倒的。在他旁边的坐垫上,看得见一个大盒子,上面盖了红色的软羊皮,三个铜扣环闪烁着威严的光彩。

医生像一阵旋风似的进了金狮客店的门道。他高声大叫,要人卸马,然后亲自走进马棚,看看喂马是不是用燕麦,因为一到病人家里,他首先关心的,总是他的母马和轻便马车。提到这事,大家甚至说:"啊!卡尼韦先生古里古怪,与众不同!"他沉着稳重,一成不变,反而使人更敬重他。即使世界上死得只剩他一个人,他也丝毫不会改变他的习惯。

奥默来了。

"我得用上你了。"医生说,"准备好了没有?走吧!"

但药剂师脸红了,承认他太敏感,不能参与这样的大手术。

"一个人只在旁边看,"他说,"你知道,就会胡思乱想!再说,我的神经系统是这样……"

"啊!得了!"卡尼韦打断他的话说,"在我看来,恰恰相反,你恐怕容易中风。其实,这一点也不奇怪,因为你们这些药剂师先生,老是钻到厨房里,怎能不改变你们的气质呢!你看看我,每天早上四点钟起床,总用凉水刮脸,从来不怕冷,不穿法兰绒,也从来不感冒,这身体才算过硬!我有时候这样过日子,有时候那样过,什么都看得开,有什么吃什么。所以我不像你们那样娇气,要我给一个基督徒开刀,我就像杀鸡宰鸭一样满不在乎。你们听了要说:'这是习惯!……习惯!'……"

于是,不管伊波利特急得在被窝里出汗,这两位先生却谈个没完,药剂师把外科医生比做将军,因为这两种人都沉着镇静。卡尼韦喜欢这个比喻,就大谈起医术需要具备的条件。他把医术看成是神圣的职业,虽然没有得到博士学位的医生并不称职。最后,谈到病人,他检查了奥默带来的绷带(其实就是和上次动手术一样的绷带),还要一个人来按住动手术的腿。他们要人去把勒斯蒂布杜瓦找来。卡尼韦先生就卷起袖子,走进台球房去,而药剂师却同阿特米斯和老板娘待在门外,这两个女人的脸比她们的围裙还白,耳朵贴在门缝上听。

包法利在截肢期间,一步也不敢出门。他待在楼下厅子里,坐在没有生火的壁炉旁边,下巴垂到胸前,双手紧紧握着,两只眼睛发呆。"多么倒霉!"他心里想,"多么失望!"其实,他采取了一切想象得到的预防措施。只能怪命运作对了。这还不要紧!万一伊波利特将来死了,那不是他害死的吗?看病的人问起来,叫他拿什么理由来回答?也许,他是不是有什么地方搞错了?他想来想去,也想不出来。其实,最出名的外科医生也有搞错的时候。不过人家不相信!人家只会笑他,骂他这不出名的医生!他的骂名会传到福尔吉!传到新堡!传到卢昂!传得到处都知道!谁晓得有没有哪个同行会写文章攻击他?那就要打笔墨官司了,那就要在报上回答。甚至伊波利特也会告他一状。眼看自己名誉扫地,一塌糊涂,彻底完蛋!他左思右想,七上八下,就像一只空桶,在大海的波涛中,晃来荡去。

艾玛坐在对面瞧着他。她并不分担他的耻辱,她感到丢脸的是,她怎么能想象一个这样的人,会做出什么有价值的事来,难道她看了二十回,还看不出他的庸碌无能吗!

夏尔在房间里走来走去。他的靴子在地板上走得咯啦响。

"你坐下好不好?"她说,"烦死人了!"

他又坐下来。

她是一个这样聪明的人,怎么又犯了一次错误?是什么痴心妄想使她这样一再糟蹋了自己的一生?她想起了她爱奢侈的本性,她心灵的穷困,婚姻和家庭的贫贱,就像受了伤的燕子陷入泥坑一般的梦想,她想得到的一切,她放弃了的一切,她本来可能得到的一切!为什么?为什么得不到?

突然一声喊叫划破长空,打破了村子里的寂静。包法利一听,脸色立刻发白,几乎晕了过去。她却只皱皱眉头,做了个心烦的手势,又继续想她的心事。然而就是为了他,为了这个笨家伙,为了这个理解和感觉都迟钝的男人!他还待在那里,一点没有想到他的姓名将要变成笑料,还要使她变得和他一样可笑。而她却作过努力来爱他,还哭着后悔过不该顺从另外一个男人呢!

"不过,也许是外翻型吧?"正在沉思默想的包法利,忽然叫了出来。

这句脱口而出的话,冲击了艾玛的思想,就像一颗子弹落在银盘子上一样,她浑身颤抖,抬起头来,猜测这句她听不懂的话,到底是什么意思。他们互相瞧着,一言不发,他们之间的心理距离如此遥远,一旦发现人却近在身旁,就惊讶得目瞪口呆了。夏尔用醉汉的模糊眼光看着她,同时一动不动地听着截肢的最后喊声。喊声连续不断,拖得很长,有时如异峰突起,发出尖声怪叫,就像在远处屠宰牲口时的呼号哀鸣。艾玛咬着没有血色的嘴唇,手中搓着一枝弄断了的珊瑚,用火光闪闪的眼珠瞪着夏尔,仿佛准备向他射出两支火箭似的。现在,他身上的一切都惹她生气,他的脸孔,他的衣服,他没有说出来的话,他整个的人,总而言之,他的存在。她后悔过去不该为他遵守妇道,仿佛那是罪行一般,于是她心里残存的一点妇德,在她自高自大的狂暴打击下,也彻底垮台了。通奸的胜利会引起的恶意嘲讽,反而使她开心。情人的形象回到她的心上,更具有令人神魂颠倒的魅力;她的整个心灵投入回忆之中,一种新的热忱把她推向这个形象。而夏尔似乎永远离开了她的生活,不再存在,甚至不可能再存在,已经消失得无影无踪,仿佛她亲眼看见他奄奄一息、正在咽气一样。

人行道上响起了脚步声。夏尔从放下的窗帘往外看,只见卡尼韦先生在菜场边上,在充足的阳光下,用手绢擦着满头的大汗。奥默在他后面,手里捧着一个红色的大盒子,两个人正朝着药房走去。

那时,夏尔就像一个泄了气的皮球,需要家庭的温暖来给他打气,就转身对他妻子说:

"亲亲我吧,我亲爱的!"

"走开!"她气得满脸通红。

"你怎么了？你怎么了？"他莫名其妙地重复说，"静一静！定定神！……你知道我爱你！……来吧！"

"够了！"她不耐烦地喊道。

艾玛跑出厅子，用力把门关上，把墙上的晴雨计震得掉了下来，在地上跌碎了。

夏尔倒在扶手椅里，心乱如麻，不知其所以然，以为她得了神经病，就哭起来，模糊地感觉到周围出了什么不可理解的不幸事。

晚上，罗多夫来到花园里，发现他的情妇在最下面的一级台阶上等他。他们紧紧地拥抱。而他们之间的怨恨，也就在热吻中冰消雪融了。

十二

他们恢复了以前的爱情。有时甚至在光天化日之下，艾玛突然写信给他。然后，隔着玻璃窗，她对朱斯坦做个手势，小伙计赶快脱了粗麻布围裙，飞速把信送到于谢堡去。罗多夫来了，她只不过是对他说，她太无聊，丈夫讨厌，日子不晓得怎样打发才好！

"我有什么办法呢？"有一天，他听得不耐烦了，就喊了起来。

"啊！只要你肯答应！……"

她坐在地上，夹在他的两个膝盖之间，贴在两鬓的头发散开了，眼神迷离恍惚。

"答应什么？"罗多夫问。

她叹了一口气。

"我们到别的地方去过日子……随便什么地方……"

"难道你当真疯了！"他笑着说，"这怎么可能呢？"

后来，她又旧话重提；他好像没有听懂，并且换了个题目谈。

他不明白的是，像恋爱这样简单的事，怎么也会变得这样混乱。

她有她的理由，她有她的原因，仿佛给她的恋情火上加了油。

的确，她的眷恋之情每天都因为对丈夫的厌恶而变得更热烈了。她越是献身给情夫,就越憎恨自己的丈夫。她同罗多夫幽会后,再和夏尔待在一起,就觉得丈夫特别讨厌,指甲特别方方正正,头脑特别笨拙,举止特别粗俗。于是,她外表装出贤妻良母的样子,内心却欲火中烧,思念那个满头黑发、前额晒成褐色、身体强壮、风度洒脱的情夫。他不但是漂亮,而且头脑清楚,经验丰富,感情冲动却又非常强烈!就是为了他,她才精雕细镂地修饰自己的指甲,不遗余力地在皮肤上涂冷霜,在手绢上喷香精。她还戴起手镯、戒指、项链来。为了等他,她在两个碧琉璃大花瓶里插满了玫瑰。她收拾房间,打扮自己,好像妓女在等贵客光临一样。她要女佣不断地洗衣浆裳。从早到晚,费莉西不能离开厨房。还好小朱斯坦老来和她做伴,看她干活。

他把胳膊肘撑在她烫衣服的长条案板上,贪婪地瞧着他周围的女用衣物:凸纹条格呢裙子,围巾,细布绉领,屁股大、裤脚小、有松紧带的女裤。

"这干什么用的?"小伙子用手摸摸有衬架支撑的女裙或者搭扣,问道。

"难道你从来没见过?"费莉西笑着答道,"好像你的老板娘奥默太太从来不穿这些似的!"

"啊!的确不穿!我是说奥默太太!"

他又用沉思的语气加了一句:

"难道她也像你家太太,是位贵妇人?"

但费莉西看见他老是围着她转,有些不耐烦了。她比他大六岁,而吉约曼先生的男仆特奥多正开始向她求爱。

"别打搅我!"她挪开浆糊罐说,"你还不如去研碎杏仁呢。你老在女人堆里捣乱,小坏蛋,等你下巴上长了胡子再来吧!"

"得了,不要生气,我帮你'擦靴子'去。"

他立刻从壁炉架上拿下艾玛的鞋子,上面沾满了泥——幽会时沾的泥——他用手一捏,干泥巴就粉碎了,慢慢地弥漫在阳光中。

"难道你怕弄脱了鞋底!"厨娘说,她自己刷鞋可不那么经心在意,因为太太一看鞋子旧了，就送给她。

艾玛的衣橱里放了一大堆鞋子，她穿一双，糟蹋一双，夏尔从来不说半句不满的话。

就是这样，他掏三百法郎买了一条木腿，因为她认为应该送伊波利特一条。

木腿内有软木栓子、弹簧关节，是相当复杂的机械，外面还套了一条黑裤子，木脚上穿了一只漆皮鞋。但伊波利特不敢天天用这样漂亮的假腿，就求包法利夫人给他搞一条方便点的。当然，又是医生出钱买了。

于是，马夫渐渐地恢复了他的工作。大家看见他又像从前一样在村子里跑来跑去，但夏尔只要远远听见石板路上响起了木脚干巴巴的铎铎声，就赶快换一条路走。

是那个商人勒合先生接受了委托，去订购木腿的，这给他多接近艾玛的机会。他对她谈起巴黎摊贩新摆出来的廉价货、千奇百怪的妇女用品，表现出一片好意，却从不开口讨钱。艾玛看到自己的爱好容易得到满足，也就放松了自己。这样，听说卢昂雨伞店有一根非常漂亮的马鞭，她想买来送给罗多夫。过了一个星期，勒合先生就把马鞭送到她桌子上了。

但是第二天，他到她家里来，带来了一些发票，共计两百七十法郎，零头不算在内。艾玛拿不出钱来，非常尴尬：写字台的抽屉都是空的。还欠勒斯蒂布杜瓦半个月的工钱，女佣半年的工资，以及其他债务，而包法利正急着等德罗泽雷先生送诊费来。他每年按照惯例，总是在 6 月底圣·彼得节前付清账目的。

起初，她总算把勒合打发走了。后来，他却不耐烦起来，说是人家逼他要钱，而他的资金短缺，如果收不回一部分现款，他就不得不把她买的货物全都拿走。

"唉！那就拿走吧！"艾玛说。

"嗨！这是说着玩的！"他改口说，"其实，我只是舍不得那根马鞭。那么，我去向先生要钱吧！"

"不！不要找他！"她说。

"啊！这下我可抓住你了！"勒合心里想。

他相信自己有所发现，就走了出去，嘴里习惯地轻轻吹着口哨，并且低声重复说：

"得了！我们瞧吧！我们瞧吧！"

她正在想怎么摆脱困难，厨娘走了进来，把一个蓝纸卷筒放在壁炉上，那是"德罗泽雷先生送来的"。艾玛一把抓住，打开一看，筒里有十五个金币，这是还账的三百法郎。她听见夏尔上楼，就把金币放在抽屉里首，并且锁上。

三天后，勒合又来了。

"我有一个办法。"他说，"如果那笔款子你肯……"

"钱在这里。"她说时把十四个金币放在他手中。

商人意外得愣住了。于是为了掩饰失望，他又是道歉，又说要帮忙，艾玛都拒绝了。她摸着围裙口袋里找回来的两个辅币，待了几分钟。她打算节省钱来还这笔账……

"啊！管它呢！"她一转念，"他不记账的。"

除了银头镀金马鞭以外，罗多夫还收到了一个印章，上面刻了一句箴言：真心相爱。另外还有一条披肩，可以作围巾用。最后还有一个雪茄烟匣，和子爵的那个一模一样，就是夏尔在路上捡到的、艾玛还保存着的那一个。然而，这些礼物使他丢面子。他拒绝了好几件。她一坚持，罗多夫结果只好收下，但认为她太专横，过分强人所难。

她有些稀奇古怪的念头。

"夜半钟声一响，"她说，"你一定要想我！"

要是他承认没有想她，那就会有没完没了的责备，最后总是这句永远不变的话：

"你爱我吗？"

"当然，我爱你呀！"他答道。

"非常爱吗？"

"当然！"

"你没有爱过别的女人吗？"

"你难道以为我当初是童身？"他笑着喊道。

艾玛哭了，他想方设法安慰她，表明心迹时，夹杂些意义双关的甜言蜜语。

"唉！这是因为我爱你！"她接着又说，"我爱你爱得生活里不能没有你，你知道吗？有时，爱情的怒火烧得我粉身碎骨，我多么想再见到你。我就问自己：'他现在在哪里？是不是在同别的女人谈话？她们在对他笑，他朝她们走去……'不！哪一个女人你也不喜欢，对不对？她们有的比我漂亮，但是我呢，我比她们懂得爱情！我是你的女奴，你的情妇！你是我的国王，我的偶像！你真好！你漂亮！你聪明！你能干！"

这些话他听过多少遍，已经不新鲜了。艾玛和所有的情妇一样，新鲜的魅力和衣服一同脱掉之后，剩下的只是赤裸裸的、单调的热情，没有变化的外形语言。这个男人虽然是情场老手，却不知道相同的外形可以表达不同的内心。因为他听过卖淫的放荡女人说过同样的话，就不相信艾玛的真诚了。他想，夸张的语言掩盖着庸俗的感情，听的时候要打折扣；正如充实的心灵有时也会流露出空洞的比喻一样，因为人从来不能准确无误地说出自己的需要、观念、痛苦，而人的语言只像走江湖卖艺人耍猴戏时敲打的破锣，哪能妄想感动天上的星辰呢？

但是罗多夫像一个旁观者那样清醒，而不像一个当局者那样迷恋，他发现这种爱情中，还有等待他开发的乐趣。他认为羞耻之心碍手碍脚。他就对她毫不客气。他要使她变得卑躬屈膝，腐化堕落。她对他是一片痴情，拜倒得五体投地，自己也神魂颠倒，陷入一个极乐的深渊；她的灵魂沉醉其中，越陷越深，无法自拔，好像克拉伦斯公爵宁愿淹死在酒桶里一样。

包法利夫人淫荡成了习惯，结果连姿态也变了。她的目光越来越大胆放肆，说话越来越无所顾忌；她甚至满不在乎同罗多夫先生一起散步，嘴里还叼着一根香烟，"根本不把别人放在眼里。"有一天，她走下燕子号班车，穿了一件男式紧身背心，结果，本来不信闲言碎语的人，也不得不相信了。包法利奶奶和丈夫大闹一场之后,躲到儿子家里来,见了媳妇这等模样,简直气得要命。另外还有很多事也不顺她的心:首先,夏尔没有听她的话,不许媳妇看小说;其次,她不喜欢"这一套管家的办法"。她居然指手画脚,尤其是有一回,她管到费莉西头上,两人就闹起来了。

原来是头一天晚上,包法利奶奶经过走廊的时候,意外地发现费莉西和一个男人在一起。那人长着褐色连鬓胡子,大约四十岁左右,一听见她的脚步声,就赶快从厨房里溜走了。艾玛一听这话,笑了起来,老奶奶却生了气,说什么除非自己不规矩,否则,总得要求用人规规矩矩才是。

"你是哪个世界的人?"媳妇说话太不礼貌,气得婆婆张口就问,她是不是在为自己护短。

"出去!"媳妇跳起来说。

"艾玛!……妈妈!……"夏尔大声喊叫,想要两边熄熄火气。

但是两个女人都气得跑掉了。艾玛顿着脚,翻来覆去地说:

"啊!乡巴佬!真土气!"

夏尔跑到母亲那里。她正气得六神无主,结结巴巴地说:

"蛮不讲理、水性杨花的东西!真不知道坏到什么程度!"

她要马上就走,如果媳妇不来赔礼的话。于是夏尔又跑到妻子面前,求她让步,他甚至下了跪。

她最后总算答应了:

"好吧!我去。"

的确,她像个侯爵夫人似的伸出手来,对婆婆说:

"对不起,夫人。"

然后,艾玛回到楼上房里,伏在床上,把头埋在枕头底下,像个孩子似的哭了起来。

她和罗多夫商量过,临时出了什么事,她就在百叶窗上贴一张白纸条,如果碰巧他在荣镇,看见暗号,就到屋后的小巷子里会面。艾玛贴了白纸,等了三刻钟,忽然望见罗多夫在菜场角上。她想打开窗子喊他,可是他已经不见了。她又失望地扑到床上。

还好没过多久,她似乎听到人行道上有脚步声。没有问题,一定是他。她下了楼梯,走出院子。他在门外。她扑到他怀里。

"小心!"他说。

"啊!你晓得就好了!"她答道。

于是她就讲了起来,讲得太急,前言不对后语,又夸大其词,还捏造了不少事实,加油加酱,啰啰唆唆,结果他听不出个名堂来。

"得了,我可怜的天使,不要怕,看开些,忍耐点!"

"可是我已经忍耐了四年,吃了四年的苦!……像我们这样的爱情,有什么不可以拿到光天化日之下去的!他们老是折磨我。我再也忍受不了了!救救我吧!"

她紧紧地贴在他身上。她的眼睛里充满了眼泪,闪闪发光,好像波浪下的火焰;她的胸脯气喘吁吁,上下起伏。他从来没有这样爱过她,结果他也没了主意,反而问她:

"那该怎么办呢?你想该怎么办?"

"把我带走!"她叫起来,"抢走也行!……唉!我求你啦!"

她冲到他的嘴边,仿佛一吻嘴唇,就可以出其不意地抓住嘴里吐出来的同意一样。

"不过……"罗多夫回答说。

"什么?"

"你的女儿呢?"

她考虑了几分钟,然后答道:

"只好把她带走了,真倒霉!"

"居然有这种女人!"他心里想,看着她走了。

她刚刚溜进了花园,因为有人喊她。

后来几天,包法利奶奶觉得非常奇怪:媳妇似乎前后判若两人。的确,艾玛表现得更和顺了,有时甚至尊重得过了头,居然问婆婆腌黄瓜有什么诀窍。

这是不是更容易瞒人耳目?还是她想吃苦就要吃到头,在苦尽甘来之前,她要以苦为乐? 其实,她并没有这种深谋远虑。她不过是提前沉醉在即将来到的幸福中而已。这是她和罗多夫谈不完的话题。她靠着他的肩头,悄悄地说:

"咳! 等到我们上了邮车! ……你想过没有? 这可能吗? 我总觉得,等我感到车子要出发了,那真像是坐上了气球,就要飞上九霄云外一样。你知道我在掰着手指头算日子吗? ……你呢?"

包法利夫人从来没有像现在这样漂亮。她具有一种说不出的美,那是心花怒放、热情奔流、胜利在望的结果,那是内心世界和外部世界协调一致的产物。她的贪心,她的痛苦,寻欢作乐的经验,还有永不褪色的幻想,使她一步一步地发展,就像肥料、风雨、阳光培植了花朵一样。最后,她的天生丽质从大自然中吸收了丰富的营养,也像鲜花一般盛开了。她的眼皮似乎是造化特钟灵秀的结果,包藏着脉脉含情的秋波和闪闪发亮的明眸;而她一呼吸,小巧玲珑的鼻孔就张大了,丰满的嘴唇微微翘起,朦朦胧胧的寒毛在嘴角上投下了一点阴影。人家会以为是一个偷香窃玉的高手,在她的后颈窝挽起了一个螺髻;头发随随便便盘成一团,可以根据翻云覆雨的需要,天天把发髻解开。她的声音现在更加温柔,听来有如微波荡漾,她的腰身看来好似细浪起伏;甚至她裙子的褶皱,她弓形的脚背,也能引人入胜,使人想入非非。夏尔又回到了燕尔新婚的日子,觉得新娘令人销魂失魄,简直消受不了。

他半夜回来的时候,总不敢吵醒她。过夜的瓷器灯在天花板上投了一圈颤抖的光线。小摇篮的帐子放下了,看来好像一间白色的小房子,在床边的暗影中,更显得鼓鼓的。夏尔瞧瞧帐子,他仿佛听见女儿轻微的呼吸声。她现在正在长大,每一个季节都会很快地带来一点进展。他已经看见她傍晚放学回家,满脸笑容,衣服袖子上沾满了墨水,胳膊上还挎着她的小篮子。以后她还得进寄宿学校,这要花很多钱,怎么办呢? 于是他沉思了。他打算在附近租一小块田地,他每天早上出诊的时候,可以顺便管管田产。他要节省开支,省下来的钱存进储蓄所。然后他要买股票,随便哪家的股票都行。再说,看病的人会多起来。他这样算计,因为他要贝尔特受到良好的教育,会有才能,会弹钢琴。啊!等她到了十五岁,像她母亲一样在夏天戴起大草帽来,那是多么好看!远远看来,人家还会以为她们是两姐妹呢。他想象她夜晚待在父母身边,在灯光下做活计;她会为他绣拖鞋;她会料理家务;她会使整个房子像她一样可爱,一样快活。最后,他们要为她成家而操心:要为她挑一个可靠的好丈夫,他会使她幸福,并且永远幸福。

艾玛并没有睡着,她只是假装在睡。等到他在她身边昏昏入睡的时候,她却醒着做梦。

四匹快马加鞭,一个星期来拉着她的车子,奔向一个新的国土,他们一去就不复返了。他们走呀,走呀,紧紧抱在一起,紧紧闭住嘴唇。马车时常跑上山顶,俯瞰着一座富丽堂皇的城市,城里有圆圆的屋顶、桥梁、船只、成林的柠檬树、白色大理石的教堂,钟楼的尖顶上还有长颈鹳鸟筑的巢。大家在石板路上从容不迫地走着,地上摆着一束束的鲜花,献花的女郎穿着鲜红的胸衣。听得见钟声叮当,骡子嘶鸣,六弦琴如怨如诉,喷泉水淅淅沥沥,水沫四溅,使堆成金字塔的水果滋润新鲜,喷水池上的白色雕像也笑容可掬。然后,一天傍晚,他们到了一个渔村,沿着悬崖峭壁,在一排茅屋前,晾着棕色的渔网。他们就在这里住了下来,住在大海边上,海湾深处,一所矮小的平顶房子里,房顶上还有一棵棕榈树遮阴。他们驾着一叶扁舟出游,他们在摇晃的吊床里休息。生活像他们穿的丝绸衣服一样轻松方便,像他们欣赏的良宵美景一样温暖,而且星光灿烂。不过,她给自己设想的未来一望无际,却没有涌现出任何与众不同的特点:每天都光彩夺目,都像汹涌澎湃的波浪,都与辽阔无边、融洽无间的蓝天和阳光融合为一。可惜,小孩在摇篮里咳嗽起来,或者是包法利的鼾声更响了,吵得艾玛直到清晨方才睡着。那时,曙光已经照在玻璃窗上,小朱斯坦已经在广场上卸下药房的窗板。

她把勒合先生找来,对他说:

"我要买一件披风,一件大披风,大翻领,加衬里的。"

"你要出门?"他问道。

"不！不过……这没关系，我交托给你了，行不行？还要赶快。"

他鞠了一个躬。

"我还要买一个箱子……"她接着说，"不要太重……要轻便的。"

"好，好，我明白，大约九十二公分长，五十公分宽，现在都做这个尺码的。"

"还要一个旅行袋。"

"肯定，"勒合心里想，"这两口子吵架了。"

"拿去。"包法利夫人把金表从腰带上解下来说，"就用这个抵账。"

可是商人叫了起来，说她这样就不对了。他们是老相识，难道他还信不过她？怎么这样小孩子气！但她坚持，至少也要他把表链子带走，勒合把链子装进衣袋，已经要走了，她又把他喊了回来。

"东西都留在你铺子里。至于披风，"她似乎在考虑，"也不用拿来。不过，你把裁缝的地址告诉我，叫他做好等我来取。"

他们打算下个月私奔。她离开荣镇。假装去卢昂买东西。罗多夫先订好马车座位，办好护照，甚至写信到巴黎去。包一辆驿车直达马赛，再在马赛买一辆敞篷四轮马车，继续不停地走上去热那亚的路。她可以小心地把行李送到勒合那里，再直接装上燕子号班车，免得引起别人疑心。大家从来都不提孩子的问题。罗多夫是避而不谈，她也许想不到这上头来。他说还要两个星期才能办完他的事情。过了一个星期，他还是说要两个星期，后来又说病了。然后又要出门，8月就这样过去了，七拖八拖之后，到底决定9月4日星期一私奔，不再改期了。

终于到了星期六，私奔的前两天。

罗多夫在晚上来了，到得比平常早。

"都准备好了吧？"她问道。

"好了。"

于是他们围着花坛走了一圈，走到平台旁边，在靠墙的石井栏上坐下。

"你怎么不高兴？"艾玛说。

"没有,你为什么问?"

但是他瞧着她,眼光有点异样,有点温存。

"是不是舍不得走?"她接着说,"丢不下旧情? 忘不了过去的生活? 啊! 我明白了……可是我呀,我在世上无牵无挂! 你就是我的一切! 因此,我也要成为你的一切,我就是你的家庭,你的祖国;我会照料你,我会爱你。"

"你是多么可爱!"他把她抱在怀里说。

"当真?"她心荡神怡地笑着说,"你爱我吗? 你发个誓!"

"我爱你吗! 我爱你吗! 我爱你爱得不得了,我心爱的人!"

月亮又圆又红,从草原尽头的地平线上升起。它很快升到杨树的枝丫之间,树叶像一张到处是窟窿的黑幕,使人看不清它的真面目。后来,光辉灿烂的月亮又上升到没有一片云的天空。那时,它才放慢速度,在河里撒下一个银影,化为无数星辰。这道颤抖的银光似乎一直钻入河底,好像一条满身鳞甲闪闪发亮的无头蛇。月影又像一个巨大的枝形蜡烛台,从上面不断地流下一串串融成液体的金刚钻。温柔的夜色平铺在他们周围;树叶变成了一片片阴影。艾玛的眼睛半开半闭,她深深地叹息,深深地呼吸着吹过的凉风。他们两人都不说话,已经失落在侵入他们心灵的美梦中。往日的似水柔情又悄悄地涌上他们的心头,软绵绵的,好像山梅花醉人的香气,并且在他们的回忆中留下了影子,比一动不动的柳树铺在草地上的影子更广阔,更忧郁。

时常有刺猬或黄鼠狼夜间出来捕捉猎物,闹得树叶簌簌响,有时又听得到一个熟透了的桃子自动地从墙边的树上掉下来。

"啊! 多美的夜晚!"罗多夫说。

"以后还有呢!"艾玛答道。

她又仿佛自言自语似的说:

"是的,旅行多美啊! ……然而,我为什么觉得惆怅? 难道是害怕未知的……还是要改变生活习惯的影响……或者是……? 不,这是太幸福的结果! 我多脆弱,对不对? 原谅我吧!"

"时间还来得及!"他喊道,"考虑考虑,你说不定会后悔的。"

"绝不会!"她冲动地答道。

然后她又靠近他说:

"有什么可怕的呢?沙漠、海洋、悬崖峭壁,只要和你一道,我都敢闯。只要我们在一起生活,那就一天比一天拥抱得更紧,更圆满!没有什么可以打扰我们的。不用担心,不用怕困难!我们两个人,什么都是我们两个人的,就这样天长地久……你说话呀,回答我呀。"

他机械地有问必答:"是的……是的。"她用手摸他的头发,虽然大颗眼泪往下流,还是用孩子般的声音重复说:

"罗多夫!罗多夫!……啊!罗多夫,亲爱的小罗多夫!"

夜半钟声响了。

"半夜了!"她说,"好了,明天就走了!只有一天了!"

他站起来要走。这好像是他们私奔的暗号,艾玛忽然露出了快活的神气:

"护照办好了?"

"是的。"

"没忘记什么吧?"

"没有。"

"你敢肯定?"

"肯定。"

"你是在普罗旺斯旅馆等我,对不对?……中午?"

他点点头。

"好,明天见!"艾玛最后亲亲他说。

她瞧着他走了。

他没有转过头来。她又追上去,弯腰站在水边的乱草丛中。

"明天见!"她大声喊道。

他已经到了河对岸,很快走上了草原。

几分钟后,罗多夫站住了。看见她雪白的衣裳像幽灵似的渐渐消失在黑暗中,他感到心跳得厉害,连忙靠住一棵树,免得跌倒。

"我多么糊涂!"他赌了一个难听的咒之后说,"没关系,她是个漂亮的情妇!"

于是艾玛的美丽、恋爱的欢乐,一下又都涌上他的心头。起先他还心软,后来就反感了。

"话说到头,"他指手画脚地喊道,"我不能够离乡背井,还得背个孩子的包袱呀!"

他又自言自语,免得决心动摇。

"再说,还有麻烦,开销……啊! 不,不,一千个不! 谁干这种傻事!"

〰〰 十三 〰〰

罗多夫刚回家,一下就坐到书桌前,坐在装饰墙壁的鹿头下。可是笔一拿到手上,他却不知说什么好,于是双手支住头,思索起来。艾玛似乎已经退入遥远的过去,仿佛他刚下的决心忽然在他们之间挖了一条鸿沟。

为了回忆起和她有关的往事,他去床头的衣橱里取出一个装兰斯饼干的旧盒子,里面放着女人给他的信,发出一股受潮的土味和枯萎的玫瑰香气。首先,他看到一条有灰暗斑点的手绢。这是她的东西,有一回散步时她流鼻血用过,但是他已经记不清楚。旁边有一张艾玛送他的小像,四角都磨损了,装束显得矫揉造作,暗送秋波的效果却适得其反。然后,他努力想从肖像中看出本人的模样,但艾玛的面貌在他记忆中越来越模糊,仿佛活人和画像互相摩擦,摩得两败俱伤似的。最后,他读起她的信来,信里老解释为什么要私奔,很短,很实际,很迫切,倒像在谈生意经。他想看看以前写的长信,就在盒子底下找,结果把信都翻乱了;他又机械地在这堆乱纸和杂物中搜寻,结果摸到了一些乱七八糟的花束,一条松紧袜带,一个黑色假面具,几根别针和几缕头发——居然还有头发! 褐色的,金黄的,有的甚至沾在盒子的铁盖上,一开盒子就弄断了。

他就这样在往事中游荡,看看来信的字体和文笔,没有两个人是一样的。有的温柔,有的快乐,有的滑稽,有的忧郁;有的要爱情,有的只要钱。

有时一句话可以使他想起几个面孔,几个姿态,一个声音;有时什么也想不起来。

其实,这些女人同时跑进他的思想,互相妨碍,争长论短,结果都变得又矮又小,仿佛相同的爱情水平使她们难分高低似的。于是,他抓起一把翻乱了的信,使它们像瀑布似的从右手落到左手里,就这样玩了好几分钟。最后,罗多夫玩腻了,人也困了,又把盒子放回衣橱里去,自言自语说:

"全是胡诌!……"

这是他的总结:因为他寻欢作乐,就像小学生在操场上玩,他的心也像操场的地面一样给踏硬了,长不出一株青草来,孩子玩后还会在墙上刻下名字,这些朝三暮四的女人,却连名字也都没有留下。

"好了。"他自言自语说,"动手写信吧!"

他写道:

> 鼓起你的勇气,艾玛! 鼓足你的勇气! 我不愿意造成你一生的不幸……

"到底,这是真话。"罗多夫心里想,"我这样做是为她好,我是老实的。"

> 你下的决心,有没有经过深思熟虑? 你知道我会把你拖下苦海去吗? 可怜的天使! 你不知道,对不对? 你太轻易相信人了,相信幸福,相信未来,你简直是疯了……啊! 我们真是不幸! 我们太不懂事!

罗多夫停下来,要找个站得住的借口。

"假如我告诉她我破产了……啊! 不行,再说,这也不能叫她不来。那一切又得重新开始,没完没了。怎么能和这种女人讲理呢!"

他考虑后,又接着写:

> 我不会忘记你的,相信我的话,我会继续对你无限忠诚,不过,或迟或早,总有一天,这种热情(世上的事都是这样),不消说,会减少

的！我们会感到厌倦。等到你后悔了，我也会后悔，因为是我使你后悔的，那时，我会多么痛苦啊！只要想到你会痛苦，艾玛，我就好像在受严刑拷打！忘了我吧！为什么我会认识你呢？为什么你是这样美呢？难道这是我的错吗？我的上帝！不是，不是，要怪只能怪命了！

"这个'命'字总会起作用的。"他自言自语。

啊！假如你是一个常见的轻佻女人，我当然可以自私自利地拿你做个试验，那对你也没有什么危险。但是你兴高采烈，沁人心脾，这构成了你的魅力，但也造成了你的痛苦，你这个令人倾倒的女人，却不明白我们未来的地位是不符合实际情况的。我也一样，起初没有考虑这个问题，只是躺在理想幸福的树荫下，就像躺在死亡之树下一样，没有预见到后果。

"她也许会以为我是舍不得花钱才不出走的……啊！没关系！随她去，反正这事该了结了！"

世界是冷酷无情的，艾玛。无论我们躲到哪里，人家都会追到那里。你会受到不合分寸的盘问、诽谤、蔑视，甚至侮辱。什么！侮辱！……我只想把你捧上宝座啊！我只把你当做护身的法宝啊！我要惩罚我对你犯下的罪过，我要出走。到哪里去？我不知道，我真疯了！祝愿你好！记住失去了你的可怜人。把我的名字告诉你的孩子，让她为我祷告。

两支蜡烛的芯子在摇曳不定。罗多夫起来把窗子关上，又回来坐下。"我看，这也够了。啊！再加两句，免得她再来'纠缠'。"

当你读到这几句伤心话的时候，我已经走远了，因为我想尽快离开你，免得我想去再见你一面。不要软弱！我会回来的。说不定将来我们的心冷下来了之后，我们还会再在一起谈我们的旧情呢。别——了！

最后他还写了一个"别了"，分成两半："别——了！"并且认为这是高级趣味。

"现在,怎么签名才好?"他自言自语,"用'全心全意的'? ······不好。'你的朋友'? ······好,就用'朋友'吧。"

你的朋友

他又读了一遍。信似乎写得不错。

"可怜的小女人!"他带着怜悯的心情想道,"她要以为我的心肠比石头还硬了。应该在信上留几滴眼泪。但我哭不出来,这能怪我吗?"

于是,罗多夫在杯子里倒了一点水,沾湿了他的手指头,让一大滴水从手指头滴到信纸上,使墨水字变得模糊。然后,他又去找印章盖信,偏偏找到的是那颗"真心相爱"的图章。

"这不大对头······啊! 管他呢! 没关系!"

然后,他吸了三斗烟,才去睡觉。

第二天,罗多夫下午两点钟起床(因为他睡晚了),叫人摘了一篮杏子。他把信放在篮子底下,上面盖了几片葡萄叶,马上打发犁地的长工吉拉尔小心在意地送去给包法利夫人。他总是用这个办法和她联系,根据不同的季节,给她送水果或者野味。

"要是她问到我,"他说,"你就说我出门去了。篮子一定要亲手交给她本人······去吧。小心点!"

吉拉尔穿上了新工装,用手帕包住杏子,还打了一个结,换上他的木底大钉鞋,迈开沉重的大步子,从容不迫地走上了去荣镇的路。

包法利夫人在他走到的时候,正向费莉西交代放在厨房桌子上的一包要洗的衣物。

"这是,"长工说,"我们主人送的。"

她有不祥的预感,一面在衣袋里找零钱,一面用惊慌失措的眼色看着乡下人,乡下人也莫名其妙地看着她,不明白这样的礼物怎么会使人感情激动。他到底走了。费莉西还在那里。艾玛再也憋不住,就跑到厅子里去,似乎是要把杏子放下;她把篮子倒空,把叶子分开,找到了信,把信拆开,仿佛背后有烈火烧身一般,大惊失色地跑上卧室去。

夏尔在卧室里,她也看见了他;他对她说话,她却没有听见,只是赶快往楼上跑,跑得上气不接下气,头昏脑涨,好像喝醉了一样,手里一直拿着那张讨厌的信纸,就像一块嗦嗦响的铁皮。到了三楼,她在阁楼门前站住了,门是关着的。

这时,她想静下心来。她想起了那封信,应该看完,但她不敢。再说,在哪里看?怎么?人家会看见的。

"啊!不行。"她心里想,"就在这里看吧。"

艾玛推开门,走了进去。

沉闷的热气从石板屋顶上笔直地压下来,紧紧压在太阳穴上,压得呼吸都很困难。她拖着脚步走到窗下,拔掉插销,耀眼的阳光突然一下涌了进来。

对面,从屋顶上看过去,是一望无际的原野。底下,乡村的广场上,空空的没有一个人;人行道上的石子闪烁发亮,房顶上的风信旗一动不动;在街角上,从下面一层楼里发出了呼隆的响声,还夹杂着高低起伏的刺耳音响。那是比内在旋东西。

她靠在天窗的框架上,又看了一遍信,气得只是冷笑。但是她越想集中注意力,她的思想就越混乱。她仿佛又看见了他,听见他在说话,她用胳膊把他抱住;她的心在胸脯跳动,就像撞锤在攻城门一样,左一锤,右一锤,越撞越快。她向四周看了一眼,巴不得天崩地裂。为什么不死了拉倒?有谁拦住她吗?她现在无拘无束。于是她向前走,眼睛望着石块铺成的路面,心里想着:

"算了!死了拉倒!"

阳光从地面反射上来,仿佛要把她沉重的身体拉下深渊。她觉得广场的地面都在动摇,沿着墙脚都在上升,而地面却在向一头倾斜,好像一条船在海浪中颠簸。她仿佛在船边上,几乎悬在空中,上不沾天,下不沾地。蔚蓝的天空落到她头上,空气侵入了她空洞的脑袋,她只好听天由命,任其自然,而旋床的轰隆声也像是不断呼唤她的怒号。

"太太！太太！"夏尔喊道。

她站住了。

"你在哪里？来呀！"

想到她刚刚死里逃生，她吓了一跳，几乎要晕倒了。她闭上眼睛，然后，她感到有一只手拉她的袖子，又哆嗦起来。那只是费莉西。

"先生等你呢，太太，已经上汤了。"

只好下楼了！只好就餐了！

她勉强吃了几口。东西咽不下去。于是她摊开餐巾，好像要看织补好了没有，并且当真数起布上缝的线来。忽然一下，她想起了那封信。信丢了吗？哪里去找？但是她觉得太累了，甚至懒得找个借口离开餐桌。再说她也心虚，她怕夏尔。不消说，他全知道了！的确，他说起话来也与以往不同：

"看样子，我们近来见不到罗多夫先生了。"

"谁说的？"她哆嗦着说。

"谁说的？"这句突然冒出来的话使他感到有点意外，就回嘴说："是吉拉尔呀，我刚才在法兰西咖啡馆门口碰到他。他说主人出门去了，或是要出门了。"

她抽噎了一声。

"这有什么奇怪？他总是这样出门玩去的，说实话，我倒觉得他这样好。一个人有钱，又是单身！……再说，我们的朋友玩得真痛快！他是个浪荡子。朗格卢瓦先生对我讲过……"

女佣进来了，他只好住口，以免有失体统。

费莉西把架子上的杏子放回到篮子里去，夏尔要她拿过来，也没注意他太太的脸红了，拿起一个杏子就咬。

"啊！好吃极了！"他说，"来，尝尝看。"

他把篮子送过去，她轻轻地推开了。

"闻闻看，多香啊！"他把篮子送到她鼻子底下，一连送了几回，还这样说。

"我闷死了!"她跳起来叫道。

但她努力控制自己,胸口感到的抽紧就过去了。

"这不要紧!"她接着说,"这不要紧! 是神经紧张! 你坐你的,吃你的吧!"

因为她怕人家盘问她,照料她,不离开她。

夏尔听她的话,又坐下来,把杏核吐在手上,再放到盘子里。

忽然,一辆蓝色的两轮马车快步跑过广场。艾玛发出一声喊叫,往后一仰,笔直倒在地上。

事实是,罗多夫再三考虑之后,决定到卢昂去。但从于谢堡去比希,只有走荣镇这条路,他不得不穿过镇上,不料他的车灯像电光一般划破了苍茫的暮色,给艾玛认出来了。

药剂师听见医生家乱哄哄的,赶快跑了过来。桌子、盘子都打翻了;酱呀,肉呀,刀呀,盐呀,油呀,撒得满房间都是。夏尔高声求救;贝尔特吓得只是哭;费莉西用发抖的手,解开太太的衣带,艾玛浑身上下都在抽搐。

"我去,"药剂师说,"我到实验室找点香醋来。"

然后,等她闻到醋味,睁开了眼睛,他说:

"我有把握,死人闻了也会活转来。"

"说话呀!"夏尔说,"说话呀! 醒一醒! 是我,是你的夏尔,爱你的夏尔! 你认出来了吗? 看,这是你的小女儿,亲亲她吧!"

孩子伸出胳膊,要抱住母亲的脖子。但是艾玛转过头去,上气不接下气地说:

"不要,不要……一个人也不要!"

她又晕了过去。大家把她抬到床上。

她躺着,嘴唇张开,眼皮闭紧,两手放平,一动不动,脸色苍白,好像一尊蜡像。两道眼泪慢慢地流到枕上。

夏尔站在床头,药剂师在他旁边,保持肃静,若有所思,在这严重时刻,这样才算得体。

"放心吧。"药剂师用胳膊碰了夏尔一下说,"我想,危险已经过去了。"

"是的,她现在安静一点了!"夏尔看她睡着了才说,"可怜的女人!……可怜的女人!……她又病倒了!"

于是奥默问起病是怎样发的。夏尔答道:她正在吃杏子,突然一下就发病了。

"这真少见!……"药剂师接着说,"不过也很可能是杏子引起昏迷的!有些人生来就对某些气味敏感!这是一个有趣的问题,无论从病理学或从生理学观点来看,都值得研究。神甫都懂得这个问题重要,所以举行宗教仪式总要烧香。这就可以使人麻木不仁,精神恍惚,尤其是对脆弱的女人,比对男人还更容易起作用。比方说,有的女人闻到烧蜗牛角或者烤软面包的味道,就会晕倒……"

"小心不要吵醒了她!"包法利低声说。

"不单是人,"药剂师接着说,"就是其他动物也有这种反常现象。你当然不会不知道:荆芥俗名叫猫儿草,对猫科动物会产生强烈的春药作用。另一方面,还可以举一个确确实实的例子,我有一个老同学布里杜,目前在马帕卢街开业,他有一条狗,只要一闻到鼻烟味,就会倒在地上抽搐。他还在吉约林别墅里,当着朋友们的面做实验。谁想得到使人打喷嚏的烟草,居然会摧残四足动物的机体?你说这是不是奇闻?"

"是的。"夏尔没有听,却随口答道。

"这就证明了,"药剂师自己得意,却又不伤害别人,笑嘻嘻地说,"神经系统有无数不规则的现象。关于嫂夫人呢,说老实话,我觉得她是真正的神经过敏。因此,我的好朋友,我不劝你用那些所谓的治疗方法,那是借口对症下药,实际上却是伤了元气。不要吃那些不中用的药!只要注意调养,那就够了!再用点镇静剂、软化剂、调味剂。还有,你看要不要治治她的胡思乱想?"

"在哪方面?怎么治法?"包法利问道。

"啊!问题就在这里!这的确是问题的症结:'这就是问题了!'我最近看到报上这样说。"

但是艾玛醒了,喊道:

"信呢？信呢？"

大家以为她是胡言乱语。从半夜起，她就精神错乱了，恐怕是得了脑炎。

四十三天来，夏尔都没有离开她。他不看别的病人，他自己也不睡觉，只是不断给她摸脉，贴芥子泥膏，换冷水纱布。他派朱斯坦到新堡去找冰，冰在路上化成水了，他又派他再去。他请卡尼韦先生来会诊；他把他的老师拉里维耶博士也从卢昂请来；他急得没办法。他最怕艾玛虚弱得精疲力竭了，因为她不说话，也听不见，看起来甚至不痛苦——仿佛她的肉体和灵魂在万分激动之后进入了全休状态。

10 月中旬，她可以在床上坐起来，背后垫了几个枕头。夏尔看见她吃第一片果酱面包的时候，哭了起来。她的力气慢慢恢复了，下午可以起来几个小时。有一天她觉得人好些，夏尔还让她扶着他的胳膊，在花园里走了一圈。小路上的沙子给落叶遮住了，她穿着拖鞋，一步一步地走着，肩膀靠住夏尔，脸上带着微笑。

他们这样走到花园尽头，平台旁边。她慢慢地挺直了身子，用手搭成凉篷，向前眺望；她向前看，尽量向前看，但只看见天边有几大堆野火，在远山上冒烟。

"你不要累坏了，我亲爱的。"包法利说。

他轻轻地把她推进花棚底下：

"坐在这条长凳上，舒服一点。"

"啊！不坐！不坐！"她有气无力地说。

她一阵头晕，从晚上起，病又发了，说不准是什么病，反正更复杂了。她有时是心里难受，有时是胸口，有时是头部，有时是四肢，有时还呕吐，夏尔以为这是癌症初发的征象。

可怜的男人，除了治病以外，他还得为钱发愁呢！

三

红与黑（节选）

［法］司汤达　著

上

真理，不容情的真理。

——丹东

第一章　小　城

千人共处，无恶，樊笼寡欢。①

——霍布斯

　　玻璃市算得是方施一孔特地区山清水秀、小巧玲珑的一座市镇。红瓦尖顶的白色房屋，星罗棋布地点缀着小山斜坡；一丛丛茁壮的栗树，勾勒出了山坡的蜿蜒曲折，高低起伏。杜河在古城墙脚下几百步远的地方流过；昔日西班牙人修筑的城堡，如今只剩下了断壁残垣。

---

① 原诗是英文，意思是说：成千上万的人生活在小城这个樊笼里，如果不搞歪门邪道，那笼子里也太不热闹了。

玻璃市的北面有高山作天然屏障,那是朱拉山脉的分支。每年十月,天气一冷,嵯峨嶙峋的韦拉山峰就盖满了白雪。一条急流从山间奔泻而下,穿过小城,注入杜河,给大大小小的锯木厂提供了水力;这个行业只需要简单的劳动,却使大部分从乡下来的城市居民过上了舒服的日子。但使这个小城富起来的并不是锯木业,而是印花布纺织厂,厂里生产米卢兹花布,自拿破仑倒台后,玻璃市就几乎家家发财,门面一新了。

一进小城,一架样子吓人的机器发出的啪啦砰隆声,会吵得人头昏脑胀。二十个装在大转轮上的铁锤在急流冲得轮子转动时,不是高高举起,就是重重落下,一片喧声震得街道都会发抖。每个铁锤不知道一天要打出几千枚铁钉来。而把碎铁送到锤下敲成钉子的却是一些娇嫩的年轻姑娘。这种粗活看来非常艰苦,头一回从瑞士翻山越岭到法国来的游客,见了不免大惊小怪。如果游客进了玻璃市,要打听是哪一位大老板的铁钉厂,吵得上大街的人耳朵都要聋了,那他会听到无可奈何地、慢悠悠地回答:“噢!是市长老爷的呀!”

只要游客在这条从河岸通到山顶的大街上待个一阵子,十之八九,他会看到一个神气十足、似乎忙得不可开交的大人物。

一见到他,大家的帽子都不约而同地脱了下来。他的头发灰白,衣服也是灰色的。他得过几枚骑士勋章,前额宽广,鹰嘴鼻子,总的说来,脸孔不能算不端正;初看上去,甚至会觉得他有小官的派头,快五十岁了,还能讨人欢喜。但是不消多久,巴黎来的游客就会厌恶他的那股扬扬自得、踌躇满志的神气,还有几分莫名其妙的狭隘偏执、墨守成规的劲头。到头来大家发现,他的本领只不过是:讨起债来分文不能少,还起债来却拖得越久越好。

这就是玻璃市的当家人德·雷纳先生。他规行矩步地穿过大街,走进市政厅去,就在游客的眼前消失了。但是,如果游客继续往上走个百把步,又会看到一座气派不凡的房屋;从房子周围的铁栅栏往里瞧,还可以看见万紫千红的花园。再往上看,勃艮第的远山像衣带似的伸展在天边,仿佛是天从人愿设下的美景,供人赏心悦目似的。游客起初给金钱的臭味熏得喘不过气来,一见这片景色,却会忘记那铜臭污染了的环境。

人家会告诉他:这是德·雷纳先生的房子。玻璃市市长靠了铁钉厂赚的钱,才刚刚盖好了这座方石砌成的公馆。据说他的祖先是西班牙古老的家族,早在路易十四把西班牙人赶走之前,就在这里安家立业了。

从一八一五年起,他觉得当工厂老板丢了面子,因为那一年他当上了玻璃市的市长。他家派头很大的花园有好几层平台,每层边上都围着挡土墙,一层一层,从上到下,一直伸展到杜河边上,这也是德·雷纳先生善于做生铁买卖得到的报酬。

你不要想在法国看到风景如画的花园,像在德国的莱比锡、法兰克福、纽伦堡等工业城市周围看到的那样。在方施—孔特,谁砌的墙越多,谁在自己的花园住宅里堆起的层层方石越高,谁就越能得到左邻右舍的敬意。德·雷纳先生的花园里不仅石墙林立,而且用一两黄金换一寸土,买下了几小块土地,这更令人钦佩得五体投地。比如说,你还记得杜河边上那个占尽地利的锯木厂吗? 你不会忘记那屋顶上高高竖起的大木牌,上面用引人注目的大字,写下了锯木厂老板"索雷尔"的大名,但这已是六年前的陈迹往事了,如今,德·雷纳先生正在锯木厂的旧址上,修筑他第四层花园平台的围墙呢。

虽然市长先生目中无人,也不得不放下架子,来和索雷尔老头打交道,这个乡巴佬又厉害顽固,市长要不送他好多叮当响的金币,他是不肯答应把厂房搬走的。至于那条推动锯子的"公用"流水,德·雷纳先生利用他在巴黎拉上的关系,居然使流水改道了。他能这样有求必应,还得归功于他一八二几年投的选票。

他出四亩地换一亩地,索雷尔才肯搬去杜河下游五百步远的地方。尽管在这个地段做松木板生意更有利可图,但是索老爹(人一发财,称呼也就跟着改了)精明透顶,他利用邻居迫不及待的心情,"不到手决不罢休"的固执狂,敲了他六千法郎的大竹杠。

不消说,这样不公平的买卖,难免会引起当地的有识之士说长道短。于是,四年后的一个星期天,德·雷纳先生穿着市长公服从教堂回家的时候,远远看见站在三个儿子中间的老索雷尔,正意味深长地朝着他微笑呢。这一笑不幸地使市长大人的灵魂忽然开了窍,他恍然大悟自己吃了亏,从此以后,他就怀恨在心,念念不忘这笔上了大当的买卖。

在玻璃市,若要大家瞧得起,千万不要在大修围墙时,采用意大利石匠每年春天穿过朱拉山口,带到巴黎来的时新图样。因为标新立异,会使建筑师一失足成千古恨,永远背上一个"害群之马"的罪名,并且在方施一孔特那些老成持重、左右舆论的稳健派眼里,永世不得翻身。

事实上,稳健派的"专横霸道"是最可恶的,就是这可恶的字眼,使一个在巴黎民主社会生活惯了的人,无法忍受小城市的生活。专横的舆论能算是舆论吗?无论是在法国的小城市,还是在美利坚合众国,"专横"就是"愚昧"。

第二章　市　长

> 显赫的地位! 先生,难道不算什么? 它使傻瓜
> 尊敬,孩子发呆,有钱人羡慕,聪明人瞧不起。
>
> ——巴纳夫

德·雷纳先生想赢得做好官的名声,机会真是再好没有:高出杜河水面一百尺的环山大道,正需要筑一道加固的厚墙。环山大道居高临下,风景极美,是法国屈指可数的胜地。但是一到春天,雨水在路面上冲出了一道道深沟,使得大道难以通行。大家都说行路难,德·雷纳先生不得不筑一道二十尺高、二百多尺长的防护墙,这会使他的政绩流芳百世。

为了把防护墙筑得高出路面,德·雷纳先生不得不到巴黎去了三趟,因为前两任的内务大臣曾经扬言,他们恨透了玻璃市的环山大道,但是现在,防护墙已经高出路面四尺了。仿佛不把现任的和前任的大臣放在眼

里似的,此时此刻正在防护墙上铺方石板呢。

我有多少回胸靠着这蓝灰色的大石,一面回想载歌载舞的巴黎良宵,一面凝视杜河两岸的美景！远远望去,可以清楚地看见左岸有五六条小溪,蜿蜒曲折地流过山谷。溪水由高而低,形成了一迭一迭的瀑布,流入杜河。山间太阳很热;烈日当头,游客还可以冥思遐想,因为平台上有梧桐树的浓荫蔽日。梧桐长得很快,葱茏密茂,绿得发蓝,这全靠市长先生运来的土壤,添在防护墙后,因为他不管市议会反对不反对,硬把环山大道加宽了六尺(虽说他是极端保王党,而我是自由党,但他做了好事,我还该说好话);因此,在他看来,环山大道的平台,比起圣日耳曼·昂·莱的王家平台来,毫不逊色,连玻璃市贫民收容所所长、鸿运高照的瓦尔诺先生,也欣然同意。

环山大道的官方名称是"精忠路",大家可以在十几二十块大理石指路牌上,看到这三个字;这又使德·雷纳先生多得了一枚十字勋章;可是我呢,我对精忠路不满意的是:市政当局在修剪这些茁壮挺拔的梧桐时,简直是粗暴得伤筋动骨。梧桐树要是能像在英国那样高耸入云,真是再好不过;精忠路上的树梢,却都剪得低低的、圆圆的、平平的,看起来像是菜园子里的普通蔬菜。但市长大人是说一不二的,于是本地区的树木,每年都要剃两次头,毫不容情地切断枝桠。当地的自由党人硬说(不免夸大其辞):马斯隆神甫把剪下来的树枝据为己有,习以为常,因此,公家的园丁就更不肯手下留情了。

这个年轻的神甫是省里几年前派来的,负责监视修道院的谢朗神甫,还有附近的几个本堂神甫。有一个远征过意大利的老军医,退伍后来到玻璃市,据市长先生说,他是个双料的革命派:既是雅各宾党人,又是拥护拿破仑的波拿巴分子。有一天,他居然当着市长的面,大发牢骚,说什么不应该定期把这些美丽的树木,砍得缺胳膊少腿的。

"大树底下好乘凉。"德·雷纳先生高傲得有分寸地答道,他晓得怎样对一个得过荣誉勋章的外科医生说话,才算得体,"我喜欢荫凉,我叫人修剪我的树木,就是要树叶能遮荫蔽日,我想不出树木还有什么用处,如果不能像胡桃木那样带来收益的话。"

"带来收益"这正是在玻璃市决定一切的至理名言。仅仅这一句话，就说出了四分之三以上的居民习以为常的思想。

在这座清秀得似乎一尘不染的小城里，"带来收益"却是决定一切的因素。从外地来的游客，醉心于周围的幽谷美景，耳目为之一新，起初会以为当地居民对美的感受一定不同寻常；的确，他们谈起话来，三句不离家乡的美丽，谁也不能否认他们把美看得很重；但这只是因为美景能够吸引游客，使他们的钱落入旅店老板的腰包，再通过一套收税的办法，就给"全城带来收益"了。

这是一个秋高气爽的日子，德·雷纳先生在精忠路散步，他的妻子挽着他的胳臂。德·雷纳夫人一面听着她丈夫一本正经讲的话，一面不放心地看着三个孩子的一举一动。大孩子大约十一岁，时常走得离防护墙太近，好像要爬上去。于是一个温柔的声音喊出了阿多夫的名字，大孩子就打消了他跃跃欲试的念头。德·雷纳夫人看来是个三十岁的女人，但还是相当漂亮。

"这位巴黎来的先生要后悔莫及的，"德·雷纳先生有点生气地说，他的脸都气得发白了，"我在朝中并不是没有人的……"

虽然我不惜花二百页的篇幅来描写外省，但决不会傻到这种地步，要勉强你们听外省人啰里啰唆、"转弯抹角、莫测高深"的对话。

玻璃市市长这样讨厌的那位巴黎来的先生不是别人，正是阿佩尔先生。他两天前想方设法，不但钻进了玻璃市的监狱和贫民收容所，还钻进了市长和当地大老板合办的免费医院。

"不过，"德·雷纳夫人畏畏缩缩地说，"那位巴黎来的先生有什么可以吹毛求疵的？您管穷人的福利，不是天公地道、小心谨慎的么？"

"他来翻箱倒柜，就是要在'鸡蛋里挑骨头'，然后再写文章，登到自由党的报上去。"

"您不是从来不看那些报纸的吗？我的朋友。"

"可是人家会来找我们谈这些雅各宾派的文章，这就要'妨碍我们做好事'了。至于我,我永远也不能原谅那个神甫。"

第三章　贫民的福利

一个道德高尚、不搞歪门邪道的神甫,

简直是上帝下凡。

——弗勒里

　　应该知道,玻璃市的神甫虽然是个八十岁的老人,但是山区空气新鲜,所以他的身体健康,性格坚强,他有权随时去看看监狱、医院,甚至贫民收容所。大清早六点钟,阿佩尔先生带了巴黎的介绍信来找神甫。他怕这个爱打听的小城走漏风声,立刻就去神甫家里。

　　谢朗神甫读了德·拉莫尔侯爵给他的信,沉吟了一下,因为侯爵是法兰西贵族院的议员,也是本省最有钱的大地主。

　　"我老了,在这里还受到爱戴,"他到底低声地自言自语说,"谅他们也不敢!"于是他立刻转过身来,对着这位巴黎来的先生,老眼里闪射出圣洁的光芒,说明他为了做好事,冒点危险也是乐意的。

　　"跟我来吧,先生,但在监狱看守面前,尤其是当着贫民收容所管理人的面,不管我们看到什么,都请不要发表意见。"

　　阿佩尔先生明白:和他打交道的是一个好心人。他就跟着这位可敬的神甫,参观了监狱、医院、收容所,提了许多问题,虽然回答无奇不有,但他一点也没有流露出责备的意思。

　　他们参观了好几个小时。神甫请阿佩尔先生共进午餐,他推托说有信要写;其实,他是想尽量少连累他的带路人。下午三点钟前,这两位先生参观完了贫民收容所,然后回到监狱。他们在门口见到了看守,一个身高六尺,两腿内拱的大汉子,他的脸孔本来就难看,由于怕受上级呵责,变得更加叫人厌恶。

"啊！先生，"他一看见神甫就问，"这一位和您同来的，是不是阿佩尔先生？"

"是不是有什么关系？"神甫反问道。

"因为我们昨天得到省长大人派专人快马、连夜送来的紧急命令，明确指示我们，不许阿佩尔先生进监狱。"

"你听我说，努凡鲁先生，"神甫说，"同我来参观的，正是阿佩尔先生。难道你不知道：我有权随时进监狱来，不管白天黑夜，愿同谁来都行？"

"是，神甫先生。"看守轻声答道，他低下了头，就像一条怕挨打的叭喇狗。"不过，神甫先生，我有老婆孩子，要是有人告发，就会撤我的职，打碎我的饭碗。"

"也会打碎我的饭碗，我也会难过的。"好心的神甫说，声音越来越带感情。

"那可不同！"看守赶快接着说，"您么，神甫先生，谁不晓得：您每年有八百法郎的收入，还有上好的不动产……"

就是这样一件事，经过加油加酱，传来传去，两天以来，在玻璃市这座小城里，引起了各种各样的恶意议论。此时此刻，它也成了德·雷纳先生和夫人之间的话题。那天早上，市长在贫民收容所所长瓦尔诺先生的陪同下，来到神甫家里，对他表示强烈的不满。谢朗先生没有后台撑腰，他感到了这番话的压力。

"那好，两位先生！我八十岁了，让本地的教民看到我做第三个被撤职的神甫，也不要紧。我来这里已经五十六年，来的时候，这还是个小镇，镇上的居民差不多都是我行的洗礼。我天天为年轻人主持婚礼，以前为祖父，现在为孙子。玻璃市就是我的家，我舍不得离开，但也不能昧着良心做事呀！我一见这个外地人，心里就想：这个巴黎来的人可能真是一个自由派，不过现在自由派多的是；他们对我们的穷人和犯人，又会有什么害处呢？"

这时，德·雷纳先生，尤其是贫民收容所所长瓦尔诺先生的指责，越来越厉害了。

"那好,两位先生! 要他们撤我的职吧!"老神甫声音颤抖,叫了起来,"不过,我还要住在这里。大家知道,四十八年前我就在这里继承了地产,一年有八百法郎的收入。这笔钱够我过日子。我并没有滥用职权谋取私利,两位先生,所以我不怕人家要撤我的职。"

德·雷纳先生和他的夫人日子过得非常和睦,但当她三番两次、畏畏缩缩地问到:"这个巴黎来的先生对犯人有什么害处呢?"他不知道如何回答是好,正要发脾气了,忽然听见她叫了一声。原来是她的第二个儿子刚刚爬到靠平台的防护墙上,跑起来了,不怕墙头离墙外的葡萄园有二十尺高呢。德·雷纳夫人唯恐会把她的儿子吓得掉到墙外去,一句话也不敢说。倒是自以为了不起的儿子,看见母亲脸色惨白,就跳下墙朝她跑来。他好好挨了一顿骂。

这件小事转移了他们的话题。

"我一定要把锯木厂老板的儿子索雷尔叫到家里来,"德·雷纳先生说,"他可以替我们照管孩子,孩子们已经开始捣乱了。索雷尔差不多可以算是一个年轻的教士,拉丁文学得好,他会教得孩子们有长进的。因为听神甫说,他的性格坚强。我打算给他三百法郎,还管伙食。我本来怀疑他的品性,因为他是那个得过荣誉勋章的老外科军医的得意门生,军医借口是索雷尔的亲戚,就在他们家吃住。这个人实际上很可能是自由党的奸细,他说我们山区的空气新鲜,可以治他的哮喘病,但是没有证据。他参加过波拿巴远征意大利的战役,据说他当时还签名反对过建立帝国。这个自由党人教索雷尔的儿子学拉丁文,并且把他带来的大批图书都送给他了。因此,我本来不会想到叫木匠的儿子来教我们的孩子,但是恰巧就在我和神甫彻底闹翻的前一天,神甫告诉我,小索雷尔已经学了三年神学,还打算进修道院;这样说来,他就不是自由党人,而是学拉丁文的学生了。"

"这样安排还有一个好处,"德·雷纳先生带着一副会办外交的神气,瞧着他的夫人,接着往下说,"瓦尔诺家刚为敞篷马车买了两匹诺曼底骏马,得意扬扬。但是他的孩子总请不到家庭教师吧。"

"他会不会把我们这一个抢走?"

"这样说来,你赞成我这个主意咯?"德·雷纳先生说时微微一笑,表示感谢他妻子对他的支持。"行,那就一言为定了。"

"啊!天啦!我亲爱的朋友,你怎么决定得这样快!"

"这是因为我的个性很强,神甫已经领教过了。不瞒你说,我们周围都是自由派。所有的布商都妒忌我,我敢肯定。有两三个已经发了财。那好,我要他们开开眼界,看看德·雷纳先生家的孩子,怎样跟着家庭教师散步的。这多神气!我的祖父时常对我们讲,他小时候也有家庭教师。这可能要我多破费个百把金币,不过,没有这笔开销,怎么维持我们的身份呢?"

这个突如其来的决定引起了德·雷纳夫人的深思。她个子高,长得好,山区的人都说:她是本地的美人。她显得很单纯,动作还像少女。在一个巴黎人看来,这种天真活泼的自然风韵,甚至会使男人想入非非,引起情欲冲动。要是德·雷纳夫人知道自己有这种魅力,她会羞得抬不起头来。她的心里从来没有起过卖弄风情、舞姿弄骚的邪念。据说有钱的收容所所长瓦尔诺先生曾经追求过她,但是徒劳无功,这更使她的贞洁发出了异样的光辉。因为这个瓦尔诺先生是个高大的年轻人,身强力壮,满脸红光,颊髯又粗又黑,是那种粗鲁、放肆、吵吵闹闹,外省所谓的美男子。

德·雷纳夫人非常腼腆,表面上看起来,性格不够稳定,她特别讨厌瓦尔诺先生不停的动作,哇啦哇啦的声音。她不像玻璃市一般人那样寻欢作乐,人家就说她太高傲,不屑和普通人来往。她却满不在乎,拜访她的男人越来越少,她反倒心满意足。不瞒你说,她在全城的女人眼里,成了一个傻子,因为她不会对丈夫耍手腕,放过了好多机会,没有从巴黎或贝藏松买些漂亮的帽子回来。只要让她一个人在她美丽的花园里散散步,她就没有什么不满意的。

她心地单纯,从来不敢对丈夫妄加评论,也不敢承认他令人厌烦。她虽然口里不说,心里却认为:夫妻关系本来就是淡如水的。她特别喜欢德

·雷纳先生,是在他谈到孩子们前途的时候:他要老大做武官,老二做文官,老三做神甫。总而言之,她觉得在她认识的男人当中,德·雷纳先生还是最不讨厌的一个。

妻子对丈夫的评价不是没有道理的。玻璃市市长附庸风雅的名声和派头,都得益于他叔叔的半打笑话。他叔叔德·雷纳老上尉,革命前在奥尔良公爵的步兵团服过役,去巴黎时进过公爵的"纱笼"。他在那里见过德·蒙特松夫人,出名的德·让利夫人,改建王宫的迪克雷先生。因此,这些人物一再出现在德·雷纳先生讲来讲去的轶闻趣事中。渐渐地,这些妙事的回忆对他成了家常便饭,后来,他只在重大的场合,才肯重新讲奥尔良家族的趣闻。此外,只要不谈到钱财的事,他总是礼貌周到的,因此,他理所当然地被认为是玻璃市最有贵族派头的人物。

第四章　父与子

> 事实如此!
> 难道是我的错?①
> ——马基雅维里

"我的妻子的确想得周到!"第二天早晨六点钟,玻璃市市长自言自语地朝老索雷尔的锯木厂走去。"虽然这件事是我开的头,那只是为了维持我高人一等的地位,可是我没想到:如果我不把小小的索雷尔神甫请来,这个懂拉丁文出了名的神童,就会被那个满脑子鬼主意的收容所所长挖走。那时,谈起他孩子的家庭教师来,他会多么扬扬得意啊!……这个教师来到我家,还能做修道士吗?"

---

① 原文是意大利文。

德·雷纳先生正在思考这个问题,忽然远远看见一个身高将近六尺的农民,似乎一早就在忙着量河边纤道上的木材。农民唯恐市长先生走过来,因为木材堆在路上,阻碍交通,是违反规章的。

这个农民正是老索雷尔,他觉得非常意外,但更觉得高兴,因为德·雷纳先生居然会打他儿子于连的歪主意。但他不露声色,装出闷闷不乐、漠不关心的神气,这是山里人善于伪装的拿手戏。在西班牙人统治时期,他们当牛作马,现在,脸上还遗留着埃及农民吃苦受难的迹象。

一开头,索雷尔的回答,不过是背得滚瓜烂熟的一长串客套话。在他重来复去说空话时,脸上不自然的微笑更说明他心口不一,甚至是要骗人上当;其实,这个工于心计的乡巴佬正在盘算:为什么一个像市长这样重要的人物,要把他这个没出息的儿子带到家里去。他最不喜欢于连,偏偏德·雷纳先生出人意外地一年愿给他三百法郎,还要管吃,甚至管穿。管穿是老索雷尔灵机一动,脱口提出来的。德·雷纳先生却二话不说,满口答应。

这个要求提高了市长的警惕。"索雷尔对我提出来的事,照理应该满心欢喜才对,他怎么会无动于衷呢!显然,"他心里想,"另外有人也在打这个主意,而这个人要不是瓦尔诺,还能是谁呢?"于是德·雷纳先生催索雷尔当场拍板,但他枉费心机。这个狡猾的乡巴佬怎么说也不答应;他借口要和儿子商量,仿佛即使在外省,有钱的父亲和没钱的儿子磋商,并不是走过场似的。

水力锯木厂在"公用流水"旁有一个厂棚。棚顶搭在四根粗大的木柱支撑的屋架上。棚子中间八尺到十尺高的地方,可以看到一把锯子起起落落,另外有一个非常简单的机械装置,把一块木材送到锯子底下。流水冲动一个大轮盘,带动了这个有两重作用的机械:即使锯子起落,又把木料慢慢送到锯子下面,锯成木板。

老索雷尔走近锯木厂,高声喊于连,没有人答应。他只看见两个大儿子,都是彪形大汉,双手拿着大斧头,把松树干劈得方方正正的,再送到锯子底下去。他们聚精会神,瞄准木材上画好的墨线,一斧头劈下去,就会砍掉大块木屑。他们没有听见父亲的喊声。父亲朝着厂棚,走了进去,但在锯木机旁没有找到于连。他本来应该守在那里,却爬到棚顶下比锯木机高五六尺的一根横梁上,骑马似的坐在上头看书。于连居然不小心在意地看住机器运转,反倒看起书来。老索雷尔反感透了,他不怪于连身子单薄,不像他两个哥哥能干重活;但他讨厌这个读书的怪脾气:他自己就一字不识。

他喊了于连两三声,但不管用。年轻人的心思全都集中在书本上,连锯子的响声都听不见,哪里听得到父亲的喊声。最后,父亲不顾自己上了年纪,一下跳到正在锯开的树干上,再一下就跳上了支撑棚顶的横梁。他狠狠地一拳头,把于连手里的书打得掉到流水中去了,再狠狠地一巴掌打在他头上,打得他坐不稳。眼看他就要从十几尺高的地方掉下去,掉到正在运转的机器中,碾个粉身碎骨,还好他父亲不等他倒下,就用左手把他抓住。

"好哇,懒骨头!看你以后还敢看这些该死的书,丢下锯子不管吗?要看书也该晚上到神甫家鬼混的时候再看呀。"

于连虽然给一巴掌打得头昏眼花,牙齿出血,还是赶快回到锯木机旁的岗位上。他眼睛里含着泪水,并不是因为打痛了,而是因为丢掉了他那本宝贝书。

"下来,畜生,我有话对你说。"

机器的响声吵得于连听不见这道命令。他的父亲已经下来了,懒得费劲再爬到机器上去,就捡起一根打胡桃用的长竿子,敲了一下他的肩膀。于连脚一沾地,老索雷尔就像赶牲口一样,赶他回家。"天晓得他要拿我怎么样?"年轻人心里想。他一边走,一边难过地望了望那条流水,水里有那本他最心爱的书:《圣海伦岛回忆录》①。

他低着头,脸颊通红。这是个十八九岁的年轻人,看起来身体比较弱,相貌与众不同,但越看越可爱,有一个鹰嘴鼻,两只眼睛又大又黑,在平静的时刻,会发射出深思和热情的光辉,但在这时,却恶狠狠地流露出

---

① 拿破仑流放到圣海伦岛上的谈话记录。

了仇恨的表情。深褐色的头发,长得很低,使额头显得不宽大;生起气来,使人觉得他不怀好意。人心不同,一如其面,他的心与面都不寻常。细长而匀称的身材,说明他力气不大,但是身体灵巧。他从小就沉思默想,脸色苍白,使他父亲以为他会夭折,即使不死,也是家庭的负担。全家人都瞧不起他,他也恨哥哥和父亲。星期天在广场上玩游戏,他总是输家。

不到一年以前,才有年轻姑娘说他的脸长得漂亮。于连是个男人都不瞧在眼里的弱者,他只钦佩那个不把市长放在眼里、敢为梧桐树打抱不平的老军医。

外科医生有时雇他打短工,却教他拉丁文和历史,所谓历史,就是他亲身经历的一七九六年远征意大利的战役。他临终前给了他一笔遗产,那就是他的十字荣誉勋章,拖欠未付的半饷①,还有三四十本书,其中最珍贵的已经掉进了"公用流水",就是市长先生拉关系使得改变水道的那一条。

于连一进家门,觉得他的肩膀给他父亲的粗手抓住了。他发起抖来,以为又要挨打。

"老实告诉我,"乡下佬用粗嗓门对着他的耳朵喊道,同时用手把他的身子扭转过来,就像一个孩子拨弄玩偶似的。于连眼泪汪汪的黑色大眼睛,对着老木匠不怀好意的灰色小眼睛,仿佛父亲要把儿子的灵魂看透一样。

第五章　讨价还价

拖延时间就是胜利。②

——恩纽斯

---

① 拿破仑失败后,第一帝国瓦解,波旁王朝复辟,第一帝国的军官只有半饷,而且拖欠未发。
② 原文是拉丁文。

"老实告诉我,要是你能够不撒谎的话,你这个只会啃书本的狗东西,你在哪里认识德·雷纳夫人的?什么时候和她说过话?"

"我从来没有和她说过话,"于连答道,"也从来没见过这位太太,除了在教堂里。"

"你能不看她一眼吗,大胆的小坏蛋?"

"从来不看!您知道:我在教堂里只看天主。"于连又说一句,同时装作一本正经的样子,免得再挨一记耳光。

"这里面一定有蹊跷,"这个有心眼的农民接着说,但他沉默了一阵子,"不过,我以后不管你的事了,该死的鬼东西。其实,少了你,我的锯木机转得更快。不知道是神甫先生还是别的什么人帮了你的忙,给你找到了一个好差事。去收拾你的东西吧,我带你到德·雷纳先生家里去,他要你当他孩子的家庭教师。"

"他给我什么呢?"

"管吃,管穿,还给三百法郎。"

"我不愿做用人。"

"畜生,谁说去做用人?难道我愿意儿子当用人吗?"

"那么,我跟谁同桌吃?"

这个问题难倒了老索雷尔,他觉得再谈下去,可能会说出什么错话来。于是他大发脾气,大骂于连,说他好吃懒做,最后丢下了他,去找两个大儿子商量。

不消多久,于连就看见他们三个人在一起讨论,手还按着斧头。他瞧了好一阵子,什么也猜不到,就跑到锯木机另外一边去,免得冷不防挨一闷棍。他要好好考虑一下这个意想不到的、改变他命运的消息,但却觉得怎么也想不周到。他已经心不在焉,想象自己在堂皇富丽的市长公馆里看到的豪华景象了。

"也不能为了这一切,"他心里想,"就落到和用人同吃的地步呀!父亲要强迫我去,那还不如死了好呢。好在我身上还有十五个法郎八个苏,今夜可以逃走;抄小路不怕碰到巡警,只消两天,就可以到贝藏松;到了省会,我可以当兵,迫不得已,还可以越境去瑞士。不过这样一来,就没有前途了,我的志向也要落空,不能再当神甫,青云直上了。"

怕和用人一日同吃三餐,并不是于连生而有之的念头,其实,为了出人头地,他有什么艰苦的事不肯做呢?这种厌恶情绪,他是读了卢梭的《忏悔录》以后,才学到的。只靠了这一本书,他就想象世界是个什么样子。还有《大军公报汇编》①和《圣海伦岛回忆录》,也都是他的经典。为了这三本书,他可以出生入死。他从来不相信别的书。听了老军医一句话,他把世界上其他书籍全都当作欺人之谈,是骗子为了赚钱发财才写出来的。

于连有一颗火热的心,还有书呆子死记硬背的惊人本领。他知道他的前途要靠谢朗老神甫,就把拉丁文的《新约全书》背得滚瓜烂熟;他也背得出德·梅斯特先生的《教皇论》,但对这两本书并不相信。

仿佛心照不宣似的,索雷尔父子这一天都避免交谈。到了傍晚,于连到神甫家去上神学课。但他认为稳当一点,还是不必对神甫谈起这个古怪的建议。"不知道这葫芦里卖的是什么药,"他心里想,"最好装作忘记了的样子。"

第二天一大早,德·雷纳先生就打发人来叫老索雷尔,他却拖延了一两个小时才来,一进门就再三道歉,鞠躬如也。他假装不同意,旁敲侧击,总算搞清楚了他的儿子是和男女主人同桌用餐,只在有客人的日子,才单独和孩子们在另一间屋里吃。索雷尔看出了市长先生迫不及待的真心诚意,他却偏要节外生枝,加上他的不信任感和好奇心理,就提出要看看儿子的卧室。那是一间设备齐全的大房子,用人正忙着把三个孩子的小床搬进去。

这间卧房照亮了老农民的心,他马上得寸进尺,装出不放心的样子,还要看看给他儿子穿的衣服。德·雷纳先生打开抽屉,拿出一百法郎。

"拿这笔钱,叫你儿子到杜朗呢绒店去订做一套黑色礼服吧。"

"将来他离开您这儿,"乡巴佬一下子把客套都忘到脑后去了,问道,"这套衣服还归他吗?"

---

① 大军指拿破仑的军队。

"这不消说。"

"那好!"索雷尔慢吞吞地说,"现在,只剩下一件事还要商量:您到底给他多少钱?"

"怎么!"德·雷纳先生气得叫了起来,"昨天不是说好了吗:我出三百法郎;我看这不算少,恐怕是太多了。"

"这只是您出的价钱,我没有答应吧?"老索雷尔说得更慢了,要是你不了解方施一孔特的农民,那他们天生的机灵会吓你一跳。索雷尔只是目不转睛地盯住德·雷纳先生,又说了一句:"我们还找得到更好的地方呢!"

一听这句话,市长大惊失色。不过,他还是控制住了自己,于是两人勾心斗角,足足斗了两个小时,没有一句脱口而出的话,到底还是乡下人的歪门邪道占了上风,因为有钱人不用靠歪门邪道也能过日子。最后,于连的生活条件一项一项地确定下来了:不仅他的工资提高到了四百法郎,而且还要在每月初一支付。

"好吧,我会给他三十五法郎的。"德·雷纳先生说。

"凑个双数吧,像市长先生这样慷慨大方的有钱人,"乡下佬用讨好的口气说,"哪里会在乎三十六个法郎呢!"

"可以,"德·雷纳先生说,"不要再噜苏了。"

这一下,市长生气了,说话的口气没有转弯的余地。乡下佬也识相,知道应该适可而止。不料,现在却轮到德·雷纳先生反守为攻了。他怎么也不肯把头一个月的三十六法郎提前交给老索雷尔,不管他怎样着急要把儿子的钱拿到手。因为德·雷纳先生忽然想到:他怎样向妻子交代呢? 怎能说讨价还价没吃亏呢?

"把我刚才给你的一百法郎还给我,"他有点生气地说,"杜朗先生还欠我的账。我带你的儿子去剪黑呢料子呢。"

一见市长转退为进,索雷尔觉得形势不妙,赶快又低声下气地捡起他的客套话来;足足噜苏了一刻钟。最后,他看到确实没有什么油水好捞,才撤下阵来。他行告别礼时说道:

　　"我这就把儿子送到大公馆来。"

　　市长先生治下的老百姓要拍他马屁的时候,就这样称呼他的住宅。

　　回到锯木厂后,索雷尔白白地找了好久,也没找到他的儿子。原来于连不知道会出什么事,半夜里就溜出去了。他怕他的书和荣誉团十字勋章放在家里不稳当,就转移到一个朋友家去,朋友名叫富凯,是个年轻的木材商人,住在玻璃市外的高山上。

　　等到他一回家,父亲就对他说:"该死的懒骨头! 天晓得你要不要脸,我养了你这么多年,你会不会还我的债! 赶快收拾你的破衣烂衫,到市长先生家去吧。"

　　于连居然没有挨打,觉得非常奇怪,于是赶快就走。但一看不见他那可怕的父亲,他又放慢了脚步。他认为要假装虔诚,最好还是到教堂去打个转。

　　这个字眼使你吃惊吗? 其实,要达到假装虔诚的地步,这个农村青年的心灵还走了一段不短的路程呢。

　　从幼年时代起,于连就见过第六团的龙骑兵①,身披长长的白色披风,头戴黑缨飘拂的头盔,从意大利凯旋归来,把战马拴在他父亲窗前的铁栏杆上,威风凛凛,看得他如醉如狂,一心要当军人。后来,他又听老军医讲洛迪桥、阿科尔、里沃利的几次大战,听得他心醉神迷。他还注意到老人的眼睛发出的火光,射在他的十字勋章上面。

　　等到于连十四岁,玻璃市开始修筑教堂,对于这样一座小城,这个教堂可以算是宏伟的了。尤其是有四根大理石柱,给予连的印象很深。这四根柱子在当地出了名,引起了治安法官和年轻的神甫之间的深仇大恨,神甫是省城派来为圣公会做监视工作的。治安法官几乎丢掉了他的差使,至少大家都这么说。他怎么胆敢和神甫争高低呢? 难道他不了解:神甫每半个月就要上省城去一趟吗? 据说他在省城还能见到主教大人呢!

　　在这期间,儿女成行的治安法官改换门庭了,他对好几个案子宣布了

———————————

① 1800 年作者曾任龙骑兵第六团少尉。

似乎不公正的判决，要处罚《立宪报》①的读者。神甫那一派胜利了。的确，罚款数目不多，不过三五个法郎，但有一笔罚款落到一个打铁钉的工人头上，他是于连的教父。一怒之下，他大叫起来："这叫什么世道！二十多年来，我们还一直以为治安法官是个好人呢！"这时，于连的朋友老军医已经去世。

忽然一下，于连再也不谈拿破仑了。他说他打算当教士，大家只见他经常在他父亲的锯木厂里，一心一意地背诵神甫借给他的一本拉丁文《圣经》。老神甫看见他的进步，又惊又喜，常常彻夜给他讲神学。于连在他面前显得非常虔诚。谁想得到这个貌似少女、温和柔顺的白面书生，竟有不可动摇的决心，不怕九死一生，也要出人头地呢？

对于连说来，出人头地，首先要离开玻璃市，他讨厌他的家乡。他在这里的见闻，使他不能展开想象的翅膀，直上青云。

从小时候起，他就有过胡思乱想的时刻。他神魂颠倒地梦想着：有朝一日，他会进入美女如云的巴黎社交界；他会用光辉的成就博得她们的青睐。他为什么不能赢得她们的爱情？贫寒的波拿巴不是被光艳照人的德·博阿内夫人爱上了吗？② 多少年来，于连念念不忘的是：波拿巴本是个既不出名，又没有钱的中尉，居然用剑打出了一个天下。这个念头，在他自以为不幸的时候，减轻了他的痛苦；在他高兴的时刻，却又增加了他的欢乐。

修筑教堂的事，加上治安法官不公正的判决，使于连恍然大悟。这种觉悟使他几个星期仿佛着了魔似的。最后，又像魔鬼附体一般，占据了他的全部心神，只有热情奔放的心灵，自以为破天荒第一遭想出了个新主意，才会这样全神贯注。

波拿巴成名时，法国害怕遭到侵略，所以需要军人在战场上立功，保卫祖国也成了时代风尚。今天，四十岁的神甫可以拿到十万法郎的年俸，这就是说，比拿破仑手下一员大将还要多上三倍。神甫也需要有助手。

———————————

① 波拿巴派报纸，后为自由派报纸。
② 指约瑟芬爱上拿破仑·波拿巴的事。

瞧这个治安法官,这样有头脑,原来这样公正,年纪又这样大,但为了害怕得罪一个三十岁的年轻神甫,居然不惜败坏自己的名声。看来还是当神甫好。

于连读了两年神学,心里充满了新的虔诚感,但有一次,他灵魂中的火山忽然爆发,泄露了他的真面目。那是在谢朗先生家里,在神甫们共进晚餐时,好心的老神甫向大家介绍了这个神童,不料他却不由自主地说起拿破仑的好话来。事后他惩罚自己,把右胳臂吊在胸前,说是搬松树干时脱了臼,就这样行动不便地吊了两个月。不受这种体罚,他决不肯原谅自己。瞧这个十八岁的年轻人,外表文弱,看上去最多不过十七岁,这时却挟着一个小包袱,走进玻璃市宏伟的教堂里去了。

他觉得教堂阴暗沉寂。到了过节的日子,窗子都蒙上红布,结果耀眼的阳光,产生了令人肃然起敬、不得不信宗教的效果。现在他一个人在教堂里,不禁颤抖起来。他在一条最好看的长椅子上坐下,上面有德·雷纳先生的家徽。

于连看到跪凳上有一张印了字的纸条,放在那里,仿佛怕人看不见似的。他看了一眼,只见上面写着:

路易·让雷尔在贝藏松处决,临刑详情……

纸撕破了。反面可以看到第一行的头三个字:"第一步"。

"谁放在这儿的?"于连说,"可怜的倒霉鬼!"他叹口气,又说一句:"他的姓和我的姓最后两个字是一样的……"说着,他把纸揉成一团。

于连出去时,仿佛看到圣水缸边有血:其实这是洒在地上的圣水,深红窗帘的反光照在上面,看起来就像血了。

出来以后,于连对内心的恐惧感到惭愧。

"难道我是个胆小鬼吗?"他自言自语说,"武装起来!"

老军医谈到当年的大战,翻来覆去地唱过《马赛曲》中这句名言,这四个字鼓起了于连的勇气。他站起来,快步朝市长府走去。

他虽然下了决心,但一看到二十步外的大门,他又胆怯得无法克服。铁栅门是开着的。他觉得气派太大了。但他非走进去不可。

于连并不是唯一来到豪门大宅感到心慌意乱的人。德·雷纳夫人非常胆小,一想到有个陌生人因为职务关系,要经常插身在她和孩子们之间,也感到张皇失措。她习惯于儿子们睡在她房里。早上,她看到他们的小床搬到家庭教师住的那套大房间去,已经流了很多眼泪。她求丈夫把小儿子斯坦尼拉—扎维埃的小床搬回她房里,丈夫也不答应。

女人的敏感在德·雷纳夫人身上发展得过分了。她把家庭教师想象成一个非常讨厌的人,粗俗邋遢,只因为懂了几句拉丁文就来管她的孩子们,还会为了这种野蛮的语言打他们呢。

第六章 苦 恼

我不再知道我是谁,
在做什么事。①

莫扎特:《费加罗》

德·雷纳夫人在没有人看见的时候,天性是活泼优雅的,她就这样走出了客厅的玻璃门,走向花园,忽然看见大门口有个年轻的乡下人,几乎可以说还是个孩子,脸色苍白,刚刚流过眼泪。他穿了一件洁白的衬衫,夹着一件干净的紫色花呢上衣。

这个小青年面色这样白嫩,眼色这样温顺,有点浪漫思想的德·雷纳夫人,起初还以为他是女扮男装,来向市长先生求情的呢。她同情这个可怜人,他站在大门口,显然是不敢举手按铃。德·雷纳夫人走过去,暂时忘了家庭教师会引起的苦恼。于连脸朝着门,没有看见她走过来。他耳边听到的温柔声音,使他吃了一惊。

---

① 原文指意大利文。

"你来有什么事,孩子?"

于连赶快转过身来,德·雷纳夫人妩媚的目光使他神不守舍,他胆怯的心情也消失了几分。她惊人的美丽更使他忘了一切,甚至忘了他来干什么的。德·雷纳夫人又问了一遍。

"我来当家庭教师,夫人。"他到底开口了,因为流了眼泪而难为情,赶快把它擦干。

德·雷纳夫人不知道说什么好,他们两人离得很近,你看着我,我看着你。于连从来没有见过一个穿得这么好的人,尤其是一个娇艳得令人眼花缭乱的女人,这样和颜悦色地跟他说话。德·雷纳夫人瞧着他脸上的大颗泪珠,脸色先是苍白,现在却涨红了。随后,她笑了起来,像少女般欣喜若狂地笑,她笑她自己,她不敢想象她会这样快活。怎么,她原来以为家庭教师是个肮里肮脏,邋里邋遢,只会打骂孩子的教士,结果却是这个年轻的乡下人!

"怎么! 先生,"她到底问他了,"你懂拉丁文?"

叫他做"先生"使他大吃一惊,他考虑了一下。

"是的,夫人。"他腼腆地答道。

德·雷纳夫人高兴了,她大胆问于连:

"你不会老是骂我这些可怜的孩子吧?"

"我骂他们,"于连惊讶地说,"为什么?"

"先生,"她停了一下,然后用越来越带感情的声音说下去,"你会对他们好,是不是? 你能答应我吗?"

又听见人家认真地叫他做"先生",并且是一个穿得这样好的夫人叫他,这简直远远超出了他的预料之外,因为他小时候也空想过,要是他不穿上一套漂亮的军服,上流社会的女人对他是不屑一顾的。而德·雷纳夫人呢,她也给于连又白又嫩的脸孔,又大又黑的眼睛迷住了,还有他那一头漂亮的鬈发,因为刚在公共水池里冲过凉,卷得比平时更像波浪起伏。最使她放心的是:她发现这个命运送上门来的家庭教师,羞答答的像个少女,而她却怕他是个性情粗暴、面目可憎的人呢。对德·雷纳夫人这样一个心肠软的女人来说,心里的忧虑和眼前的现实,简直是相差十万八千里。她总算不再惊讶,恢复了平静。这时,她才觉得莫名其妙,自己怎么这样同一个几乎只穿一件衬衫的年轻男子站在大门口,而且离得这么近。

"我们进去吧,先生。"她说得不太自然。

德·雷纳夫人一生中,从来没有这样深深地感到过单纯的喜悦;也从没有在焦虑不安之后,接着却看到一个这样和气可亲的人儿。这样一来,她不必担心她精心照料的好孩子,会落到一个肮里肮脏、脾气不好的教士手里去了。刚刚走进门廊,她就回过头去,看见于连畏畏缩缩地跟在后面。他一见漂亮的房子,就流露出惊讶的神色,这在德·雷纳夫人看来,更加显得可爱。她简直不能相信自己的眼睛:她总觉得家庭教师是应该穿黑衣服的。

"是真的吗,先生?"她又站住问他,因为难以置信的事实使她感到如此幸福,她怕得要死,唯恐自己是搞错了,"你真的懂拉丁文吗?"

这句话伤了于连的自尊心,他在迷梦中沉醉了刻把钟,忽然一下惊醒了。

"真的,夫人,"他憋着一肚子的不高兴答道,"我像神甫先生一样懂拉丁文,有时他还客气地说,我拉丁文背得比他还熟呢。"

德·雷纳夫人看出了于连不怀好意,在离她两步远的地方站住了。她就走过去,低声对他说:

"开头几天,孩子们即使背书背不出,你也不会打他们吧?是不是?"

一位这样美丽的夫人,用这样温柔而且几乎是恳求的口气说话,一下又使于连忘记了拉丁文老师的尊严。德·雷纳夫人的脸离他的脸很近,他闻到了女人夏装的香味,这使一个乡下的穷人顿时魂飞天外。于连满脸通红,叹了口气,有气无力地答道:

"不必担心,夫人,我一切听您的。"

直到这个时候,德·雷纳夫人对孩子们的担心完全消除了,她才注意到于连非常漂亮。他那少女似的容貌,不好意思的神情,在一个胆小怕羞的女人看来,一点也不显得好笑。而一般人认为是男性美的阳刚之气,可能反倒会使她害怕。

"你多大年纪了,先生?"她问于连。

"快满十九岁。"

"我的大儿子已经十一岁,"德·雷纳夫人完全放宽了心,又接着说,"他差不多可以和你交朋友了,你可以跟他讲道理。有一次他父亲要打他,吓得他足足病了一个星期,其实只不过是轻轻打了一下。"

"比起我来,多么不同啊!"于连心里想,"就在昨天,我的父亲还打我呢。这些有钱人真是有福气!"

德·雷纳夫人这时已经能看出家庭教师内心发生了细微的变化,但她以为他难过的表情是胆小的表现,于是她要鼓励他。

"你叫什么名字,先生?"她说话的声调和神态,使于连感到有一种说不出的魅力。

"我叫连·索雷尔,夫人。这是我生平第一回走进一个陌生人家里,心里很不安,要仰仗您做靠山,头几天做什么事都要请您包涵。我没有上过学校,因为我太穷了;我也没有和人谈过话,除了我的亲戚、得过十字荣誉勋章的军医,和神甫谢朗先生以外。神甫可以保证我的品行端正。我的两个哥哥老是打我,要是他们说我的坏话,请您不要相信;要是我做错了什么事,请您原谅,因为那决不是存心做的。"

于连一打开话匣子,反倒放下心来,他仔细看了看德·雷纳夫人。女人有天然的风韵,尤其是在她没意识到的时候,这种风韵更会产生意想不到的效果。在会欣赏女性美的于连看来,德·雷纳夫人这时简直成了二十岁的妙龄少女。他马上想大胆地吻她的手。接着,这个念头使他感到害怕。过了一会儿,他心里又想:"我怎么这样胆小呢?为什么不敢做一件对我有好处的事呀?至少,这也可以使这位漂亮的夫人,不再那么瞧不起一个刚从锯木厂来的穷工人吧!"也许于连有点胆壮了,因为半年来,他星期天总听到姑娘们说他是漂亮的小伙子。当他内心在斗争时,德·雷纳夫人对他讲了两三句话,教他开始应该怎样对待孩子。于连由于尽力

克制自己,脸色又发白了,他勉强答道:

"夫人,我决不会打您的孩子,我敢对天发誓。"

他一面说,一面大胆地拉起德·雷纳夫人的手,放到自己嘴上。这个动作使她吃了一惊,她再一想,觉得更是冒犯了她。天气很热,她的光胳臂上只披了一条薄纱巾,于连一吻,使她的胳膊赤裸裸地露了出来。过了一会儿,她才责怪自己:她早就应该生气了。

德·雷纳先生听见谈话声,就从书房里走了出来,他摆出在市政厅主持婚礼那种唯我是尊的架势,对于连说:

"我要在你见到孩子之前,先和你谈谈。"

他把于连带进一个小房间,夫人要走,他却要她留下。关上房门之后,德·雷纳先生一本正经地坐下。

"神甫先生对我说过:你是一个好学生。这里,大家都会尊敬你的,如果你能使我满意,我将来可以帮你找一个好差事。我希望你以后不要再见你的亲友。他们不够格,配不上我的孩子。这是头一个月给你的三十六个法郎,不过,我要你一定答应我:这笔钱一个子儿也不许给你的父亲。"

德·雷纳先生吞不下对老索雷尔的这口怒气,因为索老头讨价还价,占了他的便宜。

"现在,先生,因为我吩咐过大家都称呼你做先生,你这就可以看出一个高尚人家的好处。现在,先生,你穿件短上衣,给孩子们看见,那是有失身份的。有用人看到他没有?"德·雷纳先生问他的妻子。

"没有,我的朋友。"她一面想,一面答道。

"那好。穿上我这件吧。"他说时,把自己一件小礼服给了年轻人,使他受宠若惊,"现在,我们到杜朗呢绒店去。"

一个多小时后,德·雷纳先生带着一个全身穿黑的新家庭教师回来,发现她的妻子还在原地坐着不动。一见于连,她才放了心。她看看他,奇怪以前怎么还会害怕。于连并没有想到她。虽然他不相信命运,也不相信人,但他这时的心情只是个孩子的心情。他哆嗦着离开教堂才三个小时,却好像过了几年。他看到德·雷纳夫人冷冰冰的样子,知道是自己的胆大妄为使她生了气。不过,穿了一身和以前大为不同的衣服,使他得意忘形,反而弄巧成拙,一举一动都显得生硬反常。德·雷纳夫人瞧着他,眼神有点惊讶失措。

"庄重一点,先生,"德·雷纳先生对他说,"孩子和用人才会尊敬你。"

"先生,"于连答道,"我穿这身新衣服觉得束手束脚,我是个乡下的穷人,穿惯了短上衣。如果您允许的话,我还是去关上房门,待在房间里吧。"

"你看我花钱雇来的这个新人怎么样?"德·雷纳先生问他的妻子。

德·雷纳夫人出于自己也不了解的本能,对丈夫隐瞒了真情:

"我不像你那样喜欢这个年轻的乡下人,你对他太好了,反而会使他忘乎所以,不出一个月,你就会把他打发走的。"

"好吧!即使打发他走,不过多花个百把法郎而已,玻璃市却会看惯了:德·雷纳先生的孩子们有一个家庭教师。如果让于连还是穿得像个工人一样,这个目的就达不到。当然,要是打发他走,我不会让他带走刚在呢绒店定做的黑礼服。那套刚给他穿上的现成衣服,倒可以给他算了。"

于连回自己的房间,在德·雷纳夫人看来,不过是一片刻工夫。孩子们听说新老师来了,就缠住他们的母亲,问长问短。等到于连出来,那简直是换了一个人。如果说他十分庄重,那还不够,他是百分之百的庄重。孩子们见过礼之后,他说话的口气与以前大不相同,连德·雷纳先生也感到意外。

"诸位先生,我来这里,"于连结束讲话时说,"是教你们拉丁文的。你们当然知道背书是怎么回事。这是一本《圣经》,"他指着一本黑皮精装、三十二开的小书说,"讲的主要是我主耶稣基督的事,就是大家叫做《新约》的那一部分。我以后会经常要你们背的,你们可以先要我背给你们听。"

老大阿多夫拿起书来。

"随便翻到哪一页，"于连接着说，"随便念一段的头三个字，我就可以背下去。这本圣书是我们行为的准则，你们要我背到哪里，我就背到哪里。"

阿多夫打开书，才念了两个字，于连接着就背了整整一页，背拉丁文就像说法国话一样熟练。德·雷纳先生眉飞色舞地瞧瞧妻子。孩子们看见父母惊讶的神色，都睁大了眼睛。一个用人来到客厅门口。于连还在滔滔不绝地背拉丁文。用人听得发呆，然后悄悄走了。不消多久，德·雷纳夫人的女仆和厨娘也来了。这时，阿多夫已经随便翻过了七八个地方，于连总是口若悬河地背着。

"天呀！好漂亮的小神甫！"厨娘高声叫了起来，他是个非常虔诚的教徒。

德·雷纳先生心里很不安，怕自己显得没学问。他并不想考倒家庭教师，但总得找两句自己还记得的拉丁文，来敷衍敷衍。他到底想起了贺拉斯的一句诗。不料于连懂得的拉丁文，并没有超过《圣经》的范围。他只好皱起眉头，答道：

"我打算从事教会的圣职，不允许我读一个世俗诗人的作品。"

于是德·雷纳先生就大念贺拉斯的诗，天晓得是不是他的作品。他还对孩子们大讲贺拉斯，不料孩子们已经拜倒在于连脚下，反倒不注意他们的父亲讲些什么。他们只瞧着于连。

用人们一直站在门口。于连认为对他的考验应该延长，就对最小的孩子说：

"斯坦尼拉—扎维埃先生也应该要我背一段圣书。"

小斯坦尼拉得意扬扬，好歹总算念出一段书的第一个字，于连又从头到尾背了一整页。仿佛不等德·雷纳先生大获全胜，于连决不收兵似的，他背书时来了两个客人：诺曼底骏马的主人瓦尔诺先生，专区区长夏尔科·德·莫吉隆先生。在这个场合，于连得到了"先生"的尊称，用人哪敢不叫他做先生呢！

晚上，全玻璃市的人都涌到德·雷纳先生家来开开眼界。于连用不卑不亢,保持距离的态度来答话。他的名声很快就传遍了全城,几天以后,德·雷纳先生害怕有人把他挖走,就提出要签订两年的合约。

"不必,先生,"于连冷静地答道,"如果您要辞掉我,我签了合约也不得不走。一张合约只约束我,一点也不约束您,这不公平,我不能签。"

于连这样精明干练,来市长家还不到一个月,连德·雷纳先生也要敬他三分。谢朗神甫已经和市长、所长两位先生都闹翻了,不怕有人泄露于连以前对拿破仑的崇拜。于是他谈起波拿巴来,只做出深恶痛绝的样子。

第七章　道是无缘却有缘

只有折磨人,才能打动人心。

——现代人

孩子们佩服于连,但他却不爱他们。原来他别有用心,不管孩子们做什么,他都不会受不了。冷漠、公平、无情,却受爱戴,因为他把家里的闷气一扫而光了。他是一个好家庭教师。虽然他受到上流社会的接纳,但却只感到仇恨和厌恶,事实上,他坐的是餐桌的末座,这也许可以说明他憎恨的原因。在某些盛大的宴会上,他要竭力控制自己,才没有对周围的一切发泄他的愤恨。特别是八月二十五日圣路易节,瓦尔诺先生在德·雷纳先生家高谈阔论,旁若无人,于连气得几乎要爆发了。他赶快借口要照看孩子,溜到花园里去。"正大光明,口里说得多么好听!"他叫了起来,"人家还会以为这是独一无二的美德,但对一个负责穷人福利,却显然把自己的财产增加了两三倍的人,怎能低三下四,阿谀奉承呢!我敢打赌,他对孤儿救济金都不放过,这些无依无靠的穷人,他们救苦救难的基金,不是比别的钱更神圣不可侵犯吗?啊!狠心的魔鬼!狠心的魔鬼!其实,我和孤儿也差不多,我的父亲,我的哥哥,我的全家都厌弃我。"

在圣路易节前几天,于连一个人在小树林里散步念经,林中有个观景台,可以俯视下面的精忠路,他远远看见他的两个哥哥,从一条没有人迹的林中小径走过来,他要躲避也来不及了。这两个粗野的工人,一见弟弟这身漂亮的黑衣服,非常干净的外表,还有他不加掩饰的、对他们的轻视,不由得妒火直冒,狠狠地打了他一顿,打得他昏倒在地,浑身是血。德·雷纳夫人同瓦尔诺先生,还有专区区长,碰巧也来小树林散步,她看见于连躺在地上,还以为他死了。她这样关心他,甚至引起了瓦尔诺先生的妒忌。

他妒忌得未免太早。于连虽然觉得德·雷纳夫人很美,但正是她的美引起了他的恨,他恨她几乎成了他前进路上的第一块绊脚石。他尽量不和她谈话,要她忘记他一时冲动,吻了她手的那一天。

德·雷纳夫人的贴身女仆艾莉莎,当然会爱上这个年轻的家庭教师。她时常在女主人面前谈到他。艾莉莎小姐的爱,引起了一个男仆对于连的恨。一天,他听见这个男仆对艾莉莎说:"自从这个肮脏的教师来了以后,你就不愿再跟我说话了。"于连并不是罪有应得,但出于漂亮小伙子的本能,他更加注意自己的外表了。这又引起了瓦尔诺先生加倍的忌恨。他公开说,这样爱打扮的年轻人是不适合做神甫的。其实于连除了道袍以外,穿的只有两套衣服。

德·雷纳夫人注意到,她和艾莉莎小姐谈话的时候比平常多,她了解到,谈话是因为于连的衣服太少引起的。他的内衣少得可怜,不得不三番两次送到外面去洗,而这些区区小事,只好麻烦艾莉莎帮忙。他穷到这种地步,是德·雷纳夫人猜想不到的,这打动了她的同情心。她想送些礼物给他,但又不敢造次。这种内心的冲突,是于连给她造成的第一次痛苦。在这以前,她只要一想到于连的名字,就会感到一种完全是精神上的、纯粹的乐趣。于连的贫穷折磨着德·雷纳夫人的心,她就对她丈夫说:要送于连几件内衣。

"怎么这样傻!"他答道,"他工作得这么好,我们又对他非常满意,还送什么礼?要是他不好好干,我们才不得不送点礼,给他鼓鼓劲啊!"

德·雷纳夫人觉得这种看法真是丢脸,但在于连来以前,她是不会注意这一点的。一看到年轻的神甫穿得非常整洁,却又简单朴素,她心里不由得不想:"这个可怜的孩子,他的日子是怎么过的?"

渐渐地,她对于连的贫穷感到的同情,远远超过了她受到的折磨。

德·雷纳夫人是一个外省女人,在初见面的半个月里,你会把她当作一个傻瓜。她没有生活的经验,说什么话也不放在心上。她娇生惯养,又自恃很高,像大家一样生来具有追求幸福的本能,虽然命中注定生活在庸人中间,却不屑花时间去注意他们做些什么事。

大家本来会注意到她的天性高尚,头脑灵活的,可惜她没有受过良好的教育。她是一个有钱的继承人,由修女教养长大,而修女都狂热地崇拜"耶稣的圣心",极端地恨那些反耶稣会的法国人。还好德·雷纳夫人通情达理,不久就发现修道院的教育非常荒谬,并且把修女的话忘记得干干净净,可惜她没有什么可以取代这些谬论的,结果就变得什么也不知道了。从小听惯了对继承人的阿谀奉承,而且显然倾向于狂热的信仰,使她过着一种完全内向的生活。她表面上极端随和,非常克己,使玻璃市的丈夫们都把她当作贤妻良母的典范,德·雷纳先生也引以为荣,其实,她这些习以为常的内心活动,只不过是自恃甚高的结果。一个以高傲闻名的公主,似乎不大注意围着她转的贵族侍从,这个看起来如此温顺、如此谦虚的夫人,却更不注意她丈夫的言行;在于连来以前,她关心的其实只是她的孩子。只要他们生了一点小病,感到一点快乐或痛苦,那就会占据她全部感情,如果她的心灵崇拜过天主的话,那也只有在贝藏松圣心修道院的时候。

她不肯告诉人,有一次,她的一个儿子发高烧,急得她也发起烧来,仿佛孩子死了一样。在结婚的头几年,她只能找丈夫倾吐衷情,发泄苦恼,但碰到的总是粗鲁的笑声,耸一耸肩膀,还有几句嘲笑女人痴情的陈词滥调。这种嘲笑,特别是在孩子生病的时候,简直像把尖刀在扎德·雷纳夫人的心。这些陈词滥调,取代了她早年在耶稣会修道院听惯了的甜言蜜语。她现在受到的是痛苦的教育。由于她自恃太高,不肯向人吐露自己的苦恼。甚至不肯告诉她的朋友德维尔夫人,于是她认为天下的男人都像她的丈夫,像瓦尔诺先生,像专区区长夏尔科·德·莫吉隆一样。在她看来,男人生性粗野,除了金钱、地位、勋章之外,对一切漠不关心,对不合他们心意的道理,就盲目地恨之入骨,他们对此习以为常,就像穿鞋戴帽一样。

多少年后,德·雷纳夫人还是看不惯这些爱财如命的男人,但又不得不在他们中间生活。

这样,农村青年于连反而得到了她的好感。她觉得在高尚而自豪的同情心里,可以享受到含情脉脉、光辉熠熠的新鲜魅力。不久,德·雷纳夫人就原谅了他的无知,甚至认为他幼稚得可爱,还帮他改正了粗野的举止,她发现听他讲话并不会毫无所得,哪怕讲的是普普通通的事,比如说一条可怜的狗过街,给乡下人跑得快的大车压死了。一条狗的惨死只会引起她丈夫哈哈大笑,但她却看见于连紧紧地锁起了他那好看的、又黑又弯的双眉。她渐渐觉得:宽厚、高尚、人道思想,似乎只有在这个年轻的神甫身上才找得到。这些品德本来要属于出身高贵的人,才能得到大家的同情和钦佩,而她却偏偏只同情、钦佩他一个人。

假如是在巴黎,于连对德·雷纳夫人的态度就不会这样复杂化,但巴黎的爱情只是小说里的产物。年轻的家庭教师和胆小的女主人,可以从三四本小说里,甚至从剧院的歌曲中,学到如何行动。小说会描绘他们要扮演的角色,提供要他们模仿的榜样,这个榜样虽然学起来没有什么趣味,也许还会令人讨厌,但或迟或早,虚荣心会逼得于连去依样画葫芦的。

假如是在一个南方小城,由于天气炎热星星之火也可能很快发展成燎原之势。但在我们这个沉闷的地方,一个年轻的穷人如果有什么非分之想,只不过是他爱挑三拣四的心灵,需要享受一些金钱能够买到的乐趣而已。他每天看到一个心无邪念、年已三十的女人,一心一意照管她的孩子,一点也没想到去小说里找行动的榜样。因此,在外省,一切都进行得很慢,一切都要一步一步地来,一切都要顺其自然。

一想到年轻的家庭教师这样可怜,德·雷纳夫人往往心肠软得流下眼泪来。有一天,她又在伤心落泪,碰巧给于连看见了。

"唉!夫人,出了什么事吗?"

"没有,我的朋友,"她答道,"把孩子们叫来,我们散步去吧。"

她挽着于连的胳膊,紧紧地靠在他身上,使他觉得异乎寻常。这是她第一次叫他做"朋友"。

散步快到终点了,于连看见她满脸通红。她放慢了脚步。

"也许有人对你讲过,"她说时不敢看他一眼,"我有一个很有钱的姑妈,我是她唯一的继承人。她住在贝藏松,经常送礼给我……我的孩子们进步很大……大得令人高兴……所以我也想请你接受一点小小的礼物,表示我的谢意。其实不过就是几个金币,可以买几件衬衣。不过……"说到这里,她脸红得更厉害了,话也说不下去。

"不过什么,夫人?"于连问道。

"不过,"她低着头接着说,"这事用不着告诉我的丈夫。"

"我是个小人物,夫人,但我并不低人一等,"于连说时站住了脚,眼睛闪烁着愤愤不平的光辉,胸脯更挺得高高的,"您说这话,未免考虑不够周到。要是我对德·雷纳先生隐瞒关于钱财的事,我不是连仆人都不如了吗?"

德·雷纳夫人简直无地置容了。

"市长先生,"于连接着说,"自我来后,已经五次付给我三十六个法郎。我准备好了一本账簿,可以给德·雷纳先生过目,也可以给任何人看,甚至是对我怀恨在心的瓦尔诺先生。"

听了这场抢白,德·雷纳夫人面无血色,浑身颤抖,散步也就到此为止,两个人谁也找不出一个借口,来恢复已经中断的谈话。在于连高傲的心里要得到德·雷纳夫人的爱情,似乎越来越不可能了;而她呢,只是敬重他,佩服他,却受到他义正辞严的责备。她借口要弥补她无意中使他受到的侮辱,就暗下决心,要对他关怀体贴,无微不至。这种挽救的方式如此新颖,使德·雷纳夫人高兴了七八天。结果于连的怒气总算消了几分。但他做梦也没想到,这种赔礼的方式中隐藏着她个人的好感。

"瞧,"他心里想,"有钱人就是这个样子。他们侮辱了人,却以为只要装模作样,就可以补偿了。"

德·雷纳夫人心里容不下心事,也太不懂人情世故,虽然暗自下过决心,还是把送礼碰钉子的事,一五一十地告诉了她丈夫。

"怎么,"虚荣心受了伤的德·雷纳先生叫道,"你怎么能容忍一个'奴才'给你碰钉子?"

德·雷纳夫人一听"奴才"二字,也叫了起来。

"我这样说,夫人,因为已故的孔代亲王就这样说过,他让他的侍从谒见他的新娘时说,所有这些人都是我们的奴才。这段话在贝桑瓦的《回忆录》中有记载,我曾对你念过,因为这对维持尊卑贵贱的秩序,是非常重要的。凡是住在你家里拿薪水的人,只要不是贵族,都是你的奴才。我要去对这位于连先生讲两句话,送他一百法郎。"

"啊,我的朋友!"德·雷纳夫人哆哆嗦嗦地说,"起码不要在用人面前给他!"

"你说得对,他们难免会妒忌的。"她的丈夫边说边走,心里想到这笔钱的用处。

德·雷纳夫人倒在一把椅子里,痛苦得几乎晕了过去。"他要去侮辱于连,而这都只怪我!"她憎恨她的丈夫,用双手捂住了脸。她暗下决心,再也不对他说真心话了。

等她再见到于连的时候,她又浑身颤抖,胸口闷得发慌,什么话也说不出来。她不知道如何是好,只紧紧地握住他的双手。

"嗯,我的朋友,"她到底开了口,"你对我的丈夫没有什么不满意的吧?"

"我怎能不满意呢?"于连苦笑地答道,"他给了我一百法郎。"

德·雷纳夫人瞧着他,好像不能肯定他是否满意。

"请你挽住我的胳臂。"她到底鼓足劲说了出来,于连还从没见过她有这股劲头。

她甚至不怕玻璃市书店有自由主义的恶名,居然走进书店去了。她选购了十个金币的书,给她的儿子们。不过她心里明白,这些书是于连想要的。她就在店里把书分给孩子们,并且要求他们当场把名字写在书上。当德·雷纳夫人对自己赔礼的大胆方式感到高兴时,于连却为书店里琳琅满目的书籍而眼花缭乱。他从来不敢走进一个这样亵渎神明的地方,他的心跳得很厉害。他根本没闲去猜测德·雷纳夫人的心情,只在内心深处盘算,一个学神学的青年用什么法子才能搞到一些书。他到底想出了一个主意,可能巧妙地说服德·雷纳先生,去买一些本省名人的传记,作为他儿子做练习的题目。经过一个月的苦心积虑,于连看到这个主意落实了,结果他又得寸进尺,大胆对德·雷纳先生提出一个使市长更为难的建议,就是去书店订购书籍。那不是帮了自由党的忙吗?德·雷纳先生想到他的大儿子要上陆军学校,为了增广见识,能够"亲眼目睹"①耳闻过的名著,恐怕不是坏事,居然也同意了。但于连再提进一步的要求,市长先生就坚决不答应。他怀疑有什么不可告人的理由,但是猜不出来。

"我想,先生,"有一天,他对市长说,"如果在不光彩的书店账本上,看到雷纳这个名门望族的姓氏,那是有失身份的。"

德·雷纳先生额头的阴云消散了。

"即使是一个学神学的穷学生,"于连更低声下气地接着说,"如果有一天发现他的名字在租书店的账本上,那也一样会引起非议的。自由党会诬告我借过最下流的书,谁知道他们会不会把一些坏书记在我的名下。"

不过于连越说离题越远。他看见市长脸上又恢复了为难而生气的神情,就住了口。"我猜到他的心理了。"他心里想。

几天以后,大孩子向于连问起《每日新闻》上预告的一本书,德·雷纳先生也在场。

"为了不让自由党的恶意得逞,"年轻的家庭教师答道,"又要让我有办法回答阿多夫先生,不妨让您手下地位最低的人去书店订购。"

"这一个主意倒不错。"德·雷纳先生显得非常高兴地说。

---

① 原文为拉丁文。

"不过应该把话说在前头，"于连认真地、几乎是惴惴不安地说，一个人期望已久的事，眼看就要大功告成，反而会这样不安。"应该特别指出：您手下的仆人不许订购小说。这种危险的坏书一进了家门，就会腐蚀夫人的女仆，也会带坏男仆本人。"

"也不许订购政治性的小册子。"德·雷纳先生做出高人一等的神气，加了一句。他佩服家庭教师发明的两全其美的折衷方案，又不想流露出来。

于连的生活就是这样接二连三地讨价还价，他对讨价的胜利非常关心，却不在乎德·雷纳夫人对他的感情。其实也只消稍微留意，就可以看出夫人对他的偏爱。

他过去的那种心理状态，如今又在玻璃市市长先生家里死灰复燃了。像在他父亲的锯木厂里一样，他从内心深处瞧不起那些和他生活在一起的人，也受到他们的憎恨。他每天听到专区区长、瓦尔诺先生，还有市长家的其他朋友，对眼前发生的事说长道短，但是他们的议论距离现实多么远！只要他认为是一件好事，这件事就一定会受到他周围人的指责。他内心不得不反驳他们说他们不是妖孽，就是蠢材！有趣的是，虽然他这样自负，其实，他根本不懂人家谈的是什么。

他这一生还没有认真同人谈过话，只有老军医除外：因此，他有限的一点知识，只和波拿巴远征意大利或外科手术有关。他年轻胆大，喜欢听老军医详详细细地讲最痛苦的外科手术；他心里想："我可不会皱一下眉头。"

有一回，德·雷纳夫人破天荒地和他谈到与孩子们的教育无关的事，他却谈起外科手术来，吓得她脸无人色，求他不要讲下去。

于连的知识超不过这个范围。因此，住在德·雷纳夫人家里，如果只有他们两个人在一起，你说怪也不怪，他们却无话可说。在客厅里，无论他的外表多么低声下气，她却可以从他的眼睛里看出一种智力上的优越感，他不把她家里的一切放在眼里，只要他们单独待一会儿，她就发现他局促不安。她也担起心来，因为女人的本能告诉她，这种不安不怀好意。

也不知道于连哪里来的想法,是不是老军医对他讲过:和上流社会的仕女交谈不能冷场,一冷场他就觉得是他个人的过错。这种感觉在两个人面对面交谈时,更使他痛苦百倍。关于男女单独谈话,他的想象中充满了荒乎其唐的过头想法,他一紧张,想法就更不近人情。他已经魂飞天外,自然打不破这难堪的冷落场面。因此,他陪德·雷纳夫人和孩子们散步,时间越长,折磨心灵的痛苦就使他的脸板得越紧。他连自己都瞧不起自己。如果不幸,他要勉强没话找话,那他说的简直可笑。更不幸的是,他知道自己笨拙,想要显得不笨,反而做得更笨;但他却没看到自己眼睛的表情;他的眼睛真美,显示了热情的灵魂,甚至像好演员一样,能够在无戏处演出戏来。德·雷纳夫人注意到,他单独和她在一起时,从来没有说过一句动听的话,倒是他心不在焉,无意恭维时,反能说得打动人心。她家的朋友唯恐光辉的新思想,会玷污她的耳朵,因此,她只能从于连闪射出来的智慧光芒中,分享几分乐趣。

从拿破仑倒台后,一切表面上的风流韵事,已经毫不容情地从外省风俗中一扫而光。人人都怕撤职查办。欺世盗名的人都到圣会去找靠山,甚至连自由党人也学会了耍两面派。生活无聊透顶。除了读书种地以外,简直没有什么快活的事。

德·雷纳夫人是一个虔诚而富裕的姑妈的继承人,十六岁就嫁进了一个富贵之家,一生不知道,也没看见过爱情是什么。她只听到过谢朗神甫在她忏悔时提起过爱情,那是对瓦尔诺先生追求她的责备,因此他把爱情描绘得令人厌恶,这两个字在她看来,就等于是下流无耻的放荡生活。她把偶尔在小说中读到的爱情看成是例外,或者是违犯人性的。由于无知,德·雷纳夫人反而觉得生活非常幸福,她不断地照顾于连,却一点也没有受到良心责备。

第八章　小中见大

> 叹息越压抑越沉痛，
>
> 秋波越暗送越甜蜜，
>
> 不犯清规也会脸红。
>
> ——《唐璜》一之七十四①

　　德·雷纳夫人像天使一般温柔，因为她生性如此，生活幸福，但当她想到贴身女仆艾莉莎时，心态却不免有一点改变。这个女仆得到了一笔遗产，找谢朗神甫做忏悔时，承认她打算嫁给于连。神甫为他朋友的幸福感到真心实意的高兴，不料于连却一口回绝了艾莉莎小姐的美意，使他大吃一惊。

　　"小心，我的孩子，你的心里到底在想什么?"神甫皱着眉说，"如果你不把一大笔财产看在眼里，只是因为选择了圣职的缘故，那我要向你祝贺。我在玻璃市做神甫，已经整整五十六年了，但看来还是要撤销我的职务。我心里很难过，还好我有八百法郎的年金。我把这一点告诉你，免得你对当神甫这个圣职，抱有不切实际的幻想。如果你想讨好有权有势的人，那就肯定永世不得升天。你可以发大财，不过那就要做伤天害理的事，要阿谀奉承区长、市长、大人物，要投他们所好，这就是所谓的人情世故，对于一个世俗的教徒说来，这和灵魂得救并不是绝对不相容的。不过，在我们这种情况之下，那就不得不选择了:要么在世上发财致富，要么在天堂享受幸福，中间道路是没有的。去吧，我亲爱的朋友，好好考虑一下，三天后再告诉我你的决定。我很难过地隐约看到，你的性格深处有一股阴郁的热情，在我看来，这说明你还不具备一个神甫必不可少的克制精神，你还舍不得抛弃人世的荣华富贵。我认为你的聪明才智很有发展前途，不过，让我老实告诉你，"好神甫含着眼泪加了一句，"如果你要做教士，我担心你的灵魂能不能得救。"

---

① 《唐璜》是十九世纪英国浪漫派诗人拜伦的政治讽刺诗。原文是英文。

于连激动得难为情了,他有生以来第一次看到有人真心爱他,他高兴得哭了起来,并且偷偷跑到玻璃市山上的大树林里去流眼泪。

"为什么我要当神甫?"他到底自言自语了,"我还觉得为了谢朗老神甫,我愿意万死不辞呢,而他刚才却向我证明了:我是在做一件傻事。我认为特别重要的,是瞒过他,而他却偏偏猜透了我的心思。他刚刚谈到隐藏在我心中的热情,那正是我要出人头地的打算。他认为我不配当神甫,而我却偏偏以为放弃了五十个金币的年金,会得到他最高的评价,他会夸奖我真心诚意要从事圣职呢!"

"将来,"于连接着想,"我要先考验一下,看看我的性格,哪一点靠得住。谁想得到:我会在流泪时感到快乐?谁想得到:我会爱一个证明我做了傻事的人?"

三天后,于连找到了头一天就该准备好的借口,这个借口其实是恶意中伤,但中伤又有什么关系?他吞吞吐吐地对神甫说,他的理由不便说明,因为牵涉到第三者,所以他一开头就不答应这桩婚事。这等于说艾莉莎品行不端。谢朗先生发现他的口气充满了世俗的热情,而不是能激动年轻教士的圣洁热情。

"我的朋友,"神甫又对他说,"我看你还是做一个有教养、受尊敬的乡下绅士,比做一个没有信仰的神甫更好。"

于连对这个新的劝告回答得非常得体,以语言而论,他找到了一个热诚的年轻修道士使用的词句,但他说话的声调,还有他眼中掩藏不住而爆发出来的火般热情,却使谢朗先生感到惊恐不安。

我们不能对于连的前途妄加推测,他捏造了虚情假意的花言巧语,说得面面俱到,无懈可击。在他这个年龄,这已经是难能可贵的了。至于声调和姿势,他过去和乡巴佬生活在一起,并没有见过大世面。以后,只要他有机会接触大人物,他的举止也和谈吐一样,不会不得到好评的。

德·雷纳夫人觉得纳闷,她的贴身女仆新近得到一笔财产,但是日子过得并不更快活;她看见女仆老是去找神甫,回来时眼睛里总有眼泪;直到最后,艾莉莎才对她谈起她的婚事。

德·雷纳夫人以为自己病了,她发高烧,睡不着觉;只有贴身女仆或者于连在她眼前,她才清醒。她一心只想着他们,想着他们婚后的幸福生活。他们的小家庭很穷,一年只靠五十个金币的收入过日子,但在她看来,却显得令人陶醉。于连可能到玻璃市外两古里的专区首府布雷去当律师,那么,她偶尔还可以见到他。

德·雷纳夫人的确以为自己要疯了,她告诉了她的丈夫,结果当真病倒。当天晚上,她的贴身女仆在服侍她,她注意到女仆在哭。这时,她厌恶艾莉莎,忽然骂起她来,接着又怪自己不该生气。艾莉莎更加泪如泉涌了,她说,如果她的女主人答应她,她想倾吐她的不幸。

"说吧。"德·雷纳夫人答道。

"唉! 夫人,他拒绝了我;有坏人对他说了我的坏话,他就相信了。"

"谁拒绝了你?"德·雷纳夫人间时几乎透不过气来。

"还不就是于连先生! 夫人,"女仆啜泣着答道,"神甫先生也说不服他;神甫先生说,他不应该拒绝一个好姑娘,借口她当过贴身女仆。其实,于连先生的父亲也不过是个木匠;他本人在来夫人家以前,又是靠什么过日子的呢?"

德·雷纳夫人不消再听下去了,她高兴得几乎失去了理性。她几次三番要艾莉莎保证:于连肯定拒绝了她,并且决不回头重新考虑。

"我去作一次最后的努力,"她对贴身女仆说,"我去和于连先生说说看。"

第二天午餐后,德·雷纳夫人花了一个小时为她的情敌说好话,看到艾莉莎的感情和财产一直遭到拒绝,她感到一种微妙的乐趣。

于连开始答话还很拘谨,逐渐就摆脱了束缚,最后得心应手地答复了德·雷纳夫人好意的规劝。她在这么多灰心失望的日子之后,简直抵挡不住这怒潮澎湃、涌上心头的幸福感。她一下子昏了过去。等她恢复过来,回到卧房之后,她把所有的人都打发走了。她在心灵深处感到非常惊讶。

"难道我爱上了于连不成?"她到底扪心自问了。

　　这个发现,如果是在其他时刻,都会使她悔恨交加,坐立不安,但是现在对她说来,却只显得稀奇古怪,仿佛和她没有关系似的。她刚刚经历的大起大落,已经使她心力交瘁,甚至没有余力,连激情都感觉不到了。

　　德·雷纳夫人本想干点活,却睡了一大觉;等到她醒过来,也没有感到什么惊恐不安。她太幸福了,什么事都不会往坏处想。这个外省的好女人天真无瑕,从来不肯折磨自己的心灵,去尝尝新鲜的感情,或者自己没有体验过的不幸。在于连来家里以前,她全心全意料理一大堆家务,在远离巴黎的外省,这是一般贤妻良母的命运。德·雷纳夫人想到爱情,就像我们想到彩票一样,以为都是骗人的把戏,只有疯子才去追求的幸福。

　　晚餐的铃声响了。德·雷纳夫人听到于连带着孩子们走来的声音,脸就涨得通红。爱情也会使人变得机灵,她解释脸红的原因,是她头痛得厉害。

　　"瞧,女人就是这样,"德·雷纳先生哈哈大笑地说,"她们的机器总有什么地方需要修理。"

　　德·雷纳夫人虽然听惯了这一类开玩笑的话,但他说话的腔调还是很刺耳。她无可奈何地瞧瞧于连的脸,即使他是世上最丑的男人,在这一片刻,他也比她的丈夫更讨人欢喜。

　　德·雷纳先生非常注意模仿宫廷的生活方式,一到春暖花开的日子,就全家住到韦尔吉乡村别墅去。这个乡村由于加布里埃①的悲剧而远近闻名。离开古老的哥特式教堂的美丽如画的废墟,大约有一百步远,是德·雷纳先生买下的古堡,古堡有四个塔楼,还有一个仿照杜伊勒里王宫御苑设计的花园,花园周围种了许多黄杨树,园里有许多小路,路边种了每年修剪两次的栗树。附近还有一片种了苹果树的园地,是个散步的好地方。果园尽头有八九棵葱茏密茂的大胡桃树,树叶浓荫蔽日,差不多有八十尺高。

————————————————

①　加布里埃是法国一首古诗中的女主角,是韦尔吉古堡的女主人,因婚外恋而受侮辱,愤而自杀,情夫也刺穿心脏,殉情而死。

"这些该死的胡桃树,"德·雷纳先生一听见妻子赞美胡桃树就说,"每一棵都要减少我的十亩地的收成,树荫下是长不好麦子的。"

乡下的景色对德·雷纳夫人显得别是一般风味,她流连忘返,简直到了心醉神迷的地步。这种美感使她思想更加活跃,做事更加果断。来到韦尔吉的第三天,德·雷纳先生回市政厅办公去了。德·雷纳夫人就自己出钱雇了几个工人来。原来是于连出了一个主意,要围绕果园铺一条沙子路,一直铺到大胡桃树下,这样,孩子们一清早出来散步,鞋子不会给露水沾湿。这个主意想出来还不到二十四小时,沙子路就动工了。德·雷纳夫人整天高高兴兴地同于连指手画脚,叫工人干这干那。

等到玻璃市市长从城里回来,发现了一条新修的沙子路,感到非常意外。他的来到也使德·雷纳夫人感到意外,因为她已经忘记了他的存在。两个月来,他一谈到这项如此重大的"改建工程",居然没有和他商量,就擅自动工了,不免要发脾气。好在德·雷纳夫人花的是她自己的钱,他总算可以聊以自慰。

她白天同孩子们在果园里跑来跑去,捕捉蝴蝶。他们用浅颜色的薄纱做了一些大网罩,好捉这可怜的"鳞翅目"昆虫。这个野蛮民族使用的名词,也是于连告诉德·雷纳夫人的。因为她从贝藏松买来了戈达尔①先生的名著,于连就对她讲这些昆虫独特的生活习惯。

他们毫不动情地用大头针把蝴蝶钉在一块大纸板上,于连还给纸板做了一个框子。

在德·雷纳夫人和于连间,到底有了一个谈话的题目,他不必再担心为冷场而受罪了。

他们谈起话来没完没了,而且谈得津津有味,虽然谈的都是无伤大雅的事。日子过得又忙碌,又快活,大家都欢天喜地。只有艾莉莎小姐抱怨工作太累。"即使是狂欢节,"她说,"玻璃市开起舞会来,夫人也没有这样关心穿着打扮。现在,她一天要换两三次衣服。"

---

① 戈达尔是十九世纪初的法国生物学家,著有《法国鳞翅目自然史》(未完稿)。

既然我们不想曲意逢迎,那我们就不得不承认:德·雷纳夫人做了几套袒胸露臂的时装,更显得皮肤超群出众。她的身材美丽绝伦,穿了这身时装,真是相得益彰,令人神魂颠倒。

"您从来没有这么年轻,夫人。"从玻璃市来韦尔吉赴宴的朋友们都这样说。这是当地的一种恭维话。

说来叫人不相信,德·雷纳夫人这样关心穿着,并没有什么立竿见影的目的,她只是自得其乐,并且心无杂念,不是同孩子们和于连捉蝴蝶,就是同艾莉莎一起缝衣试样。她只回过玻璃市一次,那是要买牟罗兹的夏季时装。

她把表妹德维尔夫人带到韦尔吉来了。表妹是她从前在圣心修道院的同伴,结婚以后,她们的关系不知不觉地密切起来。

德维尔夫人听了她表姊所谓的傻念头,笑得很厉害,"我一个人怎么也想不出来。"她说。这些出其不意而来的念头,在巴黎会说成是妙语,在她丈夫面前,德·雷纳夫人会当作蠢话,羞得说不出口,但在德维尔夫人面前,她的胆却大了。她起先还是吞吞吐吐地谈她的思想,等到两位夫人单独在一起的时间越久,德·雷纳夫人就越谈越来劲,一个上午一刹那间就过去了,两个朋友都很高兴。这次来韦尔吉,通情达理的德维尔夫人发现她的表姊远不如从前快活,但却幸福多了。

而于连呢,来到乡下以后,他过的真正是儿童生活,和三个小学生同追蝴蝶,玩得不亦乐乎。受过这么多的拘束,又挨过这么多的整,现在只他一个人,男人看不见他,而德·雷纳夫人,他的本能告诉他用不着害怕,于是他尽情享受生存的乐趣,在他这个年纪,面对着世界上最美丽的山景,怎不乐而忘忧!

德维尔夫人一来,于连就觉得是来了一个朋友,他迫不及待地领她去沙子路尽头的大胡桃树下看风景。的确,这里的美景如果不说胜过瑞士和意大利的湖光山色,至少也可以相提并论。只要往前再走几步,开始爬上一个陡峭的山坡,不久就会走到橡树壁立,突出河上的悬崖。于连把两位夫人领到悬崖峭壁的顶峰。和她们共享这巍峨壮丽的景色,觉得乐趣倍增,他不只是幸福、自由,而且几乎可以说是成了天府的国王。

"对我说来,这简直是莫扎特的音乐。"德维尔夫人说。

他两个哥哥妒忌,父亲专横霸道,脾气又坏,使于连有眼睛也看不见玻璃市周围的乡村景色。到了韦尔吉,没有什么会引起痛苦的回忆,有生以来,他第一次在周围没有看见恨他的人。德·雷纳先生经常进城,那时他就可以放心读书,以前他只敢在夜里偷读,还要小心在意地把花盆翻过来做灯罩挡光,现在他夜里可以睡觉了。白天下课后,他就到悬崖上来读书,从书中找到行动的唯一准则,心旷神怡的无穷乐趣。读书使他幸福、入迷,失意时又给他带来安慰。

拿破仑说过的关于女人的话,在他统治下流行小说的功过是非,这些议论使于连大开眼界,他这才头一次知道了他的同龄人早就知道的一些看法。

炎热的日子来了。一到晚上,大家习惯于到门外几步远的一棵大椴树下去乘凉。树下是阴沉沉的。一个晚上,于连指手画脚,谈天说地,兴高采烈,尽情享受和年轻女人谈话的乐趣。德·雷纳夫人听得出神,手放在花园里漆过的木椅靠背上,于连谈话得意忘形,碰到了夫人的手。

她的手马上就缩了回去,但是于连心想:一个男人碰了一个女人的手,男人"义不容辞"的是:不能让女人把手缩回去。这个义不容辞的想法,使他觉得他没有尽到他的本分,甚至是闹了个笑话,或者不如说,引起了他的自卑感,于是,他刚才感到的乐趣一下就离开了他的心上,飞到九霄云外去了。

约翰·克里斯托夫(节选)

[法]罗曼·罗兰　著

第一卷　黎　明

白日降临前的黎明时刻,

你的灵魂还在体内酣睡……

《炼狱》第九歌

第一部

当潮湿的浓雾开始消散,

太阳软绵绵地显露……

《炼狱》第十七歌

江流滚滚,声震屋后。从天亮的时候起,雨水就不停地打在玻璃窗上。蒙蒙的雾气凝成了水珠,涓涓不息地顺着玻璃的裂缝往下流。昏黄的天暗下来了。房子里又闷又热。

新生的婴儿在摇篮里动来动去。虽然老爷爷进门的时候脱了木靴,他的脚步还是踩得地板咯咯作响:婴孩哭起来了。母亲把身子伸到床外,想让他不要哭;老祖父摸摸索索点着了灯,免得孩子怕暗。灯光照亮了约翰·米歇尔通红的老脸,又粗又硬的白胡子,要找岔子的神气,一双灵活的眼睛。他走到摇篮旁边。他的外套闻起来有一股潮味；脚上拖着一双大蓝布鞋。路易莎做了个手势，叫他不要过来。她的淡黄头发几乎白了；她的面目消瘦，绵羊般温顺的脸上有些雀斑；她的嘴唇很厚，但是没有血色，并且老合不拢，即使微微一笑，也显得畏畏缩缩；她怎么样也看不够似的盯着孩子——她的眼睛很蓝，迷迷糊糊，眼珠只是小小的一个圆点，却深藏着无限的脉脉温情。

孩子醒过来又哭了。他模糊不清的眼睛东溜西转。多么可怕！一团漆黑，突然而来的耀眼灯光，头脑里乱七八糟的错觉，周围的熙熙攘攘、压得他透不出气的黑夜，高深莫测的阴影，影子里恍惚射出了令人眼花缭乱的光线一般，蹦出了尖锐的感觉、痛苦、梦幻；这些大得吓人的面孔俯下身子来看他，这些眼睛穿透了他的身子，深入到他的心窝，而他却感到莫名其妙！……他没有气力叫喊；恐惧把他钉在摇篮里，一动不动，他睁大了眼睛，张开了嘴，喉咙里直喘气。他的大脑袋似乎肿了，皱起了奇形怪状、不堪入目的皱纹；他脸上和手上的皮肤褐里带紫，还有黄斑……

"老天爷！他长得多难看！"祖父用深信不疑的口气说。

他把灯放在桌子上。

路易莎像挨了骂的小姑娘似的撅起了嘴。约翰·米歇尔瞟了她一眼，笑了。

"你总不会要我说他长得好看吧？我就是说了你也不会相信。得了，这也不能怪你。娃娃都是这副长相。"

灯光和老爷爷的眼光把孩子吓呆了，好不容易才脱离了一动不动的状态。他又哭了起来。说不定是他从母亲的目光中，感到了对他的疼爱，怂恿得他吐苦水了。路易莎伸出手臂对爷爷说：

"让我抱抱。"

爷爷照例先发一通议论：

"孩子一哭，可不应该迁就。叫就让他叫去。"

但他还是走了过来，抱起孩子，唠唠叨叨地说：

"从没见过这么难看的。"

路易莎用发烧的双手接过孩子,抱在怀里。她不知所措地笑了一笑,却心醉神迷地瞅着他。

"哦!我的小宝宝,"她不好意思地说,"你多么难看,你多么难看,我多么爱你啊!"

约翰·米歇尔转过身来,走到壁炉旁边;他板着脸拨了拨火;但他一本正经、闷闷不乐的面孔掩盖不住内心的微笑。

"好媳妇,"他说,"得了,不要难过,他的日子还长着呢,会变好的。再说,难看又有什么关系?只要他做个好人,我们也就别无所求了。"

孩子一接触到母亲温暖的身体,立刻安静下来。听得见他扑哧扑哧咕咕噜噜地吃奶。约翰·米歇尔在椅子上稍微把头往后一仰,又郑重其事地说了一遍:

"做个正派的人,没有什么比这更好的事。"

他沉默了一会儿,考虑要不要把这个意思说得更清楚一点;但他再也找不到什么词儿好说,于是又沉默了片刻,才不自在地问道:

"你的丈夫怎么还不回来?"

"我想他是在戏院里,"路易莎畏畏缩缩地回答,"他要排演。"

"戏院已经关了门。我刚从门口走过。他又在说谎了。"

"不,不要老是怪他!也许怪我没听清楚。他说不定是讲课耽误了。"

"那也该回来了。"爷爷对解释并不满意地说。

他犹豫了一阵子,然后有点不好意思地低声问道:

"他是不是……老毛病又犯了?"

"不是,父亲,不是。"路易莎赶快回答。

爷爷瞧住她,她不敢看他的眼睛。

"你没有说实话,你在骗我。"

她悄悄地哭了。

"老天爷!"祖父叫了起来,踢了壁炉一脚。拨火棒喊哩哐啷掉到地上。母亲和儿子都吓了一跳。

"父亲,我求求你,"路易莎说,"不要把孩子吓哭了。"

孩子有几秒钟不知道如何是好,到底是哭呢还是吃奶;既然不能同时又哭又吃,他就照常吃奶不误。

约翰·米歇尔继续压低嗓门,但有时还是压不住火气,他说:

"我什么事得罪了老天爷,才生了这个酒鬼儿子?我这辈子节吃省用,累死累活,得了什么报应!……可是你呢,你,你怎么没法子拦住他呀?天啦!说来说去,这是你的本分啊。要是你能把他留在家里,唉!……"

路易莎哭得越发厉害了。

"不要怪我,我已经够难过的了!我尽了我的力。你哪里知道我一个人在家里多么害怕!我好像老听见他上楼的脚步声。于是我就等他推开房门,心里暗想:天啦!不知道他又醉成什么样子了?……一想起来,我就难过得要命。"

她一边呜咽,一边哆嗦。老爷爷觉得于心不忍了。他走到她身边,把她发抖的肩膀上掉下来的被子又拉了上去,用他的大手摸摸她的头:

"得了,得了,不用害怕,还有我呢。"

她想起了孩子,就不哭了,还勉强笑了笑。

"我不该说那些话的。"

老爷爷瞧着她,摇了摇头:

"可怜的小媳妇,我给了你一个丈夫,可叫你吃不消了。"

"这都怪我自己,"她说,"他本不该娶我的。现在他也后悔了。"

"他有什么可后悔的?"

"这你还不知道?你自己本来也不高兴要我这个媳妇。"

"过去的事就不必提了。你说的倒也是事实。我当时是有点难过。一个像他这样的男人——我这么说也不会叫你脸红——精心培养出来的、出色的音乐家,名副其实的艺术家——他本来可以另外攀一门亲事,而你却一无所长,门不当,户不对,又不是搞我们这一行的。克拉夫特家娶一个不懂音乐的媳妇,这是百年不遇的怪事!——不过话又说回来,你当然知道我并不怪你,认识了你以后,我对你还有了感情。再说,生米已经煮成熟饭,何必翻什么老账?只要你老老实实尽本分也就算了。"

他转过身来坐下,歇了一会,郑重其事地像要发表什么警世名言似的说道:

"人生在世,头等大事就是要尽本分。"

他等待不同的意见,向壁炉里吐了一口痰;然后,母亲和孩子都没有反对的表示,他还想说下去,但说不出——就打住了。

他们两个都不再说话。约翰·米歇尔坐在壁炉旁边,路易莎坐在床上,两个人闷闷不乐地各想各的心事。老爷爷口里说得好,心里一想起儿子的婚事就不好受。路易莎也在想这桩事,她老是怪自己,虽然这并不是她的错。

她本来是个女用人,居然嫁了约翰·米歇尔的儿子梅希奥·克拉夫特,使每个人,尤其是她自己,都觉得大出意外。克拉夫特父子虽然不是有钱人家,但在莱茵河畔的小镇还是大家看得起的人物,老爷爷在镇上成家立业,差不多有半个世纪了。父子两人是世代相传的乐师,是科隆到曼海姆这一带音乐界的知名人士。梅希奥是宫廷剧院的提琴手;约翰·米歇尔从前还在大公爵的宫廷音乐会上当过指挥。老爷爷觉得梅希奥的婚事有辱门庭,辜负了他对儿子的莫大期望,原来他自己没有成名,所以把成名的厚望都寄托在儿子身上了。不料儿子一时冲动,却使他的奢望全落了空。因此,他先是大发雷霆,把铺天盖地的咒骂都泼在梅希奥和路易莎身上。但他到底是个好人,等到了解媳妇之后,就又原谅了她;甚至自以为对她有了慈父般的感情,不过他的情感一发作,却老叫人下不了台。

没有人搞得清楚梅希奥是怎样攀上这门亲事的——梅希奥本人更不清楚。当然他不是看中了路易莎的漂亮。她一点也不动人:个儿矮小,脸色苍白,身子单薄;跟梅希奥和约翰·米歇尔一比,更是出乖露丑。他们两个又高又大,脸红腰粗,拳头硬邦,能吃能喝,笑声震天。她给他们压得抬不起头来;没有人把她看在眼里;她自己更是知趣,尽量销声匿迹。如果梅希奥心地好,还可以说他是把路易莎的朴实看得比别的条件更重,但他却是个最重虚荣的人。像他这样的男子汉，要漂亮有漂亮，而且自命不凡，也不是没本领，大可高攀一个有钱人家的千金，甚至不妨——谁说不行？——像他吹嘘的那样，勾引个把大户人家的女弟子，谁想得到他却突然心血来潮挑了个穷人的女儿，既没受过教育，又不好看，还没追求过他……这真是咄咄怪事！

但是梅希奥是这样一种不寻常的人，做起事来总是和大家的期望，甚至和自己的期望背道而驰。并不是他不知道——俗话说得好，知错不改才是双料的傻瓜……他自作聪明，以为见风使舵，万无一失，稳达目标。但他没把舵手的主观因素算进去；他没有自知之明。他不知道舵手往往心不在焉，让舵自行其是，而舵偏偏又喜欢搞鬼捣乱，和舵手作对。船一放任自流，就会一直朝着暗礁冲去；于是自作聪明的梅希奥就娶了个厨娘。在确定终身大事的那天，他既没有喝醉，也不糊涂，但并没有热情冲动：还差得远呢。唉！说不定我们身上除了理智、心灵、感觉之外，还有些神秘的力量，善于钻其他力量的空子，见缝插针，自作主张；说不定梅希奥就是在路易莎苍白的眼珠子里看到了这些神秘的力量，所以那天晚上他在河边碰到了这个年轻姑娘，同她一起坐在芦苇丛中，她畏畏缩缩地望着他——他也不知道怎么搞的——就和她订下终身了。

刚一结婚，他就发现自己做了冤大头。在可怜的路易莎面前，他也毫不隐讳地发牢骚，她却总是低声下气地赔不是。好在他并不是存心和她过不去，发发牢骚也就算了；但过不了多久，一到朋友中间，或者是给有钱的女学生上音乐课时，看到她们的态度变矜持了，他校正她们的指法，她们碰到了他的手也不再颤抖了，他又不免后悔起来。于是他一回家，脸色就不好看，路易莎一眼就看出了他的怨气，虽然习以为常了，心里还是难受；有时他干脆在酒店里消磨时光，自我陶醉，或者怂恿别人而自得其乐。这种时候，他深夜才回家，并且哈哈大笑，在路易莎听来，笑声比话里带刺还更刺耳，比无声的埋怨还更痛苦。她觉得自己对他的放荡无度也要负一点责任，因为家里的钱越来越少，她的丈夫也越来越不通情达理，所遗无几的本钱都消耗殆尽了。梅希奥越陷越深。他只是个中等人才，人到中年,本来应该加倍努力,发挥自己的长处,他却放任自流,顺着下坡路滑了下去;结果,别人就取而代之了。

不过,这和无名的神秘力量有什么关系呢? 它把梅希奥和金发厨娘一撮合,就完成了任务;小约翰·克里斯托夫刚刚在世界上落了脚,这就是命中注定的吧。

天完全黑下来了。老约翰·米歇尔正坐在壁炉前想着过去和现在不称心的事,想得迷糊了,路易莎的声音使他醒了过来。

"父亲,时间已经晚了,"年轻的媳妇亲切地说,"你该回去了吧,你要走的路还不近呢。"

"我要等梅希奥。"老爷爷答道。

"不,我求你了,我看还是不等的好。"

"为什么?"

老爷爷抬起头来,目不转睛地看着她。

她不回答。他又接着说了:

"你说你害怕,怎么又不要我等他?"

"唉! 我怕是怕,但你在这里会把事情搞得更糟,你自己也会生气,那何苦呢? 我求你还是回去吧!"

老爷爷叹了一口气,站起来说:

"也好,那我走了。"

他走到床边,用他那锉子般的硬胡子在她的脑门上刷了一下;问她是不是还缺什么,又把灯光捻小。房间一暗,他走的时候还撞了几张椅子。但他刚一走上楼梯,就想起了他的儿子喝醉了酒怎么回来,于是他走一步停一步;想象着儿子一个人回家多么危险……

在床上,在母亲身边,孩子又乱动了。一种说不出的痛苦从小生命的内部向外迸发了。他使劲顶住。他扭着身子,捏着拳头,皱着眉毛。痛苦越来越大,虽然不声不响,但肯定不会放松。他说不出这是什么痛苦,要发展到什么地步。他只觉得痛苦无边无际,没完没了。于是他难过地哭了起来。母亲温柔地用手抚摩他。痛苦立刻不那么厉害了。但他还是在哭;觉得痛苦总是在他身边,在他体内——大人知道痛苦是从哪里来的,所以有法子减轻痛苦,可以在思想上把痛苦局限在身体的某个部位,那就好治疗了,必要时可以连根拔掉;他可以划定痛苦的范围,把它隔开。孩子可不知道这套自己骗自己的法子。头一次碰到痛苦更厉害,更难受。痛苦就像他自己的生命一样漫无边际,似乎在他胸中安营扎寨,在他心中扎下了根,成了他皮肉的主宰了。的确是这样:痛苦如果不把他的肉体啃得一干二净,是绝不肯善罢甘休的。

母亲紧紧把他抱在怀里,用小孩的话说:

"好了,好了,不要哭了,我的小宝贝,我的小金鱼……"

他老是断断续续地哭哭啼啼。人家会以为这一堆既无意识、又没成形的可怜巴巴的肉体,已经预感到了他命中注定的坎坷生涯。因此,无论怎样他也静不下来。

圣·马丁教堂的钟声划破了夜空。声音沉重迟缓,穿过雨水润湿了的空气,就像在苔藓上的脚步声。孩子正在呜咽,忽然一下不哭了。奇妙的音乐温柔地流过他的胸中,好像一道乳流。黑夜放出了光明,空气显得亲切而温暖。他的痛苦消失了,他的心笑了起来,他从容地吐了一口气,就溜进了睡梦之中。

三口钟继续平静地奏鸣,宣告明天节日的来临。路易莎也一面听着钟声,一面回想如梦的苦难历程,同时幻想着睡在自己身边的爱儿将来会成为什么人。她在床上已经躺了几个小时,又疲倦,又难受。她的手和身子都在发烧;羽绒被压在身上也嫌沉重;她甚至觉得黑暗压得她遍体鳞伤,闷得透不出气来;不过她连动都不敢动一下。她瞧着孩子;在昏暗的夜色中,她还是看得出孩子的面孔显老了……她到底斗不过瞌睡,发烧时会看到的形象在她的脑子里跑马。她以为听到了梅希奥开门的声音,心不由得怦怦跳。有时,滔滔江水声在一片寂静中显得更响,好像野兽的号叫。雨打玻璃有如手指落在琴键上,响个一声两声。大钟的奏鸣曲越来越慢,最后变得无声无息;而路易莎也在她的儿子旁边睡着了。

这时,老约翰·米歇尔站在门外雨中,胡子给氤氲的水汽沾湿了。他在等他荒唐的儿子回来;因为他的脑子总在胡思乱想,不断地对他讲酗酒造成的祸事;虽然他并不信,但今夜要是不见到儿子回家,自己就是回去也睡不着一分钟的。钟声使他感到非常忧郁,因为他想起了烟消云散的希望。他问自己深夜站在街头,所为何来。他感到惭愧,不禁哭了。

时光的洪流缓慢地滚滚向前。白日和黑夜永恒地此起彼伏,宛如汪洋大海中的潮汐涨落。一周,一月,旧的才去,新的又来……每一天都像是同一天。

漫长的、沉默的日子,只看得见光和暗的循环交替,只听得见摇篮中浑浑噩噩的小生命在睡梦中呼吸的均匀节奏——每一天、每一夜都带来了小生命的迫切需要,痛苦的或快乐的需要,来得这样及时,似乎是他的需要带来了白天和黑夜。

生命的钟摆沉重地摇来摆去。小生命整个沉浸在钟摆缓慢的脉搏中。此外,一切都是梦幻,支离破碎、不成形状、乱七八糟的梦,或者是盲目飞舞的一片原子尘埃,或者是令人头昏目眩、哭笑不得的一阵旋风。还有喧哗、乱影、丑态、痛苦、恐怖、笑声、梦幻,梦幻……一切都是梦幻……而在这一片混乱中,也有对他微笑的友好目光,还有母体的乳汁在他全身循环而涌起的欢乐暖流,还有不知不觉地在他体内从小变大,积少成多的生命力,还有婴儿的身体这个狭窄的监牢禁闭不住的汹涌奔腾的汪洋大海。在他身上可以看到隐蔽在黑暗中的世界,正在形成的星云,正在酝酿中的宇宙。小生命是不可限量的。生命就是存在的一切……

岁月流过去了……回忆的岛屿开始在生命的长河中升起。先是一些若隐若现的小岛,一些昙花一现、浮出水面的岩礁。周围,在熹微的晨光中,平铺着波平浪静的一片汪洋。然后,又是一些阳光染成金色的新岛。

从灵魂的深渊里,浮现了一些形象,清楚得令人惊奇。漫无边际的日子周而复始,节奏单调而有力,其中有些日子开始手牵着手,前后衔接起来了;有的笑容满面,有的愁眉苦脸。但时光的连环图画经常中断,而回忆却能超岁月,把往事连成一片……

江流滚滚……钟声当当……只要他有记忆——无论时间过去了多久,无论现在是什么时刻——他一回忆,总会听到深深印刻在心里、熟悉而又亲切的江声、钟声……

夜里……他半睡半醒……一道暗淡的光线照白了窗玻璃……江流滔滔。在一片寂静中,江水的声音越来越大,似乎无所不在地统治着万物。有时,江声抚摩得万物入睡,连江本身也在波浪的安眠曲声中,几乎昏昏欲睡了。有时,江中怒涛澎湃,好像一头要咬人的疯狗。等咆哮一停,那时又是无限温柔的潺潺水声,像银铃般嘹亮,像铜钟般清脆,像儿童的欢笑,像轻歌曼舞的音乐。伟大的母亲的声音,是永远不会入睡的!她催着孩子入眠,就像千百年来一直抚慰着一代一代的儿女从生到死一样;声音渗透了孩子的思想,滋润了他的美梦,用流动的乐声织成了外套,穿在他的身上,现在还保护着他,直到他安眠在莱茵河畔的小公墓里……

钟又响了……天破晓了!钟声互相呼应,如怨如诉,友好平静。缓慢的钟声里,飞出了模糊的梦、往事、欲望、向往、对先人的怀念——孩子虽然没有见过先人,但他却是先人的一部分,因为他曾在先人体内存在过,而先人现在又要借他的肉体再生——几世纪的回忆在钟声中回荡。多少悲伤,多少喜庆!——而在室内听来,仿佛看到美丽的音波在清新的空气中荡漾,自由的飞鸟在翱翔,和暖的春风在飘香。一角青天对着窗口微笑。一道阳光穿过窗帘溜到床上。孩子的眼睛看惯了的小天地,每天早晨醒来在床上看到的一切,他费了吃奶的气力才开始认得清、叫得出、用得上的东西——他的小小的王国亮堂起来了。瞧,有吃饭用的桌子,有他捉迷藏用的壁橱,有他爬来爬去的菱形砖地,有会扮鬼脸讲笑话或恐怖故事的墙纸,有讲得叽里呱啦除了他没人懂的时钟。这间房子里有多少东西啊!连他还认不全呢。每天,他都要去发现他的新大陆:——这里的一切都是他的——没有什么东西和他没有关系,人也好,苍蝇也好,都有同等价值,一切地位平等:小猫,壁炉,桌子,甚至在阳光中飞舞的灰尘。房间就是一个国家;一天就是一生。在这辽阔的空间,怎么认得出什么是自己的呢？世界这样广大！人怎能不晕头转向？这些面孔、手势、动作、响声，永远在他周围旋来转去……他看累了，闭上眼睛，就睡着了。甜蜜的酣睡会突然降临到他身上，随时随地，不管他在哪里，在母亲的膝头，或是在他喜欢藏躲的桌子底下！……多好啊！多舒服……

　　这些最初的日子在他头脑里闹哄哄的，好像一块大风吹动、云影掠过的麦田。

　　阴影消失，太阳升起。克里斯托夫又开始在白天的迷宫中找到了路。

　　早晨……父母还在睡觉。他仰面躺在小床上。他瞧着在天花板上跳舞的光线。真是乐趣无穷。有时，他高声笑了起来。孩子的憨笑听得叫人开心。母亲伸出上半身来问他："你怎么啦，小淘气？"那时他笑得更厉害了，也许正是因为有人听，本来不笑也得勉强笑笑呢。于是妈妈装出认真的神气，把手指放在嘴唇上，叫他不要吵醒了父亲；不过，她疲倦的眼睛不由得也笑了。母子俩悄悄说着话……忽然听到父亲生气的抱怨声。他们俩都吓了一跳。妈妈赶快转过身去，像个做错了事的小姑娘，假装睡了。克里斯托夫也钻进他的小被窝，不敢出气……死一般的寂静。

　　过不了多久，缩进了被窝的小脸又伸了出来。屋顶上，定风针转得吱吱响。屋檐在滴水。早祷钟响了。东风一吹，河对岸村子里的钟声还会遥相呼应。麻雀成群，在长满了常春藤的墙头上叽叽喳喳叫，叫得人心烦，就像一伙孩子在闹着玩一样，总有三四只麻雀，而且老是那三四只，叫得比别的麻雀更响。一只鸽子在烟囱顶上咕咕叫。孩子仿佛听到了摇篮曲，摇着摇着，他也轻轻地哼了起来。不料他哼的声音由低到高，越来越响，最后气得他的父亲骂道："这只小驴驹子老是不肯安静！等我来扭你的耳朵！"于是孩子又钻进被窝，不知道是该笑还是该哭。他吓怕了，但叫他做"小驴驹子"，又使他要扑哧笑出来。他就在被窝里学驴子叫。这一下他可挨了打。他肚子里的眼泪都要哭出来了。他做了什么错事呢？只不过是想笑、想动而已！但偏偏不许他动。怎能老是睡觉呢？什么时候才能起来啊？……

一天，他再也忍不住了。他听见街上有只猫，有只狗，有什么好玩的东西。他溜了下来，光着小脚丫踢踢踏踏地在砖地上走，他想下楼去看一看；但房门是关着的。他要开门，就爬上椅子；椅子倒了，他跌得很痛，哭了起来；更倒霉的是，他又挨了一顿打。他总是挨打的！……

他跟着祖父上教堂。他觉得不好玩。他感到不自在。人家不许他动，大家一起说些他听不懂的话，然后又一起不做声了。他们都板着脸，一副苦相。他瞧着他们都害怕。老利娜是他家的邻居，坐在他的旁边，显得脾气不好；有时，他连自己的祖父也认不出了。他有点怕。后来他习惯了，就想尽了一切法子来出闷气。他摆动身子，仰起脖子看天花板，做做鬼脸，扯扯祖父的衣角，研究椅子上的草垫，想用手指头挖一个洞，听鸟叽叽喳喳地叫，呵欠打得几乎下巴都要掉了。

忽然，瀑布般的声音倾泻而下：风琴响了。他的背脊从上而下颤抖起来。他转过身子，把下巴搁在椅子背上，变得非常乖了。他不懂得这是什么声音，也不知道这有什么意思：只是觉得眼睛一亮，头脑在转，什么也分不清。不过这多好听！仿佛一个钟头以来，他不是待在一座陈旧得令人厌恶的房屋里，坐在一张很不舒服的椅子上。他是悬在空中，像只飞鸟；声音的洪流洋溢在教堂的前后上下，充满了圆形的屋顶，又从四面的墙壁上反溅回来，听得人心醉神迷，随风飞舞，东西飘荡，只要放任自流，人就可以自由，人就可以快乐，到处一片光明……他迷迷糊糊入睡了。

老祖父对他不满意，说他做弥撒不规矩。

他在家里，坐在地上，双手扳住双脚。他刚刚决定了把草地毯当条船，把方砖地当条河。他相信一走出地毯就会淹死。别人不理会他那一套，随便在砖地上走来走去，他觉得很奇怪，并且有点恼火。他拉住母亲的裙角说："你看，这里是水。应该从桥上走。"——他说的桥是指两排红色方砖之间的一道沟——母亲没有理他，还在砖地上走。他生气了，就像一个剧作家在作品演出时看见观众谈天一样。

过了一会，他自己也忘了。砖地不再是海水，他伸手伸脚躺在上面，下巴搁在砖上，哼着自己编的调子，一面流着口水，一面吮大拇指，吮得挺带劲的。他出神地瞧着砖地上的一条裂缝。方砖裂得像个鬼脸。有个看不清的小洞也变大了，变得像个山谷；周围的泥土却成了山。一条百足虫爬过来，大得像一只象。天上即使打雷，孩子恐怕也听不见了。

没有人管他，他也用不着别人。甚至草地毯做的船，方砖上的洞穴和奇禽怪兽，有没有都不要紧。他自己的身体就够好玩的了！他可以花几个钟头瞧着指甲，发出笑声。指甲也都面貌不同，像他见过的人。他要指甲互相谈话，跳舞，打架——身上还有别的呢！……他继续察看属于他的一切，多少令人惊奇的东西啊！有些东西真古怪，他瞧得忘记了一切。

有时，他冷不防给逮住了，那就有他好看的。

有些日子，他趁母亲没工夫管他的时候，溜了出去。开始，母亲还追他，抓他回来。以后，她也惯了，就随他一个人走去，只要不走得太远。他家在城乡交界的地方，几乎一走出去就到了乡下。只要他还看得见窗子，他就稳稳当当地一小步一小步向前走，偶尔也一只脚跳几步。但一等到转了弯，有小树丛挡住了窗口的视线，他马上就改变了主意。他站住了，手指放在嘴里，开始要自己给自己讲故事；因为他的故事多着呢。当然那些故事都差不多，每个故事也只有三四行。于是他来挑选。通常他接着头一天的故事讲，或者从头来过，讲法有点不同；但是只要他随便听到一件事或一句话，他的思想就跑上了一条新路。

新路子多的是，随时随地都有。你想象不到只要一块小木头，一根断树枝，他就能变出多少新鲜玩意儿来，而断树枝在篱笆上有的是，即使没有，也可以折一根。树枝成了仙女的手杖。如果它又长又直，那可以做一根长矛或者一把长剑；只要挥舞树枝，就会杀出千军万马。克里斯托夫成了将军，身先士卒，做出榜样，冲上山坡，攻击敌人。如果树枝柔软，那又可以做条鞭子。克里斯托夫挥鞭上马，跃过悬崖峭壁。有时马失前蹄；骑士跌倒在沟里，只好尴尬地瞧着自己弄脏了的双手和擦破了皮的膝盖。

如果树枝很小,克里斯托夫就用它做乐队的指挥棒,他自己既是指挥,又是乐队;他指手画脚,又开口唱歌,然后,他向小树丛行礼,微风一吹,绿树也向他点头了。

他也用树枝做魔术师的魔杖。他大步在田里走,眼睛望着天,挥舞着胳臂。他向云发命令:"我要你向右去。"——云偏偏向左飞。于是他就骂云,重新发出命令。他眼急心跳,偷偷看是不是总有一小块云会听人的话;云还是不声不响地照旧往左飞去。于是他跺起脚来,用魔杖威吓云,生气地命令云向左去:这一回,云居然听话了。他又高兴,又骄傲,以为自己真有本领。他用魔杖碰碰花,要花像童话中说的那样变成金色马车;虽然这是从没有过的事,但他相信只要有点耐性,没有什么做不到的。他捉到一只蟋蟀,要它变马:他把魔杖轻轻放在蟋蟀背上,念起咒来。蟋蟀跑了,他就挡住去路。过不多久,他又俯卧在地上,看着身边的蟋蟀。这时,他忘了自己是魔术师,把可怜的蟋蟀弄个仰面朝天,扭来扭去翻不了身,自己却笑了起来。

他还会搞发明创造,把根旧绳子绑在他的魔杖上,认真地抛进河里,等鱼来咬。他明知鱼不会咬既没有钓饵、也没有钓钩的绳子;但他却异想天开,以为鱼会看在他的分上破一次例;他的信心十足,取之不尽,用之不竭,居然想到在街上拿根鞭子穿过下水道的格子盖去钓鱼。他等不了一会儿就心情激动,觉得这一回绳子重了点,一定可以像他祖父讲的故事那样,从下水道里钓上什么宝贝来……

在玩游戏的当儿,他有时会如梦如幻,忘了一切。周围的都视而不见,他不知道他在做什么,甚至忘了自己的存在。这时刻是突如其来的。有时在走路,有时在上楼,忽然一下眼前出现一片空虚……脑子里空空洞洞,一无所有。等他恢复过来,发现自己还是在原来的地方,在阴暗的楼梯上,他又茫然若失了。他恍惚过了一辈子——其实只上了几步楼梯。

晚上,祖父常带着他散步。孩子拉住老人的手,在他身边小步跑着。他们顺着路走,穿过耕了的田地,田野的味道很足,很好闻。蟋蟀唧唧地叫。大乌鸦的侧影斜投在道路上,远远地看着他们走近,就拍拍笨重的翅膀飞走了。

祖父轻轻咳了两声。克里斯托夫知道这是什么意思。老爷爷想要讲故事,不吐不快,但是要孩子求他讲。克里斯托夫不会错过机会。他们两个心照不宣。老爷爷非常喜欢小孙子;有个乖乖听他讲故事的小孩,是他的一乐也。他爱讲自己亲身的经历,或者是古今大人物的故事。他会越讲越来劲,从他发抖的声音可以听得出他自己先感动了;他高兴得有如返老还童一般,压也压制不住。他自讲自听,自得其乐。可惜话到嘴边,他却忘了词儿。不过他对遗忘倒也习惯了;每逢话说到兴头上,遗忘就会卷土重来。好在他并不记得自己多么健忘,所以老也不会下决心不再讲了。

他讲起古罗马执政官雷古卢斯,日耳曼人的领袖阿米奴斯,德国吕佐夫将军的轻骑兵,行刺拿破仑大帝的弗雷德里克·斯塔普斯。他讲到惊心动魄的英雄事迹,讲得容光焕发。他一本正经地说些历史名词,说得谁也不懂;他还在紧张关头卖关子,惹得小听众发急,却自以为得计;他突然打住,假装透不出气来,大声地擤鼻涕;孩子急得用哽住了的声音问他:"后来呢,爷爷?"他简直心花怒放了。

等到克里斯托夫长大了一点,懂得了祖父那一套;他就故意装出对听下回分解并不在乎:这可使老爷爷难过了——不过目前,他是全神贯注听故事的。听到戏剧性的关头,他的心跳得更快了。他也不太清楚故事讲的是什么人,这些光辉事迹发生在什么地方,什么时间,祖父是不是认识阿米奴斯,他甚至莫名其妙地猜想:雷古卢斯是不是上个星期天在教堂里看到的那一个人。不过他和老爷爷都给英雄事迹激动得心潮澎湃,并且引以为傲,仿佛那是他们自己的所作所为;因为一老一小,已经难分彼此,都成孩子了。

祖父正讲得动听的时候,忽然插上一段老生常谈,克里斯托关听得可不带劲。祖父的插话总是道德教条,总是劝人为善,但是讲过不止一次,如"柔能克刚"——或者是"荣誉重于生命"——或者是"善比恶好"——可惜总是讲不清楚。祖父不怕小听众的批评,照常夸大其词;他不在乎重来复去,说话只说半句,甚至忘了说到什么地方,于是想到什么就说什么,信口开河,前言不对后语,把话来填满时间的空缺;他还比手画脚,表示说的话重要,结果却适得其反。孩子恭恭敬敬地听着,觉得祖父很有口才,可惜不太讨人喜欢。

他们两个都爱反复谈拿破仑神奇的传说,谈这个征服过欧洲的科西嘉人。祖父见过他,还几乎和他打过仗。不过他承认对方伟大,并说假如这个伟人生在莱茵河的德国这一边,就是打断了他一只胳臂,他也不在乎。但是天意偏偏要他生在莱茵河的法国那一边;他虽然佩服他,也只得和他打仗——这就是说,几乎和他打了一仗。当时拿破仑离他只有十古里,祖父这一小队人马正开去迎敌,到了森林中忽然兵荒马乱,大家边跑边叫:"我们中计了!"祖父讲道:他怎么也阻挡不住这些未战先逃的残兵败将,哭呀,骂呀,都不顶事;他自己反被这股人流卷走,第二天一看,已经远远离开了战场——所谓战场,就是未开一枪、已打败仗的地方——不过克里斯托夫却心醉神迷,急着要听打胜仗的大英雄是如何南征北战的。他仿佛身入其境,目睹拿破仑身后的千军万马,齐声高呼"万岁!"只要皇帝一挥手,军马就如风卷残云,横扫敌人。这当然只是个神话。祖父又添油加酱,讲得更加好听,拿破仑怎样征服了西班牙,还几乎征服了势不两立的英国。

有时,老克拉夫特讲得忘乎所以,不免把满腔的怒火发泄在大英雄的头上。那是他的爱国心觉醒了,他讲拿破仑打败仗时更加得意扬扬,讲他打胜仗时却不眉飞色舞。他讲耶拿的败仗讲不下去,就对着河挥动拳头,不屑地口沫横飞,说些不失身份的骂人话——他还不至于气到说粗话的地步——他叫拿破仑做坏蛋、野兽、不道德的人。如果这些话的目的是在儿童心里树立正义感,那恐怕就要落空了,因为儿童的逻辑非常可能得出的结论是:"如果这样一个大人物都不道德,那道德有什么要紧呢!而头等重要的大事,是做一个大人物呀。"老爷爷哪里猜得到,小孙子在他身边小步跑着,小脑子里想的却跑得离他很远了。

他们两个都不说话,回味这些奇妙的故事,各有各的乐趣——但是在路上,祖父会碰到资助过他的贵人也在散步。那时,他就不知道要站多久,鞠躬到地,说些卑躬屈膝、过分恭维的客套话。孩子不知道为什么,听得脸都红了。其实,祖父打心眼里尊敬那些"飞黄腾达"、有权有势的人物;他热情洋溢地谈到故事中的英雄,可能只是因为他们比别人更加青云直上,地位爬得更高。

天气很热的时候,老克拉夫特坐在树荫下,不消多久就打盹了。那时克里斯托夫坐在他身边,不是在一堆滚动的石头上,就是在一块界石上,或是在什么古里古怪、很不舒服、高出地面的位置上;他摇晃着两条小腿,口里哼哼唧唧,心里胡思乱想。要不然,他就朝天躺着,看着飞跑的云;云看起来像牛,像巨人,像帽子,像老太婆,像一大片风景。他低声对云说话;他担心小云被大云吞掉;他怕黑得几乎变蓝的云,怕云跑得太快。在他看来,云在生活中占了一大片地方;他很奇怪,祖父和母亲都没有注意。假若云要做坏事,那一定很可怕。幸亏云飘过去了,和和气气的,形状有点奇怪,但是都没住。孩子到底看得太久,有点头晕,两脚乱蹬,两手乱动,好像要从天上掉下来了。他的眼皮眨个不停,瞌睡终于战胜了他。……一片寂静。树叶在阳光下微微震动、哆嗦,淡淡的雾气在空中消散,拈花惹草的苍蝇飞来飞去,发出风琴的嗡嗡声;熏风吹醉了的蟋蟀高兴地叫得刺耳;一切都静下来了。……在蔽日的叶丛下,绿色啄木鸟的魔嘴啄不破这片浓荫。在远处,在平原上,听得见一个乡下人吆喝牛的声音,在白色的大路上响起嘚嘚的马蹄声。但克里斯托夫的眼睛却闭上了。在他身旁,一只蚂蚁爬上横在沟里的一根枯枝。他没有察觉……仿佛过了几个世纪。他醒了过来。蚂蚁还没有爬完短短的枯树枝。

有时祖父睡得太久;脸显得僵硬,鼻子拉得更长,嘴张得很大。克里斯托夫看了,不免惊慌不安,不知道祖父的头会变出什么怪模样来。于是他高声唱歌,想把祖父叫醒,或者索性从石头堆上滚下来,发出了稀里哗啦的响声。有一天,他想出了一个花招,把几根松针撒在祖父脸上,骗他说是树上掉下来的。老爷爷信以为真;克里斯托夫开心得暗笑。他自以为得计,正要故伎重演;不料他刚刚举起手来,就见祖父瞪大了眼睛望着他。这下可坏了事:老爷爷是不开玩笑的,不答应人家对他失敬;因此,他有一个多星期不理睬孙子。

路越坏,克里斯托夫越觉得美。每块石头的位置对他都有意义;他记得哪一块在什么地方。车轮压得高低不平的轨迹在他看来等于地形的起伏,几乎和陶努斯山脉可以类比。他脑子里有张地形图,图上画着他家周围两公里以内路面的坑坑洼洼。因此,只要他稍微改动一点定了型的小沟,他那股得意的劲儿,简直不下于一个工程师和他的全班人马;如果他用脚后跟踩平了一块干泥巴的尖头,并且用碎泥填满了下面的一个小坑,他就认为自己这一天有所作为。

有时,路上碰到一个乡下人赶马车走过。如果是祖父认识的,老少二人便上车坐在他旁边。车上真是人间天堂。马一直往前飞跑,克里斯托夫一直开心得笑,若不是碰到过路的人,他决不会装出一本正经、满不在乎的神气,好像是出门坐惯了车的人一般;其实,他心里得意扬场。祖父只顾和马车的主人谈话,管不上孩子。他蹲在他们的膝盖之间,给他们的大腿夹痛了,几乎坐不下来,往往是没有座位,但他却快活得不得了;一个人高声自言自语,根本不管人家搭不搭理。他瞧着马的耳朵摆动。马耳真是怪物!前后左右动个不停,十分滑稽,他不禁发出了阵阵笑声。他捏祖父的腿,要他看看。祖父没有兴趣,就把克里斯托夫的手推开,叫他不要闹。克里斯托夫心里仔细想着事;他以为人一长大,就不会大惊小怪了,人有本事,就什么都会知道了。于是他也想尽快长大,也想掩盖自己的好奇心,装出不在乎的样子。

他不再开腔了。车轮滚滚的声音使他昏昏沉沉,要打瞌睡。马颈圈上的铃铛在跳舞,叮叮丁当当。音乐也在空中起舞了,围着银铃飞来飞去,好像一群蜜蜂,随着马车前进的节奏,摇摇晃晃;铃铛有唱不完的歌,一支接一支。克里斯托夫觉得歌声好听。有一支歌特别美,他要引起祖父注意,就高声唱了起来。祖父仿佛没有听见。他又再唱一遍,声音更高了——接着还唱一次,简直是在喊叫——气得老约翰·米歇尔对他说:"咳!你还有没有完!你的破锣嗓子吵死了!"——这当头一盆冷水浇得他出不了气;他羞得连鼻子都红了,无可奈何,闭上了嘴。他打心眼里瞧不起这两个老糊涂,居然听不懂他这高超的歌声,他的歌可以打开天堂的大门啊!他觉得他们很丑,胡子八天没刮,身上气味难闻。

他要消愁解闷,只好望着马的影子。这看起来又是一件怪事。这头黑黑的牲口怎能侧身躺在路上跑呢?到晚上回家的时候,影子大得遮住了一大块草地;碰到一个草堆,影子的头会爬上去,草堆一过,头又回到地上;马的影子拉得老长,好像一个吹爆了的气球;耳朵又大又尖,简直是一对蜡烛。难道这真是个影子吗?还是别的什么活东西呢?克里斯托夫要是一个人碰到它,恐怕要吓坏了。他决不敢跟着跑的,像跟着祖父的影子那样,还在影子头上踩几脚——夕阳西下的时候,树的影子也引起了他的思考。一排树影成了横在路上的栏杆,看来鬼头鬼脑的,阴沉可怕,奇形怪状,挡住去路说:"不许走了!"嘎吱响的车轴和踢哒响的马蹄也互相呼应:"不许走了!"

祖父和车夫谈起天来没完没了,一点不累。他们的嗓门提得很高,尤其是谈到本地的大事,或是损公肥私的勾当。孩子不敢胡思乱想了,忐忑不安地瞧着他们。他以为他们双方都生了气,怕他们两个会打起来。哪里晓得他们都是动了公愤,谈得正投机呢!即使他们并不气愤,甚至一点也不激动,只是谈到无关紧要的小事,他们也扯开嗓门大叫大喊,仿佛为叫喊而叫喊似的,老百姓能够发泄发泄,也就是一种乐趣了。但克里斯托夫听不懂他们谈的话,只听见他们的粗声大气,看见他们横眉怒目,他着急地想:"他好凶啊!他们一定互相仇恨。瞧他怎样转着眼睛!看他的嘴张得多大!他一生气,口水都吐到我脸上来了。天啦!他会打死祖父的……"

车子停了。乡下人说:"你们到啦!"两个死对头握握手。祖父先下车。乡下人把孩子递给他,然后抽了马一鞭子。车走远了;祖孙两个又回到了莱茵河畔凹下去的小路口。太阳沉进田里。蜿蜒的小路和河水差不多一般高。葱茏茂密的软草在脚下发出窸窣的声音。几棵桤树一半淹在水里,俯视着河上的倒影。小苍蝇像一片乌云,在旋转飞舞。一条小船随着平静的流水,不声不响地大步前进。水波吮着垂柳的枝叶,发出了嘴唇的接碰声。暮色苍茫,空气清新,河水闪烁着银灰色的光辉。他们一回到家,蟋蟀就叫了起来。一进门槛,妈妈就笑脸相迎……

啊,美好的回忆,温存的形象,有如和谐的音乐,会使人魂牵梦萦,终生难忘!……后来在人生旅途中看到的名胜古迹,汪洋大海,梦里风光,情人丽影,在心灵中留下的印象,怎么也不如这童年的漫游清楚,甚至比不上小嘴贴着窗子,鼻息弄湿了玻璃时,模模糊糊看到的一角花园……

现在,是家里关门闭户的黄昏时分了。家——是一个庇护所,能够挡住一切可怕的东西:阴影,黑夜,恐惧,无以名状的怪物。任何含有敌意的东西都不能跨越家门一步——炉火熊熊。烤成金黄色的大鹅滑溜溜地在铁杆上转动。油淋淋的脆皮,软绵绵的酥肉,使得满屋子都香味扑鼻。美食的快乐,无比的幸福,宗教般的热忱,使人欢喜得手舞足蹈! 身体懒洋洋地沉醉在家庭的温暖、白天的疲劳、熟悉的声音中。消化食物使人心醉神迷,面孔、阴影、灯罩、黑色的壁炉吐出星光四溅的火舌,看来令人心旷神驰,如梦如幻。克里斯托夫把脸贴在盘子上,好享受这种乐滋滋的趣味……

他已经在温暖的小床上。怎么上来的? 他累得忘了。房子里乱糟糟的声音和白天见到的面孔,在他脑子里朦胧地混成一片。父亲拉起小提琴来;高音划破夜空,如怨如诉。但最大的幸福是妈妈来了,握住昏昏欲睡的克里斯托夫的小手,俯在他的身上,依着他的话,低声唱一支没有意思的老歌曲。父亲说这是傻瓜才听的音乐;但克里斯托夫却听不厌。他连大气都不出一口;又想笑,又想哭;他的心陶醉了。他不知道自己在哪里,沉浸在脉脉的温情中;他把小胳臂搂住母亲的脖子,用尽了吃奶的力气抱住她。母亲笑着对他说:

"你扼得我透不过气来了!"

他却把她搂得更紧。他多么爱她,多么爱一切! 一切的人,一切东西! 一切都好,一切都美……他睡着了。蟋蟀在灶里叫。祖父的故事,英雄的面孔,都浮现在幸福的夜里……要像他们那样做个英雄!……是的,要做英雄!……他是英雄……啊!活着多么好啊!……

这个小家伙全身洋溢着力量,欢乐,骄傲!生命力太旺盛了!他的身体和心灵一直在动,循环往复,周而复始,转得上气不接下气。像一条小火蛇,日日夜夜都在火焰中飞舞。奔放的热情永远不会疲倦,吸收一切营养。如狂如痴的梦幻,泡沫四溅的喷泉,无穷希望的宝库,欢笑,歌舞,没完没了的陶醉。生命还没站稳脚跟,随时可以溜掉;他在无限希望中游泳。他多么幸福!他是为幸福而生的!他身上没有一点一滴不相信幸福,不全心全力追求幸福!

但是生活很快会使他懂事的。

第三编

英译中国哲学经典与诗词

论　语(节选)
Thus Spoke the Master(Excerpts)

学而篇第一
Chapter Ⅰ

1.1 子曰:"学而时习之,不亦说乎? 有朋自远方来,不亦乐乎? 人不知,而不愠,不亦君子乎?"

1.1 Is it not a delight, said the Master, to acquire knowledge and put it into practice? Is it not a pleasure to meet friends coming from afar? Is he not an intelligentleman, who is careless alike of being known or unknown?

1.2 有子曰:"其为人也孝弟,而好犯上者,鲜矣;不好犯上,而好作乱者,未之有也。君子务本,本立而道生。孝弟也者,其为仁之本与!"

1.2 Few who respect their parents and their elders, said Master You, would do anything against their superiors. None who do nothing against their superiors would rise in revolt. An intelligentleman should be fundamentally good. A fundamentally good man will behave in the right way. Respect for one's parents and elder brothers is the fundamental quality for a good man.

1.3 子曰:"巧言令色,鲜矣仁!"

1.3 A good man, said the Master, would rarely say what he does not believe, or pretend to appear better than he is.

1.4 曾子曰:"吾日三省吾身——为人谋而不忠乎? 与朋友交而不信乎? 传不习乎?"

1.4 I ask myself, said Master Zeng, three questions everyday. In dealing with others, have I not thought of their interests? In making friends, have my deeds not agreed with my words? In teaching students, have I not put into practice what I teach them?

1.5 子曰:"道千乘之国,敬事而信,节用而爱人,使民以时。"

1.5 In a country of a thousand war-chariots, said the Master, the ruler should be respectful in deed and faithful in word, thrifty in expenditure and affectionate towards the people and tell them to labor at the proper times of the year.

1.6 子曰:"弟子,入则孝,出则悌,谨而信,泛爱众,而亲仁。行有余力,则以学文。"

1.6 A young man, said the Master, should be filial at home and respectful abroad, cautious and trustworthy, affectionate towards all and intimate with the good. If he has time to spare when his duties are done, he may use it to learn arts.

1.7 子夏曰:"贤贤易色;事父母,能竭其力;事君,能致其身;与朋友交,言而有信。虽曰未学,吾必谓之学矣。"

1.7 If a man, said Zi Xia, loves virtue above beauty, does his best to serve his parents, devotes his life to the service of the prince and keeps his words in making friends, though he is not learned as people may say, I will say he is cultured.

1.8 子曰:"君子不重,则不威;学则不固。主忠信。无友不如己者。过,则勿惮改。"

1.8 An intelligentleman, said the Master, should not be frivolous, or he would lack solemnity in his behavior and solidity in his learning. He should be truthful and faithful, and befriend his equals. He should not be afraid of admitting and amending his faults.

1.9 曾子曰:"慎终,追远,民德归厚矣。"

1.9 If a ruler regrets the death of his parents, said Master Zeng, and never forgets his ancestors, then people would follow him in doing good.

1.10 子禽问于子贡曰:"夫子至于是邦也,必闻其政,求之与？抑与之与?"子贡曰:"夫子温、良、恭、俭、让以得之。夫子之求之也,其诸异乎人之求之与?"

1.10 Zi Qin said to Zi Gong, "When our Master comes to a country, he would make inquiry into the way how the state is governed. Is the inquiry made on invitation or on his own initiative?" Zi Gong said, "Our Master makes inquiry in a good way, moderate and temperate, modest and humble. Is it not different from other ways of inquiry? What matters if it is made on invitation or on his own initiative?"

1.11 子曰:"父在,观其志;父没,观其行;三年无改于父之道,可谓孝矣。"

1.11 Judge a man by what he will do to his father who is alive, said the Master, and by what he has done to his father who is dead. A son who does not alter his father's ways three years after the father's death may be called filial.

1.12 有子曰："礼之用,和为贵。先王之道,斯为美;小大由之。有所不行,知和而和,不以礼节之,亦不可行也。"

1. 12 In performing the rites, said Master You, propriety is important. That is the fair way how former kings dealt with matters great or small. But it will not do to observe propriety without the regulation of the rites.

1.13 有子曰："信近于义,言可复也。恭近于礼,远耻辱也。因不失其亲,亦可宗也。"

1.13 If you make a promise, said Master You, in accordance with what is right, your promise can be carried out. If you respect a man in accordance with the rites, you will be far from dishonor. If you are not discredited by your kins, you will be reliable.

1.14 子曰："君子食无求饱,居无求安,敏于事而慎于言,就有道而正焉,可谓好学也已。"

1.14 An intelligentleman, said the Master, eats to live, and not lives to eat. He may dwell in comfort, but not seek comfort in dwelling. He should be prompt in action and cautious in speech. He should seek good company and amend his faults. Such a man may be said to be good at learning.

1.15 子贡曰："贫而无谄,富而无骄,何如?"子曰："可也;未若贫而乐,富而好礼者也。"子贡曰:"《诗》云:'如切如磋,如琢如磨'其斯之谓与?"子曰:"赐也,始可与言《诗》已矣,告诸往而知来者。"

1.15 Zi Gong said, "What do you think of a poor man who does not flatter and a rich man who does not swagger?" The Master said, "Not bad, but not so good as a poor man who is cheerful and a rich man who is respectful." Zi Gong said, "Are such men *like polished ivory and stone and jade refined*, as said in the *Book of Poetry*?" The Master said, "My dear Zi Gong, now I may begin to talk with you about *Poetry*. For when I told you about the past, you can anticipate the future."

1.16 子曰:"不患人之不己知,患不知人也。"

1.16 I care less, said the Master, to be understood and recognized by other people than to understand and recognize others.

为政篇第二
Chapter Ⅱ

2.1 子曰:"为政以德,譬如北辰居其所而众星共之。"

2.1 A prince, said the Master, should rule his state by virtue as the polar star which keeps its place among the stars turning around it.

2.2 子曰:"《诗》三百,一言以蔽之,曰:'思无邪'。"

2.2 There are three hundred poems in the *Book of Poetry*, said the Master. In a word, there is nothing improper.

2.3 子曰:"道之以政,齐之以刑,民免而无耻;道之以德,齐之以礼,有耻且格。"

2.3 If the people are governed by laws, said the Master, and order is kept by punishment, they would be obedient but not conscientious. If they are led by virtue and order is kept by the rites, they would be conscientious and act in agreement with what is right.

2.4 子曰:"吾十有五而志于学,三十而立,四十而不惑,五十而知天命,六十而耳顺,七十而从心所欲,不逾矩。"

2.4 At fifteen, said the Master, I was fond of learning. At thirty, I was established. At forty, I did not waver. At fifty, I knew my sacred mission. At sixty, I had a discerning ear. At seventy, I could do what I would without going beyond what is right.

2.5 孟懿子问孝。子曰:"无违。"樊迟御,子告之"孟孙问孝于我,我对曰,无违。"樊迟曰:"何谓也?"子曰:"生,事之以礼;死,葬之以礼,祭之以礼。"

2.5 When Meng Yi Zi asked about filial duty, the Master said, "Do nothing in disagreement with the rites." When Fan Chi was driving his carriage for him, the Master told him how he answered the question of Meng Yi Zi. When Fan Chi asked for an explanation, the Master said, "Parents should be served in agreement with the rites while alive; when dead, they should be buried and the sacrifice be offered in agreement with the rites."

2.6 孟武伯问孝。子曰:"父母唯其疾之忧。"

2.6 When the son of Meng Yi Zi asked about filial duty, the Master said, "Do not let your parents worry about their health!"

2.7 子游问孝。子曰:"今之孝者,是谓能养。至于犬马,皆能有养;不敬,何以别乎?"

2.7 When Zi You asked about filial duty, the Master said, "Filial sons of today only take care their parents are well fed. But even dogs and horses are well fed now. What is the difference if their parents are fed without reverence?"

2.8 子夏问孝。子曰:"色难。有事,弟子服其劳;有酒食,先生馔,曾是以为孝乎?"

2.8 When Zi Xia asked about filial duty, the Master said, "It is difficult to appear happy in trouble. If the young serve the old and feed them with wine and food before themselves, but with troubled looks, could they be called filial sons?"

2.9 子曰:"吾与回言终日,不违,如愚。退而省其私,亦足以发,回也不愚。"

2.9 When I talked with Yan Hui all day long, said the Master, he never disagreed with me as if he were stupid. When he retired to do his work all by himself, I found nothing in disagreement with my teaching. Hui is not stupid at all.

2.10 子曰:"视其所以,观其所由,察其所安。人焉廋哉? 人焉廋哉?"

2.10 See what a man does, said the Master, examine why he has done so, and observe whether he is content. Can his character remain hidden? Can it remain hidden?

2.11 子曰:"温故而知新,可以为师矣。"

2.11 One who can learn something new while reviewing what he has learned, said the Master, is fit to be a teacher.

2.12 子曰:"君子不器。"

2.12 An intelligentleman, said the Master, is not a mere implement.

2.13 子贡问君子。子曰:"先行其言而后从之。"

2.13 When Zi Gong asked about the intelligentleman, the Master said, "One whose deeds precede his words."

2.14 子曰:"君子周而不比,小人比而不周。"

2.14 An intelligentleman, said the Master, cares for the whole more than for the parts, while an uncultured man cares for the parts rather than for the whole.

2.15 子曰:"学而不思则罔,思而不学则殆。"

2.15 To learn without thinking, said the Master, risks to be blind, while to think without learning risks to be impractical.

2.16 子曰:"攻乎异端,斯害也已。"

2.16 To antagonize a different view, said the Master, would reveal one's own weakness.

2.17 子曰:"由! 诲女知之乎! 知之为知之,不知为不知,是知也。"

2.17 Shall I teach you what knowledge is? said the Master to Zi Lu, to admit what you know and what you do not know, that is knowledge.

2.18 子张学干。子曰:"多闻阙疑,慎言其馀,则寡尤;多见阙殆,慎行其馀,则寡悔。言寡尤,行寡悔,在其中矣。"

2.18 When Zi Zhang asked about official emolument, the Master said, "Hear much and put aside what is doubtful, and be cautious in speaking of the rest, then you would be less to blame. See much and put aside what is risky, and be cautious in doing the rest, then you would regret the less. If your words are seldom blamed and your deeds seldom regretful, then you need not worry about official emolument."

2.19 哀公问曰:"何为则民服?"孔子对曰:"举直错诸枉,则民服;举枉错诸直,则民不服。"

2.19 When Duke Ai asked how to win the support of the people, the Master replied, "If honest men are employed and dishonest ones discarded, then people will support you. If dishonest men replace the honest, you will lose the support of the people."

2.20 季康子问:"使民敬、忠以劝,如之何?"子曰:"临之以庄,则敬;孝慈,则忠;举善而教不能,则劝。"

2.20 When Ji Kang Zi asked how the people could be induced to be respectful and faithful, the Master replied, "If you maintain dignity, people will respect you. If you are dutiful towards your parents and kind towards all, they will have faith in you. If the worthy are employed and the incompetent are trained, they will be induced to be respectful and faithful."

2.21 或谓孔子曰:"子奚不为政?"子曰:"《书》云:'孝乎惟孝,友于兄弟,施于有政。'是亦为政,奚其为为政?"

2.21 When asked why he is not occupied with state affairs,

Confucius answered, "It is said in the *Book of History* about filial duty that respect for parents and fraternity towards brothers are family affairs. If these are practised in the state towards the old and the young, it is state affair. Thus engaged in family affairs, am I not occupied with state affairs too?"

2.22 子曰:"人而无信,不知其可也。大车无倪,小车无杌,其何以行之哉?"

2.22 How can an untrustworthy man be employed? said the Master. Could a large cart go without a yoke-bar or small cart without a cross-bar?

2.23 子张问:"十世可知也?"子曰:"殷因于夏礼,所损益,可知也;周因于殷礼,所损益,可知也。其或继周者,虽百世,可知也。"

2.23 When Zi Zhang asked if the ritual systems of ten generations to come could be foreseen, the Master said, "The Yin dynasty followed and modified the ritual system of the Xia, and its modified system was known. The Zhou dynasty followed and altered the ritual system of the Yin, and its altered system is also known. So we may predict the system of the successors of the Zhou can be foreseen even a hundred generations later."

2.24 子曰:"非其鬼而祭之,谄也。见义不为,无勇也。"

2.24 To worship other ancestors than one's own, said the Master, reveals pretentions. Not to right the wrong shows the lack of courage.

八佾篇第三
Chapter Ⅲ

3.1 孔子谓季氏,"八佾舞于庭,是可忍也,孰不可忍也?"

3.1 Confucius said of the lord of Ji Family, "The royal dance of eight teams are performed in his courtyard. If this can be tolerated, what cannot?"

3.2 三家者以《雍》彻。子曰:"'相维辟公,天子穆穆',奚取于三家之堂?"

3.2 At the end of the Three Families' sacrifice, King Wu's prayer to King Wen was sung: *The princes at the side of the king dignified*," The Master said, "What has the royal prayer to do with the Three Families? How could it be sung in their hall?"

3.3 子曰:"人而不仁,如礼何? 人而不仁,如乐何?"

3.3 If a man is not good, said the Master, what is the use for him to perform the rites? If a man is not good, what is the use for him to perform music?

3.4 林放问礼之本。子曰:"大哉问! 礼,与其奢也,宁俭;丧,与其易也,宁戚。"

3.4 Lin Fang asked about the fundamental of the rites. "A significant question!" said the Master, "In ritual performance, it would be better to be thrift than lavish; in mourning service, it would be better to be deep in grief than minute in observance."

3.5 子曰:"夷狄之有君,不如诸夏之亡也。"

3.5 The barbarian tribe with a sovereign, said the Master, is not so good as a civilized state without one.

3.6 季氏旅于泰山。子谓冉有曰:"女弗能救与?"对曰:"不能。"子曰:"呜呼!曾谓泰山不如林放乎?"

3.6 The lord of Ji Family was going to perform the royal ceremony of sacrifice to Mount Tai. The Master asked Ran You if he could prevent it, and Ran You answered he could not. Then the Master said, "Alas! does Mount Tai not know what Lin Fang does about the rites?" (Could it accept the royal sacrifice offered not by a prince but by a lord?)

3.7 子曰:"君子无所争。必也射乎!揖让而升,下而饮。其争也君子。"

3.7 Cultured men do not contest, said the Master. Even in archery, the archers bow and make way for each other before the contest and drink after it. Such is the rivalry between cultured men.

3.8 子夏问曰:"'巧笑倩兮,美目盼兮,素以为绚兮。'何谓也?"子曰:"绘事后素。"曰:"礼后乎?"子曰:"起予者商也!始可与言《诗》已矣。"

3.8 Zi Xia asked about the meaning of the following verse: "Ah! Dark on white her speaking eyes, Her cheeks with smiles and dimoles glow. Colored designs are made on plain silk." The Master said, "Colors should be put on the plain ground." Zi Xia asked if the rites should be performed on some ground. The Master said, "It is Zi Xia who understands me. Now I have someone with whom to talk about poetry."

3.9 子曰:"夏礼,吾能言之,杞不足征也;殷礼,吾能言之,宋不足征也。文献不足故也。足,则吾能征之矣。"

3.9 The rites of the Xia dynasty, said the Master, can be described, but I do not rely on the evidence supplied by its descendants of Qi. The rites of the Yin dynasty can be described, but I do not rely on the evidence supplied by its descendants of Song. For there are no sufficient documents. Otherwise, the rites of Qi and Song can be described.

3.10 子曰:"禘自既灌而往者,吾不欲观之矣。"

3.10 At the ancestral sacrificial service of the Duke of Lu, said the Master, I would not attend after the libation, for the royal ceremony should not be performed by a duke.

3.11 或问禘之说。子曰:"不知也;知其说者之于天下也,其如示诸斯乎!"指其掌。

3.11 Asked about the imperial sacrifice, the Master said, "I do not know it. Those who know it may see an empire as clearly as his palm."

3.12 祭如在,祭神如神在。子曰:"吾不与祭,如不祭。"

3.12 Sacrifice to the dead as if they were living, and to the divinities as if they were present. If I do not think they are present, said the Master, I had better not sacrifice at all.

3.13 王孙贾问曰:"与其媚于奥,宁媚于灶,何谓也?"子曰:"不然;获罪于天,无所祷也。"

3.13 Wangsun Jia asked if it would be better to pray to home divinities than to those in Heaven. "No," said the Master, "if you sin against Heaven, what is the use of praying?"

3.14 子曰:"周监于二代,郁郁乎文哉! 吾从周。"

3.14 The Zhou dynasty, said the Master, has profited from the two preceding dynasties. What a wealth of culture it has accumulated! I would rather follow the Zhou system.

3.15 子入太庙,每事问。或曰:"孰谓鄹人之子知礼乎? 入太庙,每事问。"子闻之,曰:"是礼也。"

3.15 When the Master entered the grand temple, he asked about everything there. Someone remarked, "Who would say this son of a villager from Zou knows the rites? When he entered the grand temple, he asked about everything." Hearing of this, the Master said, "This is just a part of the rites."

3.16 子曰:"射不主皮,为力不同科,古之道也。"

3.16 In archery, said the Master, the principal thing is to hit, not to pierce through. Such is the way of the ancients. For archers are not equal in strength.

3.17 子贡欲去告朔之饩羊。子曰:"赐也! 尔爱其羊,我爱其礼。"

3.17 Zi Gong wanted to do away with the sacrificial sheep on the first day of each moon. The Master said, "Zi Gong, you care for a sheep while I care for the rites."

3.18 子曰:"事君尽礼,人以为谄也。"

3.18 One who serves his prince nowadays in strict accordance with the rites, said the Master, would be considered as a sycophant.

3.19 定公问:"君使臣,臣事君,如之何?"孔子对曰:"君使臣以礼,臣事君以忠。"

3.19 When Duke Ding asked how a prince should employ his ministers and how ministers should serve their prince, Confucius replied, "The prince should employ his ministers in accordance with the rites and the ministers should be devoted to the prince."

3.20 子曰:"《关雎》,乐而不淫,哀而不伤。"

3.20 *Cooing and Wooing* (the first song in the *Book of Poetry*), said the Master, tells us pleasure and grief should not go to excess.

3.21 哀公问社于宰我。宰我对曰:"夏后氏以松,殷人以柏,周人以栗,曰,使民战栗。"子闻之,曰:"成事不说,遂事不谏,既往不咎。"

3.21 When Duke Ai asked Zai Wo what symbol was used in the altar, Zai Wo replied, "The Xia rulers used the pine, the Yin rulers used the cypress, and the Zhou rulers used the chestnut, which means to chase the people off their nut." Hearing of this, the Master said, "What is done cannot be undone; what is accomplished need not be criticized, what is bygone need not be blamed."

3.22 子曰:"管仲之器小哉!"或曰:"管仲俭乎?"曰:"管氏有三归,官事不摄,焉得俭?""然则管仲知礼乎?"曰:"邦君树塞门,管氏亦树塞门。邦君为两君之好,有反坫,管氏亦有反坫。管氏而知礼,孰不知礼?"

3.22 The Master said, "Guan Zhong was not a great minister." When asked if Guan Zhong was frugal, the Master said, "Guan Zhong had three granaries while his official duties were not performed, how could he be considered frugal?" When asked if Guan Zhong knew the rites, the Master said, "Only the prince may build a wall to screen the gate of his mansion, but Guan Zhong had one before his. Only the prince may use a stand for cups to entertain his guests, but Guan Zhong used one. If he knew the rites, who does not?"

3.23 子语鲁大师乐,曰:"乐其可知也:始作,翕如也;从之,纯如也,皦如也,绎如也,以成。"

3.23 Talking about music with the great master of the State of Lu, the Master said, "It is not difficult to perform music. In the beginning all the musical instruments should be played in high spirit. Then the music should be harmonious, distinct and flowing without breaking up to the end."

3.24 仪封人请见,曰:"君子之至于斯也,吾未尝不得见也。"从者见之。出曰:"二三子何患于丧乎? 天下之无道也久矣,天将以夫子为木铎。"

3.24 The guardian of the border at Yi asked to be presented to the Master, saying, "When a man of renown has come here, I have never been denied an interview." A follower of the Master presented him. After the interview, he said to two or three of the followers, "Why are you distressed at your master's unemployment? The world has gone out of the right way for long. Heaven would employ your master as an alarm bell."

3.25 子谓《韶》,"尽美矣,又尽善也"。谓《武》,"尽美矣,未尽善也"。

3.25 The Master said of the Inauguration Music as perfectly beautiful and perfectly good, and the Martial Dance as perfectly beautiful but not perfectly good.

3.26 子曰:"居上不宽,为礼不敬,临丧不哀,吾何以观之哉?"

3.26 High office filled without generosity, said the Master, ceremony performed without reverence, and mourning observed without grief, how can I bear to see such things!

里仁篇第四
Chaptr Ⅳ

4.1 子曰:"里仁为美。择不处仁,焉得知?"

4.1 Good neighborhood, said the Master, adds beauty to life. If a man does not choose good neighborhood, how can he be called wise?

4.2 子曰:"不仁者不可以久处约,不可以长处乐。仁者安仁,知者利仁。"

4.2 A man without virtue, said the Master, cannot endure adversity nor enjoy prosperity for long. A good man is content to be good; a wise man knows it pays to be good.

4.3 子曰:"唯仁者能好人,能恶人。"

4.3 Only a benevolent man, said the Master, can love the good and dislike the wrong.

4.4 子曰:"苟志于仁矣,无恶也。"

4.4 If a man, said the Master, has made up his mind to be good, he will do no wrong.

4.5 子曰:"富与贵,是人之所欲也;不以其道得之,不处也。贫与贱,是人之所恶也;不以其道得之,不去也。君子去仁,恶乎成名? 君子无终食之间违仁,造次必于是,颠沛必于是。"

4.5 Wealth and rank, said the Master, are what men desire. If they could be attained only in an improper way, they should be relinquished. Poverty and obscurity are what men dislike, if they could be avoided only in an improper way, they should be endured. If a man had no virtue, how could he be worthy of his fame? A cultured man cannot do anything contrary to virtue even for the shortest time of a meal. He must do nothing contrary to virtue even in haste or in distress.

4.6 子曰:"我未见好仁者,恶不仁者。好仁者,无以尚之;恶不仁者,其为仁矣,不使不仁者加乎其身。有能一日用其力于仁矣乎? 我未见力不足者。盖有之矣,我未之见也。"

4.6 I have not seen anyone, said the Master, who really loves virtue and abhors vice. If one reallyloves virtue, how could anyone else be better than he? If one abhors vice, it is because he is afraid that vice would do harm to him. Is there anyone who has practised virtue with all his might all the day long? I have not seen one. Perhaps there are some, but I have seen none.

4.7 子曰:"人之过也,各于其党。观过,斯知仁矣。"

4.7 A man's faults, said the Master, may reveal what kind of man he is. A man may be judged by his faults.

4.8 子曰:"朝闻道,夕死可矣。"

4.8 If a man knows in the morning the right way of living, said the Master, he may die in the evening without regret.

4.9 子曰:"士志于道,而耻恶衣恶食者,未足与议也。"

4.9 If an intellectual, said the Master, has made up his mind to find out the right way of life but feels ashamed of plain clothes and plain food, I do not think he is worth talking with.

4.10 子曰:"君子之于天下也,无适也,无莫也,义之与比。"

4.10 A cultured man, said the Master, does not set his heart for or against anything in the world. He only does what is right.

4.11 子曰:"君子怀德,小人怀土;君子怀刑,小人怀惠。"

4.11 A cultured man cares for virtue, said the Master, and an uncultured man for the land. The former cares for order and the latter for favor.

4.12 子曰:"放于利而行,多怨。"

4.12 Those who do everything only in their own interest, said the Master, would arouse discontent.

4.13 子曰:"能以礼让为国乎? 何有? 不能以礼让为国,如礼何?"

4.13 If a country can be governed, said the Master, in accordance with the ritual system, what more need I to say? If not, what is the use of the ritual system?

4.14 子曰:"不患无位,患所以立。不患莫己知,求为可知也。"

4.14 Be more concerned, said the Master, with your mission than your position. Fear not that you are unknown, but that you are unworthy to be known.

4.15 子曰:"参乎！吾道一以贯之。"曾子曰:"唯。"子出,门人问曰:"何谓也?"曾子曰:"夫从之道,忠恕而已矣。"

4.15 The Master said, "Shen, you know how my principles can be simplified." Master Zeng Shen answered, "Yes." When the Master was out, other disciples asked what the Master meant. Master Zeng said, "Our Master's principles can be simplified into loyalty and leniency."

4.16 子曰:"君子喻于义,小人喻于利。"

4.16 A cultured man cares for what is proper and fit while an uncultured man cares for the profit.

4.17 子曰:"见贤思齐焉,见不贤而内自省也。"

4.17 When you see a man better than you, said the Master, you should try to equal him. When you see a man doing wrong, you should ask yourself if you have done the same.

4.18 子曰:"事父母几谏,见志不从,又敬不违,劳而不怨。"

4.18 In serving one's parents, said the Master, one may make remonstrance. If it is rejected, the son should show no discontent, but resume an attitude of deference and reiterate his remonstrance without complaint.

4.19 子曰:"父母在,不远游,游必有方。"

4.19 When father and mother are alive, said the Master, a good son should not go afar. If he does, they should be informed where he is going.

4.20 子曰:"三年无改于父之道,可谓孝矣。"

4.20 A son, said the Master, who does not alter his father's ways three years after his death may be called filial.

4.21 子曰:"父母之年,不可不知也。一则以喜,一则以惧。"

4.21 The age of one's parents, said the Master, should not be forgotten. Old age may bring comfort on the one hand and worry on the other.

4.22 子曰:"古者言之不出,耻躬之不逮也。"

4.22 The ancients, said the Master, would not say what they could do, for they would be ashamed if their deeds disagreed with their words.

4.23 子曰:"以约失之者鲜矣。"

4.23 Few would make mistakes, said the Master, who could control themselves in accordance with the rules of propriety.

4.24 子曰:"君子欲讷于言而敏于行。"

4.24 A cultured man, said the Master, may be slow in word but prompt in deed.

4.25 子曰:"德不孤,必有邻。"

4.25 A good man never feels lonely, said the Master, good neighbors will come up to him.

4.26 子游曰:"事君数,斯辱矣;朋友数,斯疏矣。"

4.26 Zi You said, "Repetition of remonstrances would lead to loss of favor in the service of a prince, and to estrangement in friendship."

公冶长篇第五
Chapter Ⅴ

5.1 子谓公冶长,"可妻也。虽在缧绁之中,非其罪也"。以其子妻之。

5.1 The Master said, "Gongye Chang might be a good husband, though he was once put in jail, but it was not through his fault." And the Master married his daughter to him.

5.2 子谓南容,"邦有道,不废;邦无道,免于刑戮"。以其兄之子妻之。

5.2 The Master said, "Nan Rong would not be unemployed in a well-governed country, nor would he be punished in an ill governed one." And the Master married his niece to him.

5.3 子谓子贱,"君子哉若人! 鲁无君子者,斯焉取斯?"

5.3 Zi Jian, said the Master, is a cultured man. If there were no cultured men in the state of Lu, how could he have learned to be one?

5.4 子贡问曰:"赐也何如?"子曰:"女,器也。"曰:"何器也?"曰:"瑚琏也。"

5.4 Zi Gong asked the Master, "What do you think of me, sir?" The Master said, "You are a vessel." Zi Gong said, "What sort of vessel?" The Master said, "The best jade vessel for food, used in ancestral sacrifice."

5.5 或曰:"雍也仁而不佞。"子曰:"焉用佞? 御人以口给,屡憎于人。不知其仁,焉用佞?"

5.5 Someone said, "Yong is virtuous, but he is not eloquent." The Master said, "What is the use of eloquence? Eloquence to the point of imposition would often cause disgust. I do not know whether Yong is virtuous. But what is use of his being eloquent?"

5.6 子使漆雕开仕。对曰:"吾斯之未能信。"子说。

5.6 The Master asked Qidiao Kai to serve as an officer. Qidiao Kai replied, "I am not sure how I can fulfill an office." The Master was pleased.

5.7 子曰:"道不行,乘桴浮于海。从我者,其由与?"子路闻之喜。子曰:"由也好勇过我,无所取材。"

5.7 The Master said, "If the truth I preach were not followed, I would float on the sea by a raft, who would then follow me but Zi Lu?" On hearing of this, Zi Lu was glad. Then the Master said, "Zi Lu is more courageous than I, but I am afraid his courage is reckless."

5.8 孟武伯问子路仁乎? 子曰:"不知也。"又问。子曰:"由也,千乘之国,可使治其赋也,不知其仁也。""求也何如?"子曰:"求也,千室之邑,百乘之家,可使为之宰也,不知其仁也。""赤也何如?"子曰:"赤也,束带立于朝,可使与宾客言也,不知其仁也。"

5.8 Meng Wu asked whether Zi Lu was a man of men. The Master said, "I do not know." When asked again, he said, "In a country of a thousand chariots, Zi Lu might serve in the military field, but I do not know how he could be a man of men." When asked about Ran Qiu, the Master said, "In a city of a thousand families or a baronial house of a hundred chariots, Qiu might serve as an administrator, but I do not know how he could be a man of men." When asked about Gongxi Chi, the Master said, "Standing at court with a sash around the waist, Chi might serve in the intercourse with honorable guests, but I do not know how he could be a man of men."

5.9 子谓子贡曰:"女与回也孰愈?"对曰:"赐也何敢望回? 回也闻一以知十,赐也闻一以知二。"子曰:"弗如也;吾与女弗如也。"

5.9 The Master asked Zi Gong, "Which one do you think is better, you or Yan Hui?" Zi Gong replied, "How can I compare with Hui? He may infer ten from one, while I can only infer two." The Master said, "You cannot match with him. Neither you nor I can match with him."

5.10 宰予昼寝。子曰:"朽木不可雕也,粪土之墙不可圬也;于予与何诛?"子曰:"始吾于人也,听其言而信其行;今吾于人也,听其言而观其行。于予与改是。"

5.10 Zai Yu often slept by day. The Master said, "Rotten wood cannot be carved; a wall of dried dung cannot be whitewashed. What is the use of my blaming him?" Again the Master said, "At first when I dealt with people, I listened to what they said and believed they would do likewise. Now when I deal with people, I will not only listen to what they say but also see what they do. It is from Zai Yu that I have learned to make this change."

5.11 子曰："吾未见刚者。"或对曰："申枨。"子曰："枨也欲，焉得刚？"

5.11 The Master said, "I have never seen a man steady and strong." When Shen Chang was mentioned, the Master said, "Chang is at the mercy of his desires. How could he be steady and strong?"

5.12 子贡曰："我不欲人之加诸我也，吾亦欲无加诸人。"子曰："赐也，非尔所及也。"

5.12 Zi Gong said, "What I would not have others do to me, I would not do to them." The Master said, "Zi Gong, you have not yet attained to that."

5.13 子贡曰："夫子之文章，可得而闻也；夫子之言性与天道，不可得而闻也。"

5.13 Zi Gong said, "We may have heard our Master's views on culture, but not on human nature and divine law."

5.14 子路有闻，未之能行，唯恐有闻。

5.14 Zi Lu would put into practice what he had learned, otherwise, he would not learn anything more.

5.15 子贡问曰："孔文子何以谓之'文'也？"子曰："敏而好学，不耻下问，是以谓之'文'也。"

5.15 When Zi Gong asked why Kong Wen Zi was called a civilized man, the Master said, "He was curious and fond of learning and not ashamed to learn from his inferiors, so he was called a civilized man."

5.16 子谓子产有君子之道四焉：其行己也恭，其事上也敬，其养民也惠，其使民也义。

5.16 The Master said of Zi Chan, "He is a cultured man in four respects: modest in his conduct, respectful in serving his superiors, beneficial to the people and just in employing his inferiors."

5.17 子曰:"晏平仲善与人交,久而敬之。"

5.17 Yan Pingzhong, said the Master, knows how to make friends. The longer their friendship lasts, the more they respect him.

5.18 子曰:"臧文仲居蔡,山节藻棁,何如其知也?"

5.18 Zang Wenzhong, said the Master, kept a divine tortoise in a hall with hill patterns on its pillars and duckweed patterns on its beams. What did he know of the rites?

5.19 子张问曰:"令尹子文三仕为令尹,无喜色;三已之,无愠色。旧令尹之政,必以告新令尹。何如?"子曰:"忠矣。"曰:"仁矣乎?"曰:"未知;——焉得仁?""崔子弑齐君,陈文子有马十乘,弃而违之。至于他邦,则曰,'犹吾大夫崔子也。'违之。之一邦,则又曰:'犹吾大夫崔子也。'违之。何如?"子曰:"清矣。"曰:"仁矣乎?"曰:"未知;——焉得仁?"

5.19 Zi Zhang asked what the Master would say of Zi Wen who was not overdelighted when thrice appointed minister, and not disappointed when thrice deposed, and who informed his successors how he had governed the state. The Master said, "He was loyal." When asked whether he was a man of men, the Master said, "I do not know how he could be a man of men." Zi Zhang said, "When Cui Zi murdered the prince of Qi, Chen Wen Zi who had a fief of ten chariots gave it up and left for another state. Arrived there, he said the ruler was as bad as Cui Zi, and left for a third. Arrived there, he said the same and left it again. What would you say of him?" The Master said,

"He is free from blame." When asked whether he was a man of men, the Master said, "I do not know how he could be a man of men."

5.20 季文子三思而后行。子闻之,曰:"再,斯可矣。"

5.20 Ji Wen Zi would not take action until he thought it over thrice. Hearing of this, the Master said, "Twice is enough."

5.21 子曰:"宁武子,邦有道,则知;邦无道,则愚。其知可及也,其愚不可及也。"

5.21 Ning Wu Zi, said the Master, showed wisdom when the country was well governed, but pretended to be dull when it was ill governed. His wisdom may be equalled, but not his dullness.

5.22 子在陈,曰:"归与! 归与! 吾党之小子狂简,斐然成章,不知所以裁之。"

5.22 Why not return? said the Master in the State of Chen, why not return? The youth in my own country are thoughtless and careless, but they write well. How can I leave them uneducated?

5.23 子曰:"伯夷、叔齐不念旧恶,怨是用希。"

5.23 Bo Yi and Shu Qi, said the Master, who would not accede to the trone, bore no old grudge, so few bore a grudge against them.

5.24 子曰:"孰谓微生高直? 或乞醯焉,乞诸其邻而与之。"

5.24 Who says Wei Shenggao is honest? said the Master. Someone asked him for vinegar, he begged it from his neighbor and then gave it as his own.

5.25 子曰:"巧言、令色、足恭,左丘明耻之,丘亦耻之。匿怨而友其人,左丘明耻之,丘亦耻之。"

5.25 Flowery words, hypocritical deeds, excessive respect, said the Master, are shameful in the eyes of Zuo Qiuming, so are they in mine. To befriend those whom one resents is shameful in the eyes of Zuo Qiuming, so is it in mine.

5.26 颜渊季路侍。子曰:"盍各言尔志?"子路曰:"愿车马衣裘与朋友共敝之而无憾。"颜渊曰:"愿无伐善,无施劳。"子路曰:"愿闻子之志。"子曰:"老者安之,朋友信之,少者怀之。"

5.26 The Master said to Yan Yuan and Zi Lu in attendance, "will each of you tell me what you wish?" Zi Lu said, "I would have carriage and horses, clothes and fur dress to share with my friends till these things are outworn, and I would feel no regret." Yan Hui said, "I would not show the good I have done nor the trouble I have taken for others." Zi Lu asked what the Master's wish was. The Master said, "I would comfort the old, be trusted by my friends and be loved by the young."

5.27 子曰:"已矣乎,吾未见能见其过而内自讼者也。"

5.27 In vain, said the Master, have I looked for one who could find out his own faults and blame himself.

5.28 子曰:"十室之邑,必有忠信如丘者焉,不如丘之好学也。"

5.28 In a hamlet of ten houses, said the Master, there must be someone as faithful and as trustworthy as I am, but he may not be so fond of learning.

道德经(节选)
Laws Divine and Human(Excerpts)

一　章

道可道,非常道;名可名,非常名。

无名天地之始;有名万物之母。

故常无欲,以观其妙;常有欲,以观其徼。

此两者,同出而异名,同谓之玄。玄之又玄,众妙之门。

Chapter 1

The divine law may be spoken of,

but it is not the common law.

(Truth can be known,

but it may not be the well-known truth

or

Truth can be known,

but it may not be the truth you known.)

Things may be named,

but names are not the things.

In the beginning heaven and earth are nameless;

when named, all things become known.

So we should be free from desires

in order to understand the internal mystery of the divine law;

and we should have desires

in order to observe its external manifestations.

Internal mystery and external manifestations

come from the same origin,

but have different names.

They may be called essence.

The essential of the essence

is the key to the understanding of all mysteries.

二　章

天下皆知美之为美,斯恶已;皆知善之为善,
斯不善已。

故有无相生,难易相成,长短相较,高下相倾,
音声相和,前后相随。

是以圣人处无为之事,行不言之教,万物作
焉而不辞,生而不有,为而不恃,功成而弗居。
夫唯弗居,是以不去。

Chapter 2

If all men in the world know what is fair,

then it is unfair.

If all men know what is good,

then it is not good.

For "to be" and "not to be" co-exist,

There cannot be one without the other：

without "difficult", there cannot be "easy"；

without "long", there cannot be "short"；

without "high", there cannot be "low"；

without sound, there can be no voice；

without "before", there cannot be "after"；

The contrary complement each other.

Therefore the sage does everyhing without interference,

teaches everyone without persuasion，

and lets everything begin uninitiated and grow unpossessed.

Everything is done without being his deed，

and succeeds without being his success.

Only when success belongs to nobody

does it belong to everyone.

三　章

　　不尚贤，使民不争；不贵难得之货，使民不为盗；不见可欲，使民心不乱。

　　是以圣人之治，虚其心，实其腹；弱其志，强其骨。常使民无知无欲，使夫智者不敢为也。为无为，则无不治。

Chapter 3

Honor on man

so that none would contend for honor.

Value no rare goods

so that none would steal or rob.

Display nothing desirable

lest people be tempted and disturbed.

Therefore the sage rules

by purifying people's soul,

filling their bellies,

weakening their wills

and strengthening their bones.

He always keeps them knowledgeless and desireless

so that the clever dare not interfere.

Where there is no interference,

there is order.

四　章

道冲,而用之或不盈。渊兮,似万物之宗。

挫其锐,解其纷,和其光,同其尘。湛兮,似或存。

吾不知谁之子,象帝之先。

Chapter 4

The divine law is formless,

its use is inexhaustible.

It is endless,

whence come all things;

where the sharp is blunted,

the knots are untied,

the glare is softened,

all look like dust.

Apparent,

it seems to exist.

I do not know whence it came;

it seems to exist before God.

五　章

　　天地不仁,以万物为刍狗;圣人不仁,以百姓为刍狗。

　　天地之间,其犹橐籥乎?虚而不屈,动而愈出。

　　多言数穷,不如守中。

Chapter 5

Heaven and earth are ruthless,

they treat everything as straw or dog.

The sage is ruthless,

he treats everyone as straw or dog.

Are not heaven and earth like a pair of bellows?

Empty, it won't be exhausted;

Forced, more air will come out.

If more is said than done,

it would be better to take the mean.

六　章

谷神不死，是谓玄牝。玄牝之门，是谓天地根。
绵绵若存，用之不勤。

Chapter 6

The vale spirit never dies.

It is the mysterious womb.

The door to the mysterious womb

is the origin of heaven and earth.

It lasts as if it ever existed;

when used, it is inexhaustible.

七　章

天长地久。天地所以能长且久者，以其不自生，
故能长生。

是以圣人后其身而身先，外其身而身存。以
其无私邪？故能成其私。

Chapter 7

Heaven and earth exist for ever.

The reason why they exist so long

is not that they want to exist；

where there is no want,

to be and not to be are one.

Therefore for the sage

the last becomes the first,

the out becomes the in.

As he is selfless,

all become his self.

八　章

上善若水。水善利万物而不争，处众人之所恶，
故几于道。

居善地，心善渊，与善仁，言善信，正善治，
事善能，动善时。

夫唯不争，故无尤。

Chapter 8

The highest good is like water.

Water benefits everything by giving

without taking or contending.

It likes the place others dislike,

so it follows closely the divine law.

The place should be low,

the mind broad,

the gifts kind,

the speech trustworthy,

the rule sound,

the deed well－done,

the action timely.

Without contention,

a man is blameless.

九　章

持而盈之,不如其已;

揣而棁之,不可长保。

金玉满堂,莫之能守;

富贵而骄,自遗其咎。

功遂身退,天之道。

Chapter 9

Don't hold your fill

but refrain from excess.

A whetted and sharpened sword

cannot be sharp for ever.

A houseful of gold and jade

cannot be safeguarded.

Arrogance of wealth and power

will bring ruin.

Withdrawal after success

conforms to the divine law.

十　章

载营魄抱一,能无离乎?

专气致柔,能婴儿乎?

涤除玄览,能无疵乎?

爱民治国,能无知乎?

天门开阖,能为雌乎?

明白四达,能无为乎?

生之、畜之,生而不有,为而不恃,长而不宰,

是谓玄德。

Chapter 10

Can body and soul united

never sever?

Can the controlled breath

be softened as a baby's?

Can the purified mental mirror

be free from blemish?

Can a people‐loving ruler not interfere

in the state affairs?

Can the lower doors not open and close

as the upper doors in heaven?

Is it possible to understand and make understand

without knowledge?

Give life and make live,

but lay no claim,

benefit but do not interfere,

lead but do not rule,

Such is the mysterious virtue.

十一章

三十辐共一毂,当其无,有车之用。

埏埴以为器,当其无,有器之用。

凿户牖以为室,当其无,有室之用。

故有之以为利,无之以为用。

Chapter 11

Thirty spokes radiate from a hub.

When there is nothing in the hub,

the wheel can roll.

Turn clay to make a vessel.

When empty,

the vessel can be used.

Build a room with doors and windows.

When empty,

the room can be used as dwelling.

When there is something, it is beneficial;

When empty, it is useful.

十二章

五色令人目盲,五音令人耳聋,五味令人口爽,
驰骋畋猎令人心发狂,难得之货令人行妨。

是以圣人为腹不为目,故去彼取此。

Chapter 12

The five colors may confuse the eye.

The five sounds may deafen the ear.

The five tastes may spoil the palate.

Riding and hunting may madden the mind.

Rare goods may tempt one to do evil.

Therefore the sage satisfies the belly rather than the eye.

He prefers the former to the latter.

十三章

宠辱若惊,贵大患若身。

何谓宠辱若惊? 宠,为下得之若惊,失之若惊,是谓宠辱若惊。

何谓贵大患若身? 吾所以有大患者,为吾有身,及吾无身,吾有何患!

故贵以身为天下,若可寄天下;爱以身为天下,若可托天下。

Chapter 13

Praise and blame disturb the mind;

Fortune and misfortune affect the body.

Why is the mind disturbed?

Praise and blame are like ups and downs.

The mind is troubled with rise and fall.

So is it troubled by praise and blame.

How can fortune and misfortune affect the body?

Because we have a body.

If we had not a body,

how can we be affected?

If you value the world as your body,

then the world may confide in you.

If you love the world as your body,

then the world may be entrusted to you.

十四章

视之不见,名曰夷;听之不闻,名曰希;搏
之不得,名曰微。此三者不可致诘,故混而为一。
其上不曒,其下不昧,绳绳不可名,复归于无物。
是谓无状之状,无物之象,是谓惚恍。迎之不见
其首,随之不见其后。

执古之道,以御今之有。能知古始,是谓道纪。

Chapter 14

What cannot be seen is invisible,

What cannot be heard is inaudible,

What cannot be touched is intangible.

These three, unfathomable,

blend into one.

Up, it is not bright;

down, it is not dark.

Like a nameless endless string,

it ends in nothing.

It is a formless form,

an image of nothing.

It seems to be and not to be.

Before it, you cannot see its front;

after it, you cannot see its rear.

Ruling over the present with the law of the past,

you can know the beginning of antiquity.

Such is the rule of the divine law.

十五章

古之善为士者,微妙玄通,深不可识。夫唯不可识,故强为之容。

豫兮,若冬涉川;犹兮,若畏四邻;俨兮,其若容;

涣兮,其若冰之将释;敦兮,其若朴;旷兮,其若谷;

混兮,其若浊。

孰能浊以静之徐清? 孰能安以动之徐生?

保此道者不欲盈。夫唯不盈,故能蔽不新成。

Chapter 15

The ancients followed the divine law,

subtle, delicate, mysterious, communicative,

too deep to be understood.

Not objectively understood,

it can only be subjectively described.

The ancients were circumspect as crossing a frozen river,

watchful as fearful of hostile neighbors,

reserved as an unacquainted guest,

softened as melting ice,

natural as uncarved block,

vacant as a vale,

and obscure as a muddy stream.

Who could calm the turbid water?

It could be slowly turned clean.

Who could stir the stale water?

It could be slowly revived.

Those who follow the divine law

will not be full to the brim.

Only those who do not go to excess

can renew what is worn out.

十六章

致虚极,守静笃。

万物并作,吾以观复。

夫物芸芸,各复归其根。归根曰静,是谓复命。复命曰常,知常曰明。不知常,妄作,凶。

知常容,容乃公,公乃全,全乃天,天乃道,道乃久,没身不殆。

Chapter 16

Do your utmost to be empty-minded

and hold fast to tranquillity.

All things grow,

I see them return to nature.

Multiple as things are,

they return to their root.

Their root is tranquillity;

to return to it is their destiny.

To submit to one's destiny is the rule;

to know the rule is wisdom.

Those who act against the rule

will harm themselves.

Those who understand will pardon,

and to pardon is justice.

Justice is perfect,

and perfection belongs to heaven.

Heaven is the divine law,

and the divine law is eternal.

Men may pass away, but the law will never.

十七章

太上，下知有之；其次，亲而誉之；其次，畏之；其次，侮之。信不足，焉有不信焉。

悠兮其贵言。功成事遂，百姓皆谓：我自然。

Chapter 17

What is the best rule?

None knows there is a ruler.

What is the second best?

The ruler is loved and praised.

What comes next?

He is feared.

Still next?

He is disobeyed.

For he is not trustworthy enough or not at all.

For long he should spare his speech.

When things are done,

he should let people say that all is natural.

十八章

大道废,有仁义;智慧出,有大伪;六亲不和,
有孝慈;国家昏乱,有忠臣。

Chapter 18

When the divine law is not followed,

good and just men are needed.

When falsehood is practised,

true and wise men are needed.

When the family is at odds,

filial sons and kind parents are needed.

When the state is at stake,

loyal officials are needed.

十九章

绝圣弃智,民利百倍;绝仁弃义,民复孝慈;绝巧弃利,盗贼无有。此三者,以为文不足。故令有所属,见素抱朴,少私寡欲。

Chapter 19

If sagacity were not praised,

people would be benefited a hundredfold.

If morality were not advocated,

sons would be filial and parents kind.

If ill-gotten wealth were rejected,

no thieves or robbers would appear.

These three things

should not be adorned in good words.

So the following rules should be observed:

be simple and plain,

selfless and desireless,

unlearned and unworried.

二十章

绝学无忧。唯之与阿,相去几何?善之与恶,
相去若何?人之所畏,不可不畏。荒兮其未央哉!

众人熙熙,如享太牢,如春登台。我独泊兮
其未兆,如婴儿之未孩。儽儽兮,若无所归。

众人皆有余,而我独若遗。我愚人之心也哉!

沌沌兮,俗人昭昭,我独昏昏;俗人察察,
我独闷闷。澹兮其若海,飂兮若无止。

众人皆有以,而我独顽似鄙。

我独异于人,而贵食母。

Chapter 20

How far away is yes from no?

How far away is good from evil?

What others fear,

can I not fear?

How far are they from the center?

The multitude are merry as enjoying a sacrificial feast

or climbing the height in spring.

Alone I am so inactive as to show no sign,

innocent as a baby who cannot smile,

indifferent as a homeless wanderer.

All men have more than enough;

alone I seem to have nothing left over.

What I have is a fool's heart!

The vulgar seem in the light;

alone I am in the dark.

The vulgar seem observant;

alone I am dull.

The multitude are useful;

alone I am useless and indolent.

Different from others,

I value the mother[①] who feeds.

二十一章

孔德之容,惟道是从。

道之为物,惟恍惟惚。惚兮恍兮,其中有象;
恍兮惚兮,其中有物。窈兮冥兮,其中有精;其
精甚真,其中有信。

自古及今,其名不去,以阅众甫。吾何以知
众甫之状哉?以此。

Chapter 21

The content of great virtue

conforms to the divine law.

---

① the divine law.

The divine law is something

which seems to be and not to be.

What seems to exist and does not exist?

It is the image.

What seems not to exist but exists?

It is the image of something.

What seems deep and dark?

It is the essence.

The essence is very true,

for we believe in it.

From ancient times to present day

its name cannot be erased

so that we know the fathers of all things.

How can I know

what these fathers look like?

By means of this.

二十二章

　　曲则全,枉则直,洼则盈,敝则新,少则得,多则惑。

　　是以圣人抱一,为天下式。不自见,故明;不自是,故彰;不自伐,故有功;不自矜,故长。

　　夫唯不争,故天下莫能与之争。古之所谓曲则全者,岂虚言哉? 诚全而归之。

Chapter 22

Stooping, you will be preserved.

Wronged, you will be righted.

Hollow, you will be filled.

Worn out, you will be renewed.

Having little, you may gain;

having much, you may be at a loss.

So the sage holds on to one to be the model for the world.

He does not show himself,

so he is seen everywhere.

He does not assert himself,

so he is well-nown.

He does not boast,

so he wins success.

He is not proud,

so he can lead.

As he contends for nothing,

none in the world could contend with him.

Is it not true for the ancients to say,

"Stooping, you will be preserved"?

It is indeed the whole truth to which lead all the ways.

二十三章

希言自然。故飘风不终朝,骤雨不终日。孰
为此者? 天地。天地尚不能久,而况于人乎?

故从事于道者,道者同于道,德者同于德,
失者同于失。同于道者,道亦乐得之;同于德者,
德亦乐得之;同于失者,失亦乐得之。

信不足,焉有不信焉。

Chapter 23

It is natural to speak little.

A wanton wind cannot whisper all the morning;

a sudden rain cannot howl all the day long.

Who has made them so?

Heaven and earth.

Heaven and earth cannot speak long,

not to speak of man.

Therefore, those who follow the divine law

conform to it;

so do those who follow the human law,

and those who imitate heaven.

Those who conform to the divine law

are welcome to the divine;

those who conform to the human law

are welcome to the human;

those who conform to heaven

are welcome to heaven.

Some are not trustworthy enough,

some, not at all.

二十四章

企者不立,跨者不行。自见者,不明;自是者,
不彰;自伐者,无功;自矜者,不长。

其在道也,曰余食赘行。物或恶之,故有道
者不处。

Chapter 24

One who stands on tiptoe cannot stand firm;

who makes big strides cannot wallklong.

One who sees only himself has no good sight;

who thinks only himself right cannot be recognized.

One who boasts of himself will not succeed;

who thinks himself superior cannot be a leader.

In the light of the divine law

such behavior is like superfluous food.

It is disliked by those who follow the divine law.

二十五章

有物混成,先天地生,寂兮寥兮,独立不改,周行而不殆,可以为天下母。吾不知其名,字之曰道,强为之名曰大。大曰逝,逝曰远,远曰反。

故道大,天大,地大,人亦大。域中有四大,而人居其一焉。

人法地,地法天,天法道,道法自然。

Chapter 25

There was chaos

before the existence of heaven and earth.

Void and vast,

independent and changeless,

moving in cycle,

it maybe the mother of heaven and earth.

I do not know its name

and call it the divine law

or perfunctorily style it the great.

The great will pass away,

passing implies a long way,

and however long, the way will return in the end.

So the divine law is great,

so are heaven and earth,

and so is man.

There are four things great in the universe,

and man is one of them.

Man imitates earth,

earth imitates heaven,

heaven follows the divine law,

and the divine law follows nature.

二十六章

重为轻根,静为躁君。是以圣人终日行不离辎重。

虽有荣观,燕处超然。奈何万乘之主而以身轻天下?

轻则失根,躁则失君。

Chapter 26

The heavy is the base of the light;

the still is the lord of the rash.

So the sage goes all day long

without leaving his heavy baggage.

Though with glory in view,

he stays light-earted.

Why should a ruler often thousand chariots

make light of the country?

Light, the base will be lost;

so will be a rash ruler.

二十七章

善行,无辙迹;善言,无瑕谪;善数,不用筹策;善闭,无关楗而不可开;善结,无绳约而不可解。

是以圣人常善救人,故无弃人;常善救物,故无弃物。是谓袭明。

故善人者不善人之师,不善人者善人之资。不贵其师,不爱其资,虽智大迷,是谓要妙。

Chapter 27

Good deeds leave no traces.

Good words exclude mistakes.

Good at counting, none uses counters.

A good lock without a bolt

cannot be opened.

A good knot tied without strings

cannot be untied.

Therefore, a sage is good at helping people

without rejecting anyone.

He is good at saving things

without abandoning anything.

This is called invisible wisdom.

Thus a sage is the teacher of common people,

and the common people are the stuff for good men.

If the teacher is not honored and the stuff not valued,

even a wise man will be at a loss.

This is the essential secret.

二十八章

知其雄,守其雌,为天下谿。为天下谿,常德不离,复归于婴儿。

知其白,守其黑,为天下式。为天下式,常德不忒,复归于无极。知其荣,守其辱,为天下谷。为天下谷,常德乃足,复归于朴。

朴散则为器,圣人用之则为官长,故大制不割。

Chapter 28

Learn to be hard as man

and remain soft as woman

like a stream in the world.

This stream in the world

will not depart from the way of virtue

but rejuvenate to its infancy.

Learn to be bright and remain in the dark,

and try to be a model for the world.

A model for the world

will not stray from the way of virtue

but stretch to infinity.

Learn to be glorious and remain humble

like a vale in the world.

A vale in the world

will be fulfilled with constant virtue

and return to simplicity.

Simplicity may be diversified into instruments.

When a sage uses the instruments,

he becomes the ruler.

There should be unity in the rule of the great sage.

二十九章

　　将欲取天下而为之,吾见其不得已。天下神器,
不可为也。为者败之,执者失之。

　　故物,或行或随,或歔或吹,或强或羸,或
载或隳。是以圣人去甚,去奢,去泰。

Chapter 29

If anyone tries to take the world by force

and interfere with it,

I do not think he can succeed.

The world is a sacred realm

not to be interfered in.

Anyone who interferes in it will fail,

and who tries to keep it will lost it.

For things may lead or follow,

blow high or low,

be strong or weak,

loaded or unloaded.

So the sage will not go to excess,

to extravagance and to extreme.

三十章

以道佐人主者,不以兵强天下。其事好还。师之所处,荆棘生焉。大军之后,必有凶年。

善有果而已,不敢以取强。果而勿矜,果而勿伐,果而勿骄,果而不得已,果而勿强。

物壮则老,是谓不道,不道早已。

Chapter 30

Those who follow the divine law to serve the ruler

will not conquer the world by force.

Conquerors will be conquered in turn.

Where goes the army,

there grow briars and thorns.

After a great war

comes a year of famine.

It is better to achieve good results

than to conquer by force.

Good results never lead to self-onceit,

nor to vain glory,

nor to undue pride.

Good results are something unavoidable,

not achieved by force.

The prime is followed by decline,

or it is against the divine law.

What is against the divine law will end early.

三十一章

　　夫佳兵者,不祥之器,物或恶之,故有道者
不处。

　　君子居则贵左,用兵则贵右。兵者不祥之器,
非君子之器,不得已而用之,恬淡为上,胜而不美。
而美之者,是乐杀人。夫乐杀人者,则不可得志
于天下矣。

　　吉事尚左,凶事尚右。偏将军居左,上将军
居右,言以丧礼处之。杀人之众,以哀悲泣之。
战胜,以丧礼处之。

Chapter 31

Weapons are tools of evil omen,

detested by all.

Those who follow the divine law will not resort to them.

A worthy man prefers the left in time of peace

and the right in time of war.

Weapons are tools of evil omen,

not to be used by worthy men.

When they are compelled to use them,

the less often, the better.

Victory should not be glorified.

To glorify it is to take delight in killing.

Those delighted in killing

cannot do what they will in the world

Good omen keeps to the left,

and evil omen to the right.

A lieutenant general keeps to the left,

and a full general to the right

as in the funeral service.

The heavier the casualties,

the deeper the mourning should be.

Even a victory should be celebrated

in funeral ceremony.

三十二章

道常无名,朴虽小,天下莫能臣也。侯王若能守之,万物将自宾。

天地相合,以降甘露,民莫之令而自均。

始制有名，名亦既有，夫亦将知止，知止可
以不殆。譬道之在天下，犹川谷之于江海。

Chapter 32

The divine law is changeless,

it is nameless simplicity.

No matter how little and simple,

the world cannot subdue it.

If rulers can observe it,

everything will be subject to their rule.

When heaven and earth mingle,

sweet dew will fall.

Not ordered by people,

it falls without prejudice.

When things begin to be named,

names come into being.

The beginning implies the end;

to know the end is to avoid danger.

The divine law will prevail in the world

just as streams flow from the vale to the river and the sea.

三十三章

知人者智，自知者明。

胜人者有力，自胜者强。

知足者富。

强行者有志。

不失其所者久。

死而不亡者寿。

Chapter 33

It needs observation to know others,

but reflection to know oneself.

Physically strong, one can conquer others;

mentally strong, one can conquer oneself.

Content, one is rich;

with strong will, one can persevere.

Staying where one should, one can endure long;

Unforgettable, one is immortal.

三十四章

大道氾兮,其可左右。万物恃之以生而不辞,功成不名有。衣养万物而不为主,常无欲可名于小;万物归焉而不为主,可名为大。以其终不自为大,故能成其大。

Chapter 34

The divine law is a stream

overflowing left and right.

All things grow from it,

and it never turns away.

It achieves the deed without the fame.

It breeds all things

but will not claim to be their lord.

So it may be called "Little".

All things cling to it,

but it will not claim to be their master.

So it may be called "Great".

As it never claims to be great,

so it becomes great.

三十五章

执大象,天下往。往而不害,安平太。

乐与饵,过客止。道之出口,淡乎其无味,

视之不足见,听之不足闻,用之不足既。

Chapter 35

Keeping the great image in mind,

you may go everywhere.

Wherever you go, you bring no harm

but safety, peace and security.

Music and food

may attract travellers.

The divine law is tasteless

when it comes out of the mouth.

It is invisible when looked at,

inaudible when listened to,

and inexhaustible when used.

三十六章

　　将欲歙之,必固张之;将欲弱之,必固强之;将欲废之,必固兴之;将欲取之,必固与之。是谓微明。

　　柔弱胜刚强。

　　鱼不可脱于渊,国之利器不可以示人。

Chapter 36

Inhale

before you exhale!

Strengthen

what is to be weakened!

Raise

what is to fall!

Give

before you take!

Such is the twilight before the day.

The soft and weak may overcome the hard and strong.

Fish should not go out of deep water.

The sharpest weapon of a state

should not be shown to others.

三十七章

道常无为而无不为。

　侯王若能守之，万物将自化。化而欲作，吾将镇之以无名之朴。无名之朴，夫亦将无欲。不欲以静，天下将自定。

Chapter 37

The divine law will not interfere,

so there is nothing it cannot do.

If rulers can follow it,

everything will be done by itself.

If there is desire to do anything.

I shall control it with nameless simplicity.

When controlled by nameless simplicity,

there will be no desire.

Without desire, there will be tranquillity.

and the world will be peaceful by itself.

诗　经
Book of Poetry

国风·周南
Songs Collected South of the Capital, Modern Shaanxi and Henan

关　雎

关关雎鸠，在河之洲。窈窕淑女，君子好逑。
参差荇菜，左右流之。窈窕淑女，寤寐求之。
求之不得，寤寐思服。悠哉悠哉，辗转反侧。
参差荇菜，左右采之。窈窕淑女，琴瑟友之。
参差荇菜，左右芼之。窈窕淑女，钟鼓乐之。

Cooing and Wooing

By riverside a pair

Of turtledoves are cooing;

There is a maiden fair

Whom a young man is wooing.

Water flows left and right
Of cresses here and there;
The youth yearns day and night
For the maiden so fair.

His yearning grows so strong,
He cannot fall asleep,
But tosses all night long,
So deep in love, so deep!

Now gather left and right
Cress long or short and tender!
O lute, play music light
For the fiancée so slender!

Feast friends at left and right
On cresses cooked tender!
O bells and drums, delight
The bride so sweet and slender!

葛　覃

葛之覃兮,施于中谷,维叶萋萋。黄鸟于飞,集于灌木,其鸣喈喈。

葛之覃兮,施于中谷,维叶莫莫。是刈是濩,
为絺为绤,服之无斁。

言告师氏,言告言归。薄污我私,薄澣我衣。
害澣害否? 归宁父母。

Home-going of the Bride

The vines outspread and trail
In the midst of the vale.
Their leaves grow lush and sprout;
Yellow birds fly about
And perch on leafy trees.
O how their twitters please!

The vines outspread and trail
In the midst of the vale.
Their leaves grow lush on soil,
So good to cut and boil
And make cloth coarse or fine.
Who wears it likes the vine.

I tell Mother-in-law
Soon I will homeward go.
I'll wash my undershirt
And rinse my outerskirt.
My dress cleaned, I'll appear
Before my parents dear.

卷　耳

采采卷耳,不盈顷筐。嗟我怀人,寘彼周行。

陟彼崔嵬,我马虺隤。我姑酌彼金罍,维以不永怀。

陟彼高冈,我马玄黄。我姑酌彼兕觥,维以不永伤。

陟彼砠矣,我马瘏矣,我仆痡矣,云何吁矣!

Mutual Longing

Wife:"I gather the mouse-ear

With a basket to fill.

I miss my husband dear

And leave it empty still."

Man:"The hill I'm climbing up

Has tried and tired my horse.

I'll drink my golden cup

So as to gather force."

"The height I'm climbing up

Has dizzied my horse in strife.

I drink my rhino cup

Lest I'd think of my wife."

"I climb the rocky hill;

My wornout horse won't go.

My servant's very ill.

O how great is my woe!"

樛 木

南有樛木,葛藟累之。乐只君子,福履绥之。
南有樛木,葛藟荒之。乐只君子,福履将之。
南有樛木,葛藟萦之。乐只君子,福履成之。

Married Happiness

Up crooked Southern trees
Are climbing creepers' vines;
On lords whom their wives please,
Quiet happiness shines.

The crooked Southern trees
Are covered by grapevines;
On lords whom their wives please,
Greater happiness shines.

Round crooked Southern trees
Are twining creepers' vines;
On lords whom their wives please,
Perfect happiness shines.

螽　斯

螽斯羽,诜诜兮。宜尔子孙,振振兮。
螽斯羽,薨薨兮。宜尔子孙,绳绳兮。
螽斯羽,揖揖兮。宜尔子孙,蛰蛰兮。

Blessed with Children

Insects in flight,
Well you appear.
It is all right
To teem with children dear.

Insects in flight,
How sound your wings!
It is all right
To have children in strings.

Insects in flight,
You feel so warm.
It is all right
To have children in swarm.

桃 夭

桃之夭夭,灼灼其华。之子于归,宜其室家。
桃之夭夭,有蕡其实。之子于归,宜其家室。
桃之夭夭,其叶蓁蓁。之子于归,宜其家人。

The Newly-wed

The peach tree beams so red,
How brilliant are its flowers!
The maiden's getting wed,
Good for the nuptial bowers.

The peach tree beams so red;
How plentiful its fruit!
The maiden's getting wed;
She's the family's root.

The peach tree beams so red;
Its leaves arelush and green.
The maiden's getting wed;
On household she'll be keen.

兔 罝

肃肃兔罝,椓之丁丁。赳赳武夫,公侯干城。

肃肃兔罝,施于中逵。赳赳武夫,公侯好仇。

肃肃兔罝,施于中林。赳赳武夫,公侯腹心。

The Rabbit Catcher

Well set are rabbit nets;

On the pegs go the blows.

The warrior our lord gets

Protects him from the foes.

Well set are rabbit nets,

Placed where crossroads appear.

The warrior our lord gets

Will be his good compeer.

Well set are rabbit nets,

Amid the forest spread,

The warrior our lord gets

Serves him with heart and head.

芣 苢

采采芣苢,薄言采之。采采芣苢,薄言有之。
采采芣苢,薄言掇之。采采芣苢,薄言捋之。
采采芣苢,薄言袺之。采采芣苢,薄言襭之。

Plantain Gathering

We gather plantain seed.

Let's gather it with speed!

We gather plantain ears.

Let's gather them with cheers!

We gather plantain seed.

Let's rub it out with speed!

We gather plantain ears.

Pull by handfuls with cheers!

We gather plantain seed.

Let's fill our skirts with speed!

We gather plantain ears.

Belt up full skirts with cheers!

汉 广

南有乔木,不可休思。汉有游女,不可求思。
汉之广矣,不可泳思。江之永矣,不可方思。

翘翘错薪,言刈其楚。之子于归,言秣其马。
汉之广矣,不可泳思。江之永矣,不可方思。

翘翘错薪,言刈其蒌。之子于归,言秣其驹。
汉之广矣,不可泳思。江之永矣,不可方思。

A Woodcutter's Love

The tallest Southern tree

Affords no shade for me.

The maiden on the stream

Can but be found in dream.

For me the stream's too wide

To reach the other side

As River Han's too long

To cross its current strong.

Of the trees in the wood

I'll only cut the good.

If she should marry me,

Her stable-man I'd be.

For me the stream's too wide

To reach the other side

As River Han's too long

To cross its current strong.

Of the trees here and there

I'll only cut the fair.

If she should marry me,

Her stable-boy I'd be.

For me the stream's too wide

To reach the other side

As River Han's too long

To cross its current strong.

汝　坟

遵彼汝坟,伐其条枚。未见君子,惄如调饥。

遵彼汝坟,伐其条肆。既见君子,不我遐弃。

鲂鱼赪尾,王室如燬。虽则如燬,父母孔迩。

A Wife Waiting

Along the raised bank green

I cut down twigs and wait.

My lord cannot be seen;

I feel a hunger great.

Along the raised bank green

I cut fresh sprigs and spray.

My lord can now be seen,
But soon he'll go away.

"I'll leave your red-tailed fish:
The kingdom is on fire."
"If you leave as you wish,
Who'll take care of your sire?"

麟之趾

麟之趾,振振公子。于嗟麟兮!
麟之定,振振公姓。于嗟麟兮!
麟之角,振振公族。于嗟麟兮!

The Good Unicorn

The unicorn will use its hoofs to tread on none
Just like our Prince's noble son.
Ah! they are one.

The unicorn will knock its head against none
Just like our Prince's grandson.
Ah! they are one.

The unicorn will fight with its corn against none
Just like our Prince's great-grand-son
Ah! they are one.

召 南
Songs Collected South of Shao, Modern Henan

鹊 巢

维鹊有巢,维鸠居之。之子于归,百两御之。
维鹊有巢,维鸠方之。之子于归,百两将之。
维鹊有巢,维鸠盈之。之子于归,百两成之。

The Magpie's Nest

The magpie builds a nest,
Where comes the dove in spring.
The bride comes fully-drest,
Welcomed by cabs in string.

The magpie builds a nest,
Where dwells the dove in spring.
The bride comes fully-drest,
Escort'd by cabs in string.

The magpie builds a nest,
Where lives the dove in spring.
The bride comes fully-drest,
Celebrated by cabs in string.

采 蘩

于以采蘩,于沼于沚。于以用之,公侯之事。
于以采蘩,于涧之中。于以用之,公侯之宫。
被之僮僮,夙夜在公。被之祁祁,薄言还归。

The Sacrifice

Gather southernwood white
By the pools here and there.
Employ it in the rite
In our prince's affair.

Gather southernwood white
In the vale by the stream.
Employ it in the rite
Under the temple's beam.

Wearing black, gloosy hair,
We're busy all the day.
With disheveled hair
At dusk we go away.

草 虫

　　喓喓草虫,趯趯阜螽。未见君子,忧心忡忡。
亦既见止,亦既觏止,我心则降。

　　陟彼南山,言采其蕨。未见君子,忧心惙惙。
亦既见止,亦既觏止,我心则说。

　　陟彼南山,言采其薇。未见君子,我心伤悲。
亦既见止,亦既觏止,我心则夷。

The Grasshoppers

Hear grassland insects sing

And see grasshoppers spring!

When my lord is not seen,

I feel a sorrow keen.

When I see him downhill

And meet him by the rill,

My heart would then be still.

I go up southern hill,

Of ferns I get my fill.

When my lord is not seen,

I feel a griefmore keen.

When I see him downhill

And meet him by the rill,

My heart with joy would thrill.

I go up southern hill;

Of herbs I get my fill.

When my lord is not seen,

I feel a grief most keen.

When I see him downhill

And meet him by the rill,

My heart would be serene.

采　蘩

于以采蘩,南涧之滨。于以采藻,于彼行潦。

于以盛之,维筐及筥。于以湘之,维锜及釜。

于以奠之,宗室牖下。谁其尸之,有齐季女。

Sacrifice before Wedding

Where to gather duckweed?

In the brook by southhill.

Where to gather pondweed?

Between the brook and rill.

Where to put what we've found?

In baskets square or round.

Where to boil what we can?

In the tripod or pan.

Where to put offerings?

In the temple's both wings.

Who offers sacrifice?

The bride-to-be so nice.

甘 棠

蔽芾甘棠,勿翦勿伐,召伯所茇。

蔽芾甘棠,勿翦勿败,召伯所憩。

蔽芾甘棠,勿翦勿拜,召伯所说。

The Duke of Shao

O leafy tree of pear!

Don't clip or make it bare,

For once our Duke lodged there.

O leafy tree of pear!

Don't break its branches bare,

For once our Duke rested there.

O leafy tree of pear!

Don't bend its branches bare,

For once our Duke halted there.

行 露

厌浥行露,岂不夙夜,谓行多露。

谁谓雀无角,何以穿我屋? 谁谓女无家,何以速我狱? 虽速我狱,室家不足!

谁谓鼠无牙,何以穿我墉? 谁谓女无家,何以速我讼? 虽速我讼,亦不女从!

I Accuse

The path with dew is wet;

Before dawn off I set;

I fear nor dew nor threat.

Who says in sparrow's head

No beak can pierce the roof?

Who says the man's not wed?

He jails me without proof.

He can't wed me in jail;

I'm jailed to no avail.

Who says in the rat's head

No teeth can pierce the wall?

Who says the man's not wed?

He brings me to judge's hall.

Though brought to judge's hall.

I will not yield at all.

羔 羊

羔羊之皮，素丝五紽。退食自公，委蛇委蛇。

羔羊之革，素丝五緎。委蛇委蛇，自公退食。

羔羊之缝，素丝五总。委蛇委蛇，退食自公。

Officials in Lamb Furs

In lamb and sheep skins drest,
With their five braidings white,
They come from court to rest
And swagger with delight.

In sheep and lamb skins drest,
With five seams of silk white,
They swagger, come to rest
And take meals with delight.

In lamb and sheep furs drest,
With their five joinings white,
They take their meals and rest
And swagger with delight.

殷其雷

殷其需,在南山之阳。何斯违斯? 莫敢或遑。
振振君子,归哉归哉!

殷其雷,在南山之侧。何斯违斯? 莫敢遑息。
振振君子,归哉归哉!

殷其雷,在南山之下。何斯违斯? 莫或遑处。
振振君子,归哉归哉!

Why Not Return?

The thunder rolls away
O'er southern mountain's crest.
Why far from home do you stay,
Not daring take a rest?
Brave lord for whom I yearn,
Return, return!

The thunder rolls away
By southern mountain's side.
Why far from home do you stay,
Not daring take a ride?
Brave lord for whom I yearn,
Return, return!

The thunder rolls away

At southern mountain's foot,

Whyfar from home do you stay

As if you'd taken root?

Brave lord for whom I yearn,

Return, return!

摽有梅

摽有梅,其实七兮。求我庶士,迨其吉兮。

摽有梅,其实三兮。求我庶士,迨其今兮。

摽有梅,顷筐塈之。求我庶士,迨其谓之。

An Old Maid

The fruits from mume-tree fall,

One-third of them away.

If you love me at all,

Woo me a lucky day!

The fruits from mume-tree fall,

Two-thirds of them away.

If you love me at all,

Woo me this very day!

The fruits from mume-tree fall,

Now all of them away.

If you love me at all,

You need not woo but say.

小　星

嘒彼小星,三五在东。肃肃宵征,夙夜在公,
寔命不同。

嘒彼小星,维参与昴。肃肃宵征,抱衾与裯,
寔命不犹。

The Starlets

Three or five stars shine bright

Over the eastern gate.

We make haste day and night,

Busy early and late.

Different is our fate.

The starlets shed weak light

With the Pleiades o'erhead.

We make haste day and night,

Carrying sheets of bed:

No other way instead.

江有汜

江有汜,之子归。不我以,不我以,其后也悔。
江有渚,之子归。不我与,不我与,其后也处。
江有沱,之子归。不我过,不我过,其啸也歌。

A Merchant's Wife

Upstream go you

To wed the new

And leave the old,

You leave the old:

Regret foretold.

Downstream go you

To wed the new

And forsake me.

You forsake me;

Rueful you'll be.

Bystream go you

To wed the new

And desert me.

You desert me.

Woeful you'll be.

野有死麕

野有死麕，白茅包之。有女怀春，吉士诱之。
林有朴樕，野有死鹿。白茅纯束，有女如玉。
舒而脱脱兮，无感我帨兮，无使尨也吠。

A Deer Killer and a Jadelike Maiden

An antelope is killed
And wrapped in white afield.
A maid for love does long,
Tempted by a hunter strong.

He cuts down trees amain
And kills a deer again.
He sees the white-drest maid
As beautiful as jade.

"O soft and slow, sweetheart,
Don't tear my sash apart!"
The jadelike maid says, "Hark!
Do not let the dog bark!"

何彼秾矣

何彼秾矣？唐棣之华。曷不肃雍？王姬之车。

何彼秾矣？华如桃李。平王之孙, 齐侯之子。

其钓维何？维丝伊缗。齐侯之子, 平王之孙。

The Princess' Wedding

Luxuriant in spring
As plum flowers o'er water,
How we revere the string
Of cabs for the king's daughter!

Luxuriant in spring
As the peach flowers red,
The daughter of the king
To a marquis' on is wed.

We use the silken thread
To form a fishing line.
The son of marquis is wed
To the princess divine.

驺　虞

彼茁者葭,壹发五豝,于嗟乎驺虞。

彼茁者蓬,壹发五豵,于嗟乎驺虞。

A Hunter

Abundant rushes grow along;

One arrow hits one boar among.

Ah! what a hunter strong!

Abundant reeds along the shores!

One arrow scares five boars.

Ah! what a hunter one adores!

唐 诗
Tang Poems

贺知章(He Zhizhang)

咏 柳

碧玉妆成一树高,万条垂下绿丝绦。
不知细叶谁裁出？二月春风似剪刀。

The Willow

The slender tree is dressed in emerald all about;

A thousand branches droop like fringes made of jade.

But do you know by whom these slim leaves are cutout?

The wind of early spring is sharp as scissor blade.

陈子昂(Chen Ziang)

登幽州台歌

前不见古人，后不见来者，
念天地之悠悠，独怆然而涕下。

On the Tower at Youzhou

Where are the great men of the past
And where are those of future years?
The sky and earth forever last;
Here and now I alone shed tears.

张若虚(Zhang Ruoxu)

春江花月夜

春江潮水连海平，海上明月共潮生。
滟滟随波千万里，何处春江无月明？
江流宛转绕芳甸，月照花林皆似霰。
空里流霜不觉飞，汀上白沙看不见。
江天一色无纤尘，皎皎空中孤月轮。

江畔何人初见月? 江月何年初照人?

人生代代无穷已,江月年年只相似。

不知江月待何人,但见长江送流水。

白云一片去悠悠,青枫浦上不胜愁。

谁家今夜扁舟子? 何处相思明月楼?

可怜楼上月徘徊,应照离人妆镜台。

玉户帘中卷不去,捣衣砧上拂还来。

The Moon over the River on a Spring Night

In spring the river rises as high as the sea,

And with the river's tide uprises the moon bright.

She follows the rolling waves for ten thousand li;

Where'er the river flows, there overflows her light.

The river winds around the fragrant islet where

The blooming flowers in her light all look like snow.

You cannot tell her beams from hoar frost in the air,

Nor from white sand upon the Farewell Beach below.

No dust has stained the water blending with the skies;

A lonely wheellike moon shines brilliant far and wide.

Who by the riverside did first see the moon rise?

When did the moon first see a man by riverside?

Many generations have come and passed away;

From year to year the moons look alike, old and new.

We do not know tonight for whom she sheds her ray,

But hear the river say to its water adieu.

Away, away is sailing a single cloud white;

On Farewell Beach are pining away maples green.

Where is the wanderer sailing his boat tonight?

Who, pining away, on the moonlit rails would lean?

Alas! the moon is lingering over the tower;

It should have seen her dressing table all alone.

She may roll curtains up, but light is in her bower;

She may wash, but moonbeams still remain on thestone.

She sees the moon, but her husband is out of sight;

She would follow the moonbeams to shine on his face.

But message-bearing swans can't fly out of moonlight,

Nor letter-sending fish can leap out of their place.

He dreamed of flowers falling o'er the pool last night;

Alas! spring has half gone, but he can't homeward go.

The water bearing spring will run away in flight;

The moon over the pool will in the west sink low.

In the mist on the sea the slanting moon will hide;

It's a long way from northern hills to southern streams.

How many can go home by moonlight on the tide?

The setting moon sheds o'er riverside trees but dreams.

王之涣(Wang Zhihuan)

登鹳雀楼

白日依山尽,黄河入海流。

欲穷千里目,更上一层楼。

On the Stork Tower

The sun along the mountain bows;
The Yellow River seawards flows.
You will enjoy a grander sight
If you climb to a greater height.

孟浩然(Meng Haoran)

春　晓

春眠不觉晓,处处闻啼鸟。
夜来风雨声,花落知多少!

Spring Morning

This spring morning in bed I'm lying,
Not to awake till birds are crying.
After one night of wind and showers,
How many are the fallen flowers!

王维(Wang Wei)

鹿　柴

空山不见人,但闻人语响。
返景入深林,复照青苔上。

The Deer Enclosure

In pathless hills no man's in sight,
But I still hear echoing sound.
In gloomy forest peeps no light,
But sunbeams slant on mossy ground.

相　思

红豆生南国,春来发几枝?
愿君多采撷,此物最相思。

Love Seeds

Red berries grow in southern land.
How many load in spring the trees?
Gather them till full is your hand;
They would revive fond memories.

李白(Li Bai)

长干行

妾发初覆额,折花门前剧。

郎骑竹马来,绕床弄青梅。

同居长干里,两小无嫌猜。

十四为君妇,羞颜未尝开。

低头向暗壁,千唤不一回。

十五始展眉,愿同尘与灰。

常存抱柱信,岂上望夫台!

十六君远行,瞿塘滟滪堆。

五月不可触,猿声天上哀。

门前迟行迹,一一生绿苔。

苔深不能扫,落叶秋风早。

八月蝴蝶黄,双飞西园草。

感此伤妾心,坐愁红颜老。

早晚下三巴,预将书报家。

相迎不道远,直至长风沙。

Ballad of a Trader's Wife

My forehead barely covered by my hair,

Outdoors I pluck'd and played with flowers fair.

On hobby horse you came upon the scene;

Around the well we played with mumes still green.

We lived close neighbors on Riverside Lane,

Carefree and innocent, we children twin.

At fourteen years when I became your bride,

I'd often turn my bashful face aside.

Hanging my head, I'd look on the dark wall;

I would not answer your call upon call.

I was fifteen when I composed my brows;

To mix my dust with yours were my dear vows.

Rather than break faith, you declared you'd die.

Who knew I'd live alone in tower high?

I was sixteen when you went far away,

Passing Three Gorges studded with rocks grey,

Where ships were wrecked when spring flood ranhigh.

Where gibbons'wails seemed coming from the sky.

Green moss now overgrows before our door;

Your footprints, hidden, can be seen no more.

Moss can't be swept away, so thick it grows,

And leaves fall early when the west wind blows.

In yellow autumn butterflies would pass

Two by two in west garden o'er the grass.

This sight would break my heart and I'm afraid,

Sitting alone, my rosy cheeks would fade.

O when are you to leave the western land?

Do not forget to tell me beforehand!

I'll walk to meet you and not call it far

E'en to go to Long Wind Sands where you are.

蜀道难

噫吁嚱,危乎高哉!

蜀道之难,难于上青天。

蚕丛及鱼凫,开国何茫然!

尔来四万八千岁,不与秦塞通人烟。

西当太白有鸟道,可以横绝峨眉巅。

地崩山摧壮士死,然后天梯石栈相钩连。

上有六龙回日之高标,下有冲波逆折之回川。

黄鹤之飞尚不得过,猿猱欲度愁攀援。

青泥何盘盘? 百步九折萦岩峦。

扪参历井仰胁息,以手抚膺坐长叹。

问君西游何时还,畏途巉岩不可攀。

但见悲鸟号古木,雄飞雌从绕林间。

又闻子规啼夜月,愁空山。

蜀道之难,难于上青天,使人闻此凋朱颜。

连峰去天不盈尺,枯松倒挂倚绝壁。

飞湍瀑流争喧豗,砯崖转石万壑雷。

其险也若此,嗟尔远道之人胡为乎来哉!

剑阁峥嵘而崔嵬,一夫当关,万夫莫开。

所守或匪亲,化为狼与豺。

朝避猛虎,夕避长蛇。

磨牙吮血,杀人如麻。

锦城虽云乐,不如早还家。

蜀道之难,难于上青天,侧身西望长咨嗟。

Hard is the Way to Shu

Oho! behold! how steep! how high!

The westward way is harder than to climb the sky.

Since the two pioneers

Put the kingdom in order,

Have passed forty eight thousand years,

And few have tried to pass its border.

Only birds could fly o'er White Mountains in the west,

And up to Mount Brows' crest.

After the mountain crumbled and road-builders died,

A rocky path was hacked along the mountain side.

Above stand peaks too high for dragons to pass o'er;

Below the torrents run back and forth, churn and roar.

Even the golden crane can't fly across;

How to climb over, gibbons are at a loss.

What tortuous mountain path Green Mud Ridge faces!

Around the top we make nine turns each hundredpaces.

Looking up breathless, I could touch me stars nearby;

Beating my breast, I sink on the ground with a sigh.

When will you come back from this journey to thewest?

How can you climb up dangerous path and mountaincrest?

There you can hear on ancient trees but sad birds wail,

And see the male birds fly, followed by the female,

And hear home-going cuckoos weep

Beneath the moon in mountains deep.

The westward way is harder than to climb the sky.

On hearing this, your cheeks would lose their rosy dye.

Between the sky and peaks there seems less than a foot;

An old pine, head down, sticks into the cliff its root.

The cataracts and torrents vie in roaring loud;

Like thunder roll down frozen crags and bouldersproud.

So dangerous these places are!

Alas! why should you come here from afar?

Rugged is the path between the cliffs so steep and high,

Guarded by one

And forced by none.

But disloyal guards

Might turn wolves and pards,

Man-eating tigers at daybreak

And at dusk blood-sucking serpent and snake.

You may find pleasure in the City of Brocade,

But it is better to go home, I am afraid.

The way to Shu is harder than to climb the sky,

I would turn westward and heave sigh on sigh.

杜甫(Du Fu)

春 望

国破山河在,城春草木深。

感时花溅泪,恨别鸟惊心。

烽火连三月,家书抵万金。

白头搔更短,浑欲不胜簪。

Spring View

On war-torn land streams flow and mountains stand;

In vernal town grass and weeds are o'ergrown.

Grieved o'er the years, flowers make us shed tears;

Hating to part, hearing birds breaks our heart.

The beacon fire has gone higher and higher;

Words from household are worth their weight in gold.

I cannot bear to scratch my grizzling hair;

It grows too thin to hold a light hairpin.

石壕吏

暮投石壕村,有吏夜捉人。

老翁逾墙走,老妇出门看。

吏呼一何怒! 妇啼一何苦!

听妇前致词:"三男邺城戍。

一男附书至,二男新战死。

存者且偷生,死者长已矣!

室中更无人,惟有乳下孙。

有孙母未去,出入无完裙。

老妪力虽衰,请从吏夜归。

急应河阳役,犹得备晨炊。"

夜久语声绝,如闻泣幽咽。

天明登前途,独与老翁别。

The Pressgang at Stone Moat Village

I seek for shelter at nightfall.

What is the pressgang coming for?

My old host climbs over the wall;

My old hostess answers the door.

How angry is the sergeant's shout!

How bitter is the woman's cry!

I hear what she tries to speak out.

"I'd three sons guarding the town high.

One wrote a letter telling me

That his brothers were killed in war.

He'll keep alive if he can be;

The dead have passed and are no more.

In the house there is no man left,

Except my grandson in the breast

Of his mother, of all bereft;

She can't come out, in tatters dressed.

Though I'm a woman weak and old,

I beg to go tonight with you,

That I may serve in the strenghold

And cook morning meals as my due."

With night her voices fade away;

I seem to hear still sob and sigh.

At dawn again I go my way

And only bid my host goodbye.

春夜喜雨

好雨知时节，当春乃发生。
随风潜入夜，润物细无声。
野径云俱黑，江船火独明。
晓看红湿处，花重锦官城。

Happy Rain on a Spring Night

Good rain knows its time right；
It will fall when comes spring.
With wind it steals in night；
Mute, it moistens each thing.
O'er wild lanes dark cloud spreads；
In boat a lantern looms.
Dawn sees saturated reds；
The town's heavy with blooms.

白居易(Bai Juyi)

长恨歌

汉皇重色思倾国，御宇多年求不得。
杨家有女初长成，养在深闺人未识。

天生丽质难自弃，一朝选在君王侧。

回眸一笑百媚生，六宫粉黛无颜色。

春寒赐浴华清池，温泉水滑洗凝脂，

侍儿扶起娇无力，始是新承恩泽时。

云鬓花颜金步摇，芙蓉帐暖度春宵，

春宵苦短日高起，从此君王不早朝！

承欢侍宴无闲暇，春从春游夜专夜。

后宫佳丽三千人，三千宠爱在一身：

金屋妆成娇侍夜，玉楼宴罢醉和春。

姊妹弟兄皆列土，可怜光彩生门户，

遂令天下父母心，不重生男重生女！

骊宫高处入青云，仙乐风飘处处闻。

缓歌慢舞凝丝竹，尽日君王看不足。

渔阳鼙鼓动地来，惊破《霓裳羽衣曲》！

九重城阙烟尘生，千乘万骑西南行。

翠华摇摇行复止，西出都门百余里，

六军不发无奈何，宛转蛾眉马前死。

花钿委地无人收，翠翘金雀玉搔头，

君王掩面救不得，回看血泪相和流！

黄埃散漫风萧索，云栈萦纡登剑阁。

峨嵋山下少人行，旌旗无光日色薄。

蜀江水碧蜀山青，圣主朝朝暮暮情；

行宫见月伤心色，夜雨闻铃肠断声。

天旋地转回龙驭，到此踌躇不能去，

马嵬坡下泥土中，不见玉颜空死处。

君臣相顾尽沾衣，东望都门信马归。

归来池苑皆依旧，太液芙蓉未央柳；

芙蓉如面柳如眉，对此如何不泪垂！

春风桃李花开日，秋雨梧桐叶落时。

西宫南内多秋草，落叶满阶红不扫；

梨园弟子白发新，椒房阿监青娥老。

夕殿萤飞思悄然，孤灯挑尽未成眠，

迟迟钟鼓初长夜，耿耿星河欲曙天。

鸳鸯瓦冷霜华重，翡翠衾寒谁与共！

悠悠生死别经年，魂魄不曾来入梦。

临邛道士鸿都客，能以精诚致魂魄，

为感君王辗转思，遂教方士殷勤觅。

排空驭气奔如电，升天入地求之遍，

上穷碧落下黄泉，两处茫茫皆不见。

忽闻海上有仙山，山在虚无缥缈间，

楼阁玲珑五云起，其中绰约多仙子。

中有一人字太真，雪肤花貌参差是。

金阙西厢叩玉扃，转教小玉报双成：

闻道汉家天子使，九华帐里梦魂惊。

揽衣推枕起徘徊，珠箔银屏迤逦开，

云鬓半偏新睡觉，花冠不整下堂来。

风吹仙袂飘飘举，犹似《霓裳羽衣》舞。

玉容寂寞泪阑干，梨花一枝春带雨。

含情凝睇谢君王，一别音容两渺茫。

昭阳殿里恩爱绝，蓬莱宫中日月长。

回头下望人寰处，不见长安见尘雾。

唯将旧物表深情，钿合金钗寄将去：

钗留一股合一扇，钗擘黄金合分钿。

但教心似金钿坚，天上人间会相见。

临别殷勤重寄词，词中有誓两心知：

七月七日长生殿，夜半无人私语时，

"在天愿作比翼鸟,在地愿为连理枝。"

天长地久有时尽,此恨绵绵无绝期!

The Everlasting Regret

The beauty-loving monarch longed year after year

To find a beautiful lady without a peer.

A maiden of the Yangs to womanhood just grown,

In inner chambers bred, to the world was unknown.

Endowed with natural beauty too hard to hide,

She was chosen one day to be the monarch's bride.

Turning her head, she smiled so sweet and full of grace

That she outshone in six palaces the fairest face.

She bathed in glassy water of warm-fountain Pool,

Which laved and smoothed her creamy skin when spring was cool.

Without her maids' support, she was too tired to move,

And this was when she first received the monarch's love.

Flower-like face and cloud-like hair, golden-head dressed,

In lotus-adorned curtain she spent the night blessed.

She slept till the sun rose high for the blessed night was short,

From then on the monarch held no longer morning court.

In revels as in feasts she shared her lord's delight,

His companion on trips and his mistress at night.

In inner palace dwelt three thousand ladies fair;

On her alone was lavished royal love and care.

Her beauty served the night when dressed up in Golden Bower;

She was drunk with wine and spring at banquet in Jade Tower.

Her sisters and brothers all received rank and fief

And honors showered on her household, to the grief

Of fathers and mothers who would rather give birth

To a fair maiden than to any son on earth.

The lofty palace towered high into the cloud;

With divine music borne on the breeze, the air was loud.

Seeing slow dance and hearing fluted or stringed song,

The emperor was never tired the whole day long.

But rebels beat their war drums, making the earthquake

And "Song of Rainbow Skirt and Coat of Feathers" break.

A cloud of dust was raised o'er aty walls nine-fold;

Thousands of chariots and horsemen southwestward rolled.

Imperial flags moved slowly now and halted then,

And thirty miles from Western Gate they stopped again.

Six armies-what could be done? -would not march with

speed Unless fair Lady Yang be killed before the steed.

None would pick up her hairpin fallen on the ground

Nor golden bird nor comb with which her head was crowned.

The monarch could not save her and hid his face in fear;

Turning his head, he saw her blood mix with his tear.

The yellow dust widespread, the wind blew desolate;

A serpentine plank path led to cloud-capped Sword Gate.

Below the Eyebrows Mountains wayfarers were few;

In fading sunlight royal standards lost their hue.

On Western water blue and Western mountains green

The monarch's heart was daily gnawed by sorrow keen.

The moon viewed from his tent shed a soul-searing light;

The bells heard in night rain made a heart-rending sound.

Suddenly turned the tide. Returning from his flight,

The monarch could not tear himself away from the ground

Where 'mid the clods beneath the Slope he couldn't forget

The fair-faced Lady Yang who was unfairly slain.

He looked at his courtiers, with tears his robe was wet;

They rode east to the capital but with loose rein.

Come back, he found her pond and garden in old place,

With lotus in the lake and willows by the hall.

Willow leaves like her brows and lotus like her face,

At the sight of all these, how could his tears not fall.

Or when in vernal breeze were peach andplum full-blown

Or when in autumn rain parasol leaves were shed?

In Western as in Southern Court was grass o'er grown;

With fallen leaves unswept the marble steps turned red.

Actors, although still young, began to have hair grey;

Eunuchs and waiting maids looked old in palace deep.

Fireflies flitting the hall, mutely he pined away;

The lonely lampwick burned out, still he could not sleep.

Slowly beat drums and rang bells, night began to grow long;

Bright shone the Starry Stream, daybreak seemed to come late.

The love-bird tiles grew chilly with hoar frost sos trong;

His kingfisher quilt was cold, not shared by a mate.

One long, long year the dead with the living was parted;

Her soul came not in dreams to see the broken hearted,

A taoist sorcerer came to the palace door,

Skilled to summon the spirits from the other shore.

Moved by the monarch's yearning for the departed fair,

He was ordered to seek for her everywhere.

Borne on the air, like flash of lightning he flew;

In heaven and on earth he searched through and through.

Up to the azure vault and down to deepest place,

Nor above nor below could he e'er find her trace.

He learned that on the sea were fairy mountains proud

Which now appeared now disappeared amid the cloud

Of rainbow colors, where rose magnificent bowers

And dwelt so many fairies as graceful as flowers.

Among them was a queen whose name was Ever True;

Her snow-white skin and sweet face might afford aclue.

Knocking at western gate of palace hall, he bade

The fair porter to inform the queen's waiting maid.

When she heard that there came the monarch's embassy,

The queen was startled out of dreams in her canopy.

Pushing aside the pillow, she rose and got dressed,

Passing through silver screen and pearl shade to meet the guest.

Her cloud-like hair awry, not full awake at all,

Her flowery cap slanted, she came into the hall.

The wind blew up her fairy sleeves and made them float

As if she danced still "Rainbow Skirt and Feathered Coat."

Her jade-white face crisscrossed with tears in lonely world

Like a spray of pear blossoms in spring rain impearled.

She bade him thank her lord, lovesick and broken-hearted;

They knew nothing of each other after they parted.

Love and happiness long ended within palace walls;

Days and nights appeared long in the Fairyland halls.

Turning her head and fixing on the earth her gaze,

She found no capital 'mid clouds of dust and haze.

To show her love was deep, she took out keepsakes old

For him to carry back, hairpin and case of gold.

Keeping one side of the case and one wing of the pin,

She sent to her lord the other half of the twin.

"If our two hearts as firm as the gold should remain,

In heaven or on earth some time we'll meet again."

At parting, she confided to the messenger

A secret vow known only to her lord and her.

On seventh day of seventh moon when none was near,

At midnight in Long Long-life Hall he whispered in her ear:

"On high, we'd be two birds flying wing to wing;

On earth, two trees with branches twined from spring to spring."

The boundless sky and endless earth may pass away,

But this vow unfulfilled will be regretted for aye.

赋得古原草送别

离离原上草，一岁一枯荣。

野火烧不尽，春风吹又生。

远芳侵古道，晴翠接荒城。

又送王孙去，萋萋满别情。

Grass on the Ancient Plain-Farewell to a Friend

Wild grasses spread o'er ancient plain;

With spring and fall they come and go.

Fire tries to burn them up in vain;

They rise again when spring winds blow.

Their fragrance overruns the way;

Their green invades the ruined town.

To see my friend going away,

My sorrow grows like grass o'ergrown.

五

宋 词
Song Poems

范仲淹(Fan Zhongyan)

苏幕遮

碧云天,黄叶地,秋色连波,波上寒烟翠。
山映斜阳天接水,荒草无情,更在斜阳外。

黯乡魂,追旅思,夜夜除非,好梦留人睡。
明月楼高休独倚,酒入愁肠,化作相思泪。

Tune：Waterbag Dance

Clouds veil emerald sky,

Leaves strewn in yellow dye.

Waves rise in autumn hue

And blend with mist cold and green in view.

Hills steeped in slanting sunlight, sky and waves seemone;

Unfeeling grass grows sweet beyond the setting sun.

A homesick heart,

When far apart,

Lost in thoughts deep,

Night by night but sweet dreams can lull me into sleep.

Don't lean alone on rails when the bright moon appears!

Wine in sad bowels would turn to nostalgic tears.

晏殊(Yan Shu)

蝶恋花

槛菊愁烟兰泣露,罗幕轻寒,燕子双飞去。
明月不谙离恨苦,斜光到晓穿朱户。

昨夜西风凋碧树,独上高楼,望尽天涯路。
欲寄彩笺兼尺素,山长水阔知何处?

Tune: Butterflies in Love with Flowers

Orchids shed tears with doleful asters in mist grey;

Silk curtains chill, a pair of swallows fly away.

The moon, knowing not parting grief, sheds slanting light

Through crimson windows all the night.

Last night the western breeze blew withered leaves offtrees.

I mount the tower high and strain my longing eye.

I'll send a message to my dear,

But endless ranges and streams sever us far and near.

欧阳修(Ouyang Xiu)

长相思

蘋满溪,柳绕堤,

相送行人溪水西。回时陇月低。

烟霏霏,雨凄凄,

重倚朱门听马嘶。寒鸥相对飞。

Tune: Everlasting Longing

A creek full of duckweed

Girt with green willow trees,

On western shore I bade my parting friend goodbye.

When I came back, the moon hung low over the hill.

On mist-veiled-rill

Blows chilly breeze.

Leaning on painted gate

Again I wait

For my friend's neighing steed;

I see gulls fly

Pair by pair

In cold air.

王安石(Wang Anshi)

桂枝香·金陵怀古

登临送目,正故国晚秋,天气初肃。

千里澄江似练,翠峰如簇。

征帆去棹残阳里,背西风,酒旗斜矗。

彩舟云淡,星河鹭起,图画难足。

念往昔,繁华竞逐。

叹门外楼头,悲恨相续。

千古凭高对此,谩嗟荣辱。

六朝旧事随流水,但寒烟,衰草凝绿。

至今商女,时时犹唱,《后庭》遗曲。

Tune: Fragrance of Laurel Branch
in Memory of the Ancient Capital

I climb the height

And stretch my sight:

Late autumn just begins its gloomy time.

The ancient capital looks sublime.

The limpid river, beltlike, flows a thousand miles;

Emerald peaks on peaks tower in piles.

In the declining sun sails come and go;

Against west wind wineshop streamers flutter high

and low.

The painted boat

In cloud afloat,

Like stars in Silver River egrets fly.

What a picture before the eye!

The days gone by

Saw people in opulence vie.

Alas! Shame on shame came under the walls,

In palace halls.

Leaning on rails, in vain I utter sighs

Over ancient kingdoms' fall and rise.

The running water saw the Six Dynasties pass,

But I see only chilly mist and withered grass.

Even now and again

The songstresses still sing

The song composed in vain

By a captive king.

苏轼(Su Shi)

水调歌头

明月几时有？把酒问青天。

不知天上宫阙，今夕是何年。

我欲乘风归去，又恐琼楼玉宇，高处不胜寒。

起舞弄清影，何似在人间。

转朱阁，低绮户，照无眠。

不应有恨，何事长向别时圆。

人有悲欢离合，月有阴晴圆缺，此事古难全。

但愿人长久，千里共婵娟。

Tune：Prelude to Water Melody

How long will the full moon appear?

Wine cup in hand, I ask the sky.

I do not know what time of year

It would be tonight in the palace on high.

Riding the wind, there I would fly,

Yet I'm afraid the crystalline palace would be

Too high and cold for me.

I rise and dance, with my shadow I play.

On high as on earth, would it be as gay?

The moon goes round the mansions red

Through gauze-draped windows to shed

Her light upon the sleepless bed.

Against man she should have no spite.

Why then when people part, is she oft full and bright?

Men have sorrow and joy, they meet or part again;

The moon is bright or dim and she may wax or wane.

There has been nothing perfect since the olden days,

So let us wish that man

May live long as he can!

Though miles apart, we'll share the beauty she displays.

念奴娇

大江东去,浪淘尽,千古风流人物。

故垒西边,人道是,三国周郎赤壁。

乱石穿空,惊涛拍岸,卷起千堆雪。

江山如画,一时多少豪杰。

遥想公瑾当年,小乔初嫁了,雄姿英发。

羽扇纶巾,谈笑间,樯橹灰飞烟灭。

故国神游,多情应笑我,早生华发。

人间如梦,一樽还酹江月。

Tune: Charm of a Maiden Singer

The endless river eastward flows;

With its huge waves are gone all those

Gallant heroes of bygone years.

West of the ancient fortress appears

Red Cliff where General Zhou won his early fame

When the Three Kingdoms were in flame.

Rocks tower in the air and waves beat on the shore,

Rolling up a thousand heaps of snow.

To match the land so fair, how many heroes of yore

Had made great show!

I fancy General Zhou at the height

Of his success, with a plume fan in hand,

In a silk hood, so brave and bright,

Laughing and jesting with his bride so fair,

While enemy ships were destroyed as planned

Like castles in the air.

Should their souls revisit this land,

Sentimental, his bride would laugh to say:

Younger than they, I have my hair turned grey.

Life is but like a dream.

O moon, I drink to you who have seen them on the stream.

黄庭坚(Huang Tingjian)

清平乐

春归何处？寂寞无行路。
若有人知春去处,唤取归来同住。

春无踪迹谁知？除非问取黄鹂。
百啭无人能解,因风飞过蔷薇。

Tune: Pure Serene Music

Where is spring gone?
To lonely place unknown.
If anybody knows which way
She goes, please call her back to stay!

Spring's left no traces on the land;
None know where but orioles who sing
A hundred tunes none understand.
Riding the wind, over rose bush they wing.

李清照(Li Qingzhao)

如梦令

昨夜雨疏风骤,浓睡不消残酒。

试问卷帘人,却道海棠依旧。

知否,知否? 应是绿肥红瘦。

Tune: Dreamlike Song

Last night the strong wind blew with a rain fine;

Sound sleep did not dispel the aftertaste of wine.

I ask the maid rolling up the screen.

"The same crab apple," says she, "can be seen."

"But don't you know,

Oh, don't you know

The red should languish and the green should grow?"

陆游(Lu You)

钗头凤

红酥手,黄縢酒,满城春色宫墙柳。

东风恶,欢情薄。一怀愁绪,几年离索。
错,错,错!

春如旧,人空瘦,泪痕红浥鲛绡透。
桃花落,闲池阁。山盟虽在,锦书难托。
莫,莫,莫!

Tune: Phoenix Hairpin

Pink hands so fine,

Gold-branded wine,

Spring paints the willows green palace walls can't confine.

East wind unfair,

Happy times rare.

In my heart sad thoughts throng;

We've severed for years long.

Wrong, wrong, wrong!

Spring is as green,

In vain she's lean.

Her kerchief soaked with tears and red with stains unclean.

Peach blossoms fall

Near deserted hall.

Our oath is still there. Lo!

No words to her can go.

No, no, no!

第四编

法译中国诗词

唐　诗
Poèmes des Tang

贺知章(He Zhizhang)

咏　柳

碧玉妆成一树高，万条垂下绿丝绦。
不知细叶谁裁出，二月春风似剪刀。

Le Saule

En toilette d'émeraude, l'arbre s'élance,

　　Branche en branche se coiffe de feuillage beau.

Qui a faillé ces feuilles vertes d'élégance?

　　Le vent printanier tranchant comme les ciseaux.

陈子昂(Chen Ziang)

登幽州台歌

前不见古人，后不见来者，
念天地之悠悠，独怆然而涕下。

La Tour de Youzhou

Je ne vois ni les sages d'autrefois
Ni les héros à venir après moi.
Songeant aux éternels cieux et terres,
Que je répands de larmes solitaires!

王之涣(Wang Zhihuan)

登鹳雀楼

白日依山尽，黄河入海流。
欲穷千里目，更上一层楼。

La Tour des Hérons

Le soleil baise la montagne；
Le fleuve perce la campagne.
Pour voir un paysage plus beau,
Il faut monter encore plus haut.

孟浩然(Meng Haoran)

春　晓

春眠不觉晓,处处闻啼鸟。
夜来风雨声,花落知多少!

L'aube printanière

On dort à l'aube qu'il fait beau.
Pourquoi gémissent les oiseaux?
Hier vent et pluie ont fait du bruit.
Combien de fleurs tombées la nuit!

王维(Wang Wei)

鹿　柴

空山不见人,但闻人语响。
返景入深林,复照青苔上。

Clos aux cerfs

Dans la montagne il n'y a personne
En vue; l'écho de voix résonne.
Dans la forêt la mousse est sombre,
Où le rayon joue avec l'ombre.

相　思

红豆生南国,春来发几枝。
愿君多采撷,此物最相思。

Les pois d'amour

Les petits pois rouges de sang
Poussent dans le sud au printemps.
Je te prie d'en cueillir toujours：
Ils t'apporteront mon amour.

九月九日忆山东兄弟

独在异乡为异客，每逢佳节倍思亲。
遥知兄弟登高处，遍插茱萸少一人。

A mes frères au pays natal au 9ᵉ jour du 9ᵉ mois

Seul, étranger sur la terre étrangère,
Au jour de fête, que je pense aux miens !
Je sais que là-haut chacun de mes frères,
Portant un rameau, de moi se souvient.

李白(Li Bai)

望庐山瀑布

日照香炉生紫烟,遥看瀑布挂前川。
飞流直下三千尺,疑是银河落九天。

La cataracte du Mont Lu

Du mont l'Encensoir s'élève une pourpre nue ;
On voit de loin la cataracte suspendue.
Le torrent tombe trois mille mètres d'en haut
Comme si la Voie lactée se transforme en eau.

静夜思

床前明月光,疑是地上霜。
举头望明月,低头思故乡。

Réveil d'un voyageur

Un lac de lueur devant mon lit :

Est-ce du givre sur la terre?

Voyant en haut la lune claire,

Je me noie dans la nostalgie.

杜甫(Du Fu)

春 望

国破山河在,城春草木深。

感时花溅泪,恨别鸟惊心。

烽火连三月,家书抵万金。

白头搔更短,浑欲不胜簪。

Une vue au printemps

Le pays ravagé, restent fleuve et montagne,

Au printemps dans l'herbe ensevelie la campagne.

À la vue de belles fleurs, je verse des larmes;

Au chant joyeux d'oiseaux, je n'entends que l'alarme.

L'incendie de guerre brûle durant trois mois;

Un mot de ma famille vaut de l'or cent fois.

Je gratte mes cheveux gris qui deviennent courts;

Ils ne peuvent retenir l'épingle toujours.

登 高

风急天高猿啸哀,渚清沙白鸟飞回。

无边落木萧萧下,不尽长江滚滚来。

万里悲秋常作客,百年多病独登台。

艰难苦恨繁霜鬓,潦倒新停浊酒杯。

L'ascension

Les singes hurlent haut avec le vent rapide;

Les oiseaux tournoient au-dessus de l'eau limpide.

Feuilles sur feuilles tombent jusqu'à la lisière;

Ondes par ondes roule la grande rivière.

Loin des miens en automne, je répands des pleurs;

Malade et vieux, je monte seul à la hauteur.

Les soucis ont mis du givre sur mes cheveux;

Écrasé, je renonce au vin peu savoureux.

张继(Zhang Ji)

枫桥夜泊

月落乌啼霜满天,江枫渔火对愁眠。

姑苏城外寒山寺,夜半钟声到客船。

La cloche à minuit

Lune couchée, il gèle et le corbeau tressaille ;
　　Les feux éclairent mal l'érable au bord de l'eau.
Au temple du Mont Froid au-delà des murailles
　　La cloche à minuit m'éveille seul en bateau.

白居易(Bai Juyi)

长恨歌

汉皇重色思倾国,御宇多年求不得。

杨家有女初长成,养在深闺人末识。

天生丽质难自弃,一朝选在君王侧。

回眸一笑百媚生,六宫粉黛无颜色。

春寒赐浴华清池,温泉水滑洗凝脂。

侍儿扶起娇无力,始是新承恩泽时。

云鬓花颜金步摇,芙蓉帐暖度春宵。

春宵苦短日高起,从此君王不早朝。

承欢侍宴无闲暇,春从春游夜专夜。

后宫佳丽三千人,三千宠爱在一身。

金屋妆成娇侍夜,玉楼宴罢醉和春。

姊妹弟兄皆列土,可怜光彩生门户。

遂令天下父母心,不重生男重生女。

骊宫高处入青云,仙乐风飘处处闻。

缓歌慢舞凝丝竹,尽日君王看不足。

渔阳鼙鼓动地来,惊破《霓裳羽衣曲》。

九重城阙烟尘生,千乘万骑西南行。

翠华摇摇行复止,西出都门百余里。

六军不发无奈何,宛转蛾眉马前死。

花钿委地无人收,翠翘金雀玉搔头。

君王掩面救不得,回看血泪相和流。

黄埃散漫风萧索,云栈萦纡登剑阁。

峨嵋山下少人行,旌旗无光日色薄。

蜀江水碧蜀山青,圣主朝朝暮暮情。

行宫见月伤心色,夜雨闻铃肠断声。

天旋地转回龙驭,到此踌躇不能去。

马嵬坡下泥土中,不见玉颜空死处。

君臣相顾尽沾衣,东望都门信马归。

归来池苑皆依旧,太液芙蓉未央柳。

芙蓉如面柳如眉,对此如何不泪垂。

春风桃李花开日,秋雨梧桐叶落时。

西宫南内多秋草,落叶满阶红不扫。

梨园弟子白发新,椒房阿监青娥老。

夕殿萤飞思悄然,孤灯挑尽未成眠。

迟迟钟鼓初长夜,耿耿星河欲曙天。

鸳鸯瓦冷霜华重,翡翠衾寒谁与共。

悠悠生死别经年,魂魄不曾来入梦。

临邛道士鸿都客,能以精诚致魂魄。

为感君王辗转思,遂教方士殷勤觅。

排空驭气奔如电,升天入地求之遍。

上穷碧落下黄泉,两处茫茫皆不见。

忽闻海上有仙山，山在虚无缥缈间。

楼阁玲珑五云起，其中绰约多仙子。

中有一人字太真，雪肤花貌参差是。

金阙西厢叩玉扃，转教小玉报双成。

闻道汉家天子使，九华帐里梦魂惊。

揽衣推枕起徘徊，珠箔银屏迤逦开。

云鬓半偏新睡觉，花冠不整下堂来。

风吹仙袂飘飘举，犹似霓裳羽衣舞。

玉容寂寞泪阑干，梨花一枝春带雨。

含情凝睇谢君王，一别音容两渺茫。

昭阳殿里恩爱绝，蓬莱宫中日月长。

回头下望人寰处，不见长安见尘雾。

唯将旧物表深情，钿合金钗寄将去。

钗留一股合一扇，钗擘黄金合分钿。

但教心似金钿坚，天上人间会相见。

临别殷勤重寄词，词中有誓两心知：

七月七日长生殿，夜半无人私语时，

"在天愿作比翼鸟，在地愿为连理枝。"

天长地久有时尽，此恨绵绵无绝期！

Le chagrin éternel

L'empereur rêvait d'une beauté adorée

De tout son empire pendant plusieurs années.

Une belle était sortie de l'adolescence,

Dont on mourrait d'envie de faire connaissance.

Personne n'ignorait un tel charme céleste ;

Le souverain choisit cette vierge modeste.

Tournant le regard, elle souriait avec grâce

Au point que la beauté des six palais s'efface.

Elle se baigna dans le bassin du Printemps,

Et la source tiède rendit son corps plus blanc.

Délicate et par ses suivantes soutenue,

C'est la première nuit d'amour qu'elle ait connue.

Visage en fleur, cheveux en nue charmaient toujours;

Courtine aux nénuphars voilait leur nuit d'amour.

Le soleil apparut trop tôt, la nuit trop brève,

L'empereur ne donnait plus audience qu'en rêve.

Elle le servait aux festins comme aux plaisirs

Et aux excursions printanières à loisir.

Dans le harem il y avait trois mille belles,

Mais trois mille faveurs se reportaient sur elle.

Parée dans sa chambre d'or, attendant la nuit,

Ivre aux festins, elle l'était d'amour de lui.

Son frère était fieffé et ses sœurs quoique filles;

Les honneurs s'étendaient sur toute sa famille.

Les pères et mères de toutes les maisons

Aimaient mieux voir naître une fille qu'un garçon.

Le palais effleurait les nuées azurées;

La musique au vent flottait jusqu'à l'empyrée.

L'empereur ne se lassait pas de contempler

La danse à l'air qu'on a sur les flûtes joué.

Ah! les rebelles battent les tambours de guerre;

   Le chant "la robe d'arc-en-ciel" s'arrête court.

Dedans les murailles s'élèvent les poussières;

    Au sud-ouest fuient mille cavaliers de la cour.

Ils avancent et s'arrêtent sous les bannières;

    À l'ouest de la capitale, à plus de cent *li*,

Les six légions refusent d'avancer, que faire?

    Devant leurs chevaux, la belle dame périt.

Ses joyaux jonchent le sol sans qu'on les ramasse:

    Épingle, oiseau d'or, plume de martin-pêcheur.

L'empereur ne peut la sauver, voilant la face;

    Relevant la tête, il voit son sang tout en pleurs.

Le vent triste répand partout sable et poussière;

    Le sentier monte au col d'Épée nuageux en haut.

Au pied du mont Sourcil de passants il n'y a guère;

    Le soleil pâle ternit bannière et drapeau.

Le fleuve et les monts d'ouest bleuissent de douleur;

    Nuit et jour l'empereur songe à sa malheureuse.

La lune vue en exil lui brise le cœur,

    Comme la cloche entendue dans la nuit pluvieuse.

Terre et ciel redressés, l'empereur au retour

Passe par le lieu où l'on tuait son amour.

Au pied de la pente, dans la terre funeste,

Il ne peut pas retrouver la beauté céleste.

Souverain et ministres pleurent à grand-peine;

L'œil vers l'est, ils lâchent à leurs chevaux les rênes.

Au retour il voit les mêmes lacs et jardins,

Les nénuphars auprès et les saules au loin.

En feuilles de saule il voit ses sourcils; en fleur

De lotus son visage; et il répand des pleurs

En vue des fleurs au vent printanier épanouies

Où des feuilles d'automne tombées dans la pluie.

L'herbe a envahi le logis sud du palais;

Les perrons rouges de feuilles nul ne balaie.

Les musiciens ont leurs premiers cheveux blanchis;

Les eunuques et dames d'honneur ont vieilli.

Au vol des lucioles, l'empereur attristé

Ne peut s'endormir quand la lampe est consumée.

Cloche et tambour ponctuent lentement longue nuit;

L'aube ne vient pas, toujours la Voie lactée luit.

Les tuiles d'oiseaux sont couvertes de gelée;

La couverture est froide, non pas partagée.

Longue est l'année: le vivant ne voit pas la morte;

Il ne rêve même pas d'elle qu'on emporte.

Un taoïst qui passe par la capitale

    Peut communiquer avec les esprits des morts.

Ému par la tristesse profonde impériale,

    Il va chercher la belle avec tous ses efforts.

Fendant les nues, il s'élève comme l'éclair

    En haut dans le ciel et redescend sur la terre.

Il va de la voûte azurée jusqu'à l'enfer;

    Nulle part la belle morte ne se voit guère.

Il apprend qu'il y a une montagne divine

    Suspendue dans le vide et surgie de la mer.

Des palais sculptés se dressent sur la colline

    Où de belles immortelles vivent dans l'air.

Une d'elles porte le nom de Reine Pure,

Chair de neige et face en fleur ressemblent aux siennes.

Il va frapper à la porte de jade dure

    Et se fait annoncer par la dame à la Reine.

Apprenant l'arrivée du messager royal,

    Sous le dais aux neuf fleurs la Reine se réveille,

Se lève en hâte et met un manteau matinal.

    Ouvrant l'écran d'argent et le rideau-merveille,

Ses cheveux défaits à cause de son sommeil,

    Son bonnet de travers; elle vient dans la salle.

Ses manches flottent au gré du vent en réveil

    Comme on danse "Robe d'arc-en-ciel impériale".

Son pur visage attristé se noie dans les pleurs

    Comme la fleur de poirier perlée de la pluie.

Les retenant, elle remercie l'empereur,

    Dont la face et la voix lui semblent évanouies.

Leur amour a pris fin au palais impérial;

    Ses jours sont éternels dans l'île solitaire.

Tournant la tête pour trouver son lieu natal,

    Elle voit la capitale en brume et poussière.

Elle envoie à l'empereur des objets d'alors:

    Épingle d'or et cassette incrustée de gemmes.

Elle garde la moitié de gemmes et d'or

    En rompant l'épingle et la cassette qu'elle aime.

Si leurs cœurs comme or et gemmes sont résistants,

    Ils se retrouveraient au ciel ou sur la terre.

Elle confie au messager un cher serment

    Connu de l'empereur même et d'elle naguère.

Au Double Sept, au palais de Vie Éternelle,

Nous disions sans témoin à minuit, l'âme franche；

"Soyons deux oiseaux volant l'aile contre l'aile；

Ou deux arbres s'embrassant de branche en branche!"

La terre et le ciel ne pourront durer sans fin.

Quand pourra-t-on oublier cet éternel chagrin?

柳宗元(Liu Zongyuan)

江 雪

千山鸟飞绝,万径人踪灭。

孤舟蓑笠翁,独钓寒江雪。

Neige sur la rivière

Nul vol d'oiseaux n'est vu en haut,

Ni trace d'homme sur la terre.

Un seul vieillard dans un bateau

Pêche la neige à la rivière.

李商隐(Li Shangyin)

锦 瑟

锦瑟无端五十弦,一弦一柱思华年。

庄生晓梦迷蝴蝶,望帝春心托杜鹃。

沧海月明珠有泪,蓝田日暖玉生烟。

此情可待成追忆,只是当时已惘然。

La lyre

Pourquoi la lyre a-t-elle tant de cordes dont

    Chacune me rappelle les années en fleurs:

Le rêve à l'aube d'être un libre papillon

    Et le cœur du coucou qui verse amour et pleurs?

La perle est larme de la lune sur la mer;

    Le cristal s'évapore au soleil, disparu.

Comment met-on ces vagues souvenirs en vers?

    En vain fait-on la recherche du temps perdu.

宋　词
Poèmes des Song

李煜(Li Yu)

乌夜啼

无言独上西楼,月如钩。

寂寞梧桐深院锁清秋。

剪不断,理还乱,是离愁。

别是一番滋味在心头。

Corbeau qui croasse dans la nuit

Je monte à la terrasse de l'ouest sans dire mot ;

　　La lune est pendue comme au croc.

　　Dans la cour le platane solitaire

　　Enferme l'arrière-saison claire.

Comme cheveux ébouriffés

Qu'on ne peut ni couper

Ni peigner,

La séparation nous tourmente le cœur

De sa singulière saveur.

虞美人

春花秋月何时了,往事知多少?

小楼昨夜又东风,故国不堪回首月明中。

雕栏玉砌应犹在,只是朱颜改。

问君能有几多愁? 恰似一江春水向东流。

La belle madame Yu

Quand en finirait-on avec la lune automnale

Et les fleurs du printemps

Qui me rappellent tant de choses cruelles?

Hier soir le vent d'est a envahi ma tourelle,

Éveillant le souvenir de la lune brilliant

Sur ma terre natale.

Ô belles balustrades,

Perrons sculptés de jade

Qui doivent y encore se dresser,

Mais les beaux visages, sûrement fanés.

Si vous voulez savoir ma tristesse profonde,

Regardez dans le fleuve, à l'est, couler les ondes!

浪淘沙

帘外雨潺潺,春意阑珊,

罗衾不耐五更寒。

梦里不知身是客,一晌贪欢。

独自莫凭栏,无限江山。

别时容易见时难。

流水落花春去也,天上人间。

Vagues baignant le sable

La pluie se fait entendre à travers le rideau;

Le printemps n'est plus jeune, n'est plus beau.

À minuit le froid dans ma couche s'est glissé.

En rêvant, j'ai oublié que j'étais exilé;

De ce plaisir si court je me suis enivré.

Ne prends pas seul contre la balustrade appui

Pour regarder fleuves et monts à l'infini!

Car ce qui est perdu ne peut être repris.

Les fleurs tombent, l'eau coule et le printemps s'enfuit:

Le paradis d'hier; le monde d'aujourd'hui!

范仲淹(Fan Zhongyan)

苏幕遮

碧云天,黄叶地,
秋色连波,波上寒烟翠。
山映斜阳天接水,
芳草无情,更在斜阳外。

黯乡魂,追旅思,
夜夜除非,好梦留人睡。
明月楼高休独倚。
酒入愁肠,化作相思泪。

La danse au sac de l'eau

Le ciel d'azur

Est couvert de nuages mûrs,

Et la terre de feuilles jaunies.

La brume au-dessus du lac automnal verdit.

Le soleil décline

Au flanc des collines;

Les eaux s'étendent jusqu'à l'horizon.

L'herbe indifférente pousse au-delà des monts.

Alangui par le mal du pays,

　　Mon âme s'assombrit,

　　Mon cœur se crève.

Je n'ai de douce nuit que dans le rêve.

Au clair de lune point ne faut

S'accouder seul au balcon haut.

Dans les entrailles mélancoliques

Le vin s'aigrit en larmes nostalgiques.

苏轼(Su Shi)

水调歌头

明月几时有？把酒问青天。

不知天上宫阙，今夕是何年？

我欲乘风归去，又恐琼楼玉宇，高处不胜寒。

起舞弄清影，何似在人间！

转朱阁，低绮户，照无眠。

不应有恨，何事长向别时圆？

人有悲欢离合，月有阴晴圆缺，此事古难全。

但愿人长久，千里共婵娟。

Prélude a la mélodie de l'onde

Depuis quand existe la lune argentée?

Une coupe à la main, je demande au Ciel bleu

  Quel jour de l'année

Ce serait aujourd'hui dans les palais des Cieux.

Je voudrais y retourner sur l'aile du vent,

Mais je crains le froid mordant

  Du palais lunaire.

Je me lève et je danse avec mon ombre claire.

Serait-il pareil au ciel que sur la terre?

La lune tourne autour de la maison

  Aux fenêtres ornées de boiseries

Et y jette un coup d'œil sur l'insomnie.

  En vouloir aux hommes serait sans raison.

Pourquoi quand on se sépare est-elle toujours ronde?

On s'unit dans la joie, on se quitte dans la peine;

  Ainsi elle croît et décroît, voilée ou pleine.

La perfection n'est pas de ce monde.

  Puisse-t-on vivre longtemps et admirer

Sa beauté, quoique de mille lieues séparé!

念奴娇

大江东去,浪淘尽,千古风流人物。

故垒西边,人道是,三国周郎赤壁。

乱石穿空,惊涛拍岸,卷起千堆雪。

江山如画,一时多少豪杰!

遥想公瑾当年,小乔初嫁了,雄姿英发。

羽扇纶巾,谈笑间,樯橹灰飞烟灭。

故国神游,多情应笑我,早生华发。

人间如梦,一樽还酹江月。

Charme d'une belle chanteuse

Vers l'est coule le grand fleuve dont les ondes

Ont emporté tant de héros de l'ancien monde.

À l'ouest de l'antique forteresse, on dit

Que c'est le Rocher Rouge où Zhou Yu acquit,

Aux jours des Trois Royaumes, sa renommée.

Les rochers à pic percent les nuées,

Les vagues battent les écueils du rivage,

    Soulevant mille monceaux neigeux.

Si escarpé est le paysage

    Qu'il fit l'admiration des hommes courageux.

Il me souvient du général brave et brilliant,

Tenant un éventail de plumes et coiffé

De soie, qui vit, tout en causant et en riant

    Avec sa nouvelle épousée,

    Que la flotte ennemie s'en allait en fumée.

En venant sur l'ancien champ de bataille,

De mon émotion je me raille;

Je regrette mes cheveux trop tôt grisonnants.

    La vie est brève

    Tout comme un rêve.

Je bois à la lune sur le fleuve flottant.

李清照(Li Qingzhao)

如梦令

昨夜雨疏风骤,浓睡不消残酒。

试问卷帘人,却道海棠依旧。

知否,知否? 应是绿肥红瘦。

Comme un rêve

Hier soir vent à rafales et pluie par ondées,

Je me suis endormie sans être dégrisée.

Je dis à la servante de lever le rideau.

"Le pommier sauvage, me dit-elle, est aussi beau."

"Ne sais-tu pas,

Ne sais-tu pas

Qu'on doit trouver le rouge maigre et le vert gras?"

陆游(Lu You)

钗头凤

红酥手,黄縢酒。

满城春色宫墙柳。

东风恶,欢情薄。

一怀愁绪,几年离索。

错,错,错!

春如旧,人空瘦。

泪痕红浥鲛绡透。

桃花落,闲池阁。

山盟虽在,锦书难托。

莫,莫,莫!

Phénix monté en épingle

Du vin à l'étiquette jaunie

Versé par de douces mains,

Les saules que le printemps reverdit

Étendent leurs branches en dehors du jardin.

Le vent d'est nous sépare;

Les doux instants sont rares.

Nous déplorons le sort

De ces années, vivant comme morts.

Tort, tort, tort!

Au printemps fleuri

En vain on languit,

Le mouchoir de soie taché de fard et de pleurs.

À la chute des fleurs

On déserte le pavillon.

Notre vœu reste inébranlable comme un mont.

Mais est-ce qu'il tient bon?

Non, non, non!

纳兰性德(Nalan Xingde)

采桑子

谁翻乐府凄凉曲,风也萧萧,
雨也萧萧,瘦尽灯花又一宵。

不知何事萦怀抱,醒也无聊,
醉也无聊,梦也何曾到谢桥!

La cueillette des mûres

Qui joue de la musique aussi mélancolique

    Que l'est la brise

    Ou la pluie grise ?

Encore une nuit s'amincit la flamme de bougie.

Je ne sais quel ennui me hante toute nuit：

    Je le trouve, éveillé；

    Je le trouve, grisé.

Il me hante sans trêve jusque dans mon rêve.

许渊冲译事年表

1921 年

4 月 18 日生于江西南昌。

1926—1932 年(5—11 岁)

就读于南昌实验小学,四年级开始学英文,因为英文的"女儿"远不如中文的好认好记,所以对英文不感兴趣。毕业时为甲等第五名。

1932—1938 年(11—17 岁)

就读于江西省立南昌第二中学。高中二年级时背诵了 30 篇英文短文,开始对英文产生兴趣。

1938—1943 年(17—22 岁)

就读于昆明西南联大外文系,入学时为第七名。1939 年将林徽因的《别丢掉》译成英文,为其翻译的第一首英诗。

1941—1942 年(20—21 岁)

担任美国志愿空军飞虎队英文翻译。

1942—1947 年(21—26 岁)

1942 年回到西南联大读四年级,读了德莱顿的诗剧《一切为了爱情》,

觉得很美,开始将其译成中文,此为其翻译的第一部文学作品。1943 年从西南联大毕业,担任昆明天祥中学英文教师,后兼教务主任。

1944—1945 年(23—24 岁)

任职于清华研究院外国文学研究所。

1945—1946 年(24—25 岁)

兼任西南联大外文系助教,留学考试为第四名。

1948 年(27 岁)

访问英国牛津大学。

1948—1950 年(27—29 岁)

赴法国巴黎大学,取得文学研究文凭。

1951—1960 年(30—39 岁)

担任北京外国语学院英法文六级教授。

1956 年(35 岁)

出版译著[英]德莱顿《一切为了爱情》汉译本(上海:新文艺出版社)。

1957 年(36 岁)

出版译著秦兆阳《农村散记》法译本,与鲍文蔚合译(北京:外文出版社)。

1958 年(37 岁)

出版译著[法]罗曼·罗兰《哥拉·布勒尼翁》汉译本(北京:人民文学出版社)。

1960—1970（39—49 岁）

担任张家口外国语学院英文五级教授,后下放劳动。

1970—1983（49—62 岁）

担任洛阳外国语学院英法文四级教授。1983 年赴北京大学任教。

1978 年（57 岁）

发表译文《毛泽东诗词四十二首英、法文译文》后记（《解放军外国语学院学报》第 2 期）。

发表论文《翻译中的几对矛盾》（《外国语教学》第 4 期）。

1979 年（58 岁）

发表论文《如何译毛泽东诗词》（《外语教学与研究》第 2 期）。

发表论文《毛泽东诗词译文研究》（《外国语》第 1 期）。

发表译文《陈毅诗词选译》（一）（《教学研究》第 1 期）。

发表译文《陈毅诗词选译》（二）（《教学研究》第 2 期）。

发表论文《周恩来诗英译》及后记（杭州大学《外语》第 2、3 期合刊）。

发表论文《漫谈诗译——评周恩来诗选英、法译》（《现代英语研究》第 4 辑）

1980 年（59 岁）

发表译文毛泽东诗《彭大将军》英译（《教学研究》第 1 期）。

发表论文《评毛泽东赠杨开慧词英、法译文》（《现代外语》第 1 期）。

发表论文《毛泽东词黄鹤楼词译文研究》（《外国语》第 3 期）。

发表论文《译诗记趣》（《编译参考》第 6 期）。

发表论文《直译与意译》（上）（《外国语》第 6 期）。

1981 年 (60 岁)

出版编译《动地诗——中国革命家诗词选》英译本(香港:香港商务印书馆)。

发表论文《翻译的标准》(《中国翻译》第 1 期)。

发表论文《直译与意译》(中)(《外国语》第 1 期)。

发表论文《直译与意译》(下)(《外国语》第 2 期)。

发表论文《喜读鲁迅诗歌新译本》(《外语教学与研究》第 3 期)。

1982 年 (61 岁)

出版编译《苏东坡诗词新译》(香港:香港商务印书馆)。

发表论文《忠实与通顺》(《教学研究》第 1 期)。

发表论文《译文能否胜过原文》(《教学研究》第 2 期)。

发表论文《扬长避短、发挥译文优势》(《中国翻译》第 4 期)。

发表论文《唐词选译》(《现代外语》第 2 期)。

发表论文《如何翻译诗词》(《外国语》第 4 期)。

发表论文《李清照词译话》(《现代英语研究》第 1 辑)。

1983 年 (62 岁)

出版译著[法]巴尔扎克《人生的开始》汉译本(上海:上海译文出版社)。

发表译文《唐诗二首》(汉译英)(《英语世界》第 2 期)。

发表论文《谈唐诗的英译》(《中国翻译》第 3 期)。

发表论文《文学翻译等于创作》(《外国语》第 6 期)。

发表论文《再谈"意美、音美、形美"》(《外语学刊》第 4 期)。

1984 年 (63 岁)

出版编译《唐诗一百五十首》汉英对照(西安:陕西人民出版社)。

发表论文集《翻译的艺术》(北京:中国对外翻译出版公司)。

发表论文《翻译的理论和实践》(《中国翻译》第 11 期)。

发表论文《白居易长恨歌及其英译》(《外语学刊》第 3 期)。

1985 年(64 岁)

发表论文《雨果戏剧的真、善、美》(《外国文学研究》第 1 期)。

发表论文《翻译与评论》(《外国语》第 6 期)。

1986 年(65 岁)

出版译著[法]莫泊桑《水上》汉译本(北京:人民文学出版社)。

出版译著[法]雨果《雨果戏剧选》汉译本(北京:人民文学出版社)。

出版译著[法]巴尔扎克《入世之初》汉译本(北京:人民文学出版社;1995 年重印)。

出版编译《唐宋词一百首》英译本(香港:香港商务印书馆;1991 年重印)。

发表论文《自学与研究》(《英语辅导》第 6 期)。

1987 年(66 岁)

出版译著[英]司各特《昆廷·杜沃德》汉译本,与严维明合译(北京:人民文学出版社)。

出版编译《李白诗选》英译本(成都:四川人民出版社)。

出版编译《唐诗三百首新译》英译本(香港:香港商务印书馆)。

出版编译《唐宋词选一百首》汉法对照(北京:外文出版社)。

发表论文《谈英语和汉语》(《英语辅导》第 5 期)。

发表论文《谈李商隐诗的英译》(《外语学刊》第 3 期)。

发表论文"A Comparative Study of Byron's 'Stanzas to the Po' and Some Classical Chinese Poems"(《拜伦和中国诗比较》)(《外国语》第 1 期)。

发表论文《三谈"意美、音美、形美"》(《深圳大学学报》第 2 期)。

1988 年 (67 岁)

出版编著《中诗英译比录》与吕叔湘合作编著 (香港:三联书店香港公司)。

发表论文《诗词翻译漫谈》(《中国翻译》第 3 期)。

1989 年 (68 岁)

发表译文 [英] 雪莱《云》汉译 (《英语世界》第 1 期)。

发表译文《毛泽东诗词七首》英译 (《解放军外国语学院学报》第 3 期)。

1990 年 (69 岁)

出版译著 [法] 普鲁斯特《追忆似水年华》(第 III 卷) 汉译本,与潘丽珍合译 (南京:译林出版社)。

出版编译《唐宋词一百五十首》汉英对照 (北京:北京大学出版社)。

发表论文《文学翻译与翻译文学》(《世界文学》第 1 期)。

发表论文《文学翻译:1 + 1 = 3》(《外国语》第 1 期)。

发表论文《〈水上〉新旧译本比较》(《中国翻译》第 4 期)。

发表论文《诗词·翻译·文化》(《北京大学学报》第 5 期)。

发表译文《陈毅诗词选译》之三 (《解放军外国语学院学报》第 6 期)。

1991 年 (70 岁)

出版译著 [美] 亨利·泰勒《飞马腾空》汉译本 (北京:中国对外翻译出版公司)。

出版编译《唐宋词一百首》汉英对照 (北京:中国对外翻译出版公司)。

发表论文《翻译是科学还是艺术?》中、英文 (北京:《英语世界》第 1 期)。

发表论文 "Development of Verse Translation"(《诗词英译简史》)

（《外国语》第 1 期）。

发表论文《译诗六论》（上）（《中国翻译》第 5 期）。

发表论文《译诗六论》（下）（《中国翻译》第 6 期）。

发表论文《谈翻译教学》（《山东外语教学》第 4 期）。

1992 年（71 岁）

出版译著［法］福楼拜《包法利夫人》汉英对照（南京：译林出版社；1994 年译林出版社出版全译本；1998 年、2000 年、2011 年、2015 年分别重印）。

出版译著《人间春色第一枝：诗经·雅颂欣赏》汉英对照（郑州：河南人民出版社）。

出版译著《人间春色第一枝：诗经·国风欣赏》汉英对照（郑州：河南人民出版社）。

出版译著《中诗英韵探胜——从〈诗经〉到〈西厢记〉》汉英对照（北京：北京大学出版社）。

出版译著《西厢记》（四本十六折）汉英对照（北京：外文出版社）。

发表译文《陈毅诗词选译》之四、之五（洛阳：《解放军外国语学院学报》第 1、2 期）。

发表译文林徽因《别丢掉》英译（《文学翻译报》6 月）。

出版编译《汉英对照千家诗》收入许渊冲英译诗约二十首（武汉：武汉大学出版社，2004 年再版）。

发表论文《译学与易经》（北京：《北京大学学报》第 3 期）。

发表论文"Li Bai and Byron"（《李白与拜伦》）（上海：《外国语》第 3 期）。

发表论文《翻译对话录》（北京：《北京大学学报》英语专刊第 2 期）。

1993 年（72 岁）

出版译著［法］司汤达《红与黑》汉译本（长沙：湖南文艺出版社；1998

年重印)。

出版编译《毛泽东诗词选》汉英对照(北京:中国对外翻译出版公司)。

出版译著《诗经》汉英对照(长沙:湖南人民出版社)。

发表译文[英]布朗宁《深夜幽会》《清晨离别》汉译(《英语世界》第 2
期)。

发表译文《陈毅诗词英译》之六(《解放军外国语学院学报》第 4 期)。

发表论文《文学翻译是两种语言的竞赛》(《外国语》第 3 期)。

1994 年(73 岁)

出版译著[英]德莱顿《埃及艳后》汉译本(桂林:漓江出版社)。

出版编译《中国古诗词六百首》(*Songs of the Immortals : An
Anthology of Classical Chinese Poetry*)汉英对照(北京:新世界出版社)。

出版编译《中国古诗词三百首》汉英对照(英国:企鹅图书出版公司)。

出版编译《诗经》汉英对照(北京:中国文学出版社)。

出版编译《楚辞》汉英对照(长沙:湖南人民出版社)。

发表译文毛泽东《看山》英译(《英语世界》第 3 期)。

发表论文《谈比较翻译学》(《外语与翻译》第 3 期)。

发表论文《谈谈文学翻译问题》(《外国语》第 4 期)。

1995 年(74 岁)

出版编译《唐宋诗一百五十首》汉英对照(北京:北京大学出版社;
1996 年重印)。

发表译文毛泽东《枕上》《洪都》英译(《英语世界》第 3 期)。

发表论文《谈陶诗英译》(《外语与外语教学》第 6 期)。

发表论文《四代人译〈红与黑〉》(《读书》第 4 期)。

发表论文《从〈红与黑〉谈起》(《文汇读书周报》5 月 6 日新月版)。

发表论文《应该加进去的东西》(《文汇读书周报》6 月 3 日)。

发表论文《为什么重译〈约翰·克里斯托夫〉》(《外国语》第 4 期)。

1996 年(75 岁)

出版编译《汉魏六朝诗一百五十首》汉英对照(北京:北京大学出版社)。

出版编译《宋词三百首》汉英对照(长沙:湖南出版社)。

出版编译 Tang-Song Lyrics(《唐宋词画》)(新加坡:新加坡教育出版社)。

出版著作《追忆逝水年华——从西南联大到巴黎大学》(北京:生活·读书·新知三联书店)。

发表译文《古诗十九首之一》英译(《英语世界》第 7 期)。

发表论文《译经》(《英语世界》第 9 期)。

发表论文《形似而后能神似吗?》(《外语与翻译》第 1 期)。

发表论文《谈重译——兼评许钧》(《外语与外语教学》第 6 期)。

发表论文《译家之言》(《出版广角》第 6 期)。

1997 年(76 岁)

出版译著《西厢记》五本二十折汉英对照(长沙:湖南人民出版社)。

出版编译《元明清诗一百五十首》汉英对照(北京:北京大学出版社)。

发表论文《再谈陶诗英译》(《外语与外语教学》第 1 期)。

发表论文《谈翻译理论的研究》(《解放军外国语学院学报》第 6 期)。

发表论文《谈翻译理论的研究——杨振宁给我的启发》(洛阳:《解放军外国语学院学报》第 6 期)。

1998 年(77 岁)

出版著作《文学翻译谈》(台北:书林出版有限公司)。

出版著作 Vanished Springs: The Life and Love of a Chinese Intellectual(《逝水年华》)(北京:中国文学出版社)。

发表论文《新旧世纪交谈录》(《译林》第 3 期)。

发表论文《知之·好之·乐之·三之论——再谈发挥译文语言优势》（《外语与外语教学》第 6 期）。

发表论文《谈翻译——文化竞赛论》（《外语与翻译》第 2 期）。

发表论文《美化之艺术》（《中国翻译》第 4 期）。

发表论文《国际译会上三句话》（《外语与外语教学》第 12 期）。

发表论文《翻译：“美化之艺术”——新旧世纪交谈录》（《译林》第 3 期）。

1999 年(78 岁)

出版著作 *Vanished Springs*：*The Life and Love of a Chinese Intellectual*（《逝水年华》）（New York：Vantage Press）。

出版译著[法]雨果《雨果文集·戏剧》汉译本（石家庄：河北教育出版社）。

出版编译《中国古诗词三百首》汉法对照（北京：北京大学出版社）。

发表论文《译学要敢为天下先》（《中国翻译》第 2 期）。

发表论文《再创作与翻译风格》（《解放军外国语学院学报》第 2 期）。

发表文章《和莎士比亚媲美》（《中国图书商报·书评周刊》8 月 31 日）。

发表文章《使读者知之,好之,乐之》（《文汇读书周报》10 月 23 日）。

2000 年(79 岁)

出版译著[法]罗曼·罗兰《约翰·克里斯托夫》汉译本（长沙：湖南文艺出版社）。

出版编译《新编千家诗》汉英对照（北京：中华书局）。

出版编译《古诗绝句百首》汉英对照（长春：吉林文史出版社）。

出版编译《唐诗三百首》汉英对照（北京：高等教育出版社；2004 年重印）。

发表论文《新世纪的新译论》（《中国翻译》第 3 期）。

发表文章《唐诗密码如何破译?》(《文汇读书周报》1月1日)。

2001 年(80 岁)

出版编译《国句名篇——许渊冲汉诗词英译精选》汉英对照(北京:开明文教音像出版社)。

出版编译《顾毓琇诗词选》汉英对照(北京:高等教育出版社)。

发表论文《再谈〈竞赛论〉和〈优势论〉——兼评〈忠实是译者的天职〉》(《中国翻译》第1期)。

发表论文《唐诗的辉煌与中英互译理论的提出》(北京:《中国教育报》3月15日;北京:《中国大学教学》第2期转载)。

发表论文《文学翻译克隆论》(清华大学《文苑》第8期摘载;《外语与翻译》第2期全载;中国译协讲习班8月1日讲)。

发表论文《从中国古代诗词翻译谈中西文化精神比较》,收入杜微言主编《世纪的声音:在清华听讲座》(北京:中国民航出版社)。

发表论文《文学翻译:等值还是再创?》(《中国教育报》8月30日)。

发表论文《关于翻译学的论战》(《外语与外语教学》第11期)。

2002 年(81 岁)

出版译著[法]雨果《雨果文集·戏剧》(第十卷)汉译本(北京:人民文学出版社)。

发表论文《文学翻译与科学翻译》(《上海科技翻译》第4期)。

出版著作《诗书人生》(天津:百花文艺出版社)。

2003 年(82 岁)

出版译著《老子〈道德经〉》汉英对照(北京:高等教育出版社)。

出版编译《唐宋词三百首》汉英对照(石家庄:河北人民出版社)。

出版著作《文学与翻译》(北京:北京大学出版社)。

出版编译《汉英双讲中国古诗 100 首》英译本(大连:大连出版社)。

出版编译《古意新声》汉英对照(武汉:湖北教育出版社)。

发表论文《谈中国学派的翻译理论——中国翻译学落后于西方吗?》(大连:《外语与外语教学》第 1 期)。

发表论文《诗词英译与中西文化交流》(《外语与翻译》第 3 期)。

发表论文《文学翻译的心路历程》(《中国翻译》第 4 期)。

发表论文《"信达切"还是"信达优"?》(《诗网络》第 6 期)。

2004 年(83 岁)

出版译著[法]罗曼·罗兰《罗曼·罗兰精选集》汉译本(北京:北京燕山出版社)。

出版编译《元曲三百首》汉英对照(北京:高等教育出版社)。

出版编译《宋词三百首》汉英对照(北京:高等教育出版社)。

出版编译《中国古诗精品三百首》汉英对照(北京:北京大学出版社)。

出版编译《唐宋名家千古绝句 100 首》汉英对照(长春:吉林文史出版社)。

发表论文《"信达切"还是"信达优"?》(《诗》双月刊第 12 期)。

2005(84 岁)

出版译著[法]罗曼·罗兰《约翰·克里斯托夫》汉译本(北京:北京燕山出版社;2010 年、2011 年、2013 年分别重印)。

发表论文《我译约翰·克里斯托夫》,收入杨绛、李文俊、罗新璋、钱春绮等《一本书和一个世界》(北京:昆仑出版社)。

出版著作《山阴道上——许渊冲散文随笔选集》(北京:中央编译出版社)。

出版著作《译笔生花》(郑州:文心出版社)。

出版译著《论语》汉英对照(北京:高等教育出版社)。

出版译著《诗经选》汉英对照(石家庄:河北人民出版社)。

出版编译《李白诗选》汉英对照(石家庄:河北人民出版社)。

出版编译《精选宋词与宋画》汉英对照(北京:五洲传播出版社)。

发表论文《中国是不是翻译强国?》(《上海翻译》第 2 期)。

发表论文《中国学派诗词翻译理论》(《外语与外语教学》第 11 期)。

2006 年(85 岁)

出版译著[法]罗曼·罗兰《约翰·克里斯朵夫》汉译本(北京:中国书籍出版社)。

出版著作《翻译的艺术》(北京:五洲传播出版社)。

出版编译《精选诗经与诗意画》汉英对照(北京:五洲传播出版社)。

出版编译《道德经与神仙画》汉英对照(北京:五洲传播出版社)。

出版编译《精选毛泽东诗词与诗意画》汉英对照(北京:五洲传播出版社)。

出版编译《杜甫诗选》汉英对照(石家庄:河北人民出版社)。

出版编译《白居易诗选》汉英对照(石家庄:河北人民出版社)。

出版编译《李煜词选》汉英对照(石家庄:河北人民出版社)。

出版编译《苏轼诗词选》汉英对照(石家庄:河北人民出版社)。

出版编译《李清照词选》汉英对照(石家庄:河北人民出版社)。

出版编译《元曲三百首》汉英对照,收入"大中华文库"(北京:高等教育出版社)。

出版编译《新编千家诗》汉英对照,收入"大中华文库"(北京:高等教育出版社)。

出版编译《最爱唐宋词:影画版》汉英对照(北京:中国对外翻译出版公司)。

发表论文《典籍英译,中国可算世界一流》(《中国外语》第 5 期)。

2007 年(86 岁,住院半月)

被医生诊断为直肠癌晚期,预测最多只剩七年寿命。一边与病魔抗争,一边保持着积极乐观的心态,并没有表现出半分颓态,反而争分夺秒开展自己的工作。

出版译著[法]罗曼·罗兰《约翰·克里斯托夫》插图本(上下册)(北京:中国书店)。

出版译著[法]罗曼·罗兰《约翰·克里斯托夫》节译本(北京:光明日报出版社)。

出版编译《唐诗三百首》汉英对照(北京:中国对外翻译出版公司)。

出版编译《宋词三百首》汉英对照(北京:中国对外翻译出版公司)。

出版编译《唐宋词一百首》汉英对照(北京:中国对外翻译出版公司)。

2008 年(87 岁,卧床三月)

出版译著[法]司汤达《红与黑》汉译本(重庆:重庆出版社)。

出版编译《精选诗经与诗意画》汉法对照(北京:五洲传播出版社)。

出版编译《精选唐诗与唐画》汉法对照(北京:五洲传播出版社)。

出版编译《精选宋词与宋画》汉法对照(北京:五洲传播出版社)。

出版编译《李白诗选》汉英对照 120 首,收入"大中华文库"(长沙:湖南人民出版社)。

出版编译《苏轼诗词选》汉英对照 150 首,收入"大中华文库"(长沙:湖南人民出版社)。

出版著作《续忆逝水年华》(武汉:湖北人民出版社)。

出版著作《追忆逝水年华》(一),收入西南联大北京校友会编《我心中的西南联大》(北京:清华大学出版社)。

出版著作《追忆逝水年华》(二),收入西南联大北京校友会编《我心中的西南联大》(北京:清华大学出版社)。

2009 年(88 岁)

出版译著[法]罗曼·罗兰《约翰·克里斯托夫》节译本(西安:三秦出版社)。

出版编译《诗经》汉英对照(北京:中国对外翻译出版公司)。

出版编译《楚辞》汉英对照(北京:中国对外翻译出版公司)。

出版编译《汉魏六朝诗》汉英对照(北京:中国对外翻译出版公司)。

出版编译《千家诗》汉英对照(北京:中国对外翻译出版公司)。

出版编译《元明清诗》汉英对照(北京:中国对外翻译出版公司)。

出版编译《元曲三百首》汉英对照(北京:中国对外翻译出版公司)。

出版译著《西厢记》舞台本汉英对照,与许明合译(北京:中国对外翻译出公司)。

出版译著《牡丹亭》舞台本汉英对照,与许明合译(北京:中国对外翻译出版公司)。

出版译著《长生殿》舞台本汉英对照,与许明合译(北京:中国对外翻译出版公司)。

出版译著《桃花扇》舞台本汉英对照,与许明合译(北京:中国对外翻译出版公司)。

出版编译《 Poèmes Chinois du Livre *Shi Jing*》(《诗经选》),收入盒装书"Les plus grands classiques de la Poésie Chinoise"(《最伟大的中国古典诗》)(Paris:法国音乐与娱乐书籍出版社 Editions Music & Entertainment Books)。

出版编译《 Poèmes Chinois de la Dynastie des *Tang*》(《唐诗选》),收入盒装书"Les plus grands classiques de la Poésie Chinoise"(《最伟大的中国古典诗》)(Paris:法国音乐与娱乐书籍出版社 Editions Music & Entertainment Books)。

出版编译《 Poèmes Chinois de la Dyanstie des *Song*》(《宋词选》),收入盒装书"Les plus grands classiques de la Poésie Chinoise"(《最伟大的中国古典诗》)(Paris:法国音乐与娱乐书籍出版社 Editions Music & Entertainment Books)。

2010 年 (89 岁)

出版译著 [法] 普鲁斯特《追忆似水年华》(第 III 卷, 第 2 版) 汉译本, 与潘丽珍合译(台北:联经出版事业股份有限公司)。

出版译著 [法] 罗曼·罗兰《约翰·克利斯托夫》汉译本(北京:中央编译出版社)。

出版著作《中诗英韵探胜》(第 2 版) 汉英对照(北京:北京大学出版社)。

发表论文《中西翻译理论比较》(《外语与翻译》第 2 期)。

12 月, 被中国翻译协会授予"中国翻译文化终身成就奖"。

2011 年 (90 岁)

出版译著 [法] 罗曼·罗兰《约翰·克里斯托夫》(北京:中央编译出版社; 2015 年重印)。

出版著作《逝水年华》(增订版)(北京:外语教学与研究出版社)。

2012 年 (91 岁)

出版译著 [法] 巴尔扎克《高老头》汉译本(北京:北京燕山出版社:)。

出版译著 [法] 司汤达《红与黑》汉英对照(南京:译林出版社)。

出版译著 [法] 罗曼·罗兰《约翰·克利斯托夫》(北京:中国对外翻译出版有限公司)。

出版译著《诗经》汉英对照(北京:五洲传播出版社)。

出版译著《论语》汉英对照(北京:五洲传播出版社)。

出版译著《道德经》汉英对照(北京:五洲传播出版社)。

出版编绎《楚辞》汉英对照(北京:五洲传播出版社)。

出版编绎《汉魏六朝诗选》汉英对照(北京:五洲传播出版社)。

出版编绎《唐五代词选》汉英对照(北京:五洲传播出版社)。

出版编绎《唐诗三百首》汉英对照(北京:五洲传播出版社)。

出版编绎《宋元明清诗选》汉英对照(北京:五洲传播出版社)。

出版编绎《宋词三百首》汉英对照(北京：五洲传播出版社)。

出版编绎《元曲三百首》汉英对照(北京：五洲传播出版社)。

出版译著《桃花扇》汉英对照，与许明合译(北京：五洲传播出版社)。

出版译著《牡丹亭》汉英对照，与许明合译(北京：五洲传播出版社)。

出版译著《长生殿》汉英对照，与许明合译(北京：五洲传播出版社)。

出版译著《西厢记》汉英对照，与许明合译(北京：五洲传播出版社)。

出版编绎《画说唐诗》英汉对照(北京：中国对外翻译出版公司)。

出版编绎《中国诗文：1000 句英文这样说》(长春：吉林出版集团有限责任公司)。

出版编绎《往事新编》(深圳：海天出版社)。

发表论文《杜诗英译答辩》(北京：《中国翻译》第 2 期)。

发表论文《中国学派文学翻译理论》(北京：《中国翻译》第 4 期)。

发表论文《关于〈红与黑〉的论战》(上海：《华东师范大学学报》第 2 期)。

发表论文《老子译话》6 篇(北京：《中华读书报》3 月 7 日、3 月 21 日、4 月 4 日、4 月 18 日、5 月 23 日、6 月 6 日连载)。

2013 年(92 岁)

出版译著[法]雨果《艾那尼》汉译本，与谭立德合译(南京：译林出版社)。

出版译著[法]雨果《玛丽·都铎》汉译本，与谭立德合译(南京：译林出版社)。

出版译著《丰子恺诗画　许渊冲英译》汉英对照(北京：海豚出版社)。

出版编译《许渊冲经典英译古代诗歌 1000 首：苏轼诗词》汉英对照(北京：海豚出版社)。

出版文集《许渊冲文集》27 卷(北京：海豚出版社)。

2014 年（93 岁）

出版译著[法]巴尔扎克《高老头》汉译本（郑州：河南文艺出版社）。

出版译著[法]福楼拜《包法利夫人》汉译本（北京：北京联合出版公司）。

出版译著[法]雨果《玛丽·都铎》汉译本（北京：北京联合出版公司）。

出版译著[法]雨果《艾那尼》汉译本（北京：北京联合出版公司）。

出版编译《唐诗选》汉法对照（北京：五洲传播出版社）。

出版著作《任尔东西南北风：许渊冲中外经典译著前言后语集锦》（北京：清华大学出版社）。

发表论文《英译诗词如何走向世界?》（《英语世界》第 8 期）。

发表论文《中国翻译与文化梦》（《中国外语》第 5 期）。

2015（94 岁）

出版译著[法]罗曼·罗兰《约翰·克里斯托夫》汉译本（北京：北京理工大学出版社）。

出版译著[法]巴尔扎克《高老头》（北京：中国友谊出版公司；西安：西安交通大学出版社；上海：上海三联出版社；北京：中央编译出版社；天津：天津人民出版社）

出版译著[法]福楼拜《包法利夫人》（北京：中央编译出版社）。

出版译著[英]莎士比亚《奥瑟罗》汉英对照（北京：外语教学与研究出版社）。

出版编绎《画说宋词》汉英对照（北京：中译出版社）。

出版编绎《许渊冲英译毛泽东诗词》汉英对照（北京：中国对外翻译出版公司）。

出版编绎《许渊冲经典英译古代诗歌 1000 首：诗经》汉英对照（北京：海豚出版社）。

出版编绎《许渊冲经典英译古代诗歌 1000 首：汉魏六朝诗》汉英对照（北京：海豚出版社）。

出版编绎《许渊冲经典英译古代诗歌 1000 首:唐诗》汉英对照(北京:海豚出版社)。

出版编绎《许渊冲经典英译古代诗歌 1000 首:宋词》汉英对照(北京:海豚出版社)。

出版编绎《许渊冲经典英译古代诗歌 1000 首:元曲》汉英对照(北京:海豚出版社)。

出版编绎《许渊冲经典英译古代诗歌 1000 首:元明清诗》汉英对照(北京:海豚出版社)。

出版著作《西风落叶》(北京:外语教学与研究出版社)。

2016(95 岁)

出版译著[英]莎士比亚《奥瑟罗》汉译本(北京:外语教学与研究出版社)。

出版译著[英]莎士比亚《哈梦莱》汉译本(北京:海豚出版社)。

出版译著[英]莎士比亚《马克白》汉译本(北京:海豚出版社)。

出版译著[英]莎士比亚《李尔王》汉译本(北京:海豚出版社)。

出版译著[英]莎士比亚《奥瑟罗》汉译本(北京:海豚出版社)。

出版译著[英]莎士比亚《罗密欧与朱丽叶》汉译本(北京:海豚出版社)。

出版译著[英]莎士比亚《安东尼与克柳葩》汉译本(北京:海豚出版社;江西教育出版社)。

出版译著[法]巴尔扎克《高老头》汉译本(北京:中国画报出版社;南昌:江西教育出版社)。

出版译著《诗经》汉法对照(北京:中国市场出版社)。

出版译著《牡丹亭》汉英对照,与许明合译(北京:海豚出版社)。

出版著作《〈老子〉译话》(北京:北京大学出版社)。

发表文章《中国人、外国人,谁能翻译好诗经李白》(《中华读书报》3 月 9 日)。

发表文章《许渊冲:遗欧赠美千首诗》(《中国教育报》4 月 23 日)。

发表文章《文学翻译与中国梦》(《文汇报》5 月 28 日)。

发表文章《许渊冲:译道独行侠》(《文汇报》6 月 2 日)。

发表论文《有中国特色的文学翻译理论》(《中国翻译》第 5 期)。

2017(96 岁)

出版译著[法]司汤达《红与黑》汉译本(北京:当代世界出版社)。

出版译著[法]巴尔扎克《高老头》汉译本(北京:当代世界出版社)。

出版译著[法]福楼拜《包法利夫人》汉译本(北京:当代世界出版社)。

出版著作《〈论语〉译话》(北京:北京大学出版社)。

发表论文《美之创造　贵在新颖——〈莎士比亚选集〉前言》(《山西大同大学学报》第 2 期)。

发表论文《中国经典外译只能靠汉学家吗?》(《国际汉学》第 3 期)。

发表文章《怎样的翻译才能使中国文化走向世界》(《文汇报》9 月 22 日)。

发表论文《中国文化走向世界》,收入《中国古代文化在世界——以 20 世纪为中心》(郑州:大象出版社)。

2 月 18 日,中央电视台 1 套栏目《朗读者》第一季:"遇见"播出。

9 月 1 日,中央电视台 1 套栏目《开学第一课》播出。

10 月 28—29 日,上海电视台纪实人文频道栏目《可凡倾听》:"见好就学"译"生受用——许渊冲专访"(上)(下)播出。

4 月 26 日,凤凰卫视电视谈话性节目《鲁豫有约》访谈:"翻译巨匠许渊冲:译到行者,逝水年华"播出。

2018(97 岁)

出版译著[法]福楼拜《包法利夫人》汉英对照(南京:江苏凤凰文艺出版社)

发表论文《〈哈姆雷特〉在中国的百年译介述评》补遗(北京:《中国翻

译》第1期)。

发表论文《新时代:中国诗词如何"走出去"》(《国际汉学》第1期)。

1月10日,中央电视台10套人物访谈节目《大家》专访:"翻译家许渊冲"播出。

3月15日,凤凰卫视电视谈话性节目《鲁豫有约》访谈:"许渊冲——译林人生"播出。

7月3日,凤凰卫视电视谈话性节目《鲁豫有约》访谈:"文学的魅力·金宇澄 许渊冲"播出。

10月30日,中央电视台国际频道纪录片《国家记忆·传薪者》:"译界泰斗许渊冲"播出。

2019(98岁)

出版编译《中华之美丛书:明清诗与明清画》汉英对照(北京:五洲传播出版社)。

出版编译《中华之美丛书:诗经与诗意画》汉英对照(北京:五洲传播出版社)。

出版编译《大中华文库:宋词选》汉法对照(北京:五洲传播出版社)。

发表论文《我译〈诗经〉〈论语〉和〈老子〉》(《中国翻译》第6期)。

2020(99岁)

出版译著[英]王尔德《许渊冲最新译作——王尔德戏剧精选集》汉英对照(上海:上海教育出版社)。

出版译著[英]莎士比亚《许渊冲译莎士比亚戏剧集》(第一卷)汉译本(杭州:浙江大学出版社)。

出版译著[英]莎士比亚《许渊冲译莎士比亚戏剧集》(第二卷)汉译本(杭州:浙江大学出版社)。

出版译著《许渊冲英译毛泽东诗词》(北京:中译出版社)。

2021(100 岁)

出版译著[法]罗曼·罗兰《约翰·克里斯托夫》(1—4 册)汉译本,收入"许渊冲百岁诞辰珍藏纪念版"(杭州:浙江文艺出版社)。

出版译著[法]司汤达《红与黑》汉译本,收入"许渊冲百岁诞辰珍藏纪念版"(杭州:浙江文艺出版社)。

出版译著[法]福楼拜《包法利夫人》汉译本,收入"许渊冲百岁诞辰珍藏纪念版"(杭州:浙江文艺出版社)。

出版译著[英]王尔德《许渊冲汉译经典全集·王尔德戏剧全集》(全 6 册)汉译本(北京:商务印书馆)。

出版译著[英]莎士比亚《许渊冲汉译经典全集·莎士比亚戏剧精选》(全 14 册)汉译本(北京:商务印书馆)。

出版译著[英]莎士比亚《许渊冲译莎士比亚戏剧集》(第四卷)汉译本(杭州:浙江大学出版社)。

出版译著《许渊冲译西厢记》汉英对照,与许明合译(北京:中国对外翻译出版公司)。

出版译著《许渊冲译牡丹亭》汉英对照,与许明合译(北京:中国对外翻译出版公司)。

出版译著《许渊冲译长生殿》汉英对照,与许明合译(北京:中国对外翻译出版公司)。

出版译著《许渊冲译桃花扇》汉英对照,与许明合译(北京:中国对外翻译出版公司)。

出版编译《许渊冲译古今诗歌一百首》汉英对照(北京:中译出版社)。

出版编译《许渊冲译宋词三百首》汉英对照(北京:中译出版社)。

出版编译《许渊冲译唐宋词一百首》汉英对照(北京:中译出版社)。

出版编译《许渊冲译元曲三百首》汉英对照(北京:中译出版社)。

出版编译《许渊冲译汉魏六朝诗》汉英对照(北京:中译出版社)。

出版编译《许渊冲译元明清诗》汉英对照(北京:中译出版社)。

出版编译《许渊冲译楚辞》汉英对照(北京:中译出版社)。

出版编译《许渊冲译千家诗》汉英对照(北京:中译出版社)。

出版编译《许渊冲译王维诗选》汉英对照(北京:中译出版社)。

出版编译《许渊冲译李商隐诗选》汉英对照(北京:中译出版社)。

出版编译《许渊冲译李白诗选》汉英对照(北京:中译出版社)。

出版编译《许渊冲译陶渊明诗选》汉英对照(北京:中译出版社)。

出版编译《许渊冲译白居易诗选》汉英对照(北京:中译出版社)。

出版编译《许渊冲译李煜词选》汉英对照(北京:中译出版社)。

出版编译《许渊冲译杜甫诗选》汉英对照(北京:中译出版社)。

出版著作《西南联大求学日记》(北京:中译出版社)。

出版著作《不负少年时:我的求学生涯》(天津:百花文艺出版社)。

出版著作《诗书人生》(南京:译林出版社)。

出版著作《许渊冲百岁自述》(北京:华文出版社)。

出版著作《许渊冲:永远的西南联大》(南京:凤凰文艺出版社)。

出版著作《百年不孤独:许渊冲回忆录》(南昌:江西美术出版社)。

出版编译《不朽的美:许渊冲经典英译诗词三百首》汉英对照(北京:新世界出版社)。

发表论文《谈诗歌英译》(《中国翻译》第 2 期)。

发表论文《译艺谱美曲,译论写华章——百岁翻译家许渊冲教授访谈录》(余承法、李亚舒、许渊冲)(《英语研究》第 1 期)。

发表论文《人生处处皆翻译——许渊冲访谈》(许渊冲、赵凤兰)(太原:《名作欣赏》第 19 期)。

报道文章《今天是许渊冲 100 周岁生日:翻译就是他的生命》(上海:《澎湃新闻》4 月 18 日)。

4 月 18 日,北京大学举办"许渊冲先生翻译思想与成就研讨会",庆祝许渊冲百岁寿辰。

6 月 17 日 7 时 40 分,许渊冲在北京家中逝世,享年 100 岁。

6 月 22 日 7 时,许渊冲先生遗体告别仪式在八宝山殡仪馆举行。

中華譯學館·中华翻译家代表性译文库

许 钧 郭国良／总主编

第一辑	第二辑
鸠摩罗什卷	徐光启卷
玄 奘卷	李之藻卷
林 纾卷	王 韬卷
严 复卷	伍光建卷
鲁 迅卷	梁启超卷
胡 适卷	王国维卷
林语堂卷	马君武卷
梁宗岱卷	冯承钧卷
冯 至卷	刘半农卷
傅 雷卷	傅东华卷
卞之琳卷	郑振铎卷
朱生豪卷	瞿秋白卷
叶君健卷	董秋斯卷
杨宪益 戴乃迭卷	

第三辑

李善兰卷

陈望道卷

赵元任卷

曹靖华卷

李健吾卷

季羡林卷

许渊冲卷

方　平卷

草　婴卷

飞　白卷